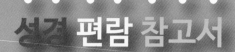

성경 편람 참고서

"하나님과 나와의 거리는
성경과 나와의 거리와 비례한다"

징검다리

저자 / 최주호

"우리는 구원 받는 자들에게나
망하는 자들에게나
하나님 앞에서 그리스도의 향기니"
(고린도후서 2:15)

For we are to God the aroma of
Christ among those who are being saved
and those who are perishing.
(2 Corinthians 2:15)

머리글

미국교회와 언론이 꼽은 21세기 가장 영향력 있는 목회자 중 하나인 존 맥아더 목사님은 2014년 3월 4일자 중앙일보 전면 컬럼에서 이와 같은 의미 있는 말씀을 하셨습니다. "미국은 기독교를 잃는데 200년이 걸렸고 한국은 훨씬 짧았다"라고 논평하셨습니다. 그리고단호하게 "오늘날 교회가 잃은 것은 단 하나" 라고 말씀하시면서 그 잃은 것은 "성경"이다. 라고 강조했습니다.

그렇습니다, 성경은 그리스도의 몸이 된 교회에서 흘러나오는 생수이며, 생명의 떡이며, 복된 소식이며, 살아있는 하나님의 말씀입니다. 그리고 세상을 변화시킬 수 있는 가장 가치 있는 지식입니다.

또한, 성도에게는 하나님과 대화 할 수 있는 유일한 수단입니다. 사무엘상 3장을 보시면 하나님은 사무엘을 4번 부르셨습니다. 그리고 사무엘은 하나님의 음성을 들었습니다. 그러나, 엘리 제사장에게는 같은 장소, 같은 시간에 있었음에도 불구하고, 하나님의 음성을 들을 수가 없었습니다.

오늘날도 이와 같이 하나님은 우리를 부르시며 대화 나누기를 원하십니다. 그러나 부르셔도 우리는 들을 수가 없습니다. 왜 그럴까요? 하나님의 말씀인 성경을 읽지 않기 때문입니다. 성경은 하나님의 백성들이 어려움에 처 했을때 일어나는 현상을, 하나님의 말씀을 멀리 했을 때라고 교훈 합니다.

이스라엘은 오랫동안 참 하나님 없이 지내왔습니다. 가르치는 제사장도 없고 율법도 없었습니다(대하15:3) 이러한 때에 북 왕국 이스라엘에서는 50만 명의 군사가 죽음(대하13:17)을 당했습니다.

그리고, 250년 후에 또다시 하나님의 말씀을 잃어버렸습니다. 유다의 백성들은 주변 강대국들에 의해 위험에 처해지고, 지치고 힘들게 살아갈 때 그 이유를 모르고 있다가 주님의 성전에서 주님의 율법책을 발견하고...왕은 율법의 말씀을 다 듣고는 애통하며 자기의 옷을 찢었다. (대하34:14) 이렇게 하나님의 말씀을 발견하고 말씀으로 돌아왔을 때, 자신들이 왜? 그렇게 힘들었는지를 깨닫게 되었습니다.

(아모스 8:11) 나 주 하나님이 하는 말이다 내가 이 땅에 기근을 보내겠다 사람들이 배고파 하겠지만 그것은 밥이 없어서 겪는 배고픔이 아니다. 사람들이 목말라하겠지만, 그것은 물이 없 어서 겪는 목마름이 아니다. 주의 말씀을 듣지 못하여서 사람들이 굶주리고 목말라 할 것이다.

이렇게 하나님의 말씀이 우리에게서 멀어질 때, 우리의 삶도 지치고 힘들어지는 것입니다. 성경은 하나님께서 자신의 능력을 나타내는 귀중한 진리의 도구입니다.

이제 이 징검다리 책자를 쓰면서 이 세 가지를 성령님께 구합니다.

1. 성경을 읽으려고 해도 말씀이 너무 방대하고 어려워서 집중이 안되시는 분들에게 먼저 성경에 관하여 관심을 갖게 하고, 한 걸음씩 다가가는 징검다리의 역할을 하게하여 주옵소서.

2. 평소에 성경구절을 암송하므로, 삶 속에 어려운 일이 닥칠 때에 하나님께서 들려주시는 말씀을 다시 받아서 큰 용기와 위로를 얻게 하시며, 영적인 승리하도록 인도하여 주옵소서.

3. 주님의 지상명령 "가르쳐 지키게 하라"(마28:20) 이 전도사역을 감당하기위하여 인간의 권위가 아닌 하나님 말씀의 권위를 지키므로 흑암의 세력으로부터 승리하고, 온 세상 땅 끝까지 복음을 전하는 주님의 증인되게 하여 주옵소서.

※ 이 책은 익숙한 성경구절은"개역개정"성경을 사용하였고, 이해하기 쉽게 풀이된 내용은 "새 번역"성경을 사용하였습니다. 이 책은 신학교 과정에 대하여 궁금해 하시는 분들에게 도움이 되는 신학과 역사적 자료를 제공하고 있습니다.

최 주 호 목 사

추천사

"성경편람참고서 징검다리"가 출판됨을 기뻐하는 바이다. 성경책은 그리스도인들의 신앙과 행위의 기준으로 매우 중요한 책이다 그러나 그 내용이 너무 방대하여 그 내용을 파악하는 일이 쉽지 않은 것이 사실이다.

징검다리 성경편람은 누구나 쉽게 이해 할 수 있도록 돕는 책이다.

저자는 이 책을 집필함에 있어서 각종도표, 지도, 그리고 그림을 곁들여 독자들의 이해를 돕고자 하였다. 이 책을 읽고 성경을 읽으면 창세기부터 요한계시록까지의 기본적인 내용을 보다 쉽게, 그리고 보다 체계적으로 이해 할 수 있을 것이다. 뿐만 아니라 간추린 한국교회사와 세계교회사 및 교회사를 빛낸 주요 인물들을 소개하므로 선교와 영성의 발전사를 이해시키고 있다, 또한 기독교 교의의 근본 원리인의 조직신학을 평신도 수준의 학문으로 간략하게 첨부하므로. 처음 신앙생활 하시는 분들에게는 전도용으로, 신앙생활을 오래하신 분들에게는 학습용으로 추천하며 일독을 권하는 바이다.

박 기 호 목사 (훌러 신학교 원로교수)

최주호 목사님은 말씀의 사람이십니다. 평생 말씀 연구와 말씀을 살아내는 자리에 계신 분이십니다. 말씀의 권위와 말씀의 능력을 아시는 분의 연구 결과이기에, 더 더욱 "성경편람참고서 징검다리"를 통해 주님께서 독자들에게 주실 은혜가 기대됩니다.

성경을 처음 읽는 분들에게 또는 성경을 오래 접해왔지만, 전체 그림을 가지지 못했던 분들에게 너무 유익한 책이 될 줄 믿습니다. 성경을 읽어나가기에 guideline 되어 이해를 돕고, 또한 은혜를 더욱 누릴 수 있는 탁월한 tool이 될 것입니다.

이 책은 성경을 접하는 자들에게 깊고 풍성한 은혜의 자리로 이끌 것입니다.

최 경 욱 또감사선교교회 담임목사

목 차

목   차

목   차

성경의 영감과 권위

신.구약 성경은 모두 66권으로, 구약39권과 신약27권으로 되어있다. 신.구약성경은 하나님의 영감에 의하여(딤후3:16,벧후1:21) 쓰여진 전 세대 모든 인류를 향한 하나님 자신에 관한 말씀이다. 모든 성경은 하나님의 영감으로 된 것으로서 교훈과 책망과 바르게함과 의로 교육하기에 유익합니다.(딤후 3:16) 성경은 약 40명의 저자에 의하여 1500년 이상의 긴 기간을 걸쳐 기록된 책이다. 이 기간이란 하나님의 계획 하에서 성령의 영감으로 기록 되어진 기간을 의미한다. 그리고 역사적 배경과 시간과 장소가 각기 다른 곳에서 각 사람에게 주어진 은사에 의하여 기질, 재능, 인격, 교육, 교양, 어휘, 말투, 문체 등을 그대로 사용하셨다. 이런 의미에서 성경은 모든 인류가 유일하신 하나님을 알 수 있는 길이며 신앙생활에 유일한 근거로서 받아들여야 할 하나님의 특별계시로서의 유일한 책이다.

이렇게 성경은 하나님의 말씀이므로 완전성과 함께 절대적 권위를 갖고 있으며, 영원하다.

풀은 마르고 꽃은 시드나 우리 하나님의 말씀은 영원히 서 있다.(사40:8) 하나님의 말씀을 받은 사람들을 하나님께서 신이라고 하셨다, 또한 성경은 폐하지 못한다.(요10:35) 천지가 없어지기 전에는 율법은 일점일획도 없어지지 않고 다 이루어 질 것이다.(마5:18)

구약성경 39권	율법서 5권	창세기	민수기
		출애굽기	신명기
		레위기	
	역사서 12권	여호수아	열왕기하
		사사기	역대상
		룻기	역대하
		사무엘상	에스라
		사무엘하	느헤미야
		열왕기상	에스더
	시가서 5권	욥기	전도서
		시편	아가
		잠언	
	대예언서 5권	이사야	에스겔
		예레미야	다니엘
		예레미야애가	
	소예언서 12권	호세아	
		요엘	하박국
		아모스	스바냐
		오바댜	학개
		요나	스가랴
		미가	말라기

신약성경 27권	복음서 4권	마태복음		누가복음
		마가복음		요한복음
	역사서	사도행전		
	바울서신 13권	로마서		데살로니가전서
		고린도전서		데살로니가후서
		고린도후서		
		갈라디아서		
		에베소서	옥중서신	디모데전서	목회서신
		빌립보서		디모데후서	
		골로새서		디도서	
		빌레몬서			
	공동서신 8권	히브리서		요한일서
		야고보서		요한이서
		베드로전서		요한삼서
		베드로후서		유다서
	예언서	요한계시록		

구 약 연 대 기

시 대	역 사 서		시가서	연 대	
1. 창조시대	창세기			태초	
2. 족장시대	창세기		욥기	BC 2100 - BC 1800	
3. 출애굽 광야시대	출애굽기, 레위기, 민수기, 신명기		시편 90편	BC 1800 - BC 1400	
4. 정복시대	여호수아			BC 1400 - BC 1380	
5. 사사시대	사사기, 룻기			BC 1380 - BC 1050	
6. 통일 왕국시대	사무엘상, 하		아가서 시편 전도서 잠언	BC 1040 - BC 931	
	열왕기상 열왕기하	역대상 역대하		예언서	연대
7. 분열 왕국시대				요나, 아모스, 호세아, 미가, 이사야, 나훔, 스바냐, 하박국, 예레미야, 애가	BC 931 - BC 605
8. 포로시대				다니엘, 에스겔, 오바댜	BC 605 - BC 535
9. 포로 귀환시대	느헤미아, 에스라, 에스더			스가랴, 학개, 요엘	BC 535 - BC 427
10. 침묵시대				말라기	BC 400 - BC 5

창세기(Genesis)

창세기는 모세오경(모세가 기록한 책 – 창세기, 출애굽기, 레위기, 민수기, 신명기, 여호수아) 가운데서 제일 첫 권이다. 창세기는 구속 계시의 막을 여는 책으로서 그 내용에 있어서 기원(origin)이라는 특징을 지닌다. 본서는 우주의 생명과 사람, 죄와 죽음, 가정, 문화, 사회, 민족, 심판 등을 다루시는 여호와 하나님이 자신의 존재를 알리기 위하여 모세라는 한 인물을 세우시고, 태초부터 시작된 일들을 기록하게 하셨다. 기록 목적은 모든 생명의 시작을 알리신 하나님께서 자신의 형상으로 지은 인간을 창조함으로 인간과 자신과의 매우 특별한 관계를 통한 영원한 경배와 섬김의 대상이 되고자 하셨다. 그러나 인간은 불순종으로 인간이 타락하게 되고 죄악으로 인해 보이지 않는 흑암의 세계 속에서 신음하게 되었고, 고통스럽게 살다가 죽어 갈 수밖에 없는 인간들을 보시고 불쌍히 여기셔서 새 생명의 구속, 계시의 장을 펼치신다. 그 구원 계획을 따라 인간들을 여인의 후손(창3:15) 즉, 예수그리스도를 통하여 구원의 광명으로 이끌어 주실것이라는 구속사적 복음의 메시지를 계시하기 위하여 창세기를 성경 전체의 첫 장으로 기록 하게 되었다.

> 1장 천지창조 / 2장 인간창조와 에덴동산 / 3장 인류의 타락, 죄의 기원
> 4장 인류문명의 시작 / 5장 아담에서 노아까지의 계보
> 6장 홍수심판 예고, 노아의 방주 / 7장 대홍수 심판 / 8장 홍수의 멈춤
> 9장 하나님 노아와 무지개 언약을 세우다 / 10장 노아의 족보

1:1-3 태초에 하나님이 천지를 창조하셨다. 빛이 생겨라 하시니 빛이 생겼다.

첫째 날	빛과 어둠	넷째 날	낮과 밤의 빛(해와 달과 별들)
둘째 날	궁창, 바다, 육지	다섯째 날	바다와 육지와 공중의 모든 생물들
셋째 날	육지위의 모든 식물	여섯째 날	들짐승과 사람들

1:27-28 하나님의 형상대로 사람을 창조 하셨다. 생육하고 번성하여 땅에 충만하라. 땅을 정복하여라.
2:9 동산 한 가운데는 생명나무와 선과 악을 하는 알게 하는 나무를 자라게 하셨다.
2:17 선과 악을 알게 하는 나무의 열매만은 먹어서는 안 된다. 그 것을 먹는 날에는 너는 반드시 죽는다.
3:15 내가 너로 여자와 원수가 되게 하겠다 여자의 후손은 너의 머리를 상하게 하고, 너는 여자의 자손의 발꿈치를 상하게 할 것이다.
(신학용어로 "원시복음" 이라고함)

원 죄 - 선과 악을 알게 하는 열매를 먹으므로 하나님께 대한 불순종이 드러났고, 그 결과 "사망" 이 왔다. 이것을 가리켜 "원죄" 라고 한다.
원죄는 불순종의 결과이지 우리 스스로가 판단하고 행위나 양심으로 책임 질 수 있는 영역이 아니다. 이 문제의 해결은 오직 예수 뿐이다.
자범죄 - 자범죄는 끊임없이 일어나는 양심속의 보이지 않는 선과 악의 싸움이며 하나님의 율법에 의한 선과 악의 전쟁기록(계20:12 행위의 책들)을 자범죄 라고 볼 수 있습니다.

십자가에서 피 흘리심은 우리의 모든 죄를 씻어 내는 것이며,
사망의 권세를 깨뜨리고 부활하심은 원죄와 자범죄의 문제를 모두 해결하는
구약과 신약의 완성이 되는 것이다.

6:5 사람의 죄악이 세상에 가득함과 그의 마음으로 생각하는 모든 계획이 항상 악할 뿐임을 보시고...하나님은 창조한 인간을 심판 할 것을 작정함.
그러나, 에녹과 같이 하나님과 동행한 노아는 심판의 대상에서 제외시킴.
노아의 홍수
(가족수 : 노아, 노아의 처, 아들들(셈, 함, 야벳)과 3명의 며느리 모두 8명)

150일간 물이 넘침 / 40일 대홍수
150일 동안 물이 줄어듬 / 방주가 아라랏 산에 안착
372일 후 방주에서 나옴(총 8명) / 무지개의 언약을 보이심

※ 하나님의 언약

맨 처음 인간과 맺으신 언약(창1:26-29, 2:15-17)
범죄한 인간과 맺으신 언약(창3:15)
노아와 맺으신 무지개 언약(창6:18-21, 9:1-17)
믿음의 조상 아브라함과 맺으신 횃불 언약(창15장)
할례의 언약(창17:1-14, 행7:8)
이스라엘 자손과 맺은 시내산 언약(출19-24장)
다윗 왕과 맺으신 언약(삼하7:5-16)
예레미야 31:31-34 예언에 기초하여 구속사적 부활을 중심으로 하는 새 언약(눅22:20,
고전11:25, 고후3:6, 히8:8, 9:15, 12:24)등이 있다.

11장 바벨탑 사건과 인류의 분산
12장 아브람의 소명과 첫 번째 누이라고 속인 사래의 사건
13장 아브람과 롯의 분리 / 14장 가나안 전쟁과 살렘 왕 멜기세덱
15장 아브람과 맺은 횃불 언약 / 16장 하갈과 이스마엘
17장 아브람의 개명과 언약의 표징 할례
18장 세 천사의 방문과 아들을 약속받음 / 19장 소돔과 고모라 성의 멸망
20장 아브라함과 아비멜렉 두 번째 누이라고 속인 사건
21장 이삭의 출생 이스마엘의 축출
22장 하나님께 순종하여 아브라함의 이삭을 바치는 믿음
23장 아브라함의 처 사라의 죽음 / 24장 이삭과 리브가의 결혼
25장 아브라함의 죽음과 두 아들 / 26장 리브가 사건과 이삭의 우물

12:1-2 여호와께서 아브람의 75세 때에 아브람에게 처음 명령하셨다. 너는 네가 살고 있는
땅과 네가 난 곳과 너의 아버지의 집을 떠나서 내가 보여 주는 땅으로 가거라. 내가
너로 큰 민족이 되게 하고 너에게 복을 주어서 네가 크게 이름을 떨치게 하겠다. 너는
복의 근원이 될 것이다.

12장-14장 아브람의 애굽 피난, 아브람 조카 롯과 갈라짐, 롯을 구출, 아브람 하나님의 제사장
멜기세덱에게 십일조를 드림 (히 5:6-10)

15장 여호와께서 아브람과 언약을 세움, 그의 후손이 4백년간 이방에서 객이 됨을 예고
15:6 아브람이 여호와를 믿으니 여호와께서 이를 그의 의로 여기시고

※ 아주 신비한 인물 "멜기세덱"

믿음의 조상 아브라함에게 복을 빌어주고, 십일조까지 받은 그 사람.
(히7:3) 그에게는 아버지도 없고, 어머니도 없고, 생애의 시작도 없고, 생명의 끝도
없습니다. 그는 하나님의 아들 같아서 언제나 제사장으로 계신 분 ...
(히6:20) 예수께서 멜기세덱의 반차를 쫓아 영원한 대제사장이 되어
※ 구약의 율법에 의해서 대제사장이 된 신분은 죄 있는 사람이다. 그러나 예수님은 죄
가 없으시므로 율법에 의한 대제사장이 되실 수가 없다. 그러므로 멜기세덱의 반열
에 대제사장의 신분이 되어야만 한다. 멜기세덱은 오실 예수그리스도의 예표이다.

17장 아브람 99세에 하나님으로 부터 받은 말씀 "나는 전능한 하나님이라 너는 내 앞에
서 행하여 완전하라" 이름이 아브람에서 아브라함으로 바뀜. 언약의 표징으로
할례를 지시하는 하나님. 아브라함 100세 (그의 처 사라는 90세)에 이삭을 낳을
것을 약속 받음.
18장 하나님께서 악한 도성 소돔과 고모라를 멸망 시킬 것을 계획.
아브라함이 조카 롯을 생각하여 간청함(의인 50명에서 10명까지, 그러나 없음)
19장 소돔과 고모라의 멸망 / 롯은 구출 되었으나 롯의 처는 소금기둥이 됨.
21장 아브라함의 처 사라가 이삭을 낳음 / 여종 하갈과 그의 아들 이스마엘의 추방.
하나님은 이스마엘에게도 셀 수 없이 많은 자손을 주겠다고 약속 하셨다.(창 16:
10)(현재의 아랍계열의 사람들, 이슬람 문화의 뿌리)
22장 하나님의 명령, 이삭을 번제로 드리라 / 아브라함의 순종
22:14-17 여호와이레 – "주님의 산에서 준비 될 것이다" 내가 반드시 너에게 큰 복을
주며 너의 자손이 크게 불어나서 하늘의 별처럼 바닷가의 모래처럼 많아지
게 하겠다.
23장 사라가 죽은 뒤 아들 이삭이 아내 리브가를 얻다.
25장 아브라함 175세로 생을 마감.
이삭의 계열에서 야곱과 에서(에돔족속의 뿌리) 등장.

27장 에서를 대신하여 축복받는 야곱 / 28장 야곱의 도피와 사다리환상
29장 야곱의 결혼과 처가살이 / 30장 야곱의 12자녀, 가족의 번성
31장 야곱의 귀향과 미스바의 언약 / 32장 야곱의 얍복강 씨름과 브니엘사건
33장 야곱과 에서의 화해 / 34장 디나의 강간사건과 세겜성 노략질 사건
35장 다시 벧엘로 가서 제단을 쌓는 야곱 / 36장 에서의 후손 에돔
37장 요셉의 꿈과 애굽으로 팔려가는 요셉(17세) / 38장 유다와 불미스런 다말사건
39장 보디발 아내의 유혹과 시험을 이기는 요셉
40장 바로의 두 관원장과 요셉의 꿈 해석

28:15,16,17,19(하나님의 언약) 내가 너와 함께 있어서 네가 어디로 가든지 너를 지켜주며, 내가 너를 이땅으로 데려 오겠다. 내가 너에게 약속한 것을 다 이루기까지 내가 너를 떠나지 않겠다. "주님께서 분명히 이곳에 계시는데도 내가 미처 그것을 몰랐구나"(야곱의 고백)이 얼마나 두려운 곳인가? 이곳은 다름아닌 하나님의 집이다.
여기가 바로 하늘로 들어가는 문이다. 그곳 이름을 "벧엘" 이라고 하였다.

29장 야곱이 삼촌 라반의 집에서 20년을 처가살이 / 많은 재물을 가지고 귀향.

31:19 라헬이 자기 아버지로부터 훔친 드라빔은 무엇인가?

> ※ 드라빔 (Teraphim)
> 마치 오스카상(헐리웃 영화제 트로피)처럼 생겼고, 가족 수호신 "육성하는 자들"이라는 뜻이며, 작은 것은 손가락 크기에서 큰것은 사람크기 만한 것도 있었음. 당시 명품 중에 명품이다. 후에 우상화되면서 사사기 17장, 삼상 15장, 왕하23~24장등에 등장하며 1천 5백년 간 이스라엘을 괴롭힌 하나님으로부터 정죄 받은 우상.

32:28-30 네가 하나님과 겨루어 이겼고, 사람과도 겨루어 이겼으니, 이제 네 이름은 야곱이 아니라 "이스라엘"이다. 내가 하나님의 얼굴을 직접 뵙고도 목숨이 이렇게 붙어 있구나 하면서 이름을 "브니엘" 이라고 하였다.

※ 창세기의 족보

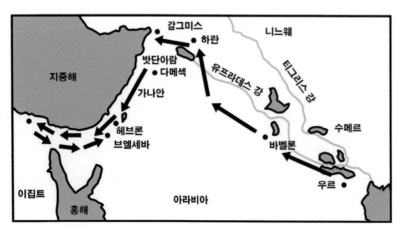

아브라함의 행로

※ 라헬의 소생 – 요셉, 베냐민
※ 빌하의 소생 – 단, 납달리
※ 레아의 소생 – 르우벤, 시므온, 레위, 유다, 잇사갈, 스블론, 디나(딸)
※ 실바의소생 – 갓, 아셀

※ 장자의 명분 (창39:3-9)

   하나님께서 초 태생에게 부여한 특별한 권리, 장자는 상속분의 두 배를 취함.
르우벤은 계모와 동침하는 죄를 범하므로 장자권을 상실하고 그 복이 유다로 넘어감.
장자의 주권은 유다, 장자의 명분인 상속권은 두 몫을 차지한 요셉에게 돌아감.
(대상5:1-2)

41장 13년간 억울한 옥살이 끝에 바로의 꿈을 해석하고 애굽의 총리가 된 요셉.
※ 꿈의 내용
   1. 흉측하고 야윈 일곱 암소가 살찐 일곱 암소를 잡아먹음.
   2. 야윈 이삭 일곱이 잘 여문 이삭 일곱을 잡아먹음.
※ 꿈의 해몽
   애굽 땅에 7년 동안 흉년, 7년 뒤에 풍년

   42장 곡식을 구하러 온 요셉의 형제들
   43장 요셉 형제들의 두 번째 애굽 방문, 베냐민을 데리고 감.
   44장 요셉의 은잔 시험과 유다의 탄원
   45장 그의 형제들 앞에서 자신의 신분을 밝히는 요셉
   46장 야곱의 가족 애굽으로 이주, 13년 만에 죽은 줄로만 알았던 막내 요셉과 상봉
   47장 애굽의 비옥한 땅 고센 땅에 정착한 하나님의 선민들
   48장 야곱이 에브라임과 므낫세를 축복하다
   49장 열두 아들에 대한 야곱의 예언
   50장 야곱의 장례와 요셉의 죽음

46장 요셉, 아버지 야곱(이스라엘)과 13년 만에 상봉

47:9 이 세상 떠돌아 다닌 햇수가 일백하고 삼십년입니다. 저의 조상들이 세상을 떠돌
       던 햇수에 비하면 제가 누린 햇수는 얼마 되지 않지만 험악한 세월을 보냈습니다.

50:19 요셉이 그들에게 이르되 두려워 하지 마소서. 내가 하나님을 대신 하리이까 당신
       들은 나를 해하려 하였으나, 하나님은 그것을 선으로 바꾸사 오늘과 같이 많은
       백성의 생명을 구원하게 하시려고 하셨나니,당신들은 두려워 하지 마소서. 내가
       당신들과 당신들의 자녀를 기르리이다. 하고 그들을 간곡한 말로 위로 하였더라.

"이제 죽어도 한이 없다"

46:30에서 야곱은 이런 말을 했다 "이제 죽어도 한이 없다" 인간에게 있어서 이 이상의 감격과 희열의 감정을 표현 할 수 있는 방법은 없을 것이다. 우리가 죽어서 하나님 앞에 섰을 때에도 아마 이것 보다 더욱 강한 의미의 기쁨이 있을 것이다. 그래서 주님은 새 하늘과 새 땅에 들어온 우리를 환영하며 우리의 강렬한 기쁨의 눈물을 씻겨 주신다고 했다. (계21:4)

"베냐민의 심령이 되어"

요셉의 생애를 보면 예수님을 표상하는 행적이 구속사의 일련의 과정을 통하여 120가지가 된다고 한다. 그 중에서 뚜렷하게 두각 시키는 것은 12가지로 볼 수 있다.

요 셉	예 수 님
1. 양을 치는 목자	나는 선한 목자 (요10:11,14)
2. 아버지의 사랑을 받음	내 사랑하는 아들이라 (마3:17)
3. 형제들의 미움을 받음	형제들도 예수를 믿지 않음(요7;5)
4. 시기를 받음	시기로 예수를 넘겨줌(막15:10)
5. 옷을 벗기 우고	그의 옷을 벗기고(마27:28)
6. 은 20냥에 팔림	은 30냥에 팔림(마26;14,15)
7. 죄의 유혹에서 승리	광야에서 시험 받으심(마4:3-10)
8. 요셉에게 엎드림	모든 무릎이 예수 이름으로 꿇음(빌2;10)
9. 30세에 애굽 총리가 됨	30세쯤 되니라(눅3;23)
10. 고난 뒤에 높아짐	고난 뒤에 높아지심(빌2;9-11)
11. 형제들을 용서함	회개하는 자들을 용서함(마18:21)
12. 온 애굽 백성을 다스림	온 만물을 다스림(계19;16)

※ 필자는 여기에 중요한 사실을 하나 더 추가하고자 한다.

요셉의 친동생 베냐민은 어머니 라헬의 얼굴도 보지 못하고 태어난 아기였다. 그 갓난 아기를 키운 것은 아버지 야곱일 수도 있지만, 너무 늙어서 실질적으로 키운 것은 친형 요셉이었을 것이다. 그러므로 베냐민은 반쪽짜리 고아로 자랐다.

그러던 중 형마저 잃어버리는 고아의 신세가 되어 버렸다.

그래서, 요셉은 애굽에 있으면서도 늘 동생 베냐민을 엄마의 심정으로 그리워했었다.

창43:30 요셉은 자기 친 동생을 보다가 마구 치밀어 오르는 형제의 정을 누루지 못하고 급히 울 곳을 찾아 자기 방으로 들어가 한참 동안 울고, 이렇게 형제의 정 보다 더 깊은 모정의 마음으로 살았고, 드디어 상봉하게 된 것이다.

예수님도 요셉과 같이 고아가 된 우리를 베냐민의 심령에 성령으로 오셔서 우리에게 이루 말할 수 없는 기쁨을 주셨다.

요14:18 나는 너희를 고아처럼 버려두지 아니하고 너희에게 다시 오겠다.

출애굽기(Exodus)

　모세오경의 두 번째 책 (창세기, 출애굽기, 레위기, 민수기, 신명기)이다. 기록연대는 BC1400 으로 보며 기록자는 모세이다. 출애굽기는 일찍이 (600년 전) 아브라함과 체결한 횃불 언약(창 15:12-21)에 근거하여 이루어진 언약의 성취이며, 구약의 십자가 사건인 출애굽(유월절) 사건을 통하여 택한 백성을 압제와 죽음으로부터 구원해 내시는 하나님의 사랑과 주권을 계시하기 위한 기록이다. 아울러 시내 산을 중심으로 족장시대의 막이 내림과 동시에, 율법과 성막을 갖춘 신정국가(神政國家)로서의 탄생을 통하여 하나님의 나라가 지상에 도래하게 됨을 선포한다.

　이 모든 전체적인 흐름은 하나님의 구속 사역(God's redemptive act)에 근거 한다.

　배경으로는 BC1446년 70명의 가족으로 애굽으로 내려간 후, 430년간 약 250만 명의 인구로 번성한 히브리 ("강을 건너온 자" 아브라함 때에 유프라테스 강을 건넜다는 의미) 민족은 같은 셈족으로서 요셉에게 우호적인 힉소스 왕조(BC188-1550)가 새로 운 왕조 라암세스 2세(함족)에 의해 무너지면서 위기가 찾아온다.

　그리고, 이미 강성해진 이스라엘에 대하여 두려움을 느낀 애굽 민족은 이스라엘민족에 대한 핍박을 시작한다. 이제 애굽에서의 좋았던 시절은 끝이 나고, 인종 말살정책의 일환으로 새로 태어난 아기 중에 아들들은 무조건 죽이는 사건이 벌어진다.

　여기서 하나님은 버려진 아이, 모세(물에서 건져 내었음)를 갈대상자(방주와 같은뜻)로 구출시켜 바로의 딸에게 몰래 입양시켜 40년간 최고 수준의 왕궁 교육을 받게 만든다.

　그리고, 하나님은 한 사건(출 2:11)을 일으켜, 모세를 미디안 광야로 내쫓고 그곳에서 40년간을 목동생활을 하게끔 하여 인생 훈련을 시킨다.

　이제 하나님이 모세를 부르고 이스라엘을 구원 할 지도자로 지명하게 된다. 불속에서도 타지 않는 가시덤불 속에서 하나님의 음성이 들림과 동시에 소명의 길을 가게 된다.

1장 이스라엘 민족의 번성과 학대 받는 노예생활
2장 모세의 탄생과 미디안 광야 도피 생활 / 3장 하나님이 모세를 부르시다
4장 하나님으로부터 능력을 받는 모세, 모세의 애굽 귀환
5장 모세와 아론 바로 왕 앞에서 해방을 요구, 바로의 핍박
6장 하나님의 위로, 모세와 아론의 족보 / 7장 모세와 바로의 대결, 피의 재앙
8장 개구리, 이, 파리의 재앙 / 9장 악질, 독종, 우박의 재앙
10장 메뚜기와 흑암의 재앙 / 11장 마지막 열 번째 재앙의 경고

3:5-6 모세야! 모세야! 네가 서 있는 곳은 거룩한 땅이니 너는 신을 벗어라.
나는 너의 조상 곧 아브라함의 하나님, 이삭의 하나님, 야곱의 하나님이다.
→ 하나님 – 내가 반드시 너와 함께 있으리라. 네가 그 백성을 애굽에서 인도하여 낸
후에 너희가 이 산에서 하나님을 섬기리니 이것이 내가 보낸 증거니라.
→ 모세 – 내가 이스라엘 자손에게 가서 하나님이 나를 보내셨다 하면, 그들이 그가
누구냐고 물어볼 터인데 내가 그들에게 무엇이라고 말해야 합니까.
→ 하나님 – "스스로 있는 자"가 보내셨다 하라

4장 하나님께서 모세에게 능력을 주시다 / 지팡이가 변하여 뱀이 됨 / 손에서 문둥병
발함.

7장 모세와 아론, 지팡이가 뱀이 되게 함. 그러자 바로 쪽의 술사들도 똑같이 행함.

※ 애굽에 내린 10가지 재앙

1.피의 재앙	나일강이 변하여 피로	6.사람에게 독종	사람마다 피부병
2.개구리 재앙	바로의 술객도 흉내를 냄	7.우박의 재앙	하늘에서 우박 떨어짐
3.이의 재앙	바로의 술객은 못함	8.메뚜기 재앙	메뚜기들이 식물 먹어치움
4.파리의 재앙	애굽의 온 땅이 파리 떼	9.흑암의 재앙	3일간 이스라엘지역외 암흑
5.가축악질 재앙	가축들이 괴질이 생김	10.죽음의 재앙	장자와 첫태생 동물의 죽음

　바로왕은 지금까지의 욕심을 포기하고 이스라엘 백성을 해방 시킨다. 이제 출애굽하여
약 250만 명의 대 이동을 한다.
　하나님께서 그들을 임재하심의 표징으로 낮에는 구름 기둥, 밤에는 불 기둥으로 그들을
인도 하신다.

12장 유월절예식과 출애굽 / 13장 초 태생의 규례 및 불 기둥 구름 기둥
14장 홍해를 건너다 / 15장 모세의 감사 찬양, 마라의 쓴 물 / 16장 만나와 메추라기
17장 르비딤의 므리바, 맛사 아말렉과의 전쟁 / 18장 모세의 장인 이드로, 재판관 임명
19장 시내 산에 강림하신 여호와 / 20장 십계명을 받음
21장 종, 살인, 폭력, 배상 등에 관한 법 / 22장 절도, 담보, 간음에 관한 법

14장 홍해바다를 건너다 – 뒤따라 추격하던 바로의 병사들은 모두 수장됨.
15장 수르광야에서 목말라 불평하는 백성에게 모세는 마라의 쓴 물이 단물로 변하는 기적
16장 굶주린 이스라엘에게 하나님은 만나와 메추라기를 내리심.
17장 신 광야 맛사(므리바)에서 불평하는 백성을 향해 모세가 혈기로 반석을 두 번 치므
　　로 나중에 큰 후회를 하게 됨. (민20:1-13) 아말렉과의 전투 –아론과 훌이 모세의
　　팔을 올리면 이기고 내리면 지는 상황이 벌어짐.
15절 여호와 닛시 (승리자 되신 하나님)
18장 장인 이드로의 방문과 재판관 임명
19장 이스라엘 자손이 하나님의 산 시내산(호렙산)에 도달함.
19:5~6 이제 정말로 나의 말을 듣고 내가 세워 준 언약을 지키면 너희는 모든 민족 가운데
　　서 나의 보물이 될 것이다. 온 세상이 다 나의 것이다. 세계가 다 내게 속하였나니
　　너희 가 내 말을 잘 듣고 내 언약을 지키면 너희는 모든 민족 중에 내 소유가 되겠
　　고 제사장의 나라가 되며 거룩한 백성이 되리라.
19:16 셋째날 아침에 우레와 번개와 빽빽한 구름이 산 위에 있고 나팔소리가 매우 크게 들
　　리니 진중에 있는 모든 백성이 다 떨더라.
19:18~19 시내산에 연기가 자욱하니 여호와께서 불 가운데서 거기 강림하심이라
　　　　그 연기가 옹기가마 연기같이 떠오르고 온 산이 크게 진동하며 나팔 소리가 점
　　　　점 커질 때에 모세가 말한즉 하나님이 음성으로 대답 하시더라.

※ 십계명 (20:1-17)

1. 내 앞에서 다른 신들을 섬기지 못 한다.
2. 위로 하늘에 있는 것이나 아래로 땅에 있는 것이나 땅 아래 물속에 있는 어떤 것이든지
　 그 모양을 본 떠서 우상을 만들지 못한다 주 너의 하나님은 질투하는 하나님이다.
3. 주 너의 하나님의 이름을 함부로 부르지 못한다.
4. 안식일을 기억하여 그 날을 거룩하게 지켜라.
5. 네 부모를 공경하라.
　 그래야 너희는 주 너희 하나님이 너희에게 준 땅에서 오래도록 산다.
6. 살인하지 못한다.
7. 간음하지 못한다.
8. 도둑질하지 못한다.
9. 너희 이웃에게 불리한 거짓 증언을 하지 못한다.
10. 너희 이웃의 소유는 어떤 것도 탐내지 못한다.

24장 시내산에서 모세와 언약을 세우다 이스라엘 장로 70명이 멀리서 경배하고 모세는
    산으로 올라가 40주야를 하나님과 함께 있으면서 율법과 계명을 기록한 돌판을
    받음.
25장-31장 성막, 성소, 지성소, 증거궤, 성소기구, 제사장의 옷 등을 만들것을 명령하심
31:18 여호와께서 시내 산에서 모세에게 이르시기를 마치실 때에 증거판 둘을 모세에
    게 주시니, 이는 돌판이요, 하나님이 친히 쓰신 것이라.

※ 구름기둥

32장 모세가 시내산에서 더디 내려오자, 산 밑에 백성들은 금으로 만든 송아지 형상의
    우상을 만들고 그것이 자신들을 애굽에서 구출한 신 이라고 하며 축제를 벌이고
    있었다. 그 광경을 목격한 모세는 하나님이 친히 기록한 증거판을 산아래로 던져
    서 깨뜨려 버림. 이 사건으로 3천명이 죽임을 당함.

33:11 하나님과 모세의 대화는 자기 친구와 대화 하듯하였다.
33:16,17,19 나와 주의 백성이 주의 목전에 은총을 입은 줄을 무엇으로 알리까 너는 내 목전에 은총을 입었고 내가 이름으로도 너를 앎이라 내가 내 모든 것을 네 앞으로 지나가게 하고 여호와의 이름을 네 앞에서 선포 하리라 나는 은혜를 베풀 자에게 은혜를 베풀고 긍휼이 여길 자에게 긍휼을 베푸느니라.
33:20-23 또 이르시되 네가 내 얼굴을 보지 못하리니 나를 보고 살자가 없음이니라 보라 내 곁에 한 장소가 있으니 너는 그 반석위에 서라 내 영광이 지나 갈 때 내가 너를 반석 틈에 두고 내가 지나 가도록 내 손으로 덮었다가 손을 거두리니 네가 내 등을 볼 것이요 얼굴은 보지 못하리라.
34:14 너는 다른 신에게 절하지 말라 여호와는 질투라 이름하는 질투의 하나님이라.

※ 하나님의 영광이 성막 위를 덮다

40장34-38 그때에 구름이 회막을 덮고 주님의 영광이 성막에 가득 찼다. 모세는 주님의 영광이 가득찬 성막 안에는 들어갈 수 없었다. 이스라엘 자손은 구름이 성막에서 걷히면 진을 거두어 가지고 떠났다. 그러나 구름이 걷히지 않으면 걷힐 때까지 떠나지 않았다. 그들이 길을 가는 동안에 낮에는 주님의 구름이 성막위에 있고 밤에는 구름 가운데 불이 있어서 이스라엘 온 자손의 눈앞을 밝혀 주었다.
(새번역)

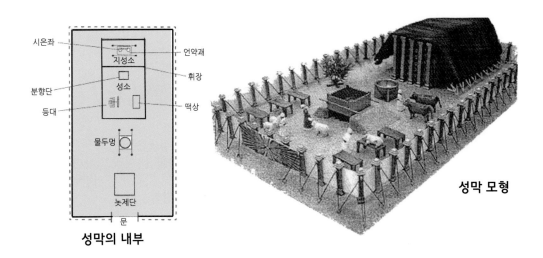

성막의 내부

성막 모형

※ 언약과 계명은 무엇이 다른가?

언약은 하나님이 인간과의 관계에서 자신의 맹세를 약속으로 나타내는 것입니다. 그리고 이 약속은 영원불변하는 하나님의 속성이 반영되는 것입니다.(히6:17)

언약을 받은 사람은 아담, 노아, 아브라함, 이삭, 야곱, 요셉, 모세, 다윗 등이 있습니다.

계명은 언약속에 맺어진 관계속에 하나님이 요구하시는 주권이 인간에게 명령으로 하달되는 것입니다. 그러므로 모세오경(창세기, 출애굽기, 레위기, 민수기, 신명기)을 통해 하나님의 명령 하라! 248개와 하지마라! 365개 총 613개 가 있습니다. 248개는 신체의 마디 수를 의미하며 365는 날짜 수로 1년을 한 몸처럼 명령을 잘 지켜야 한다는 것입니다.

※ 하나님의 이름

여호와(Jehovah 야훼 Yahweh)- 언약의 하나님, 스스로 있는자, 과거 현재 매래의 하나님
여호와 이레(Jehovah-Jireh)-준비하시는 하나님 (창22:13.14)
여호와 라파(Jehovah Rapha)-병을 치료하시는 하나님(출15:26)
여호와 닛시(Jehovah Nissi)-나의 승리,깃발 되시는 하나님(출17:15)
여호와 샬롬(Jehovah Shalom)-평강의 하나님 (삿6:24)
여호와 라아(Jehovah Raah)-나의 목자이신 하나님(시23:1)
여호와 삼마(Jehovah Sammah)-거기 계시는 하나님(겔48:35)

※ 하나님의 성품

* 거룩하신 하나님 – 나는 여호와 하나님이라 내가 거룩하니,
너희도 몸을 구별하여 거룩하게 하고(레11:44)
* 공의로우신 하나님 – 하나님은 거룩하므로 개인,사회,국가 역사의 심판 주로서 의로움을 기준하여 모든 만물을 주관하시고 통치하신다.(사5:16 시89:14)
* 사랑의 하나님 – "하나님은 사랑이시다"(요1서4:7-9)하나님은 사랑의 실체이다. 우주만물이 하나님의 사랑속에 존재하고 조화를 이루어 나간다.
하나님은 사랑이므로 어떠한 죄라도 주의 보혈로 용서하신다.
* 진실하신 하나님 – 예수님은 하나님을 가르켜"유일하신 참 하나님"이라고 하셨다.(요17:3)
여기서 "참"이란 뜻은 진실되다 라는 뜻이다 따라서 하나님의 은혜는 진실 된 것이다.
* 선하신 하나님 – 하나님은 모든 선의 원천이 되신다. 예수님은 부자 청년에게 "하나님 한분 외에는 선한 이가 없다"라고 말씀하셨다.(막10:18)
"여호와께 감사하라 저는 선하시며 그 인자하심이 영원함이로다(시136:1)
하나님은 인간을 선한 목적으로 창조 하셨다. 그러므로 모든 인간은 하나님을 영화롭게 하여야 하며, 그를 영원토록 즐거워해야한다.

레위기(Leviticus)

　모세오경 중에 세 번째 책인 레위기는 거룩하신 하나님과 타락한 인간 사이의 친교가 어떻게 가능 할 수 있는 가를 가르쳐 주는 화해의 지침서이다. 한걸음 더 나아가 레위기는 거룩한 나라로 부름 받은 이스라엘 백성들이 어떠한 모습으로 그 분께 나아가, 어떠한 방법으로 섬겨야 하는 지를 명시해준 예배(제사)의 모범이기도 하다. 따라서 본서는 주로 제사장직과 레위인의 직임을 중심으로 각종제사와 정결의식 및 성결에의 요구들을 강조하고 있다. 특히 본서에 제시된 모든 제사는 인류대속을 위해 갈보리의 십자가 희생 제물이 되신 예수그리스도의 사역과 성품을 여러 각도로 상징하고 예시해 준다는 점에서 구속사적 큰 의미를 지닌다.

1장 번제의 규례와 제물 / 2장 소제의 규례와 제물 / 3장 회목제의 규례와 제물
4장 속죄제의 규례와 제물 / 5장 속죄제와 속건제의 규례 / 6장 각 제사와 제사장의 직무
7장 각 제사와 제사장의 몫 / 8장 제사장 위임식 / 9장 제사장 취임식
10장 제사장이며 아론의 두 아들인 나답과 아비후의 죽음 / 11장 정결한 짐승 부정한 짐승
12장 산모의 정결규례 / 13장 문둥병의 진단 및 규례 / 14장 문둥병자의 정결예식

※ 1장-10장-제사법 - 번제, 소제, 화목제, 속죄제, 속건제

명칭			레위기	제 물	제사방식	제사시기
향기 있는 제사	자원해서 드림	번제	1:3-17 6:8-13	소,양,염소의 수컷 산비둘기, 집비둘기	완전히 태움 향기로운 냄새	매일 아침저녁 정한 때에 따라
		소제	2:1-16 6:14-23	고운 밀가로, 볶거나 찧은 햇곡식 누룩, 꿀 금지	일부를 태움, 나머지는 제사장 몫	매일 아침저녁 자원할 때 정한 때를 따라
		화목제	3:1-17 7:11-30 22:21-30	소.양.염소,수컷 암컷 흠 없는 것	내장과 기름 태움 향기로운 냄새	감사할 때 서원을 지킬 때 자원 할때
향기없는 제사	의무적으로 드림	속죄제	4:1-5:13 6:24-30	제사장과 지도자: 흠 없는 수송아지, 숫염소 일반인: 흠 없는 암양, 암염소, 비둘기 가난한자: 고운 밀가루	기름기를 태움 나머지는 지성물로 제사장 몫	정한 절기에따라, 대속죄 일, 실수로 범죄 했을때
		속건제	5:14-6:7 7:1-10	흠 없는 숫양	내장과 기름기 태움 나머지 제사장 몫	지성물이나, 이웃것을 침해했을때

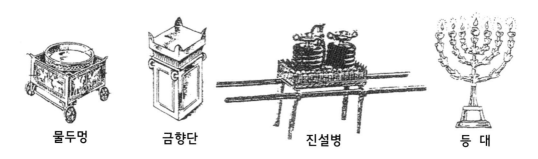

물두멍   금향단   진설병   등 대

10:1-3 아론의 아들 가운데서 나답과 아비후가 제각기 자기의 향로를 가져다가 거기에 불을
담고 향을 피워서 주님께로 가져갔다. 그러나 그 불은 주님께서 명하신 것과는 다른
금지된 불이다. 주님 앞에서 불이 나와서 그들을 삼키니 그들은 주님 앞에서 죽고 말았
다. 모세가 아론에게 말하였다 "주님께서 내게 가까이 있는 이들에게 나의 거룩함을
보이겠고 모든 백성에게 나의 위엄을 나타내리라" 하신 말씀은 바로 이것을 두고 하신
말씀입니다. (새번역)

"금지된 불"

세상일에도 처음 시행되는 일의 잘못된 결과에 따라 죄목을 엄중히 처리하는 것을 "첫 시범
케이스에 걸려 들었다" 라고 한다. 하나님도 처음 시작하는 일에 있어서 자신의 신성과 거룩을
나타내기 위하여 때로는 잘못을 저지른 자에게 죄의 경중과 이유를 묻지 않고 그 잘못에 대한
엄한 대가를 치루게 하여 다른 사람들이 나쁜 버릇에 물들지 않게 한다.

그 사건이 바로 구약에서 나답과 아비후의 저주받은 사건이며, 신약에 와서는 아나니아와 삽
비라의 사건(행5:1-11)이다. 이 두 사건의 공통점은 길들이기 힘든 인간을 길들이는 하나님의
방법이다. 오늘날도 교회에서 일어나는 불미스런 일들을 대수롭지 않게 여기는 성도들이 많다.
교회는 거룩한 성도들의 공동체이며 그리스도의 몸이다.
한 번은 주님께서 성전을 정화하시면서 시편69:9절을 인용하셨다. "주의 집을 위하는 열성이
나를 삼키고 주를 비방하는 비방이 내게 미쳤나이다" 나답과 아비후 그들이 누구인가?
아론의 아들이고 제사장이며, 시내산에서 칠십인의 장로를 뽑을 때 처음 언급된(민11:16-24)
유일한 인물들이다. 아나니아와 삽비라(행5장)도 교회의 개척멤버에 해당하는 직분을 가진 자
들이다. 우리가 교회 생활을 오래 할 수록 조심해야 하는 것이 바로 금지된 불이 무엇인지 구별
하고 영적으로 조심하는 것이다.

주님께서 "내게 가까이 있는 이들에게 나의 거룩함을 보이겠고, 모든 백성에게 나의 위엄을
나타내리라" 가까이 있는 자가 누구입니까? 목사, 장로, 안수집사, 전도사, 교사, 집사 그 다음
에는 모든 백성에 해당하는 평신도이다. 하나님의 거룩함과 그 신성 앞에 드러난 참 예배와
진리의 말씀 속에서 우리의 신앙과 말과 행동을 조심하는 것이 금지된 불을 드리지 않는 것이
라고 생각한다.

15장 유출병의 규례와 그 정결법 / 16장 대속죄일의 규례 / 17장 피에 대한 규례
18장 성관계에 관한 규례 / 19장 성민 이스라엘의 법도와 사회규범
20장 사형에 해당하는 여러 범죄 / 21장 제사장의 정결 규례 및 자격
22장 성물에 관한 정결규례 / 23장 성회로 지킬 여호와의 여러 절기
24장 성물관리 및 신성모독자의 처형 / 25장 안식년과 희년
26장 순종은 축복 불순종은 저주 / 27장 각종 서원에 관한 규례

16장– 아사셀의 희생양(8절) 두 염소를 제비뽑되, 한 마리는 여호와를 위함, 다른 한 마리는
　　　산채로 두었다가 백성들의 모든 죄를 뒤집어 쒸운 뒤 악마의 광야로 내쫓음.

17:11 (피는 먹지 못한다) 생물의 생명이 바로 그 피 속에 있기 때문이다. 피는 너희 자신의
　　　죄를 속하는 제물로 삼아 제단에 바치라고 너희에게 준 것이다.
　　　피가 바로 생명을 지니고 있기 때문에 죄를 속하는 것이다.

19:2 너희의 하나님인 나 주가 거룩하니 너희도 거룩해야 한다.
　　　나의 이름으로 거짓 맹세하여 너희 하나님의 이름을 더럽혀서는 안 된다.
19:9 가난한 사람들과 외국사람들이 줍게 곡식이나 포도를 모두 따거나 주워서는 안된다.

25:23 땅은 나의 것이다. 너희는 다만 나그네이며, 나에게 와서 사는 임시 거주자 일뿐이다.
25:35 너희 동족 가운데서 아주 가난해서 도저히 자기 힘만으로는 살아갈 수 없는 사람이
　　　너희 곁에 살면 너희는 그를 돌보아 주어야 한다.

※ 안식년과 희년

　매 7년째는 안식년 땅이 휴식을 갖는 해, 안식년이 7번지나 49년의 다음해가 희년이다.
※ 희년– 모든 땅의 소유는 하나님의 것이라는 개념을 알리는 것 모두 자기의 소유지로 돌아감
※ 희년의 토지 무르기– 50년이 되는 해에는 전국이 나팔을 불며 이전 소유의 모든 땅은 원 주
　　　인에게로 무상으로 돌아감. 가나안에 들어와 이방인과 함께 거주하면서
　　　그들의 풍습을 따라 바알의 토지법(부동산투기의 원조)으로 바뀌었음.

※ 이스라엘의 절기 : 레23장, 신16장

유 월 절	유대력 1월 14일 / 민간력 7월	출애굽을 기념하는 절기
무 교 절	유대력 1월 15일 - 27일	급히 출애굽. 고난의 떡을 먹음
칠칠절(오순절)	무교절 기간 중 첫 열매 후 50일 뒤	밀 추수의 첫 소산. 신약의 성령강림
나 팔 절	유대력 7월 1일	안식달을 맞아 나팔 불어 봉헌
속 죄 일	유대력 7월 19일	대제사장 1년 한번 지성소 출입
초 막 절	유대력 7월 15일 - 21일	광야생활 40년을 기념
※이스라엘의 3대 절기 : (1) 유월절 (2) 칠칠절 (3) 초막절		

26:3~4 너희가 내가 세운 규례를 따르고 내가 명한 계명을 그 대로 받들어 지키면, 나는 철따
라 너희에게 비를 내리겠다. 땅은 소출을 내고 들의 나무들은 열매를 맺을 것이다.

26:6 내가 땅을 평화롭게 하겠다. 너희는 두 다리를 쭉 뻗고 잘 것이다.

26:9 나는 너희를 보살펴 자손을 낳게 하고 자손을 많게 하겠다.

26:11~12 너희가 사는 곳에서 나도 같이 살겠다. 나는 너희 사이를 거닐겠다.
나는 너희의 하나님이 되고, 너희는 나의 백성이 될것이다.

26:45~46 그들을 돌보려고 나는 내가 이집트 땅에서 이끌어낸 그 첫 세대와 맺은 언약을 기억
할 것이다. 나는 그들의 하나님이 되려고 뭇 민족이 보는 앞에서 그 들을 이끌어 내
었다, 나는 주다. 이상은 주님께서 시내산에서 모세를 시켜 주님과 이스라엘 자손
사이에 세우신 여러 가지 규례와 법도와 율법이다.

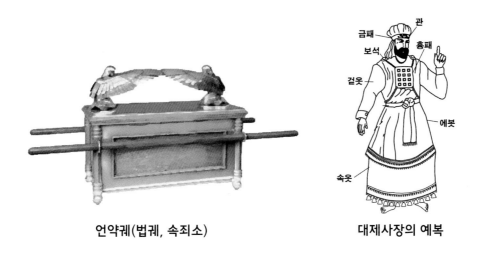

언약궤(법궤, 속죄소)   대제사장의 예복

민수기(Numbers)

　본서 민수기는 모세오경의 네 번째 책으로 기록자는 모세이다. 역사적 배경은 출애굽 후, 시내
산을 출발(출애굽2년 2월20일)로부터 모압광야 도착(BC1406) 때까지 38년의 광야 여정을
기록하고 있다.

　기록 목적으로는 하나님께서 택하신 백성에게 요구하시는 것들, 자신의 약속에 대한 신뢰와
순종으로 그리고 믿음으로 나아 갈 때에 축복받는 백성이 된다는 것을 강조한다.

　또한, 광야 여정의 고통은 원망과 불평, 불순종의 결과이지만, 하나님은 자기 백성을 사랑하사
선민으로서의 자질을 향상시키고, 생존과 번영을 위한 훈련이었음을 알리고자 하였다.

소요시간	38년간								
인구조사	1차 광야행진 (1장~25장)					2차 가나안땅 분배를 위하여(26장~36장)			
3대 구분	구세대(1장-10장)			과도기(11장-25장)			신세대(26장-36장)		
9대 사건	첫번째 인구조사(1장-4장)	성 결 (5:1-10:10)	행 군 (10:11-12:16)	가데스 바네아 의반역 (13-14장)	제사장 재정비 (15-19장)	행 진 (20-25장)	두번째 인구조사 (26-27장)	제사와 서원 규례 (28-30장)	가나안 영토분배(31-36장)
3대 산	시내산(1-10장)20일간			호르산(11-21장)38년간			느보산(22-36장)수개월		
3대 지리적 배경	가데스까지(1장-12장)			죽음의 광야(13장-25장)			모압평지(26장-36장)		

(호크마주석)

1장 첫 번째 병적조사 / 2장 성막중심의 진을 편성 행군순서
3장 레위사람들의 업무와 봉사 / 4장 고핫, 게르손, 므라리 자손의 임무와 인구조사
5장 성결에 대한 세부지침과 보상의 규례 / 6장 나실인의 서원과 규례 / 7장 성막 봉헌예물
8장 레위사람의 성결과 봉헌예식 / 9장 두 번째 유월절 행사와 길을 안내하는 불과 구름기둥
10장 나팔신호와 함께 시내산에서 바란으로 행진
11장 다베라의 불사건과 맛나에 대한 불평으로 메추라기를 보내다.
12장 아론과 미리암의 시기로 미리암 벌을 받다.
13장 가난안 땅에 12정탐꾼을 보냄

민수기 1장-2장	첫 번째 인구조사 20세 이상 군인 숫자는 603,550명
성막을 중심으로 성막입구 * 레위지파는 계수에서 제외 됨	동쪽 : 유다, 잇사갈, 스블론 - 186,400명
	남쪽 : 르우벤, 시므온, 갓 - 151,450명
	서쪽 : 에브라임, 므낫세, 베냐민-108,100명
	북쪽 : 단, 아셀, 납달리 - 157,600명

3장 레위지파 아론의 네 아들 중 나답, 아비후 죽음 (레위기10:1,2) 남은 두 아들 엘르아살과
　　이다말이 제사장 직분을 이어갈 사람으로 지명됨. 남은 레위지파는 성막일을 맡아서 하게 됨.

4장 성막 지을 기술자로는 고핫, 게르손, 므라리 자손들이 임무를 맡음.

9장 애굽에서 나온 후 1년 뒤, 시내 광야에서 두 번째 유월절을 지킴, 성막을 세우던 날부터 낮
    에는 구름기둥과 밤에는 불기둥이 나타남. 성막위로 구름이떠오르면 행진, 구름이 머물면
    머무는 날 동안 진을 치고 멈춤,
11장 다베라사건 백성들이 하나님을 원망하자 진영에 불이 붙음. 모세의 기도로 꺼짐. 만나가
    싫증이 난 백성들 고기가 먹고 싶어 불평하자, 한 달 동안 메추라기 실컷 먹게 함.
11장 16-17 장로와 지도자가 될 만 한 자 70인 을 뽑아 성막 앞에 서라, 내가 강림하여 거기서
    너와 말하고 네게 임한 영을 그들에게도 임하게 하리니 너와 함께 백성의 짐을 담
    당하고 너 혼자 담당하지 아니하리라.
12장 모세가 구스 여자를 취하자, 모세 누이 미리암과 아론이 비방을 함.
    "그들이 이르되 여호와께서 모세와만 말씀하셨느냐 우리와도 말씀하지 아니 하셨느냐 하
    매 여호와께서 이 말을 들으셨더라.“(하나님의 침묵)
12:3 모세로 말하자면 땅위에 사는 모든 사람 가운데서 가장 겸손한 사람이다.
12:6.7 내 말을 들어라 너희 중에 선지자가 있으면 나 여호와가 환상으로 나를 그에게 알리기
    도 하고 꿈으로 그와 말하기도 하거니와 내 종 모세와는 그렇지 아니하니 그는 내 온집
    에 충성함이라. 미리암과 아론의 판정패의 결과로 미리암 일주일간 문둥병이 걸림.

※ 하나님의 주권은 사람의 판단과 상식을 뒤엎을 수 있다

(사55:8 생각이 다름 / 신29:29 하나님께서 우리에게 숨기시는 것이 있다)
어떤 정당한 이유로든 시기와 질투는 근본적으로 하나님의 거룩함 앞에 온전할 수가 없다.
신앙의 공동체 교회 안에서 일어나는 서열 다툼은 하나님께서 용납지 아니 하신다.
교회 안에서는 누구를 막론하고 서열은 없다. 오직 한분 예수님만을 바라볼 때, 우리 눈에는
어떠한 서열 그 자체가 보이지 않는다 서열이 있는 것처럼 보이게 하는 것은 마귀이며 작은 생
각이 점점 커져서 결국은 시기와 질투를 만들어 낸다. 예수님의 제자들도 서열 다툼을 한 적이
있다. (눅9:46)
오늘날 교회 안에도 보이지 않는 서열이 있다. 그 것은 마치 미리암과 아론의 생각과도 같다.
우리들의 주님은 섬기기 위하여 제자들의 발을 씻겨 주셨다.
인자가 온 것은 섬김을 받으려 함이 아니라 도리어 섬기려하고 자기 목숨을 많은 사람의 대속
물로 주려 함이라. (막10:45)
우리 속에 있는 평안은 낮아짐을 통해서 온다는 것을 주님을 통해서 배우자.

13장-14장 역사의 시간표를 바꾼 12명의 첩보원 중에 10명 정탐꾼.
    가나안 땅을 정탐 하기위해 각 지파에서 12명을 뽑음, 40일간 정탐을 마치고 돌아
    옴.
    결과보고 : 여호수아와 갈렙을 제외한 10명은 부정적인 보고를 함.

"좋은 땅이기는 하나 그 땅에는 거인들이 있어 우리는 그들의 밥이 될 것임"– 10명의 보고
  그러나, 여호수아와 갈렙은 "그들은 우리의 먹이다. 여호와는 우리와 함께하지만, 그들에게는 보호자가 없다" 결국 10명의 부정적인 보고는 백성을 현혹시키고, 하나님을 원망케 함.
  그 결과 하나님의 진노를 사게 됨. 일주일(서울에서 대구 거리)이면 들어갈 땅, 젖과 꿀이 흐르는 땅을 목전에 놔두고 38년간 광야에서 맴돌게 함.

14:33-34 너희가 저지른 죄를 대신 짊어 질 것이다. 너희가 그 땅을 사십일 동안 탐지하였으니
        그 날 수대로 하루를 일년으로 쳐서 너희는 사십년 동안 너희 죄의 짐을 져야한다.
14:38 또 결과에 대한 혈기로 하나님께 참회보다는 스스로 마음을 격동케하여 산꼭대기로 진
        격하다가 가나안인과 아말렉인들에게 참패를 당함. 무엇이든 하나님이 정해준 때를 놓
        치면, 회개하고 인내하는 결단이 필요하다. (고후6:2, 히12:17)

  이제부터 광야 1 세대는 모두 광야에서 모두 죽고, 오직 여호수아와 갈렙, 그리고 광야 2세대
만이 그 땅을 밟게됨.
  광야생활 38년도 거의 끝나가고 제 2세대 행진이 시작 된다.

16장 고라와 다단과 아비람의 반역 / 17장 아론의 싹난 지팡이
18장 제사장과 레위인의 의무 / 19장 부정을 깨끗케하는 잿물
20장 가데스광야 므리바의 물 사건 / 21장 호르마의 승리, 불뱀과 놋뱀 사건
22장 발락이 발람을 초청하다 / 23장 발락의 요구에 발람, 세 번 예언을 함
24장 발람의 마지막 예언과 야곱의 별 / 25장 모압의 딸들과 바알브올 음행사건

※ 16장-17장 고라와 다단과 아비람의 반역사건의 내용

  성막 일을 맡은 레위지파 계열의 고라가 모세를 거역하여 반기를 들었다. 고라는 모세와 아론의 친 사촌으로서, 종교적 위치에서 자신도 모세와 아론처럼 대우를 받기 원했던 것 같다.
  고라는 모세와 아론을 향하여 "당신들은 분에 넘치는 일을 하고 있소, 회중 각자가 다 거룩하고 그들 가운데 주님께서 계시는데, 어찌하여 당신은 주님의 회중 위에 군림하려 하오?"
이 말을 들은 회중에서 대표로 뽑힌 250명의 남자들도 고라의 편에 가담하였다. 모세와 아론은 고립되었다. 그러나 하나님은 이일을 진노하셔서 고라의 일당은 땅이 갈라져 산채로 매장되었고 율법을 어기고 제사장만이 드릴 수 있는 향불을 드리려던 250인의 대표는 불에 타 죽었다.

※ 영분별이 안 되는 백성들

  이런 일들을 목도하게 되면 자숙하고 자신들의 위치를 지켜야 하는데, 다시 백성들은 되어진 결과만을 보고 모세와 아론에게 반항하며 따진다 "당신들이 주님의 백성을 죽였오"
  이때에 하나님의 영광이 회막 위에 나타나고 재앙이 시작 되었다. 염병으로 백성들이 죽게되자, 모세는 급히 아론을 시켜 향로를 들고 속죄 예식을 시작하게 하였다 "아론이 살아있는 사람과 죽어있는 사람 사이에 서니 재앙이 그쳤다. 이 재앙으로 1만 4천 7백명이 죽었다."

17장 아론의 지팡이에서 싹이 나고 살구가 열림.
20장 신 광야에 이르러 가데스에서 마실 물이 없자, 백성은 습관처럼 원망과 불평을 드러낸다.
　　모세는 참다못해 그만 혈기로 반석을 두 번 치므로 그도 역시 가나안 입성을 하지못한다.
　　(혈기의 영향력이 이정도인줄 미처 몰랐네! 정말 아쉽네.)

※ 출애굽기 17장에 나오는 사건과 민수기 20장에 나오는 므리바의 사건은 다른 사건이다.

출애굽기 17장에 나오는 "맛사"(시험, 시련이라는 의미)와 "므리바"("다툼" 이라는의미)에
장소는 애굽에서 나온지 두 달 만에 르비딤 근방에서 생긴 일이다.
　그러나 민수기 20장의 장소는 38년이 지난 후에 가데스 근방에서 생긴 일이다.
　명칭은 똑같이 "므리바" 라고 하지만 장소와 시간은 다른 곳이다.
그러므로 모세는 두 번 실수 한 것이 되는 셈이다.
(그러면 그렇지 좋으신 하나님이 한번 실수로 모세를 가나안 땅을 못 들어가게 하겠나...)

21장 "호르마"를 점령(출애굽 이후 이스라엘 백성의 가나안 사람과의 첫 전투)
　　놋뱀사건- 가데스바네아에서 홍해바다를 끼고 남쪽 광야로 다시 내려가자 백성들은 다
　　시 불평을 터뜨립니다. 그러자 이번에는 하나님께서 독성이 매우강한 불뱀 (손가락보다
　　조금 크지만 물리면 1분 안에 즉사)을 보내어 아수라장을 만들어버린다.
　　이때 모세가 백성을 위해 기도하매, 하나님께서 다시 살리신다.
　　살리시는 방법은 놋뱀을 장대에 매달아 그것을 쳐다보면 살게끔 하셨습니다.
　　＊요3:14 모세가 광야에서 뱀을 든 것 같이 인자도 들려야 하리니

22장-24장 이스라엘이 다시 북진하여 모압 지경에 까지 이르자, 거대 민족의 대 이동을 주목
　　하던 모압 왕 발락은 겁을 먹고 당대의 최고 술사 발람을 초청 한다. 그리고 그는
　　이렇게 말한다 "그대(발람)가 복을 비는 자는 복을 받고, 저주를 하는 자는 저주를
　　받을 줄을 내가 앎이라"(22:6)

＊ 발람과 하나님의 대화-(하나님과 대화를 나눌 정도면 예사로운 인물이 아닌 것 같다)

＊ 하나님의 경고 → "그 백성을 저주 하지 말라 그들은 복을 받은 자니라"(12절)

＊ 두 번째 하나님과의 대화 → "밤에 하나님이 발람에게 임하여 이르시되, 그 사람들이 너를 부
　　르러 왔거든 일어나 함께 가라" 다시 22절에 그가 떠나므로 말
　　미암아 하나님께서 진노하셨다. 여기서 하나님의 test를 실감 한
　　다.
　　아무리 유능한 술사라도 하나님의 말씀을 못 알아 듣는 자 에게
　　는 당나귀 입을 사용하여 사람 말을 하게 한다.

※ 발람의 세 번 예언의 특징

첫 번째 – 하나님이 저주하지 않으신 자를 내가 어찌 저주하며, 여호와께서 꾸짖지 아니한 자를
　　　　내가 어찌 꾸짖으랴(23:8)
두 번째 – 하나님은 사람이 아니시니 거짓말을 하지 않으시고, 인생이 아니시니 후회가 없으시
　　　　도다(23:19) 야곱을 해할 점술도 없고, 이스라엘을 해할 복술이 없도다(23:23)
세 번째 – 내가 그를 보아도 이때의 일이 아니며, 내가 그를 바라보아도 가까운 일이 아니로다.
　　　　한 별이 야곱에서 나오며 한 규가 이스라엘에서 나서(24:17)

※ 발람이 누구를 보았습니까?
1400년뒤에 오실 예수님을 보며 예언을 합니다.
대단합니다!
어떻게 이러한 예언이 나올 수 있었을까요?

24장 2절 "하나님의 영이 그 위에 임하신지라" 점쟁이 발람에게 어떻게 이런 일이!
　　　그렇다, 하나님은 자신의 도구로 당나귀도 사용하시고 발람 같은 불의한(벧후 2:15
　　　,16) 인간도 사용하신다. 그리고 하나님의 영이 임했다고 해서 하나님의 백성이 되
　　　는 것이 아니다. 오직 선택 받은 자만이 하나님의 백성이 됩니다. 이것은 아주 중요
　　　한 크리스챤의 정체성이다. 요1:12 영접하는자 곧 그이름을 믿는 자들에게는 하나님
　　　의 자녀가 되는 권세를 주셨으니, 이는 혈통으로나 육정으로나 사람의 뜻으로 나지
　　　아니하고, 오직 하나님께로부터 난 자들이니라.

25장 발람은 떠났지만, 그 후유증은 곧바로 이스라엘에게 막대한 영향을 미친다.
　　　그것이 "바알브올"의 사건이며, 이스라엘이 광야 생활 말기에 일어난 모압 이방여인과의
　　　첫 번째 음행 사건이다. 하나님은 이일을 엄히 다스려서 염병으로 2만4천명을 죽이신다.

26장 제 2차 인구조사 / 27장 슬로브핫의 딸들을 통한 여자의 상속법이 제정
28장 제물과 절기에 관한 규례 / 29장 신년 제사와 장막절 제사
30장 하나님께 서원한 일에 대한 책임
31장 미디안을 다섯 왕을 섬멸하고 브올의 아들 발람도 죽임
32장 요단강 동편을 요구하는 르우벤 지파와 갓 지파 / 33장 애굽에서 모압 평지까지
34장 가나안땅의 경계와 제비뽑기
35장 레위인에게 준 성읍과 도피성 / 36장 결혼한 여인의 보완된 여성 상속법

26장-27장 염병 후에 두 번째 인구 조사 실시 7지파는 늘고 , 5지파는 줄어듬.
　　　　슬로브핫의 딸들(여인들의 기업을 요구), 모세의 후계자로 여호수아를 안수.

31장 여호와의 원수 미디안의 다섯 왕들을 죽임과 술사 발람도 죽임을 당함.

32장 요단 동쪽을 르우벤, 갓, 므낫세반 지파로 분할 됨.

33:55 너희가 그 땅의 주민을 다 쫓아내지 아니하고 너희와 함께 있도록 허락하였다가는 그들이 너희의 눈에 가시가 되고, 옆구리를 찌르는 바늘이 되어서 너희가 살아갈 그 땅에서 너희를 괴롭힐 것이다.

33장-36장 애굽에서 모압평지 까지의 여정을 회고하며 가나안 땅의 사방 경계와 각지파의 족장 10명이 대표하여 여러지역 분할 방법으로 제비를 뽑음. 땅을 기업으로 받지 않은 레위인들의 성읍(48성읍)

도피성(6성읍) 고의성이 없이 실수로 살인을 한 자를 피신하게 하여 보호해 주는 성읍
  * 보호가 가능한 자-원한이 없는 실수, 우연히 밀치거나 무엇을 던져 살인을 한 자
  * 보호가 불가능한 자-살인 가능한 나무, 돌, 철연장을 사용한자, 계획적 살인자

출애굽에서 가나안까지 경로

신명기(Deuteronomy)

　신명기는 광야 40년을 끝마칠 무렵 가나안 땅을 목전에 두고 모압 평지에서 모세의 유언과도 같은 3편의 설교로 구성 되어있다. 시내산 언약의 구세대는 가데스바네아에서의 불순종 사건으로 죽고(민14장) 율법에 생소한 신세대에게 하나님과의 언약 정신에 근거한 주어진 율법의 재교육으로 무장하고, 역사적 사실을 회고하면서 하나님의 신정정치 체제의 시작과 축복의 길을 제시한다. 언약의 갱신을 통한 선민의 생활규범과 율법준수에 따른 보응을 설명한다.

대 주 제	언 약 갱 신							
3대 구 분	하나님이 행하신 일			선민의 생활규범		율법준수 여부에 따른 보응		
3대 설 교	첫번째 설교 1:1-4:43			두번째 설교 4:44-26:19		세번째 설교 27:1-34:12		
3대 관 점	역사적 관점			율법적 관점		예언적 관점		
8대 구 분	하나님의 섭리 1:1-4:43	십계명 4:44-11:32	의식법 12:1-16:17	시민법 16:18-20:20	사회법 21:1-26:19	언약의 체결 27:1-28:68	파레스틴 언약 29:1-30:20	모세의 최후행적 31:1-34:12
기 간	약 2개월간 (B.C.1406-11월-12월경)							
장 소	요단 동편 모압평지 (밴브올 맞은편 골짜기)							

(호크마주석)

 1장 하나님의 구원의 역사를 회고 / 2장 가나안 입성을 앞둔 하나님의 명령
 3장 요단 동편 땅을 점령하고 그 땅을 분배 / 4장 이스라엘이 지켜야 할 규례와 법도
 5장 호렙산의 언약과 십계명 / 6장 가장 큰 계명 / 7장 순종함에 대한 하나님의 약속
 8장 연단의 이유와 순종하는 백성에게 주시는 축복 / 9장 패역했던 이스라엘
 10장 우상숭배의 경고와 다시 회복된 언약
 11장 하나님의 위대하심과 약속의 땅 / 12장 하나님을 다른 신들과 비교하지 마라

1장-가나안 정복 명령과 38년전 가데스바네아에서 반역사건을 회상
2장-3장 가나안 입성과 하나님의 명령, 요단 동편 땅의 정복과 분배
4장-5장 이스라엘이 지켜야 할 규례와 법도, 호렙산의 언약과 십계명
4:9 당신들의 눈으로 본 것들을 잊지 않도록 정성을 기울여 지키고 평생 동안 당신들의 마음속
    에서 사라지지 않도록 하십시오. 또한 그것을 당신들의 자손에게 길이 알리 십시오.
4:9.10 주 너희 하나님은 질투하는 하나님이시다 나를 미워하는 사람에게는 그 죄 값으로 본인
    뿐 만아니라 삼 사대 자손에게 까지 벌을 내리신다. 그러나 나를 사랑하고 나의 계명을
    지키는 사람에게는 수천 대 자손에 이르기 까지 한결 같은 사랑을 베푸신다.
4:24 주 당신들의 하나님은 삼키시는 불이시며, 질투하는 하나님이 십니다.
6:2 주 당신들의 하나님을 경외하며 내가 당신들에게 명한 모든 주님의 규례와 법를 잘 지키면
    당신들과 당신들 자손이 오래오래 잘 살 것입니다.주 당신들 조상의 하나님이 당신들에게
    약속하신 대로 젖과 꿀이 흐르는 땅에서 당신들이 잘되고 크게 번성할 것입니다.

쉐마 (Shema)의 뜻 – "들으라" 명령형으로 신6장4-9절을 지칭하며, 하루에 두 번씩 암송하므로 현세에 까지 이스라엘 생활의식 구조와 교육에 큰 영향을 미친 신앙 고백문이다.

6:4-9 이스라엘은 들으십시오!
    주님은 우리의 하나님이시요, 주님은 오직 한 분 뿐이십니다 . 당신들은 마음을 다하고 힘을 다하여 주 당신들의 하나님을 사랑 하십시오. 내가 당신들에게 명하는 이 말씀을 마음에 새기고, 자녀에게 부지런히 가르치며, 집에 앉아 있을 때나, 누워 있을 때나, 일어나 있을 때나 언제든지 가르치십시오. 또 당신들은 그 것을 손에 매어 표로 삼고 이마에 붙여 기호로 삼으십시오. 집 문설주와 대문에도 써서 붙이십시오. (새번역)

※ 7장에 나오는 일곱 민족(헷족, 기르가스족, 아모리족, 가나안족, 브리스족, 히위족, 여부스족)은 반드시 진멸해야 하며, 어떤 언약도 맺어서는 안되며, 그들과 혼인을 해서도 안되고, 그들의 우상인 바알신상과 아세라신상은 반드시 찍어 버릴 것과 그들의 꾀임에 빠져서도 안됨.
※ 아세라신은 가나안종교의 풍요의 여신이며, 바알신은 상대역인 남신을 말함.

8:2,3 그렇게 오랫동안 당신들을 광야에 머물게 하신 것은 당신들을 단련시키고 시험하셔서 당신들이 하나님의 계명을 지키는지 안 지키는지 당신들의 마음 속을 알아 보려는 것이었습니다. 만나를 먹이셨는데 이 것은 사람이 먹는 것으로만 사는 것이 아니라 주님의 입에서 나오는 모든 말씀으로 산다는 것을 당신들에게 알려 주시려는 것 이었습니다.
8:5 사람이 자기 자녀를 훈련시키듯이 주 당신들의 하나님도 당신들을 훈련시킨다는 것을 마음 속에 새겨 두십시오.
8:16,17 만나를 먹이셨습니다. 이 것이 다 당신들을 단련시키고 시험하셔서 나중에 당신들을 잘 되게 하시려는 것이었습니다. 당신들이 마음속으로 이 재물은 내 능력과 내 손으로 모은 것이라고 생각할 것 같아서 걱정이 됩니다.
11:18 당신들은 내가 한 이 말을 마음에 간직하고, 골수에 새겨두고, 또 그것을 손에 매어 표로 삼고 이마에 붙여 기호로 삼으십시오.
11:26,27 내가 오늘 축복과 저주를 너희 앞에 두나니 너희가 만일 내가 오늘 너희에게 명하는 너희 하나님 여호와의 명령을 들으면 복이 될 것이요
11:28,29 주 당신들의 하나님의 명령을 귀담아 듣지 않고 오늘 내가 당신들에게 명한 그 길을 떠나 당신들이 알지 못하는 다른 신들을 따르는 사람들은 저주를 받을 것입니다. 주 당신들의 하나님이 당신들이 들어가서 차지할 땅으로 당신들을 인도 하여 들이실 때에 당신들은 그리심산에서는 축복을 선포하고, 에발산에서는 저주를 선포하십시오.

※축복의 산 그리심산 / 저주의 산 에발산

이 말씀은 순종과 불순종 결과에 따라 스스로가 감수해야할 교훈을 말해줍니다. 그리심산과 에발산 가운데는 어떤 장애물도 계곡도 없습니다. 꼭 두 가지 중 하나를 선택해야합니다. 신앙생활에 있어서 중간기는 있어도 결론적으로 중간 상태란 없다. 나는 네 행위를 안다 너는 차지도 뜨겁지도 않다 네가 차든지 뜨겁든지 했으면 좋겠다. 네가 이렇게 미지근하여 뜨겁지도 않고 차지도 않으니 나는 너를 내 입에서 뱉어 버리겠다. (계3:14)

13장 시험에 들기 전에 순종하라 / 14장 거룩한 백성의 구별된 삶
15장 빚을 면제해 주는 규례 / 16장 이스라엘의 3대 절기(유월절,칠칠절,초막절)
17장 가난안 땅에서 지킬 규례 / 18장 종교지도자에 관한 규례
19장 도피성과 사회생활에 대한 규범 / 20장 전쟁에 관한 규례

12:4-13 주 당신들의 하나님을 섬길 때에 이방민족들이 그들의 신들을 섬기는 방식으로 섬겨
서는 안됩니다. 주 당신들의 하나님이 자기 이름을 두려고 거처로 삼으신 - 그곳으
로 찾아가서 예배를 드려야 합니다...당신들은 당신들이 택한 아무 곳이나 가서 번제
드리는 일이 없도록 조심하십시오.

12:30 그들(가난안 족속)이 당신들 앞에서 멸망 한 뒤에, 당신들이 그들의 종교적인 관습을
따르다가 올무에 걸리는 일이 없도록 조심 하십시오.

※ 호기심

성도들에게 천국에 들어가기 전 까지는 완전한 승리란 없다. 세상에서의 승리 뒤에는 반드시
유혹도 따른다. 가나안 땅으로 들어 간 후에 이스라엘 민족은 생활환경의 변화로 찾아온 호기
심이 발동을 했다. "이 민족들이 자기들의 신들을 어떻게 섬겼을까? 나도 한번 그렇게 해보았
으면 좋겠다"이 말씀대로 유혹에 빠지게 된다. 그래서 하나님은 미리 경고하는 대목이 바로 그
들의 신을 섬기는 일이 없도록 하십시오. 에덴동산에서부터 인간에게는 호기심이 늘 문제다.
호기심은 탐구의 동기도 되지만 유혹을 따라서 타락의 시발점도 된다.

13:3 당신들은 그 예언자나 꿈으로 점치는 사람의 말을 듣지 마십시오. 이것은 주 당신들의 하
나님이 당신들이 정말 마음을 다하고 정성을 다하여 주 당신들의 하나님을 사랑하는지
알고자 하셔서 당신들을 시험해 보시는 것입니다.

※ 다른 민족이나 섬기라고 주신 "점술"

눈을 들어서 하늘에 있는 해와 달과 별들 하늘의 모든 천체를 보고 미혹되어서 절을 하며 그
것들을 섬겨서는 안 됩니다. 하늘에 있는 해와 달과 별과 같은 천체는 주 당신들의 하나님이 이
세상에 있는 다른 민족들이나 섬기라고 주신 것입니다.(신4:19) 현세에는 여러가지 형태의 점
술이 있다. 서양에서는 점성술, 손바닥 점술, 카드점술(타로), 동양에서는 주역, 사주명리학,
관상등이 대표적이다. 하나님은 이러한 철학이나 점술법의 시작이 하나님으로부터 왔음을 시
사해 주고 있다. "다른 민족이나 섬기라고 주신 것"(신4:19)이렇게 하나님의 백성에게 주신
것이 아님을 분명히 하고 있다.
　오늘날 L.A.에 사시는 크리스챤의 70%가 이런 곳에 대한 경험이 있다고 한다. 신문에 발표
된 자료 통계에 의하면, 한국에서 그런 곳(점치는 곳)의 1년 간 매출이 5조원에 이른다고 한다
뿐만아니라, 대학교, 한의사까지 철학이라는 미명아래 이 학문을 가르치고 연구 한다고 한다.
그런데 아이러니하게도 한국에서는 그러한 곳을 이용하는 30%가 기독교인이라는 통계가 있
다. 그렇다면 5조원 중에서 30%가 기독교인이면 매년 기독교인이 갖다 바치는 돈이 1조 5천
억원이 된다는 것이다. 3년이면 한국 교회가 은행에 빚지고 있는 돈 모두 다 갚을 수 있는 엄청
난 액수다...그런 곳에 가보고 싶으십니까? 성도님!(신명기18:9-14) 하나님이 시험해 보시고
계심을 아셔야 합니다.(신13:3) 하나님의 택한 진정한 성도가 되는 순간 그때부터 미래
의 모든 운명은 자신의 것이 아니고, 모두 하나님의 손에 달려있음을 알자.

15장 매 칠년 끝에는 빚을 면제하여 준다. 종들도 또한 7년 뒤에는 자유의 몸이 된다. 소나 양의
　　처음 난 수컷은 구별하여 하나님께 바쳐야한다.
16장 유월절 - 출애굽의 유월절을 기념하며 7일간 누룩을 넣지 않은 빵 곧 고난의 빵을 먹는다.
　　칠칠절 - 유월절 일곱이레(49일) 동안 성안의 백성은 모두 즐거운 기쁨의 시간을 갖는다.
　　초막절 - 유월절이후 6개월 후에 땅의 소출을 경작 할 때에 장막에서 7일 간 즐거워 함.
16:19 재판에서 공정성을 잃어서는 안 되고, 뇌물은 지혜 있는 사람의 눈을 어둡게 하고 죄 없
　　는 사람을 죄인으로 만듭니다.
17장 왕이 될 사람이 지켜야 할 왕의 규례
　　　1. 다른 민족의 사람이 왕이 되어서는 안 됨
　　　2. 군마를 많이 가지려고 애굽에 사신을 보내서는 아니 되고
　　　3. 많은 아내를 두어서는 안 되고
　　　4. 은과 금을 많이 모아서도 안되고
　　　5. 평생 율법책이 곁을 떠나서는 안 되고
　　　6. 교만해져 자기 백성을 업신여겨서는 안 됨
　　　※ 솔로몬 왕은 2번,3번,4번을 어겼음

　21장 이스라엘의 성결을 위한 규례 / 22장 이웃 사랑과 정결을 위한 규례
　23장 하나님의 총회 회원의 자격과 거룩성 / 24장 사회생활의 규범
　25장 공정성을 위한 규례 / 26장 햇곡식의 예물로 감사하라
　27장 새 땅에 들어가서 세울 석회를 바른 큰 돌과 율법
　28장 순종하여 받는 복과 불순종으로 오는 저주 / 29장 모압 땅에서 세우신 언약
　30장 복 받는 길 / 31장 모세, 여호수아를 후계자로 세우다 / 32장 모세의 노래
　33장 모세의 축복 / 34장 모세의 죽음

21장 여자포로를 아내로 맞는 규정, 맏아들의 상속권, 불효자식에게 내리는 벌
24:16 자식이 지은 죄 때문에 부모를 죽일 수 없고, 부모의 죄 때문에 자식을 죽일 수 없다.
　　사람은 저마다 자기가 지은 죄 때문에만 죽임을 당할 것입니다.
25:3 매를 40대가 넘도록 때려서는 안된다.(사도바울도 39대를 5번 맞음)(고후11:24)

※ 순종과 불순종에 따른 축복과 저주

28:1-14 내가 오늘 당신들에게 명한 모든 명령을 주의 깊게 지키면, 주 당신들의 하나님이 당
　　신들을 세상의 모든 민족위에 뛰어나게 하실 것입니다. 하나님의 말씀에 순종하면 당
　　신들은 성읍에서도 복을 받고 들에서도 복을 받을 것입니다.
　　당신들의 태가 복을 받아 자식을 많이 낳고 땅이 복을 받아 열매를 풍성하게 내고 당
　　신들의 곡식 광주리도 반죽 그릇도 복을 받을 것입니다. 당신들은 들어와도 복을 받고
　　나가도 복을 받을 것입니다. 당신들의 창고와 당신들의 손으로 하는 모든 일에 복이
　　넘치게 하실 것입니다. 주님께서는 그 풍성한 보물창고 하늘을 여시고 철을 따라서 당
　　신들 밭에 비를 내려주시고 당신들이 하는 모든 일에 복을 주실 것입니다.
　　그러므로 당신들은 많은 민족에게 꾸어 주기는 하여도 꾸지는 않을 것입니다. 주 당신
　　들의 하나님의 명령을 진심으로 지키면 주님께서는 당신들을 머리가 되게하고 꼬리가
　　되게 하지 않으며 당신들을 위에만 있게 하고 아래에 있게 하지는 않으실 것입니다.

오늘날 성도들의 오해 "기복주의"

"너희가 내 안에 내 말이 너희 안에 거하면 무엇이든지 원하는 대로 구하라"(요15:7)
우리 주 예수 그리스도의 은혜를 알거니와 부요하신 이로써 너희를 위하여 가난하게 되심은 그의 가난함으로 말미암아 부요하게 하려 하심이라. (고후8:9)
위의 말씀처럼 예수님을 믿으면 무조건 축복을 받는다고 오해를 한다 (오늘날의 기복주의) 그러나 구원의 신령한 복과 삶 속에서 누리는 생활의 복은 차이가 있다.
신약에 와서 구원은 예수그리스도를 믿음으로 말미암아 하나님의 선택에 의해서 무조건적, 값 없이 주시는 은혜를 따라 얻어지는 최고의 선물이다. 그러나 구원받은 사람은 이 최고의 선물인 보물 상자 속에 무엇이 들어있는지를 알아야한다. 그 속에는 하나님의 말씀이 들어있고, 신명기 에서의 말씀처럼 조건부의 원칙이 들어있다. 그러므로 우리는 구약을 통하여 곧 불순종과 순종의 법칙을 배우는 것이다. 신약은 다시 말해 하나님이 우리에게 주신 구원의 보물 상자이다. 그러나, 그 상자 안을 열어보지 않으면, 구체적으로 하나님의 언약 속에 비추어진 수준 높은 삶 의 축복을 이해 할 수 없다. 이렇게 말씀의 뜻을 따라 순종하는 비결을 깨닫지 못하면, 새 언약을 따라 믿음의 결과로 구원은 받을 지라도, 순종으로적용되어 지는 삶과 생활의 축복과는 조금은 거리가 먼 삶을 살게 된다.

29:18.19 너희가 하나님을 떠나면 너희 중에 독초와 쓴 뿌리가 생겨서 저주의 말을 듣고도 심 중에 스스로 복을 빌어 이르기를 내가 내 마음이 완악하여 젖은 것과 마른 것이 멸망 할지라도 내게는 평안함이 있으리라 할까 함이라

"스스로 복을 빈다?"

오늘날 세상에는 스스로 복을 비는 가르침이 사상이나 철학, 인문학을 통해 많이 통용되고 있 다. 세상에 스스로 복을 빌어서 그대로 되는 사람이 있다면, 그 사람은 사람이 아니고 신이다.
노력하고 신념을 가지는 것은 삶의 질을 높이는 수단이 될 수 있다. 그러나, 그 것 또한 상황에 따라 여러 가지 변수가 될 수 있다. 어느 날 예고 없이 다가온 불행한 일 말이다.
미국의 911테러 때에 유능한 엘리트들 3천명이 한 순간에 꽃잎처럼 떨어졌다. 뿐만 아니라 개 인적인 재난들도 보이지 않는 세계 속에는 언제든지 준비되어져 있다. 그 것을 누가 알 수 있겠 는가? 그 누가 스스로 복을 빌 수 있다고 장담 할 수 있겠는가?

30:11.14 오늘 내가 당신들에게 내리는 이 명령은 당신들이 실천하기 어려운 것도 아니고 당신 들의 능력이 미치지 못하는 것도 아닙니다 그 명령은 당신들에게 아주 가까운 곳에 있 습니다. 당신들의 입에 있고 당신들의 마음에 있으니 당신들이 그 것을 실천 할 수 있 습니다. 보십시오, 내가 오늘 생명과 번영 죽음과 파멸을 당신들 앞에 내 놓았습니다.

31:21 그러나 사람들이 이 노래를 부르는 한 이 노래가 그 들을 일깨워 주는 증언이 될 것이다. 비록 내가 아직 약속한 땅으로 그들을 인도하기 전이지만, 지금 그들이 품고 있는 생각 이 무엇인지 나는 알고 있다.

32:39 이제는 알아라. 나 오직 나만이 하나님이다. 나 밖에는 다른 신이 없다. 나는 죽게도 하고 살게도 한다. 나는 상하게도 하고 낫게도 한다. 아무도 내가 하는 일을 막지 못한다.

여호수아(Joshua)

구약 역사서의 첫 번째 책인 여호수아는 모세오경과 앞으로 전개될 이스라엘 역사의 다리 역할을 해주는 책으로서, 저자는 여호수아이다. '여호수아'의 뜻은 '여호와는 구원이시다' 라는 의미를 지니고 있다. 여호수아는 모세를 이어 이스라엘 최고 지도자가 될 여호수아가 백성들을 인도하여 가나안을 정복하고(1장-12장), 그 땅에 정착하기까지의 역사(13장-24)를 기록하고 있다.

본서에서의 전쟁은 하나님의 뜻을 이루기 위한 성전(종교전쟁)이라는 특징을 가지고 있다. 이 성전(Holy war)은 새로운 신정국가를 세우기 위한 하나님의 계획 속에서 새 땅에서 이루어 가야할 숙제들을 하나하나 처리해 나가는 것이다. 첫째로는 죄악과 불의, 우상숭배가 관영한 그 땅을 모두 제거하여 깨끗케 하는 것이고, 둘째로는 하나님이 이스라엘의 조상 아브라함에게 약속한 것을 지키므로, 전쟁의 승리를 통해 이스라엘 민족에게 자신의 신실하심을 보여 주신다.

역사서의 시대별 구분과 연대		
시　　대	연 대 (B.C.)	역 사 서
가나안 정복시대	1405-1390	여 호 수 아
사 사 시 대	1390-1050	사 사 기, 룻 기
통일 왕국 시대	1050-931	사무엘상.하, 열왕기상1-11장, 역대상, 역대하1-9장
분열 왕국 시대	931-586	열왕기상12장-22장, 열왕기하, 역대하10장-36장
바벨론 포로 회복기	540-410	스룹바벨, 에스라 , 느헤미야, 에스더

1장 모세의 후계자 여호수아 / 2장 두 정탐꾼과 라합의 믿음
3장 이스라엘의 요단강 도하 / 4장 요단강에 기념비를 세우다
5장 요단강 도하 후 할례를 실시 / 6장 여리고 정복
7장 아간의 죄로 인한 아이성 전투에서 패배 / 8장 아이성 전투에서 승리
9장 기브온 사람들 여호수아를 속이다 / 10장 가나안 남부 지역을 정복
11장 가나안 북부지역을 정복

1:3 네가 사는 날 동안 아무도 너의 앞길을 가로막지 못 할 것이다. 내가 모세에게 하였던 것과 같이 너와 함께하며 너를 떠나지 아니하며 버리지 아니 하겠다.

1:6-8 굳세고 용감하여라("강하고 담대하여라")(개역개정) 오른쪽으로나 왼쪽으로 치우치지 않도록 하여라. 그러면, 네가 어디를 가든지 성공을 할 것이다. 말씀을 늘 읽고 밤낮으로 그것을 공부하여 이 율법책에 쓰여진 대로 모든 것을 성심껏 실천하여라. 그리하면 네가 가는 길이 순조로울 것이며, 네가 성공 할 것이다.

2장 가나안 땅의 첫 관문 여리고성에 두 명의 정탐꾼을 보냄과 지혜로운 여인기생 라합.

3장 요단강을 건너다 → 제사장들이 법궤를 메고 백성들 앞서 나가고, 백성들은 2천 걸음 뒤에서 따라감 → 제사장들이 요단강에 발을 딛자 요단강 물이 갈라짐.
 제사장들은 백성들이 다 건널 때까지 강 가운데 마른 땅에 정지 하고 있었다.

4장 각 지파마다 12명을 뽑아 큰 돌 12개를 가져다 제사장이 멈춘 곳에 기념비를 세움.

4:9 주님께서 여호수아에게 말씀하셨다. 너희가 이집트에서 받은 수치를 오늘 내가 없애 버렸다. 그리하여 그 곳 이름을 오늘까지 길갈 이라고 한다.

5장 이스라엘이 길갈에서 할례를 받다. 광야생활 동안에는 광야에서 태어난 자는 할례를 받지 못했음.

※ 성경에서 천사가 나타난 사건

창16:7 하갈에게 / 창18:1 아브라함에게 / 창19:1 롯에게 / 민22:23 발람과 나귀 앞에
수5:13 주님의 사령관으로 / 사2:1 길갈에서 보김에 이르러 / 사6:12 기드온에게
사13:3,11 마노아의 아내 마노아 / 삼하24:16 다윗의 백성을 치러
왕상19:5 로뎀나무 아래서 / 대상 21:18 오르난의 타작마당
단8:16 가브리엘이 다니엘에게 / 마1:20 마리아에게 / 마28:1-7 막달라 마리아에게
눅1:8 가브리엘이 사가랴에게 / 눅2:8 예수 탄생 / 행5:17 옥에 갇힌 사도들에게
행10:1 백부장 고넬료에게 / 행12:5 옥에 갇힌 베드로에게 / 행27:20 바울에게 나타남

5:13 여호수아 – "너는 우리 편이냐 우리의 원수 편이냐"
 천사 – "나는 여호와의 군대 대장으로 지금 왔느니라"
 (천사가 어떤 인물로 나타나는 것을 볼 때 환상이나 꿈이 아닌 현실이다)

5:15 네가 서있는 곳은 거룩한 곳이니, 너의 발에서 신을 벗으라.

6장 여리고성 주위를 매일 한 번씩 6일 동안 돌고, 7일째 되는 날 일곱 바퀴를 돌고 제사장들이 나팔을 불고 백성이 함성을 지르자 거대한 성이 무너져 내렸다.

※ 지혜로운 기생 라합은 믿음으로 선택하였다 (히11:31)

믿음은 선택을 요구하고 선택은 운명을 좌우한다. 여리고성의 기생 라합은 단 한번의 선택으로 믿음의 선진들(히11:31)대열에 합류 했습니다. 뿐만 아니라, 후손이 큰 축복을 받았다.
 그 큰 축복은 왕의 족보로 부터 예수님의 족보까지 이르렀으니 말이다. (마1:5) 믿음은 하나님의 선물이다. (엡2:8) 그리고 믿음은 겨자씨와 같다. (눅13:19) 기생 라합이 이스라엘백성에 대하여 소문으로 들어 온 것은 작은 겨자씨였다. 그러나, 선택에 의하여 믿음으로 거대한 나무를 만들었다.

※ 가나안 족속을 진멸하라! 왜 하나님은 이토록 잔인한 명령을 내렸을까?

　세계역사 기록에 보면, 14세기에 유럽을 휩쓴 페스트 전염병으로 유럽인구의 1/3 이상이 희생되었다. 당시는 의료기술이 발달하지 않았을 때라 예방방법은 전염된 지역을 격리시키거나, 희생시키는 방법 밖에는 다른 도리가 없었다. 이와 같은 원리이다. 죄는 전염성이 미개 할수록 빠르게 진행되는데, 그것이 바로 하나님이 분노하시는 우상숭배이다. 하나님은 사랑하는 자기 백성 이스라엘을 이러한 전염병으로부터 구해내기 위해 병든 자들을 분리시키는 작업으로 가나안 땅을 진멸하게 하신 것이다. 영적좀비가 사회 속에 실존 한다면, 처단을 내릴 수 밖에 없다.
　영적인 세계에서 일어나는 일들을 우리는 이해 할 수 없다. 그러나, 영적전쟁은 계속되고 있다.

"하나님은 다 알고 계십니다" "나는 다 알고 있다" (왕하19:27, 시139:1, 사37:28)

7장　이스라엘이 여리고 성을 함락 시킬 때에, 하나님의 명령을 어기고 전리품을 도적질한 '아간'이 있었다. 이 사람의 한 행동으로 보잘 것 없는 아이성 전투에서 이스라엘이 패배하는 원인이 되었다. 원인을 찾던 중 백성 중에서 유다지파의 아간이 뽑히고, 징계를 받아 아간과 온 가족이 모두 매장되었다. 그 곳 이름을 "아골 골짜기" 라고 부른다.

9장　이스라엘의 전승 소식을 들은 가나안의 여섯 족속은 연합군을 형성하여 이스라엘에게 대적하였다. 그러나, 기브온 사람들은 먼 곳에서 온 사람들이라고 거짓말을 하여 생명을 부지 할 수 있었다. 생명을 귀히 여기는 사람은 하나님의 긍휼함을 입을 수 있음을 보여 준다.

10장 우주의 자연법칙도 하나님께 순복하는 큰 기적 12절 "태양아, 너는 기브온 위에 머무르라. 달아, 너도 아얄론 골짜기에서 그리 할지어다." 태양이 중천에 머물러 종일토록 내려가지 않았음.
　※바벨론이나, 중국 고서에도 같은 시기에 이와 같은 신기한 천문학적 기록이 있었다고 한다.

14:10,11 '갈렙'의 건강고백 → 이스라엘 백성이 광야에서 생활하며 마흔 다섯 해를 지내는 동안 주님께서는 약속하신 대로 나를 살아남게 하셨습니다. 보십시오, 이제 나는 여든 다섯 살이 되었습니다. 모세가 나를 정탐꾼으로 보낼 때와 같이 나는 오늘도 여전히 건강하며 그 때와 마찬가지로 지금도 힘이 넘쳐서 전쟁하러 나가는 데나 출입하는 데에 아무런 불편이 없습니다.

24:13,15 너희가 일구지 아니한 땅과 너희가 세우지 아니한 성읍을 내가 너희에게 주어서 너
희가 그 안에서 살고 있다 너희는 너희가 심지도 아니한 포도밭과 올리브 밭에서 열
매를 따 먹고 있는 것이다. 당신들은 어떤 신을 섬길 것인지를 오늘 선택 하십시오.
24:15 "나와 내 집안은 주님을 섬길 것입니다"

정복 이전의 가나안 땅

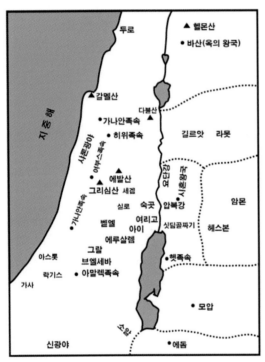

이스라엘의 12지파의 경계

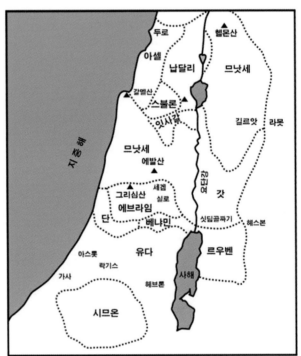

사사기(Judges)

   가나안 정복의 영도자 여호수아 사후, 선지자 사무엘 까지 약 350년간의 이스라엘 암흑기의
역사를 보여준다. 본서의 제목은 "지도자" "재판관"을 뜻하는 "쇼패트" 라는 단어를 사용하는
사사(바른 길로 인도하는 사람)이다. 이제 여호수아가 죽자, 이스라엘은 혼돈 상태에 빠지게
되었다. 그 이유는 12지파가 48성읍의 땅은 나누어 가졌지만, 그 땅들의 일정부분은 점령치 못
해서 가나안 원주민들은 그대로 잔존해 있었고, 이스라엘은 그들과 타협하며 그들의 문화 속에
빠져들어 우상숭배와 사악한 풍습에 물들게 되었다. 이러한 상황이 되자, 하나님은 오히려 적
들의 세력을 키워서 이스라엘을 괴롭히게 만들었다. 이방 족속에게 고통을 당하는 이스라엘은
자신들의 하나님께 매달려 용서를 빌며 구원의 간구를 기도하게 되었고, 하나님은 불쌍히 여겨
이 스라엘을 이끌어 갈 새로운 지도자들을 등장 시키는데, 그 인물들이 바로"사사"이다.

주 제

1. 인간의 변덕심이 신앙의 나약함으로 드러나고, 하나님의 신실함은 모든 것을 포용한다.
2. 하나님의 절대 주권이다. 비록 이스라엘이 잘못은 했지만, 징계의 도구로 사용 되어진 적들이 하나님의 공평과 정의, 거룩과 신성 앞에 불의한 일을 행했을 때는 여지없이 심판하시는 하나님이심을 보여 준다.
3. 사사들은 사무엘을 빼고는 보편적으로 약점이 많고, 모세나 여호수아처럼 대단한 인물들은 아니지만, 하나님은 진정으로 헌신된 자들로서 훈련시켜 사용 하신다.

사 사	평화기간	내 용	성 구
옷니엘	40년	갈렙의 조카, 견고한 요새 정복	3:7-11
에 훗	80년	왼손잡이, 모압와 에글론을 물리침	3:12-30
삼 갈	?	소모는 막대기로 600명을 죽임	3:31
드보라	40년	여자 사사, 바락과 더불어 야빈군대 멸함	4:4 5:31
기드온	40년	300명의 용사로 십삼만오천명을 멸함	6장-8장
돌 라	23년	도도의 손자 부아의 아들	10:1-2
야 일	22년	30명의 아들을 둠	10:3-5
입 다	6년	기생의 아들, 섣부른 서원으로 외동딸의 희생	11:1-12:7
입 산	7년	30명의 아들, 30명의 딸을 둠	12:8-10
엘 론	10년	아얄론에 장사	12:11,12
압 돈	8년	아들 30명, 손자30명을 둠	12:13-15
삼 손	20년	나실인, 초인적인 장사, 블레셋을 격퇴, 드릴라의유혹	13;2,16:31
사무엘		제사장겸, 선지자겸, 사사	삼상3,12장

 1장 가나안 정착과 초기 역사, 잔존하는 원주민
 2장 보김에 나타난 천사, 신세대의 교육 부재
 3장 사사 옷니엘과 에훗의 활약 / 4장 여 사사 드보라의 활약 / 5장 드보라와 바락의 노래
 6장 미디안의 압제와 기드온의 소명 / 7장 기드온의 삼백용사와 미디안 족속의 궤멸
 8장 기드온의 마지막 행적 / 9장 아비멜렉의 죄악과 하나님의 심판
 10장 사사 돌라, 야일, 입다

1장 "쫓아내지 못했다"는 말이 9번이나 나오듯, 이것은 하나님을 실망시키는 이스라엘의 불순종 갈렙의 아우(조카) 옷니엘이 드빌을 정복.

2장 보김에 나타난 주님의 천사 예언하다 "그들은 너희를 찌르는 가시가 되고 그들의 신들은 너희를 옭아매어 우상숭배하게 할 것이다"

3:10 옛 세대는 가고 새로운 세대가 왔는데, 그들은 하나님께서 돌보신 일들을 알지 못했다.

4장 가나안 왕 야빈은 군지휘관 시스라와 철병거 9백대를 앞세워 20년간 이스라엘을 괴롭혔다. 시스라의 죽음과 야빈의 멸망

6장 천 사 - 힘센 장사야, 주님께서 너와 함께 하신다.
   기드온 - 주님께서 우리와 함께 계신다면, 어째서 우리가 이 모든 어려움을 겪습니까?
      주님께서는 우리 조상을 애굽에서 구해 내셨다는 그런 기적도 있었다는데 그 모든 기적이 지금은 다 어디 있다는 말입니까?
6:17 지금 나에게 말씀하시는 분이 주님이라는 증거를 보여 주십시오. 천사가 기드온이 준비한 고기와 빵위에 지팡이 끝을 대자 불이 나와 태워버리고 천사는 사라져 버렸다.
6장 기드온은 그가 주님의 천사라는 것을 알고, 떨면서 말했다 "주 하나님 내가 주님의 천사를 대면하여 뵈었습니다" 그러자 주님께서 말씀하셨다 안심하여라 두려워하지 말라 너는 죽지 않는다 - 기드온은 거기에서 주님의 제단을 쌓고 그 제단을 "여호와 살롬" (평강의 하나님)이라고 불렀다.
   그날 밤 기드온은 자기 아버지 요아스의 제단에 바알상과 아세라상을 찍어 버림, 성읍사람들의 원성 일어나자, 기드온 아버지(요아스)의 지혜로운 설득으로 그날 기드온은 여룹바알(바알과 직접 싸운다)라는 별명을 얻게 됨.
6:36-40 기드온, 주님에게 다른 표적을 요구 두가지의 이적
      1. 양털에만 이슬이 내리고 땅은 마름
      2. 양털은 마르고 땅은 젖음.
      (여기서 우리는 기드온의 침착함과 주도면밀함을 볼 수 있다.)

7장 기드온의 총 군사는 3만 2천명(주님- 수가 너무 많다, 승리하면 제 힘으로 이겼다고 자랑할테니 수를 줄여라.) 전쟁을 두려워 하는 자 2만2천명 귀가 조치시킴. 이제 1만명 중에서도 최종 선발 준비된 군인 3백명이 뽑힘. 300명의 무장한 무기는,
   1. 빈항아리(마음을 비움)
   2. 횃불(성령의역사)
   3. 나팔(복음전파)
   4. "주님의 칼(성령의 좌우의 날선 검)이다"
   ※전쟁수행 방법 → 횃불 항아리를 깨면서 "주님의 칼, 기드온의 칼" 이렇게 함성을 지르자,
      적군은 저희들끼리 분별없이 서로 치고받아 칼 쓰는 자 12만 명이 죽었다.

※요나단 믿음 선포: 여호와의 구원은 사람의 많고 적음에 달리지 아니 하였느니라.(삼상14:6)
※ 하나님, 히스기야 왕의 기도에 응답하심, 앗수르 군대 18만 5천명이 몰살당함.(왕하19:35)

8장 기드온의 겸손
1. 에브라임 사람들이 이 전쟁에 자기들을 부르지 않은 것을 트집 잡자, "이번에 한 일이 당신들의 한 일에 비교나 되겠습니까"(8:2)
2. 이스라엘 승리를 축하하며 기드온을 왕으로 추대하자, "나는 여러분을 다스리지 아니할 것입니다. 나의 아들도 여러분을 다스리지 아니 할 것입니다. 오직 주님께서 여러분을 다스리실 것입니다. (8:23)

8장 기드온의 실수
미디안과 싸움에서 취한 전리품(금 천칠백 세겔)으로 애봇(대제사장이 입는 겉옷)을 만들어 자기가 사는 곳에 두었더니, 온 이스라엘이 그 에봇을 우상처럼 섬기게 되고 이 일은 기드온과 그 집안에 올가미가 되었다.(8:27) 이 일로 인하여 기드온의 아들 72인 중에서 아주 악한 아들 하나가 70인의 형제를 한자리에서 몰살 시키는 비극이 일어났다.

※ 아무리 인간이 훌륭해도 하나님은 자신의 신성모독에 대한 부정한 어떤 것도 용납하지 아니한다. 이방인 금귀거리로 신성한 에봇을 만든다는 것은 처음부터 잘못된 발상이다.

9장 기드온의 막내아들(요담)가 겨우 살아서 자신의 악한 친형 아비멜렉을 저주하자, 훗날 악한 아비멜렉은 맷돌에 맞고 칼로 죽임을 당함.

```
11장  창녀의 아들 사사 입다의 활약 / 12장  에브라임지파의 시기와 그 결과
13장  삼손의 탄생 / 14장  삼손의 위장된 결혼 / 15장  삼손의 블레셋을 치다
16장  삼손, 드릴라의 꼬임에 빠져 최후를 맞다 / 17장  미가 집안의 우상숭배
18장  단 지파의 우상숭배 / 19장  타락한 레위인 가정의 비극 / 20장  이스라엘의 내전
21장  베냐민지파의 회복
```

11장-12장 사사 입다의 활약, 그러나 입다의 경솔한 서원으로 외동딸을 희생하게 됨.

※ 서원은 반드시 지켜야 하는가?

※ 서원에는 동기가 있다.
첫째, 하나님의 특별한 은혜를 입기 위함이고(야곱의 십일조 서원 창28:20, 입다의 서원 삿11:10, 한나의 서원 삼상1:11 등이 있다)
둘째, 받은 은혜에 대한 감사를 특별 헌신으로 드리려는 경우다.(삼손의 서원 삿13:5, 다윗의 서원 시132:2-5, 레갑 자손의 서원 렘35:6, 세례요한의 서원 눅1:15, 바울의 서원 행 18:18) 그러므로 서원 한 것은 하나님이 요구했던, 요구하지 않았던 신앙의 영역 안에서 일어나는 하나님을 향한 개인적 미래에 대한 믿음의 결단이며, 헌신에 대한 소망이다. 그래서, 성경은 서원 한 것은 반드시 지켜야 한다고 가르치고 미루지도 말아야 한다고 가르친다(민30:2 신23:21 전5:4) 그러나 성경은 못 지켰을 경우(혼인에 관한, 민30장)에 그것에 무효화 시키는 규례도 있고, 서원을 못 지켰을 때에 대체 이행하는(레 27:1-8)) 방법도 있다. 그래서, 주님은 이런 말씀을 하셨다 "나는 너희에게 이르노니 도무지 맹세하지 말지니 하늘로도 하지 말라, 이는 하나님의 보좌임이요 땅으로도 하지 말라, 이는 하나님의 발등상임이요, 예루살렘으로도 하지 말라, 이는 큰 임금의 성임이요.(마5:34-35)

여기서 우리는 짚고 넘어가야 할 문제가 있다. 오늘날 신학생들의 대부분은 서원했으므로 이와 같은 길을 택했다고 한다.

그러나, 문제는 정말 하나님이 그 길을 허락하셨을까? 하는 문제다.

너무 많은 목사와 신학생들이 쏟아져 나온다 물론 대부분 소명의식에 불타는 열정으로 하나님의 일을 잘 감당하기 위하여 그 길을 가는 사람이 많다. 그러나, 그 중에는 결과에 있어서 자질적인 문제로 주의 이름과 교회의 명예를 훼손시키는 경우도 종종 있다. 또 일반적으로 성도가 어떤 문제를 해결하기 위한 하나의 방편으로 즉흥적 자아의식에 의한 서원도 있다. 그러나, 이러한 모든 문제는 인간의 내부에서 일어나는 서원의 효력을 기대하는 욕망에서 비롯되었다는 사실을 간과해서는 안된다고 생각한다.

16세기의 종교개혁자 마틴루터는 교회 앞에서 독신선언을 하므로 하나님께 서원하였다. 그러나, 그는 결혼하므로 그 서원을 깨뜨렸다. 그래도 하나님께서 큰 임무를 수행 하게 하였다. 이렇게 서원은 인간 편에서 실행되는 약속에 대한 이행의 정도의 의무감이 아니다. 하나님의 경륜이 이미 내 속에 내재 되어져 있어야 한다. 진정한 하나님과 나 사이에 인격적인 관계가 예수그리스도로 말미암아 내가 아버지와 아들로서의 신분 관계로서 이루어져 간다면, 어쩌면 서원보다 더 중요한 구속적 은혜 가운데서 서원은 이미 이루어 진 것이 아닐까 생각한다.

하나님의 말씀이 우리를 지배하도록 하자. 이사야나 요나가 저항 할 수 없는 은혜 가운데서 자기의 맡은 바 사명을 잘 감당한 것처럼 나도 이제 내 삶의 방식의 모든 것을 주님께 맡기고 우리는 주님의 말씀 "도무지 맹세하지 말라"는 말씀의 의미를 되새기며 나아가자.

13장-16장 여호와의 사자가 마노아에게 나실인으로 출생할 그의 아들 삼손을 예고함.
마노아(삼손의 아버지) – 여호와의 사자에게 "당신의 이름이 무엇입니까?"
여호와의 사자 – 어찌하여 내 이름을 묻느냐?
"내 이름은 기묘자(비밀이다)"라 하니라.

※ 삼손의 수수께끼놀이 → 블레셋여인을 퇴출 → 삼손 나귀의 턱뼈로 1천명을 죽임.
※ 삼손 가사에서 기생놀이 → 드릴라라는 여인과의 사랑에 빠짐→ 삼손 미련하여 자기의 비밀을 집요하게 캐묻는 요부 드릴라에게 하나님의 비밀을 누설 결국은 장님이 되고 블레셋에 농락 당함.
하나님께 뉘우치며 마지막 회복된 힘으로 최후의 복수.
※ 삼손의 취약점 – 육신의 정욕에 따라간 미련한 선택 (3명의 여자를 얻음)
단순하여 유익하지 못한 것들에 승부를 건다.
자기과시를 분별력 없이하여 상대방의 조롱거리로 만든다.
자아가 강하여 하나님의 거룩함을 인식하지 못했다.

※ 미가의 집에서 생긴 일(17장-18장)

에브라임 산지에 미가라는 부유한 사람이 있었다. 그는 부유해서 개인 신당도 가지고 있고, 성막의 대제사장이 입는 에봇과 드라빔도 가짜로 만들어 섬기며 율법의 성막 규례도 어기고 제멋대로 아들을 제사장으로 임명했다. 이렇게 그 당시에는 이스라엘에 왕이 없었으므로 사람마다 자기 소견에 옳은 대로 행하였더라 (17:6) 이러한 상황이었으므로, "미가"는 아론에 반열에서

만이 제사장이 되는 율법을 어기고 직분의 권한도 없는 젊은 레위인(성막에 일하는 신분)을 마치 고용인처럼 수하에 두었다. 그때, 거주 할 땅을 찾으러 다니던 단 지파가 미가의 집에 머물게 되었고, 단 지파 사람들은 미가 집에 머물던 레위인을, 요즈음 말로 목사청빙 하듯 심사(라이스 사건과 예언)를 거쳐 청빙했다.

이렇게 청빙된 가짜 제사장은 좋은 기회를 놓칠세라, 단 지파에 달싹 달라붙어 자기의 주인 미가를 배신하고 신당에 있던 우상단지 목상, 에봇, 드라빔마저 훔치는데 합세 한다. 그리고 이것으로 단 지파의 우상 섬기는 제단이 세워진다.

※ 미스바에서 생긴 일 (19장-21장)

한 레위사람이 첩과 함께 여행 중에 베냐민 지파의 거주지에서 불량배들을 만나 첩이 수치스러운 일로 죽임을 당하자, 그 시체를 토막 내어 이스라엘의 각 지파에게 발송하여 억울함을 호소하게 된다. 이 사실은 알게 된 이스라엘 민족은 모두가 단합하여 베냐민 지파에 속한 불량배들을 처단하기 위해 그들을 넘겨줄 것을 요구하자, 베냐민 지파는 오히려 전쟁을 불사하였다.

그 결과, 베냐민 지파는 씨가 말릴 정도로 전멸한 내용이 기브아의 사건이다.

성경은 어떤 것이든 추한 것이라도 왜곡하거나 감추지 않는다.

기브아의 사건은 종교적, 사회적 퇴폐와 불량스러운 일들, 성직자와 타락한 인간들에 의해 피해 당하는 백성들의 안타까운 모습을 적나라하게 보여 준다. 또한, 하나님의 공의를 망각한 베냐민 지파의 고집이 하나님의 중재를 잃어버렸다. 1차 세계대전을 보라, 세상의 모든 분쟁은 작은 일에서 부터 발단이 되는 것을 보여 준다. 이렇게 인류는 하나님의 중재가 없으면, 인간은 파멸에 이르게 된다는 원리을 잘 설명해 준다. 중재의 주인은 예수님이시다.

룻기(Ruth)

룻기는 사사시대의 타락상과는 대조되는 헌신적 사랑과 신앙의 고결함을 보여주는 아름다운 이야기다. 본서는 고대 이스라엘의 풍습(추수 때에 가난한 자들을 위한 알곡 남기기, 기업 무르기, 계보를 잇는 결혼 제도)등을 보여주며, 암흑기의 한 가정의 불행을 극복한 나오미와 현숙한 며느리 룻의 인생 드라마를 하나님이 승화시켜 축복의 통로를 경험하게 하시고, 그 계보를 통한 다윗의 후손으로 오실 메시야가 만민의 구세주라는 사실을 예시해준다.

내용전개 : 사사시대 이스라엘의 타락에 대한 형벌로 하나님이 가나안 땅에 기근을 내리셨고, 살기 힘들어진 나오미와 남편 엘리멜렉은 두 아들(말론과 기룐)을 데리고 가진 재산을 가지고 모압으로 이민을 떠난다. 그 곳에서 남편은 죽고 나오미는 두 아들을 장가 보낸다. 두 며느리(룻과 오르바)를 얻은 나오미는 무척이나 기뻤으나 그 기쁨도 잠깐 결혼 생활 10년 만에 두 아들이 죽고 만 것이다. 이제 자신에게 남은 것이라고는 두 며느리 밖에 없고, 더 이상 의지 할 곳이 없자, 다시 고향으로 역 이민을 떠난다.

"나오미의 서글픈 탄식"

1장 "여호와의 손이 나를 치셨으므로 "전능자가 나를 심히 괴롭게 하셨음이라 내가 풍족하게 나갔더니 여호와께서 내게 비어 돌아오게 하였느니라" 정말 나오미에게 남은 것은 모든 것이 텅 비고, (1:20-나를 나오미라 부르지 말고, 나를 마라(쳐서 시험하다)라 부르라. 이는 전능자가 나를 심히 괴롭게 하셨음이니라) 뿐이었을까? 그리고 나오미는 두 며느리에게는 친정으로 돌아가서 새 남편을 만나 행복하게 살 것을 권유한다.
그러자 며느리 룻의 선택은?

"하나님의 위로는 항상 우리 곁에 있다"

17절 룻의 고백을 보라 "어머니의 하나님이 나의 하나님이 되시리니, 어머니께서 죽으시는 곳에서 나도 죽어 거기 묻힐 것이라. 만일, 내가 죽는 일 외에 어머니를 떠나면, 여호와께서 내게 벌을 내리시고, 더 내리시기를 원 하나이다."
인간에게 있어서 가장 무서운 적은 고독이라고 했다. 요즘 세상에는 배우자를 먼저 보내고 독거노인이 되어 홀로남아 여생을 쓸쓸히 보내는 사람들을 볼 때에 성경에 나오는 이 나오미라는 여인은 며느리 룻을 통하여 얼마나 큰 위로(고후1:3)를 받았겠는가 상상해보라.
하나님은 인간의 삶속의 희노애락을 잘 아시는 분이다. 또한 고독이라는 아픔 또한 인간에게는 숙명적인 인생행로라는 것도 잘 아신다. 그래서 독생자 예수는 이 땅에 오셨다.
우리는 예수그리스도를 통하여 수많은 사람들이 이 고독의 아픔과 고통을 잊고 살았고 또한 살아가고 있음을 기억 할 것이다. 예수님은 자신을 가르켜 우리의 참 좋은 친구(요15:15)라고 하셨다. 이러한 예수님의 계보가 바로 룻을 통해서 나왔다는데서 본서의 핵심적 의미의 초점인 하나님은 우리의 위로자 되심을, 우리는 룻기를 통해서 분명히 알 수 있다.

"어머니의 하나님이 나의 하나님이 되시리니"

룻은 위의 고백을 통해 그의 헌신적 시어머니 사랑의 발로가 어디서부터 왔는지를 알 수 있다. 룻은 하나님을 모르는 이방 여인 이었다. 그러나 룻에게는 "하나님을 아는 지식"이 있었다.
그리고, 그 신앙의 토대가 누구보다도 시어머니의 올바른 신앙관에서 비롯되었음을 이 고백을 통하여 알 수 있다. "어머니의 하나님이 나의 하나님이 되시리니"(1:16) 이제 이 온 가족에게는 "하나님의 나라"가 그들에게 임하고 있음을 알 수 있다. 이것이야 말로 신앙을 통하여 위로 받고 아울러 하나님의 긍휼하심을 입게 되는 최고의 축복의 예표가 되는 것이다.

4장 성경에는 룻을 "젊은 여인" "현숙한 여인"이라고 표현했다. 사라, 리브가, 라헬처럼 미모를 갖춘 여인으로 표현 하지 않고 있다. 오히려 4:6절에서는 의무적으로 과부인 룻을 처로 맞이 하여야할 첫 번째 상대가 거부한 이유가 상속법상 자기 재산 손실 때문이라고도 하지만 첫째는 미모에 마음에 안 끌렸을 것이라는 추측도 간다. 어찌 되었든 기업 무르기에서 퇴짜를 맞는 여인으로 나타난다. 그럼에도 이 여인 룻은 당대 최고 재력가이며 지덕을 갖춘 보아스라는 사람에게 시집을 가게 되고, 나오미는 손자를 보게 되었다. 이때 주변 여인들의 입에서 나오미를 향하여 이러한 찬양을 부르고 있었다.

4:14,15 여호와께서 네게 기업 무를 자가 없게 하지 아니 하셨도다. 이 아이의 이름이 이스라엘 중에 유명하게 되기를 원하노라. 이는 네 생명의 회복자이며, 네 노년의 봉양자라. 곧, 너를 사랑하며, 일곱 아들 보다 귀한 네 며느리가 되기를 원하노라.

"축복선포" (이스라엘 중에 유명하게 되기를 원하노라 4:14)

룻기에서 찾아 볼 수 있는 특징 중에 하나는 "축복선포이다", 당시 사람들에게 신앙적으로 통용되는 언어문화가 "축복권" 즉, 다시 말해 말에 의한 "축복선포"라 할 수 있다.

1장 8,9절 나오미는 두 며느리와 고별사를 통하여 "각각 새 남편을 만나 행복한 가정을 이루도록, 주님께서 돌보아 주시기를 바란다" 이렇게 축복선포를 하였고, 2장 4절 고용주인 보아스가 일꾼들에게 "주님께서 자네들과 함께 하시기를 비네" 그러자 일꾼들도 "주님께서 주인 어른께 복을 베푸시기 바랍니다" 이렇게 화답함을 볼 수 있다.

4장 12절 마을 원로들도 보아스의 축복을 선포 했고, 4장 14절에도 마을 여인들이 "주님께 찬양하며...이스라엘 중에 유명하게 되기를 원하노라" 하면서 축복을 선포 하였다.

정말 축복선포는 신앙생활에 있어서 성도 간에 영적교제를 가져오고 신앙체험으로 이어지는 길이다. 그리고, 서로의 신앙 발전과 삶의 풍성한 열매를 맺게 하는 겨자씨의 법칙과 같다.

룻의 계보를 통하여 다윗 왕이 나오고, 예수님이 오셨으니, 이 얼마나 겨자씨와 같은 작은 일로부터 생겨난 큰 가지들 인가! 그리고 후대를 향한 하나님의 계획 속에 이루어진 열매인가!

막4:31,32 하나님의 나라는 겨자씨 한 알과 같으니 땅에 심길 때에는 땅 위의 모든 씨보다 작은 것이로되, 심긴 후에는 자라서 모든 풀보다 커지며, 큰 가지를 내나니.

※ 기업 무르기(고엘)란 무엇인가?

히브리어로 "고엘" 이라고 하며 뜻은 '되찾다' '무르다' '구속하다' 라는 뜻이다.
예를 들어,
첫 째, 고엘 된 자는 자기 형제나 근족이 어려움에 처했을 때, 그 것을 해결해 주어야 한다는 의미에서 '구속자' '보호자' 라 할 수 있다. (레25:25-28)
둘 째, 고엘 된 자는 형제가 가난하여 종이 되었을 때, 이를 구속해 주어야한다. (레25:47-49)
셋 째, 고엘 된 자는 어느 한 가문의 고엘(기업 무를 자)이 된 사람은 지켜야 할 몇 가지 의무 중에 가문에서 미망인이 된 자가 자식이 없을 때에는, 그 계보를 잇게 하기 위하여 계보의 가까운 순서대로 고엘이 되어 주어야 한다.
즉, 미망인과 결혼해서 후손을 보게 해 주어야 한다. 여기서 보아스의 의무는 첫 번째와 세 번째에 해당한다. 4:10 "그 이름으로 대를 이어 가게 하여" 이처럼 나오미의 권한에 의해서 룻과 보아스의 결혼이 성립된 것이다.

사무엘상(1 Samuel)

　사무엘서는 사사시대를 통하여 이루어지던 하나님의 통치 형태가 왕정시대로 바뀌는 과정을 보여주며, 이스라엘의 정체성을 사무엘이라는 사사, 제사장, 선지자등의 3대 직능을 가진 자로 하여금 사울 왕과 이어서 다윗 왕을 세우게 한다. 내용으로는 사무엘의 어머니 한나의 헌신서약, 혼란스러웠던 사사시대 말기에 타락한 엘리 제사장 등장과 최후, 법궤를 빼앗기는 아픔과 대각성 운동, 사울의 기름 부음과 그의 행보, 블레셋의 축출과 사울왕의 자질 부족함으로 오는 혼란 속에 등장하는 다윗 왕, 그리고 이스라엘의 가나안 땅 쟁취와 성장기, 종교적 부흥과 영적회복이 이루어지면서 이스라엘이 하나님의 언약성취 속에서 그 틀이 세워짐을 볼 수 있다.

1장 사무엘의 출생 / 2장 한나의 기도와 타락한 엘리 제사장의 두 아들 / 3장 사무엘의 소명
4장 언약궤를 빼앗김과 엘리 가문의 몰락 / 5장 법궤가 머문 곳에서 생긴 기이한 일들
6장 다시 돌아온 하나님의 법궤 / 7장 미스바 대성회 / 8장 왕을 요구하는 하나님의 백성
9장 왕으로 선택되는 사울 / 10장 기름부음을 받는 사울 / 11장 암몬을 물리친 사울

1장 레위인 엘가나의 두 부인 한나와 브닌나의 갈등 속에 무자(자식이 없음)한 한나의 간절한 간구로 사무엘이 탄생한다. 한나는 하나님께 서원한 것을 지키려 어린 사무엘을 실로에 있는 하나님의 전으로 데려가서 주님을 섬기는 사람으로 바친다.

※ 한나의 기도문

2:1 주님께서는 나의 마음에 기쁨을 가득 채워 주셨습니다. 이제 나는 주님 앞에서 얼굴을 들 수 있습니다. 원수들 앞에서도 자랑 스럽습니다. 주님께서 나를 구하셨으므로, 내 기쁨이 큽니다.

2:3 너희는 교만한 말을 늘어놓지 말아라. 오만한 말을 입 밖에 내지 말아라. 참으로 주님은 모든 것을 아시며, 사람이 하는 일을 저울에 달아 보시는 분이시다.

2:6 주님은 사람을 죽이기도 하시고, 살리기도 하시며, 스올에 내려가게도 하시고, 낮추기도 하시고, 높이기도 하신다.

※ 성도의 죽음은 결코 헛되지 아니하다.
　"성도들의 죽음조차도 주님께서는 소중히 여기신다"(시116:15)

※ 누가 내 자녀를 키울 것인가?

2장 늙은 엘리 제사장의 두 아들 홉니와 비느하스 그들은 제사장으로서 직무의 신성을 더럽혔다. 고기를 피 째 먹는 죄를 범하자, 그의 아비 엘리 제사장은 악행이라고 야단을 쳤다. (2:23) 그러나, 2장 29절에는 안타깝게도 하나님은 그의 책망을 책망으로 인정하지 않으셨다. "어찌하여 너는 나보다 네 자식을 더 소중하게 여기어", 우리는 자식에 대한 지나친 사랑으로 인하여 하나님의 뜻을 거역하고 있지는 않은지 살펴보아야한다. 사무엘과 엘리의 두 아들은 똑같이 하나님의 성전에서 함께 자랐다. 그러나 한 아이 사무엘은 하나님께서 양육했고, 엘리의 두 아들은 엘리라는 제사장에 의해서 양육되었다.

그 차이는 현저하다. 한 아이는 존경받는 큰 인물이 되었고, 두 아이는 저주를 받아 아비와 함께 몰락하고 말았다.

우리는 자녀들이 교회에 나오면 다 하나님께서 양육해서 모두가 잘 될 것으로 생각한다.

그러나, 부모의 신앙생활 속에 보여 주는 수준이 아닌, 하나님만이 인정하시는 그 기준의 척도에 따라서 우리 아이의 미래가 결정된다는 사실을 간과해서는 안된다.

3장 하나님의 말씀을 들을 수 있는가?

같은 장소, 같은 시간에 있었던 두 사람, 성전에서 하나님의 음성을 사무엘은 4번이나 들을 수 있었으나, 엘리 제사장에게는 한 번도 그 소리가 들리지가 않았다. 사람이 타락했을 때의 그 특징은, 하나님의 말씀이 전혀 귀에 들어오지 않는다는 것이다. 마13:14 너희가 듣기는 들어도 깨닫지 못할 것이요, 보기는 보아도 알지 못하리라.

4장 하나님의 언약궤(법궤)는 블레셋에 빼앗겼고, 엘리 제사장과 두 아들은 죽임을 당함. "이가봇" 하나님의 영광이 떠났다. A.D. 70년 예루살렘이 로마 티투스 장군에 의해 성전은 훼파되고, 언약궤가 빼앗겼을 때에도 사람들이 "이가봇" 이렇게 외쳤다고 한다. 그렇다 하나님의 영광이 떠난 곳에는 인간의 수단만이 앞서가지 아무런 능력도 나타나지 않는다. 교회도 하나님의 영광이 떠나면, 하나님의 능력과 영광을 모르는 사람들이 모여서 인간적인 권위적 수단만 발동 한다. 중세 암흑시대의 구 교회를 보면 하나님의 영광이 떠난 그곳에 상상 할 수도 없었던 일들이 있었음을 우리는 교회사를 통하여 알 수 있다.

5장 탈취당해 블레셋 진영에 머물던 하나님의 언약궤, 곁에 있던 다곤 신상을 무너뜨림,

6장 블레셋 제사장들은 자신들에게 임한 재앙이 어디서 온 것인지를 규명하기 위하여 수레 위에 얹혀진 법궤를 암소 두 마리에 끌게 하였고, 새끼 송아지들은 격리 시켰다. 그리고 수레가 어느 방향으로 가던지 내버려 두었다. 그러나, 어미는 본능적으로 새끼 있는 곳으로 가야 하는데, 오히려 울면서 반대 방향 벧세메스로 가는 것이었다. 이것은 보이지 않는 누군가의 힘에 의해 끌려감으로 인한 어미 소의 애타는 울음소리였다. 이 사실로 원인이 규명되자 블레셋은 이 사건이 우연이 아니었음을 인정한다.

7개월 동안 빼앗겼던 언약궤가 돌아옴. 벧세메스 사람들이 언약궤를 들여다 보다. 그 백성 중 70인을 치시므로 죽음. (새 번역에는 5만 70명으로 보지만, 당시 예루살렘 총인구가 7만명으로 볼 때 70인으로 보는 것이 타당하다고 역사학자들과 요세푸스도 기록하고 있음)

7장 언약궤를 벧세메스에서 다시 가랏여아림으로 옮김.

미스바의 대성회 – 사무엘의 영적 지도력 아래 영적 대각성 운동이 일어남 과 동시에 블레셋과의 싸움에서 승리.

7:12 사무엘이 전쟁의 승리를 기념하며 돌을 취하여 미스바와 센사이에 세워 이르되 "여호와께서 여기까지 우리를 도우셨다"하여 "에벤에셀"이라 하니라.

8장 왕을 요구하는 백성 / 사무엘 아들들의 부패

9장-12장 사울이 사무엘을 만남 / 사무엘이 사울에게 기름을 붓다 / 사울이 암몬과 의 전투
　　　　　에서 대승 / 사무엘이 길갈에서 사울(40세)을 왕으로 세움 / 이스라엘 최초의 왕
　　　　　정시대가 열림

12장 사무엘의 의미심장한 고별사 / 13장 사울의 첫 번째 실패
14장 믹마스의 전투와 사울의 아들 요나단의 실수
15장 아말렉과의 전투에서 실수하여 죄를 범하는 사울, 사무엘과의 결별
16장 기름부음 받는 다윗 / 17장 골리앗을 물리치는 다윗
18장 다윗의 높아짐을 시기하는 사울 / 19장 사울의 살해 음모와 다윗의 도피
20장 다윗의 탈출을 도와주는 요나단

12:12 암몬 왕 나하스가 우리를 치러 오자, 주 하나님이 우리의 왕인데도 그것을 보았을 때에
　　　　당신들은 안 되겠습니다. 우리를 다스릴 왕이 꼭 있어야 겠습니다.
12:17 주님께서 천둥을 일으키시고 비를 내리실 것입니다. 그러면, 왕을 요구 한 것이 주님께
　　　　서 보시기에 얼마나 큰 죄악이었는지를 밝히 알게 될 것입니다.
12:19 (이스라엘 백성들의 회개) 우리가 우리의 죄에 왕을 구하는 악을 더 하였습니다.
12:20 (지나간 일을 잊으시는 하나님의 요구) "두려워 하지 마십시오. 당신들이 이 모든 악행
　　　　을 저지른 것은 사실이나, 이제 부터는 주님을 따르는 길에서 벗어나지 말고 마음을 다
　　　　바쳐서 주님을 섬기십시오"
12:22,23 (하나님의 언약을 확인시키는 사무엘) 주님께서는 당신들을 기꺼이 자기의 백성으로
　　　　삼아 도와주시기로 하셨기 때문에, 주님께서는 자기의 귀한 명예를 지키기 위해서라
　　　　도 자기의 백성을 버리지 않으실 것입니다. 나는 너희를 위하여 기도하기를 쉬는 죄
　　　　를 여호와 앞에 결단코 범하지 아니하고, 선하고 의로운 길을 가르친다.

"이제 부터는"(새번역)

　　하나님은 의지가 약해서 허락해서는 안 될 것을 알면서도 허락하시는 하나님이 아니시다.
하나님은 우리의 실수를 선으로 바꾸실 수 있기 때문에 때로는 우리의 고집을 꺾지 않고 그대로
내버려 두신다. 그렇다고 아주 버림받게 한다는 뜻은 아니다. 누가복음 15장의 탕자의 비유를
보라. 집을 떠난 탕자가 고생 할 것을 알면서도 그의 요구를 들어 주신다. 그래서, 위의 본문 12
장 12절부터 12장 23절 까지는 사무엘상에서 가장 핵심이 되는 회심에 관한 구속사적 계시를
보여주는 중요한 대목이라 할 수 있다. 이스라엘은 신정대신 왕을 요구했다. 하나님이신 주님이
육신의 몸을 입고 이 땅에 왕으로 오셨다. 그러나, 그분의 왕권을 거부하고 다른 왕을 요구하며
십자가에 달리게 했다. 둘은 똑같은 맥락이다. "당신들이 이 모든 악행을 저지른 것은 사실이나
이제부터는"에서 "이제부터는"(12:20 새번역)은 큰 의미가 있다. 이 것은 그리스도의 십자가
사건으로 시작되는 인류에게 새 생명의 새로운 역사가 이제부터로 시작되었기 때문이다.
　　그리고 믿는 자들에게는 자신의 귀한 명예를 위해서라도 자기의 백성을 버리지 않는다고 약속
하셨다. 이렇게 택한 백성이 타락을 해서 하나님의 명예와 영광을 가렸을지(렘13:11)라도 주님
은 우리에게 언제나 기회를 주신다.

이 기회라는 것은 관계와 관계에서 이루어지는 보이지 않는 계약의 갱신이다. 우리가 성경을 잘못 이해하여 세상의 다른 종교처럼 완벽을 추구하기 위해서 가능한 모든 노력과 정성을 기울여야만 복을 받고 내생을 보장 받는다면, 가르친다면, 성경은 가치 없는 책이 될 것이다.

기독교에서는 우리 스스로가 아무리 노력해도 하나님의 의를 이룰 수 없기 때문에, 의인을 부름이 아니요, 죄인을 부르러 하나님께서 독생자를 이 땅에 보내셨다고 한다. 그런데, 사람들은 어떤 종교적 의식과 행위의 결과로 삶의 만족도를 높이고 신앙의 범주를 세상적인 기복주의 속으로 끌어 드리려한다면, 그것은 참으로 잘못된 발상이다.

우리의 신앙 여정에는 이제부터라는 하나님의 새로운 계획이 있다. 이것은 한번으로 끝나는 것이 아닌 계속적으로 유효함을 우리는 성경을 통해서 알아야만 한다. "이제부터는"

13장 사울의 첫 번째 실수는 사무엘이 정한 기간 7일이 넘도록 오지 않자, 제사장의 신분도 아닌 자신이 스스로 번제를 드림으로 하나님의 율법을 어기는 사건이며, 사무엘의 책망과 사울이 마지막 왕조임을 예언.

14장 요나단이 전쟁터에서 외침 "주님께서 허락하시는 승리는 군대의 수가 많고 적음에 달려 있지 않다" 요나단의 믿음의 선포는 그대로 이루어져 블레셋은 아군끼리 서로 쳐 죽이는 사건이 발생한다. 사울의 헛된 맹세로 아들 요나단이 위기에 처하나 살아 남음.

15장-16장 사울의 두 번째 실수, 아말렉과의 전투에서 하나님의 명령을 어기고 아말렉 왕 아각을 살려주고, 그의 소유 중 좋은 것들을 취하는 일로 인하여, 하나님이 사울을 버림.
15:11 하나님이 사무엘에게 "내가 사울을 왕으로 세운 것을 후회 하노니"...
여기 하나님의 후회는 인간의 후회와는 전혀 성격이 다른 것이다.
창6:6 사람의 생각과 계획이 언제나 악함을 보시고, 사람을 지으셨음을 후회 하셨다.
"하나님의 후회"는 원어에 보면 "나함" 이라는 뜻으로 "위로하다"라는 뜻도 지니고 있다.
"왕으로 세운 것을 후회하다" 이 말은 인간의 비극적인 타락에 대한 하나님의 안타까운 심정을 인간적인 측면에서 해석한 것이다.

15:29 이스라엘의 영광이신 하나님은 거짓말도 안하시거니와 뜻을 바꾸지도 않으십니다.
하나님은 사람이 아니십니다. 그러므로, 하나님은 뜻을 바꾸지 않으십니다.
하나님의 속성 중에는 신실하심과 의로우심이 있다. (약1:17) 그는 변함도 없으시고 회전하는 그림자도 없으시니라.
15:22 순종이 제사보다 낫고, 말씀을 따르는 것이 수양의 기름보다 낫습니다.

16:7 내가 보는 것은 사람과 같지 아니하니, 사람은 외모를 보거니와 나 여호와는 중심을 보느니라.
16:23 하나님이 보내신 악한 영이 사울에게 내리면, 다윗이 수금을 들고 와서 손으로 탔고, 그때마다 사울에게 내린 악한 영이 떠났고, 사울은 제 정신이 들었다.
※ 제 정신이 드는 방법은 주님을 찬양하는 것.

17장-21장 블레셋의 괴물거장 골리앗은 다윗과의 1대 1 대결에서 다윗의 물멧 돌에 의해 죽임을 당함. 17:45 너는 칼을 차고 창을 메고 투창을 들고 나에게로 나왔으나, 나는 네가 모욕하는 이스라엘 군대의 하나님 곧 만군의 주님의 이름을 의지하고 너에게로 나왔다.

17:47 여호와의 구원 하심이 칼과 창에 있지 아니함을 이 무리에게 알게 하리라. 전쟁은 여호
와께 속한 것인즉 그가 너희를 우리 손에 넘기시리라.

  사울 왕의 사위가 된 다윗 그러나, 사울은 계속해서 다윗을 시기하므로 다윗은 죽을 고비를 넘
김, 사울의 아들 요나단이 다윗의 탈출을 도와줌. 이후에 블렛셋 족속에게 망명한다.
  다윗은 미친 행동을 하며 위기를 모면함. 시34:4 내가 주님을 간절히 찾았더니 주님께서 나에
게 응답하기로 내 모든 두려움에서 나를 건져 내셨다. 다윗이 절망 중에도 하나님을 원망하지
아니하고 이해할 수 없는 상황 속에서도 하나님을 뜻을 찾았고, 하나님만을 의지하는 신앙은 다
윗의 위대한 신앙 특징이라 할 수 있다.

24장 다윗은 엔게디 동굴에서 사울을 죽일 수 있었는데도 사울의 겉 옷자락만 몰래 잘랐다.
    ※ 이러한 행동에도 다윗은 곧 양심에 가책을 받게 되었다고 했다. 그 이유는 왕은 바로 주
      님께서 기름 부어 세우신 분이기 때문이라 하였다.
26:9,10 또다시 사울을 살려주며 신하들에게 "그를 죽여서는 안된다. 그 어느 누구든지 주님께
      서 기름 부어 세우신 자를 죽였다가는 벌을 면하지 못한다....주님께서 사울을 치시던
      지 죽을 날이 되어서 죽던지 또 전쟁에 나갔다가 죽던지 할 것이다.
※ 내 사랑하는 자들아 너희가 친히 원수 갚지 말고 하나님의 진노하심에 맡기라 기록되었으되,
  원수 갚는 것이 내게 있으니 내가 갚으리라고 주께서 말씀하시느니라. (롬12:19)

"다윗이 혼자서 생각하였다"

  27장 서두에 다윗은 "혼자서 생각하였다" 라고 했다. 그리고 혼자서 생각한 것이 무엇인가?
"이제 이러다가 내가 언젠가는 사울의 손에 붙잡혀 죽을 것이다" 조금 전까지 사울을 죽일 수
있었음에도 불구하고 살려주고 난 뒤에 딴 소리를 한다. 그것은 무엇인가를 골똘히 생각했기 때
문이다. 우리는 일상생활 속에서 때로는 무엇인가 의미 없는 것에 깊게 생각한다.
  그리고 해답은 엉뚱한 것으로 결론을 내린다. 주님과 동행하는 사람은 주님만을 생각하며 사
는 것이 중요하다. 내일 일을 위하여 염려 하지 말라, 내일 일은 내일 염려 할 것이요. 한 날의
괴로움은 그날로 족하니라. (마6;34) 결국 그의 서투른 결정은 아말렉 족속에게 자신의 온 가
족과 그의 부하들의 식구들마저 빼앗기고, 다윗은 부하들에게 돌로 맞을 지경에 까지 이르렀다.
  그러나, 다시 되찾는 기쁨도 있었지만 잠시 시련의 시간을 겪게 되었다.
  이러한 사실이 입증되는 것은 사울은 다윗과 헤어진 후에, 곧 전쟁터에서 죽게 되어 있었기 때
문이다.

※ 이것이 진짜 사무엘 일까?

사울이 무당에게 가서 죽은 사무엘의 영을 불러내어 예언을 하게 하라고 청한다. 그리고 사무엘의 영이 땅에서 올라왔고, 족집게 예언을 한다. (28장)신접한 사람이 죽은 사람의 혼을 불러내어 현실과의 매개체 역할을 하는 것을 초혼술이라고 한다. 성경에서는 이러한 일을 악령의 역사이며, 사단의 속임수라고 한다. 성경은 사람이 죽게 되면, 천국 또는 지옥으로 갈라져 현실의 세계와 접촉이 될 수 없음을 말한다.(눅16:19, 고후5:1) 그러므로 이러한 강신술은 족집게가 되었든, 무엇이 되었든 사단의 도구로 사용되어진 것 뿐이다. 민24:17에서 술사 발람도 오실 메시야를 예언 했듯이, 이렇게 인간 보다 조금은 영특한 사단의 존재들은 좋은 것이던 나쁜 것이던 상관없이 우리를 혼미케 한다는 것을 알아야한다. 즉 땅에서 올라온 것은 루터나 칼빈의 해석처럼 사무엘이 아니고 사무엘의 형체를 입은 사단의 부름을 받는 유령으로 보아야 한다. 우리 주위에서 이런 일들을 하는 행위를(신18:10,11) 용납해서는 안된다.

사무엘하(2 Samuel)

사무엘하는 사울의 죽음(BC1010년)으로부터 다윗의 통치 말기(BC973)까지 60여년간에 걸친 이스라엘 통일 왕국의 역사를 다루고 있다. 특징은 다윗이 왕으로 등극 하였지만, 다윗의 중심 속에는 하나님의 통치가 전면적으로 이루어지고 있음으로, 왕정이 아닌 신정 왕국이라는 의미가 크다. 본서의 전체적 흐름은 하나님께서 다윗에게 약속한 '언약'(7:8-16)속에서 이루어 져가는 은총의 결과였음을 알 수 있다. 다윗 왕은 40년간(7년 반은 헤브론에서 유다의 실권자로, 그 후 33년 동안은 예루살렘에서) 통일된 이스라엘의 왕으로서 하나님의 기대에 부응하며 살았다.
비록 잠깐 죄악에 빠져들었던 밧세바 사건이 있었지만, 그가 그토록 염원했던 신정왕국의 꿈을 실현시키고 이스라엘을 번성케 하며 체계와 질서를 바로 잡았다.
이러한 다윗의 성공적 치세 이면에는 하나님의 돌보심과 간섭하심 있었음을 보여준다.
구속사적으로는 다윗 왕국은 장차 도래할 메시아 왕국의 예표라고 볼 수 있다. 그 이유는 정착, 소망, 발전, 번영을 통한 하나님의 주권적 통치가 이루어졌기 때문이다.

1장 사울의 죽음과 다윗의 애통
2장 다윗, 유대왕으로 등극, 이스라엘은 사울의 아들 이스보셋이 왕이 됨
3장 다윗가의 흥왕과 사울가의 쇠퇴 / 4장 사울의 아들 이스보셋 암살 당함
5장 통일왕국의 왕이 된 다윗(30세)
6장 예루살렘에 안치되는 언약궤와 베레스 웃사의 사건
7장 나단의 예언을 통해, 하나님이 다윗에게 언약하심 / 8장 다윗 왕국의 성립과 그 판도
9장 요나단의 아들 므비보셋을 돌보는 다윗
10장 다윗의 2차 정복전쟁 / 11장 다윗의 범죄

2장 "칼의 벌판" 이 장면은 마치 서부 활극의 결투 장면과 비슷하다.
북 이스라엘의 장군 12명과 다윗 쪽의 장군 12명이 서로 결투를 신청하고 모두 죽었다.
그리고 백병전 끝에 이스라엘이 패한다.

3장 다윗의 힘이 왕성해 지자, 이스보셋(사울의 아들)을 배신하는 군대 장관 아브넬, 그도 역시 원한을 샀던 다윗의 심복 요압에게 살해 당한다. 이 사건을 몰랐던 다윗은 극히 애통해하며 사건을 마무리 한다.

4장 사울의 아들 이스보셋이 최후로 암살을 당하고, 다윗이 남과 북 통일왕국의 왕이 된다.
　※이렇게 사울왕조가 무너진 것은 사무엘의 예언(삼상13:14)에 따라 그대로 이루어진 것 이다.

"다윗에게 전술과 병법을 가르치는 하나님"

5장에서 르바임 골짜기의 전투는 다윗에게 매우 중요한 전투이다. 그 이유는 하나님이 한 번에 블레셋을 쓸어버리는 것이 아니고, 다윗으로 하여금 전술과 병법을 가르쳐 주는 명장면이라 할 수 있다. 이 것은 오늘 날의 성도에게도 사회적 경쟁 상대를 대응하는 전략이 아닐까?

우리는 세상에서 가능한 많은 지식을 통해 수련하고 연마하여 세상을 이겨 나가야 할 것이다. 아무런 노력도 없이 그저 하나님이 다 알아서 해 주겠지 하는 생각은 마치 "심지않은 데서 거두고 헤치지 않은데서 모은다"는 한 달란트 받은 사람(마25:24)과 같다. 스스로 노력하지 않는 무위도식하는 이런 사고방식은 하나님께서 원하시는 뜻이 아님을 본문은 잘 가르쳐 주고 있다. 주님은 구하는 자에게 주신다고 약속했다.(마7:7) 우리는 주님의 방법을 구하고 실천하자.

※ 다윗시대의 주요 전쟁

1. 사울왕가(2:12-29) 기브온 못가 / 2. 블레셋(5:17-25) 르바임 골짜기
3. 여부스(5:6-10,대상 11:4-7) 예루살렘 / 4. 모압(8:2)
5. 소바와 아람(8:3-6) 유브라데 강 / 6. 에돔(8:13,대상18:12) 염곡
7. 암몬, 소바와 아람(수리아) (10:1-19) 헬람 / 8. 암몬(12:26-31) 랍바
9. 압살롬(18:1-16) 에브라임수풀 / 10. 세바(20:1-22) 아벨
11.블레셋(21:18-22) 곱

※ 하나님의 법궤(언약궤)의 이동 경로

시내광야(출40:2,17) → 광야노정(민33:16-49) → 길갈(수4:19, 5:10) → 실로(수18:1,10) 놉(삼하22:11,19) → 기브온(왕상3:2-4, 대상21:29) → 예루살렘(대하1:4)

※ 진정한 개혁을 향한 베레스웃사의 교훈(삼하6장)

개혁! 중세교회 암흑시대 1천년동안 하나님은 왜 잠잠하셨을까?
개혁! 말처럼 쉬운 것이 아니다.
오늘날 신앙의 연륜이 깊어짐과 동시에 신앙적 교만도 따라 온다는 것을 알아야한다.
그 교만 속에는 진정한 나의 개혁이 아닌, 타인의 개혁을 나의 수준으로 격상시켜 요구 할 때가 있다.
개혁! 목적과 의도는 누가 보아도 신선한 느낌과 새로운 충격을 준다. 오늘날 교회가 시끄럽고 교회가 흔들릴 때에, 누군가 개혁을 외치며 앞장서는 사람들이 있다. 이러한 개혁적 사고가 무엇을 의미하는지? 여기서 우리는 웃사의 교훈을 살펴 볼 필요가 있다.

하나님의 법궤가 80년 동안 기럇여아림에 방치되었다가 이제 다윗의 명령으로 제사장 아비나답의 집에서 다윗성으로 옮겨가게 된다. 이때, 나곤의 타작마당에 이르러 소들이 뛰므로 법궤가 떨어지려 하자, 수레를 몰던 아비나답의 두 아들 웃사와 아히요 중에 웃사가 떨어지려는 법궤가 땅바닥에 떨어질까 손을 내밀어 꼭 붙잡자, 하나님은 진노하셔서 웃사를 현장에서 즉사 시킨다. 너무했다는 생각이 누구나 들 것이다. 하나님을 위해 착한 일을 하려고 했는데....

성경적으로는 하나님이 진노한 이유는, 하나님의 궤는 소가 끄는 것이 아닌 항상 제사장들이 어깨에 메고 진행하게 되어있었고, 만지면 죽는다(민4:15) 라고 경고했기 때문이다. 그래도? 그렇다, 교회는 우리의 생각하는 그 이상의 거룩하고 신성한 하나님의 영역이며, 보이지 않는 하나님의 터이다. 교회가 흔들린다고 내가 나서서 그것을 붙잡으려 하는 태도 또는, 개혁하려는 의도는 자칫하면 나의 수준에 맞추어 하나님의 권위를 낮추는 것이며, 신성에 대한 나 스스로의 도전도 될 수 있다. 이러한 일들의 결과로 인하여 나에게 심각한 트라우마를 가져 올 수 있다. 이때에 더 큰 문제는 본인은 정작 그 사실을 모른 다는 것이다. 자칫 성령을 훼방하는 죄를 범 할 수도 있다. 교회에서는 어떠한 일이 있어도 잠잠해야 하는 것이 하나님이 주시는 지혜다.

하나님께서 개혁할 능력이 모자라서 구 교회를 1천년동안 그대로 방치하셨을까? 아니다, 이 사실은 아무도 모르고 우리가 아는 것은 오직 하나님의 때가 되지 아니 했기 때문이다.

오직 교회는 광야에서처럼, 신비스러운 거룩함의 모체이며, 세상에서 구별되어 불러내어진 특별한 공동체로서 그리스도와 연합된 유기체이다. 때문에 개혁이 필요하다고 하여 분리하고, 파를 만들고, 나아가 문제 해결을 위하여 세상에 속한 법이나, 인위적, 물리적인 힘이 동원되는 것은 하나님의 신성의 거룩함을 위배하는 것이며, 나를 극심한 트라우마로 빠뜨리게 할 수 있다는 것이다. 개혁! 그렇게 쉬운 것 아니다. 먼저 내 자신부터 살펴보는 겸손함을 배우자.

"주님을 찬양하는 일이라면"(6:22)

다윗은 하나님의 법궤를 자신이 있는 곳으로 옮겨 오면서, 축제를 벌이며 많은 백성들 앞에서 맨살에 조끼(에봇)만 입은 채, 주님을 찬양하며 신바람 나게 춤을 추었다. 이 장면을 창밖으로 쳐다본 사울의 딸이며 다윗의 처인 미갈이 "신하들이 아내가 보는 앞에서 몸을 드러내며 춤을 추셨으니 임금님의 체통이 어떻게 되었겠습니까?"(6:20) 이렇게 나무라자, 다윗은 이렇게 말하였다. "내가 스스로 보아도 천한 사람처럼 보이지만, 주님을 찬양하는 일 때문이라면, 이보다 더 낮아지고 싶소.(6:22) 이 일로 사울의 딸 미갈은 죽는 날까지 자식을 낳지 못하였다.(새번역)

※ 그렇다, 찬양은 나의 기쁨을 창조주 하나님께 드리는 진실 된 표현이며, 하나님의 임재 안으로 들어가게 한다. 이러한 기쁨과 임재를 체면 때문에 또는, 절제된 형식 때문에 주저하거나 망설인다면, 피조물로서의 자세가 아니다. 우리는 하나님을 찬양하도록 만들어진 존재다.(사 43:21) 하나님은 찬양가운데 거하신다.(시22:3) 그러므로 우리는 항상 하나님을 찬양해야 한다.(시34:1, 합3:19)

※ 어떻게 찬양하는가?
1. 손을 들고 손뼉 치며 찬양(시,63:4,시47:1,98:8,사55:12)
2. 악기로 연주하며 찬양(시150:3,5)
3. 춤을 추며 찬양 (출15:20, 삼하6:14-16, 시30:11, 149:3)

"하나님을 향한 다윗의 진심"

다윗-(나단 선지자에게) 나는 백향목 왕궁에 사는데, 하나님의 궤는 아직도 휘장 안에 있습니다. (7:4) 바로 그날 밤에 주님께서 나단에게 말씀 하셨다. (※ 하나님의 감동이 즉각적인 축복으로 나타남을 보여 준다. "바로 그날 밤") 나단 선지자를 통하여 다윗에게 하시는 말씀하심. "내가 살 집을 네가 지으려고 하느냐" "지금까지 집도 없이 성막으로 옮겨 다녔어도 어느 지파에게든지 백향목 집을 지어 달라고 한 적이 있느냐"

하나님은 누구에게나 요구 하시지 않는다. 그러나, 하나님은 다윗과 같이 되기를 바란다. 이 말의 뜻은, 억지로 하지 말라는 뜻이다. 다윗과 같이 인격적으로 하나님을 대하듯 정직한 마음으로 하라는 것이다. 사람들은 오해하여 하나님이 누구에게나 억지로라도 요구하는 것처럼 말한다. 그러나, 그렇지 않다. 하나님은 자신이 원하시는 것을 사랑하는 자녀의 마음속에 먼저 심어 준 후에, 그 일을 하게 하신다. (빌2:13 너희 안에서 행하시는 이는 하나님이시니, 자기의 기쁘신 뜻을 위하여 너희에게 소원을 두고 행하게 하시나니)

그러므로 ,하나님이 우리에게 주시는 소원은 그의 때가 찬 경륜을 통하여 성취되는 소원이다. 그 정확한 근거로 다윗은 재료는 준비했어도 성전을 짓지는 못했다. 그러나, 하나님을 기쁘게 해드리려는 정성으로 모든 재료들을 준비 했다. 그래서, 하나님은 그를 가르켜 "그는 내 마음에 드는 사람이다 그가 내 뜻을 다 행할 것이다"(행13:22) 라고 말씀하고 있다.

7:9-13 네가 어디로 언제나 너와 함께 있어서 네 모든 원수를 네 앞에서 물리쳐 주었다. 나는 이제 네 이름을 세상에서 위대한 사람들의 이름과 같이 빛나게 해주겠다. 그가 나의 이름을 드러내려고 집을 지을 것이며, 나는 그의 나라의 왕위를 영원토록 튼튼하게 하여 주겠다.

※ 다윗의 진정어린 감사기도

7:18,19 주 하나님 내가 누구이며 또 내 집안이 무엇이기에 주님께서 나를 이러한 자리에 까지 오르게 해 주셨습니까 주 하나님 주님께서는 이것도 오히려 부족하게 여기시고 주님의 종의 집안에 있을 먼 장래일 까지 말씀해 주셨습니다.

8장-11장 다윗의 계속되는 승전과 조직편성과 요나단 가문을 돌아봄.
 ※다윗왕의 결정적 실수와 하나님께 대한 범죄(밧세바와의 불륜과 그녀의 남편을 간접살해)

12장 다윗의 회개 / 13장 암논의 추행과 압살롬의 복수 / 14장 압살롬의 예루살렘 귀환
15장 압살롬의 반란 / 16장 어려움에 처한 다윗 / 17장 위기를 넘기는 다윗
18장 압살롬의 패전과 죽음 / 19장 다윗의 귀환 / 20장 세바의 반란
21장 기브온 사람들의 피의 복수와 하나님의 응답 / 22장 다윗의 승전가, 감사와 찬송의 시
23장 다윗의 용사들 / 24장 다윗의 인구조사와 선택해야 할 세 가지 재앙

12장- 나단을 통한 하나님의 책망과 앞으로 있을 엄청난 재앙.
12:8.9 이스라엘 사람들과 유다 나라도 너에게 맡겼다. 그것으로도 부족하였다면, 내가 너에게 무엇이든지 더 주었을 것이다. 그런데도 너는 어찌하여 나 주의 말을 가볍게 여기고 내가 악하게 여기는 일을 하였느냐?

12:13 주님께서 임금님의 죄를 용서해 주실 것입니다. 그러므로 임금님은 죽지 않을 것입니다.
(그러나 죄에 대가로 극심한 고통이 있을 것을 나단 선지가 예언함)
1. 다윗 집안에 칼부림이 생길 것.
2. 다윗의 아내들이 백주에 욕보임을 당함.
3. 간음한 여인 밧세바와 사이에서 난 아들이 죽음, 그리고 다윗의 회개.

※ 불같은 시험과 연단은 서서히 다가 온다

다윗이 이러한 큰 죄를 짓고 처음 찾아온 징계는, 밧세바에게서 난 아들이 난지 7일 만에 병이 났고, 다윗은 이 일로 인하여 금식하고 간절히 기도하였다. 그래도 아기는 나단 선지자의 예언 대로 죽고 말았다. 그리고 얼마 후, 하나님은 다윗에게 위로의 선물을 주셨는데 다시 밧세바로 하여금 다윗의 대를 이을 솔로몬을 탄생시킨다. 그리고 전쟁에서도 승리하게 하신다.
아마 이쯤 되면 다윗의 마음에 하나님의 징계가 약해 졌거나, 아예 하나님이 다 용서해 주셔서 별 문제가 없겠구나 생각 할지도 모른다. 그러나 불같은 시험은 그림자처럼 다가오고 있었다. 성도들도 하나님께 분명히 노골적인 죄를 범했는데도 불구하고 뭔가 일이 잘 풀리고 승승장구 할 때가 있다, 그 것을 조심하시라! 징계의 개봉박두가 기다리고 있다는 것을....

※ 죄의 응보에 대한 확실한 해답

죄와 응보란 일반인들이나 신앙인들 모두가 살아생전에 그에 상응하는 대가를 치루게 되는가? 하는 공통적 의문점이다. 불교에서는 행위에 의한 선악이 결정되고, 그 결과 업이 생기고, 이것을 가르켜 인과응보라고도 하고 업보라고도 한다. 그러나 기독교에서는 일반인들의 경우, 죽고 난 뒤에 그 징계가 지옥에서의 심판의 형태로 나타난다고 가르친다. 또한, 살아생전에도 악인의 심판은 하나님의 공평의 저울(공의)과, 양심과 율법을 따라 상응하는 응보를 받기도 한다고 성경은 분명히 가르친다. 그러면 성도들도 죄를 범했을 때에 죄를 회개 했음에도 불구하고 살아 생전에 그 대가를 치룰 수가 있는가? 하는 질문, 그 답이 바로 다윗의 우리아와 밧세바 사건이다. 이제 다윗 왕이 범죄하고 진정한 회개를 했을 때, 나단 선지자가 한 말을 숙고해 보면, "주님께서 임금님의 죄를 용서 해주셔서 죽지 않을 것입니다"(12:13) 여기 까지는 죄를 용서함 받았음을 알 수 있다. 그리고 생명도 부지 한다. 그러나, 그 후를 살펴보자.
10절과 14절에 네 집안에서 칼부림이 떠나지 않을 것과 밧세바 사이에 난 아들은 죽을 것이라고 심판의 경고를 했다. 분명히 응보가 있음을 시사하고 있다.
그러면 죄에 대한 주님의 용서란 효력도 없고 별 의미도 없지 않은가? 이렇게 생각 할 수 있다. 예를 들어 강도짓을 한 사람이 도피 중에 예수를 믿고 간절히 회개 했다고 하여, 법의 심판을 면 할 수 있겠는가? 당연히 법의 심판을 받아야 한다. 이와 같이 이해하면 되겠다. 성경에서도 예수 님은 이렇게 말씀하셨다. 마5:17 "내가 율법이나 예언자들의 말을 폐하러 온 줄로 생각하지 말라. 폐하러 온 것이 아니라, 완성하러 왔다."는 이 말씀과 일맥상통 합니다.
거듭나기 전에는 율법에 의한 심판을 받는다. 그러나, 거듭난 후에 범죄는 율법의 완성되신 예수 그리스도의 의에 의한 징계(히12:5,6,11)를 받게 된다. 이것을 가르켜 성도가 받는 연단(벧전1:7)이라고 한다. 그러나 성도는 천국에 까지 가서 죄의 대가로 심판을 받지는 않는다.

롬2:6-7 하나님께서는 각사람에게 그 행한대로 보응하시되, 참고 선을 행하여 영광과 존귀와 썩지 아니함을 구하는 자에게는 영생으로 하시고 불신자에게는 분명히 보응이 있다. 그러나, 신자는 보응대신 영생이 있다.

본문 12:13절 "주님께서 죄를 용서 해주셔서 죽지 않을 것입니다" 이 말은 매우 의미가 깊다. 이 의미의 죽지는 않는다는 것은 구속사적으로 볼 때 영생을 계시하는 것이다. 이와 같이 하나님은 한번 택한 사람은 아무리 큰 죄를 저질렀어도, 회개하고 돌아 올 때에 절대로 버리거나 모른 척하지 않는다. 단지 징계와 연단이 있을 뿐이다.

만일, 이것마저 없다면 사생자(히12:8)요 참 아들이 아니라고 성경은 말한다. 그러므로 예수님을 믿으면서도 반복적으로 죄를 짓고, 매번 예수의 피로 씻었으므로 "나는 까딱없어, 다 잘되어 가잖아, 이것이 증거 아니야, 다 주님의 은혜지" 라고 하는 사람들 조심해야한다.

초대 교회에도 이러한 사상이 교회를 혼란에 빠지게 했다. 영지주의(영과 육을 분리시켜 영은 절대로 선하고 육은 악하다)라고 하는 이원론적 사상이 있었다. 다시 말해서 "영은 절대적으로 죄에 의하여 훼손되지 않는다. 오직 육신만이 훼손 되므로 육체가 죽으면 죄를 담고 있던 육체는 사라지고 예수를 믿었던 영혼은 순결하므로 천국에 간다" 그러므로 실 컷 죄 짓고도 천국에 갈 수 있다는 사상이다. 이것이 오늘날의 이단의 뿌리며 구원파 사상이다. 성도가 죄인 것을 알면서, 죄를 졌을 때에 따라오는 징계를 다윗의 교훈을 통해서 배우자.

※ 하나님의 백성이 받는 시험에는 두 가지가 있다

1. 도키마조(헬라어)
   하나님으로부터 받는 시험 – 연단 뒤에 정금같이 되어 나옴(욥2장, 벧전1:7)
2. 페이라조(헬라어)
   마귀에 의한 시험 – 죽이고 멸망시키는 욕심에 의한 시험(약1:14.15요10;10)

13장-15장 다윗의 아들, 암논이 이복동생 다말을 강제로 추행하다. 이에 화가 난 압살롬은 복수심에 이복형제 암논을 살해한다. 그 후로 잠시 피신을 갔다가 아버지인 다윗의 용서로 예루살렘으로 돌아오게 된다. 그러나 압살롬은 배은망덕하게 자기세력들을 규합하여 반란을 일으킨다.
다윗은 이제 마음에 깊은 상처를 담고, 피난길을 떠나며 곤고함에 처하게 된다.

16장-18장 이제 두 세력 간에 전쟁을 치루게 되었고, 압살롬에게는 두 사람의 지략가들이 있었다. 한사람은 '아히도벨' 이고 또 한 사람은 '후새' 였다. 이중에 한사람 후새는 다윗 편에서 위장전입한 사람이었다. 회의 끝에 압살롬은 후새의 의견을 듣기로 하고, 전쟁터로 자신이 직접 나가기로 결정하였다. 여기서 압살롬의 마음을 움직인 것은 하나님이었다.(17:14) 그리고, 다윗을 쫓던 압살롬은 다윗의 신하 요압에 의하여 살해당하고 만다.

22장 다윗의 승전가(시편18편)

22:1-7 주님은 나의 반석, 나의 요새, 나를 건지시는 분, 나의 하나님은 나의 반석, 내가 피할 바
위, 나의 방패, 나의 구원의 뿔, 나의 산성, 나의 피난 처, 나의 구원자 이십니다.
내가 고통 가운데서 주님께 부르짖고 나의 하나님을 바라보면서 부르짖었더니 그의 성
전에서 나의 간구를 들으셨다.

22:31 하나님의 도는 완전하고, 여호와의 말씀은 진실하니, 그는 자기에게 피하여 오는 모든 자
에게 방패시로다.

22:33.36 하나님께서는 나의 견고한 요새이시며, 내가 걷는 길을 안전하게 하여 주신다. 주님께
서 구원의 방패로 나를 막아 주시며, 주님께서 안전하게 지켜주셔서 나의 담력을 키워
주셨습니다.

※ 용장(勇將) 지장(智將) 덕장(德將)의 모습을 두루 갖춘 다윗의 면모

일본의 역사 속에 막부시대가 있었다. 쇼군이 지배하던 시대에 유명한 군주이며 장군인 세 사
람(노부나가-용장(勇將), 도요도미-지장(智將), 이예아스-덕장(德將) 있었는데, 이 사람들은
각각 위의 세 가지 중에 한가지씩의 특징이 있었다. 그 중에 덕장(德將)으로 알려진 사람이 소
설 '대망'의 주인공 도쿠가와이예아스다. 그리고 모두 유명했지만 이 세 가지 모두를 갖추고 있
던 장군은 아무도 없었다. 그러나 다윗 왕은 이 세 가지를 두루 갖추었다.
※용장(勇將) - 그는 소년시절에 적진에 뛰어들어 거장 골리앗을 쓰러뜨린 용감한 군인이었다,
※지장(智將) - 그는 자신의 원수와 같은 사울 왕을 하나님으로부터 기름부음을 받은 자라 하여
두 번씩이나 살려주는 지혜로움을 부하들에게 가르치므로 하나님의 권위를 높였
다. 이 것이 지혜다
※덕장(德將) - 다윗은 전쟁 중에 목이 말라서 부하들에게 물을 가져오기를 청하자, 부하들이 물
을 가져왔다. 그때, 그는 이렇게 말하였다. "다윗은 그 물을 마시지 않고 길어 온
물을 주님께 부어드리고 나서, 이렇게 말씀 드렸다. "주님 이 물을 제가 어찌 감
히 마시겠습니까! 이것은 목숨을 걸고 다녀온 세 용사의 피가 아닙니까!
그러면서 그는 물을 마시지 않았다"(23:16,17)
이렇게 다윗의 삶은 모든 일에 하나님에게 우선권을 두는 삶이요, 하나님 중심적으로 살아온 사
람이었고 진정한 용사였다. 그래서, 그를 가리켜 "하나님 마음에 합한 자라 하였다"(행13:22)

※ 하나님의 고집, 사무엘하

다윗왕은 인생 말년에 인구 조사를 통하여 하나님의 축복의 가치를 세상적인 가치로 바꾸었다.
우리도 흔히 있을 수 있는 일이다. "내가 얼마나 벌었나, 내 재산이 얼마나 되나, 내 후손에게 얼
마나 물려 줄 수 있을까?"하면서 계산기를 두드린다. 그러나, 이제 천국으로 향하는 문전에 서
있는 사람은 세상가치를 모두 내려놔야 한다. 그럼에도 다윗왕은 부지중에 이런 일을 저지르고
만 것이다. 사실 이러한 일들을 우리는 객관적으로 볼 때, 크게 죄책에 속한 것처럼 느껴지지
않는다. 그러나 하나님은 이일로 크게 진노하셔서, 천사까지 동원된 큰 재앙을 내리신다. (24:15
-16) 왜 이토록 하나님은 엄했을까? 사무엘하의 기록은 처음 서두에 말했듯이 왕정에서 신정왕

국으로서의 시작을 의미한다. 이 일을 시작한 인물이 다윗이다. 그런데, 다시 막판 뒤집기로 인구조사라는 왕정의 길로 들어서므로, 신정에서 왕정으로 역행하는 잘못을 저지른 것이다.
　　이것을 재앙이라는 방법으로 뜯어 고치신 하나님의 방법을 보라! 신정에서 신정으로 매듭짓는 하나님의 고집, 그 경이로움이 사무엘하이다.

열왕기상(1 Kings)

　　열왕기서의 이름은 히브리어 성경에서의 책이름 '멜라킴'(왕들)이다 라는 뜻이며, 70인의 영(Septuagint: 이집트 왕 Ptolemy Philadelphus(기원전 3세기)의 명에 의하여 알렉산드리아에서 70명의 유대인이 70일간 번역해 냈다고 전해짐))에서는 분량이 많아 상하로 구분 하였다. 저자는 미상이며, 기록연대는 BC586-537 바벨론 포로시대로 추정한다. 기본 구성으로는 다윗의 임종과 솔로몬의 즉위로 막을 오르면서 솔로몬 통치기(1장-11장)의 번영과 영광의 절정을 보여주고, 솔로몬 말년에는 사치와 우상숭배로 왕국이 급속도로 기울며 솔로몬의 아들 르호보암의 미련한 강경정책은 남,북왕국의 분열로 이어지면서 초기의 열왕들이 등장하고, 북왕국 아합의 폭정과 선지자 엘리야가 등장한다.
　　유명한 갈멜산의 영적전투와 시리아의 침공이 본격화 된다.(12장-22장)
기록목적으로는, 하나님께 순종 할 때와 타락할 때의 국가의 변화 되는 모습과 그 결과에 따른 징계를 보여 주시며, 하나님의 선지자들을 보내어 죄악을 책망하고 회개를 촉구 하신다.

> 1장 솔로몬의 등극 / 2장 다윗의 임종과 솔로몬의 왕권확립 / 3장 지혜를 구하는 솔로몬
> 4장 솔로몬 왕국의 번영 / 5장 성전건축을 위한 준비 / 6장 7년 공사로 성전이 완공되다
> 7장 궁전 건축과 성전기구 제작 / 8장 성전 봉헌식 / 9장 하나님 솔로몬과의 두 번째 언약
> 10장 절정기의 솔로몬 왕조 때에 스바의 여왕이 방문하다 / 11장 솔로몬의 타락과 죽음

1장 왕세자 간의 세력싸움에서 아도니야가 패배하고, 솔로몬이 왕이 됨 .

2:1-3 다윗왕의 유언 "나는 이제 세상 모든 사람이 가는 길로 간다. 너는 굳세고 장부 다워야 한다. 그리고 너는 주 너의 하나님의 명령을 지키고, 모세의 율법에 기록된 대로 주님께서 지시하시는 길은 걷고, 주님의 법률과 계명, 주님의 율례와 증거의 말씀을 지켜라. 그리하면 네가 무엇을 하든지, 어디를 가든지, 모든일이 형통 할 것이다"

※ 솔로몬의 숙청 작업 : 왕이 되려던 이복형제 아도니야를 죽임, 반역에 가담한 대제사장 아비아달(사울의 '놉' 사건에서 살아 남음, 삼상22:18)을 직위해제 하고 내쫓음 , 아도니야 편에 가담한 요압(다윗의 오랜 명장)을 죽임, 다윗왕이 압살롬을 피해 도망칠 때 , 다윗 왕을 야유하고 조소했던(삼하16:7) 시므이의 죽음, 이렇게 해서 솔로몬은 권력을 완전히 장악하였다.

3장 솔로몬, 이집트에서 바로왕의 딸을 아내로 맞음, 기브온 산당에서 천마리의 가축을 번제물로 드린 후에, 하나님 꿈에 솔로몬에게 나타나셔서 하시는 말씀.

3:5-9 "내가 너에게 무엇을 주기를 바라느냐? 나에게 구하여라" (첫 번째 꿈에 나타남)
주님께서는 주님의 종이요, 나의 아버지인 다윗이 진실과 공의와 정직한 마음으로 주님을 모시고 살았다고 해서, 큰 은혜를 베풀어 주시고 또 그 큰 은혜로 그를 지켜주셔서 오늘과 같이 이렇게 그 보좌에 앉을 아들까지 주셨습니다. 나는 아직 나가고 들어오고 하는 처신을 제대로 할 줄 모릅니다. 그러므로 주님의 종에게 지혜로운 마음을 주셔서 주님의 백성을 재판하고, 선과 악을 분별할 수 있게 해주시기를 바랍니다.

※ 너희 중에 누구든지 지혜가 부족하거든, 모든 사람에게 후히 주시고 꾸짖지 아니하시는 하나님께 구하라 그리하면 주시리라 (약1:5)

4:29,32 하나님께서 솔로몬에게 지혜와 총명과 넓은 마음을 바닷가의 모래 알처럼 한없이 많이 주시니, 솔로몬의 지혜는 동양 어느 누구보다도 또 이집트 어느 누구보다도 더 뛰어났다. 그는 삼천가지 잠언을 말하였고, 천 다섯 편의 노래를 지었다.

5장 솔로몬 성전 건축을 위하여 레바논에서 히람이라는 사람을 통하여 백향목을 들여오다.

7장 성전 짓는 데는 7년, 솔로몬은 자기의 왕궁을 위하여 짓는데 13년이 걸림.

8장 언약궤를 성전으로 옮기다.
8:10-11 제사장들이 성전에서 나올 때에, 주님의 성전에 구름이 가득 찼다. 주님의 영광이 주님의 성전을 가득채워서 구름이 자욱하였으므로, 제사장들이 서서 일을 볼 수없었다.

※ 솔로몬의 연설

8:29-30 이 곳은 주님께서 "내이름이 거기에 있을 것이다" 하고 말씀 하신 곳입니다. 주님의 종이 이곳을 바라보면서 기도 할 때에, 이 종의 기도를 들어 주십시오. 그리고 주님의 종인 나와 주님의 백성 이스라엘이 이곳을 바라보며 기도 할 때에, 그 기도를 들어 주십시오.
8:41-43 이방인이라도 주님의 큰 명성을 듣고, 또 주님께서 강한 손과 편 팔로 하신 일을 전하여 듣고, 이 곳으로 와서, 이 성전을 바라보면서 기도하거든, 다 들어 주셔서 땅위에 있는 모든 백성이 주님의 이름을 알게 하시고, 이 성전이 주님의 이름을 부르는 곳 임을 알게 하여 주십시오.

9:3-7 (하나님께서 두 번째로 솔로몬에게 나타나셔서 하신 말씀) 네가 나에게 한 기도와 간구를 내가 들었다. 그러므로 나는 네가 내 이름을 영원토록 기리려고 지은 이 성전을 거룩하게 구별 하였다. 따라서, 내 눈길과 마음이 항상 이곳에 있을 것이다.
그러나, 너와 네 자손이 나를 따르지 아니하고, 등을 돌리거나 곁길로 나아가 다른 신들을 섬겨 우상숭배 하면, 내가 준 그 땅에서 이스라엘을 끊어 버릴 것이고, 내 이름을 기리도록 거룩하게 구별한 성전을 외면 하겠다. 또 다른 민족에게 웃음 거리가 되고, "어찌하여 주님께서 이 땅과 이 성전을 이렇게 되게 하셨을까"하고 탄식 할 것이다.

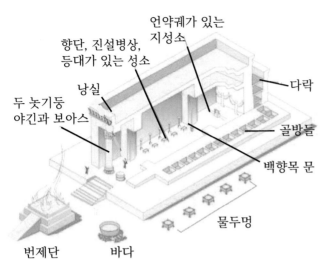

언약궤가 있는
지성소

향단, 진설병상,
등대가 있는 성소

낭실

두 놋기둥
야긴과 보아스

다락

골방들

백향목 문

물두멍

번제단   바다

솔로몬 성전 모형도

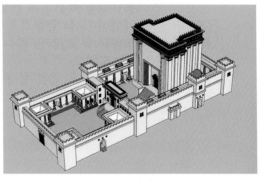

성전 모형도

※ 산당이란 무엇인가?

이스라엘의 가나안 정복 이전부터 있었던 원주민들의 제단.(민33:52) 하나님은 이 산당을 헐어버리라고 명령함. 그러나, 헐리지 않고 계속 존재함. 각 지역마다 산당에서는 광야 불뱀 사건 때 사용 되었던 놋뱀장대, 아론의 지팡이, 그리고 성막의 기구들을 우상화 하여 그것을 산당에 들여놓고 우상숭배를 하였음.(왕하18:4) 성전을 짓기 전, 제일 규모가 큰 기브온 산당에 성막과 언약궤가 있었으므로 솔로몬은 이곳에서 번제를 드렸음. 그 후에 남과 북이 분단 된 후, 예루살렘 성소제도를 반대하는 북 왕국에 의해 계속적으로 우상숭배의 장소로 사용되어져 왔음.

※ 솔로몬이 하나님을 배신하게 된 동기

11장 솔로몬 왕은 외국 여자를 좋아 하였다. 이집트, 모압, 암몬, 에돔, 시돈, 헷 총계를 내면 칠백명의 후궁과 삼백명의 첩 누가 누군지 번호표를 달아 주어야 겠네......

11:2 주님께서 일찍이 이 여러 민족을 두고 이스라엘 자손에게 경고 하신 일이 있다. (출34:11 신 7:1-4) "너희는 그들과 결혼 하고자 해서도 안되고, 그들이 청혼하여 오더라도 받아 들여서는 안된다. 분명히 그들은 너희 마음을 그들이 믿는 신에게로 기울어 지게 할 것이다"라고 말씀하셨다. 그런데도 솔로몬은 외국여자를 좋아 하였으므로 마음을 돌리지 못하였다.

※ 하나님과 언약이 깨어짐과 동시에 적들이 생겨남

솔로몬은 하나님의 약속대로 그의 아버지 다윗을 봐서 그가 사는 날 동안에는 편안히 산다. 그러나, 그 이후부터는 국가적으로 동족상잔의 비극이 몰려오고 있었다. 그때부터 온 나라가 외국 여인들이 들고 온 온갖 우상으로 들끓게 된다. 한 사람의 잘못으로 국가의 운명이 바뀜을 본다.

12장 솔로몬의 아들 르호보암의 압제 정치 → 하나님의 중재가 스마야의 예언을 통하여 르호보암
  에게 전달되므로 남북전쟁이 시도되지 않음.

아세라신상	몰렉신상	바알신상
페니카와 수리아에서 가나안으로 유입된 이후 토착화, 다산과 풍요와 성적의 음란한 여신으로서 숭배	가나안 사람들이 황동으로 소머리에 인간의 몸, 손바닥이 위로 보도록 내미는 형상으로 제작, 불로 가열한 뒤, 갓난 아기를 놓고 제사	여신 아세라와 함께 성적교섭의 남신, 풍요를 보증한다는 신들의 성혼은, 가나안인 남녀에 의해 성소에서 모방

※ 사자는 왜 나타났을까?

13장 하나님의 사람이 유다 땅에서부터 북쪽 이스라엘까지 예언을 하기위하여 올라왔다. 그리고
  사명을 마치고 돌아가던 길에, 사자한테 물려 죽은 사건이다. 그가 그렇게 죽임을 당한 이
  유는 사명을 마치고 돌아가는 길에 하나님이 명령한 "그곳에서 밥이나 물을 먹지말고 다시
  그길로 돌아가지 말 것"(13:17) 이 것을 지키지 않았기 때문이다 . 그 동기는 벧엘에 늙은
  예언자의 거짓말에 속았기 때문이다. 여기서 중요한 대목은 늙은 예언자의 이 말이다 "나도
  그대와 같은 예언자요" 예언자 라는 특수성을 강조했고, 하나님의 사람은 그의 신분과 그의
  권위 때문에 하나님의 말씀보다 그의 말을 인정했다는 것이다. 여기서 우리에게 주는 중요
  한 교훈이 있다. 이스라엘의 영광이신 하나님은 거짓말도 안하시거니와 뜻을 바꾸지도 않
  으십니다. 하나님은 사람이 아니십니다. 그러므로 하나님은 뜻을 바꾸지 않으십니다. (삼상
  15:29)(새번역) 하나님의 속성 중에는 신실하심과 의로우심이 있다. 그는 변함도 없으시
  고 회전하는 그림자도 없으시니라(약1:17)

요즘 세상에는 똑똑한 자들이 하나님의 말씀을 자신의 권위로 교묘하게 바꾸는 자들이 있다. 이런 자들을 조심해야한다. 본문에서 느닷없이 왜 사자가 나타났을까?
근신하고 깨어라, 너희 대적 마귀가 우는 사자같이 두루 다니며 삼킬자를 찾나니 (벧전5:8)

16:13 그들은 자기들만 죄를 지은 것이 아니라, 우상을 만들어서 이스라엘에게 죄를 짓게 하였으므로 이스라엘의 주 하나님의 분노를 샀다.

※ 발에 병이 난 아사왕(15장)

유다의 "아사"라는 하나님께 충성스럽고 백성에게 좋은 왕이 있었다. 이 왕은 40년 동안 치세를 잘하고 나라는 태평성대를 이루었다. 그런데, 큰 문제가 발생했다. 같은 민족인 북 왕국이 쳐들어온다는 것이다. 이에 겁을 먹은 왕은 하나님이 싫어하시는 영적으로 타락한 나라 앗수르의 힘을 빌리기 위하여 국가의 소중한 것들을 조공으로 바치고, 치사한 방법으로 민족을 쳐부순 것이다. 사람이 완벽 할 수는 없는 모양이다. 그래서 그는 말년에 발병이 났다. 이것은 하나님을 버리고 잘못된 길로 갔음을 보여주는 증거라 할 수 있다. 그리고 하나님의 징계임이 틀림없다.

	초기 북 이스라엘의 왕들 (BC 930년)	통 치	유다왕
여로보암	북 왕국 이스라엘의 창시자, 우상숭배 (왕상12장, 대하10장)	22년	르호보암
나 답	악을 행함, 바아사에 의해 살해 (왕상15장)	2년	아비야
바 아 사	악을 행함, 하나님께 범죄 (왕상15:34)	24년	아 사
엘 라	반역자 시므리에게 살해당함 (왕상16:8-10)	2년	아 사
시 므 리	바아사 집을 멸하고 왕에 오른 뒤 오므리에 살해(왕상16:10)	7일	아 사
오 므 리	수도 사마리아성를 세움 국력을 키워나감(왕상16:24)	12년	아 사

17장- **엘리야의 출현**- 엘리야의 예언대로 3년6개월 동안 가뭄, (약5:17)사르밧 과부, 아들과 먹고 죽으려던 마지막 식량 밀가루 한줌과 기름 몇 방울을 엘리야에게 먼저드림, 그 후에 밀가루와 기름이 떨어지지 않음, 그일 후에 그 집안에 슬픈 일이 발생한다. 사르밧 과부의 아들이 병이 들어 죽음, 이런 것을 가르켜 축복 뒤에 오는 시험이라고 할까? 엘리야, 사르밧 과부의 아들을 살려냄.
18장- 갈멜산에서 엘리야, 바알 선지자 450명과 아세라 선지자 400명과의 대결에서 승리함. 하나님의 진노가 가라앉고, 사마리아에 가뭄이 그침.
  (손바닥 구름이 변하여 장대비를 뿌림)
19장 북왕국 이스라엘의 악한 왕비 이세벨의 엄포에 겁을 먹고 달아나는 엘리야 로뎀나무 아래서 하나님께 죽기를 간청, 두 번씩 천사가 나타나 음식을 조달, 먹고 힘을 낸 엘리야 40일 동안 걸어서 하나님의 산 호렙에 도착.

1. 엘리야야 너는 여기서 무엇을 하고 있느냐? (첫 번째 질문)
※엘리야 – 나는 하나님을 열정적으로 섬겼습니다. 그러나, 이스라엘은 언약을 버리고 하나님의
　　　　　예언자도 죽이고 이제 나만 홀로 남아있는데, 나 마저 죽이려고 합니다.
※하나님 – 이제 곧 나 주가 지나갈 것이니 너는 나가서 산위에 주 앞에 서 있어라.
　　　　　19:11,12 크고 강한 바람이 주님 앞에서 산을 쪼개고 바위를 부수었으나, 그 바람속
　　　　에 주님께서 계시지 않았다. 그 바람이 지나가고 난 뒤에 지진이 일었지만, 그 지진 속
　　　　에도 주님께서 계시지 않았다. 지진이 지나가고 난 뒤에 불이 났지만. 그 불 속에도 주
　　　　님께서 계시지 않았다. 그 불이 난 뒤에 부드럽고 조용한 소리가 들렸다
2. 엘리야야 너는 여기서 무엇을 하고 있느냐?(두 번째 질문) 주님의 명령
　　1) 다메섹으로 가서 시리아의 왕으로 하사엘을 기름부어 왕으로 세우라
　　2) 예후를 기름부어 이스라엘 왕으로 세우라
　　3) 엘리사를 기름부어 네 뒤를 이을 예언자로 세워라

19:18　나는 이스라엘의 7천명을 남겨 놓을 터인데, 그들은 모두 바알에 무릎 꿇지도 아니하고
　　　　입을 맞추지도 아니한 사람이다.

※ 두 번의 질문에 대한 엘리야 대답은 초지일관 "나만 홀로 남았나이다"이었다. 그러나, 사실은
　그것이 아니었다는 사실을 상기 시키며, 엘리야의 마지막 사명을 완수를 당부한다.
※ 엘리야의 영적 행보 : 개인적 영적사역 → 국가적사역과 영적승리 → 돌발적 영적침체 →
　육적침체 → 육적회복 과 고독함 → 영적체험 → 영적각성→ 영적사명→ 영적연합 → 영적
　완성

20장 아합, 아람왕 벤하닷과의 전쟁에서 두 번 승리. 하나님의 말씀을 거역하고 벤하닷과 협약
　　　한 선지자 아합의 최후를 예언.

21장 이세벨의 간계에 의한 나봇 포도원 탈취 사건

22장 아합왕이 예언자 4백명을 모으고 전쟁의 승패여부를 물음, 미가야의 직언, 하나님으로 부
　　　터 허락받은 천사가 거짓말하는 영이 되어 4백명의 예언자 입에 거짓말을 하게 함, 4백명
　　　의 말을 신뢰한 아합왕 전쟁터에서 전사함.

중기 북 이스라엘의 왕들 (BC 874년)		통 치	유다왕
아 합	가장 악한 왕,악녀부인 이세벨,바알,아세라 숭배,엘리야와 갈멜산 대결, 나봇의 포도원을 탈취(왕상22장,대하18장)	22년	여호사밧
아하시야	바알을 섬기다 병상에서 죽음(왕하1:2-16)	2년	여호사밧
요 람	바알은 제거 했으나 다른 우상숭배(왕하3:2,3)	12년	요 람
예 후	아합가(家)와 바알 숭배자 몰살시킴(왕하9:1-10,31)	28년	요아스
여호아하스	우상숭배,아람에 패함(왕하13:1-9)	17년	요아스
요아스	엘리사의 구원의 화살을 세 번만 침, 아람왕 벤하닷을 파하고 사마리아 성읍을 회복(왕하13:24,25)	16년	웃시야

열왕기하(2 Kings)

본서는 북이스라엘과 남 유다의 열왕들을 선지자적 관점에서 기록한 역사서이다. 그러므로, 엘리야, 엘리사등 선지자들의 활동 및 사역이 크게 부각된다. 기록 목적으로는 왕정국가의 형태를 갖춘 북이스라엘과 남 유다를 통한 국가의 흥망성쇠는 오직 순종과 불순종 여하에 달려있다는 사실을 일깨워 주려 함에 있고, 실제적인 여러 왕조의 실패, 타락, 배교, 범죄등의 비극적인 운명의 주관자는 하나님이라는 것을 보여준다. 이방나라들의 흥왕함을 통해서 선민들의 교만을 꺾으셨지만, 하나님이 세우신 "다윗과의 언약"(삼하7:12-16)에 근거한 바, 장차 임할 "영원히 견고한 위(位) 곧 메시야의 왕국"을 대망케 하려는 것이다.

배경으로는 초기 이스라엘과 유다는 분열된 상태에서 적대적 관계를 유지 했지만, 분열 중기에는 당시 주위 여러나라들(앗수르, 암몬, 이집트, 모압, 에돔, 바벨로니아)의 위협속에 공동전선을 펴며, 상호 우호적인 관계로 바뀌었다. 왕족가문의 족보상에 혈연도 맺게 된다. 그리고 한 때는 솔로몬 때의 영토까지 회복하며 막강한 군사력으로 외부의 적들을 물리칠 수 있었다. 그러나 그때까지도 하나님께서 오래 참으시며, 선지자들을 보내어 타락에 길에서 돌아올 수 있는 기회를 열어 주었다. 하지만 타락의 길에서 돌아서지 않으므로, 남과 북은 다시 원수가 되고 국력이 분산 된 틈을 이용한 외세의 침략이 가중되고, 앗수르라는 전대미문의 막강한 나라를 세워 북이스라엘을 멸망시키고, 136년 후에는 남 왕국 유다도 신흥대국 바벨론에 의하여 멸망시킨다.

말기 북 이스라엘의 왕들 (BC 793년)		통 치	유다왕
여로보암 II	이스라엘의 국력을 부흥시킴(왕하14:25-27)	41년	웃시야
스 가 랴	즉위 6개월 만에 백성들 앞에서 피살(왕하15:8-12)	6개월	요 담
살 룸	스가랴를 죽이고 1개월 만에 피살(왕하15:13)	1개월	요 담
므 나 헴	살룸을 죽이고 왕이됨, 앗수르의 '불' 에게 조공(왕하15:17)	10년	요 담
브 가 히 야	베가의 반란으로 암살(왕하15:25)	2년	요 담
베 가	앗수르와의 전쟁에서 패함(왕하15:29)	8년	웃시야
호 세 아	베가를 살해하고 왕이된 후, 이스라엘 최후의 왕이됨(왕하17:1-33)	9년	아하스

1장 이스라엘과 아하시야와 엘리야 / 2장 엘리야의 승천과 엘리사의 초기 사역
3장 북 요람, 남 여호사밧의 모압 원정 / 4장 엘리사가 행한 다섯가지 기적
5장 나아만의 기적 / 6장 엘리사의 이적과 사마리아의 참상 / 7장 구원받는 사마리아 성
8장 수넴여인과 엘리사, 엘리사의 예언과 아람 왕이 된 하사엘 / 9장 예후의 혁명
10장 아합 자손의 멸망 / 11장 유다와 아하시야의 죽음과 그의 어머니 아달랴의 최후
12장 요아스의 유다 통치

2:8 엘리야가 자기의 겉 옷을 벗어 말아서 그 것으로 강물을 치니, 물이 좌우로 갈라 졌다.
　　두 사람은 물이 마른 강바닥을 밟으며 요단강을 건넜다.
2:11 갑자기 불병거와 불말이 나타나서 그들 두 사람을 갈라 놓으니, 엘리야만 회오리 바람에
　　실고 하늘로 올라갔다.
3장 북이스라엘의 속국이었던 모압이 아합왕이 죽자 배반 하였다. 이에 유다왕 여호사밧과 북왕
　　요람과 에돔이 연합하여 모압을 치러감. 이때에 엘리사의 하는 말 "내가 유다왕 여호사밧을
　　생각하지 않았더라면, 요람(북왕)은 염두에도 두지 않았다"
　　거문고 소리가 울리자, 엘리사 영감을 얻고 예언을 함 "계곡에 도랑을 많이 파라"

※ 찬미하는 거문고와 수금의 위력(왕하3:15)

히13:15절에는 이런 말씀이 있다 "그러므로 우리는 예수로 말미암아 항상 찬송의 제사를 하나
님께 드리자, 이는 그 이름을 증언하는 입술의 열매니라, 찬송은 일종의 우리 입술로 드리는 영
적제사이다, 찬송 할 때에 하나님의 역사가 크게 나타난다."

1. 기적이 일어난다 – 행전16장에서 바울과 실라가 빌립보에서 옥에 갇혔을 때에 찬송하매 큰
　　지진이 나고 옥터의 문이 다 열렸다. 그때, 간수가 자결하려 하자, 금하게 하며 이런 말을 했
　　다 "주 예수를 믿으라 그리하면 너와 네 집이 구원을 받으리라"
　　찬송으로 인한 열매가 곧 나타났다. 그리고, 한 영혼이 구원을 받았다.
2. 영감을 얻을 수 있다 – 왕상3:15 내게로 거문고 탈자를 불러 오소서 하니라 거문고 타는 자가
　　거문고를 탈때에 여호와의 손이 엘리사 위에 있더니, 이렇게 엘리사도 영감을 구할 때 찬양
　　할 사람을 불러 달라고 했고, 찬양 할 때에 하나님의 손이 엘리사의 머리 위에 있어 영감을 얻
　　고 예언을 하게 된다. 이렇게 우리 삶 속에서도 늘 찬양하면, 새로운 아이디어를 창출케 하는
　　하나님의 영감을 얻게 된다.
3. 병든자가 치유함을 받고 귀신이 떠나 간다.
　　삼상16:23 다윗이 수금을 들고 와서 손으로 탄즉, 사울이 상쾌하여 낫고 악령이 그에게서 떠
　　나니라. 이렇게 찬양은 제사와 같아서, 병든 자가 치유되고 악한귀신도 떠나간다.
4. 신앙공동체를 소통하게 하고 연합케 한다.
　　엡5:20 시와 찬미와 신령한 노래들로 서로 화답하며, 너희의 마음으로 주께 노래하며 찬송하
　　하며 초대교회의 예배 중에 모두 하나 되게 하는 찬양의 형태는 이렇게 시, 찬미, 신령한 노래
　　였다.

4장 예언자 수련생이던 남편을 잃은 과부의 빚을 해결해 주는 엘리사 해결 방법
4:6 엘리사 "그릇이 더 없느냐? 아들들은 그릇이 더 없다고 대답 하였다. 그러자, 기름은 더 이
　　상 나오지 않았다 (아쉽다! 큰 그릇 몇 개만 더 있었으면 좋았을텐데....)
　　엘리사 자신에게 매번 친절을 베푼 부유한 수넴여인에게 아들이 있을 것을 예언함.
　　다음해에 아들을 얻음, 그러나 아이가 자라자 곧 죽음. 다시 엘리사를 청하여 살려 냄.
※ 두 가지의 기적 : 예언자 수련생들이 먹으려던 독 나물국을 밀가루 한줌으로 해독시킴, 보리
　　　　　　　　　빵 스무 개와 햅쌀 조금으로 백여 명의 사람이 배불리 먹다.
　　　　　　　　　(구약의 오병이어 기적)

5장 아람의 군사령관 나아만 장군이 문둥병이 걸리자, 이스라엘의 예언자 엘리사에 대한 소문을
   듣고 찾아온다. 엘리사 지시대로 요단 강물에 일곱 번 몸을 담그니, 문둥병이 나음.
   이 일 후에, 엘리사의 사환 게하시 탐욕으로 문둥병이 걸림.
   ※ 나아만 장군의 고백- 이제야 나는 온 세계에서 이스라엘 밖에는 하나님이 계시지 않는다는
      것을 알게 되었습니다.

6장 엘리사 물속에 빠진 도끼를 떠오르게 하다.
6:16 엘리사 "두려워하지 말아라 그들의 편에 있는 사람보다 우리 편에 서 있는사람이 더 많다"
     이것이 누구일까? → 하나님의 군대 불말과 불병거

개역개정 성경은 "아람" 이라 했고, 새 번역 성경에는 "시리아"라고 했다. 그러나 같은 뜻이다.

개역개정	새 번역
아람(수도: 다메섹)	시리아(수도: 다메섹)
앗수르(수도: 니느웨)	앗시리아(수도: 니느웨)

7장 아람 왕 벤하닷의 포위로 사마리아 성의 극심한 식량난 / 엘리사 식량난이 해결 될 것을 예
   언 / 성안의 굶주린 네 문둥이들 죽을 각오를 하고 성밖을 나가서 아람 진영으로 뛰어 들어
   간다. 밤새 하나님의 군대소리로 놀라, 아람의 군대는 모두 도망을 치고 엘리사의 예언이 성
   취된다.

8장 7년 대기근 / 수넴여인의 기업회복 / 하사엘의 아람왕 벤하닷을 살해 / 여호람, 아하시야, 이
   스라엘 왕들의 행적※엘리야가 하사엘에게 기름부어 왕으로 세운 사건은 하나님의 주권이
   다.

9장-11장 기름 부음을 받는 예후 / 예후의 혁명 / 유다왕 아하시야의 죽음 / 이세벨의 비참한
      최후와 아합 자손 들의 몰살 / 유다 여왕 아달랴의 학정과 죽음 / 여호야다의 개혁

※ 오직 한 사람 뿐"이라고 하신 주님의 말씀

눅4:25-27 예수님은 본문에서 엘리야 시대에 3년 6개월 간 큰 흉년이 들었을 때에, 이스라엘의
많은 과부 중에 은총을 받은 자는 사렙다 과부였다고 하시고, 엘리사 시대에는 많은 나병환자 중
에서도 고침 받은 사람은 수리아(아람)사람 나아만 장군이라고 말씀하셨다.
  이러한 은총은 궁극적으로는 구원의 은총이지만, 삶의 현장에서 일어나는 축복의 우선순위를
의미 한다고도 할 수 있다. 주님은 믿음의 경주에서 끈질긴 사람에게 우선권이 있음을 말씀한다.
자기 딸의 병을 고치기 원했던 수로보니게 여인(마15:21), 열두 해를 혈루증으로 앓던 여인(막
5:25), 불의한 재판관에 강청하는 어느 과부의 비유(눅18:1), 이렇게 신앙의 경주를 하자 (고
전9:24-27) 운동장에서 달음박질 하는 자들이 다 달릴지라도, 오직 상 받는 사람은 한사람인
줄을 너희가 알지 못하느냐
※ (위에 말씀들은 믿는 자의 축복의 순위이며, 구원의 순위는 아님)

※ 체면은 금물

12장-13장 유다왕 요아스 / 여호아스왕이 엘리사가 죽기 직전에 방문하여 애통해 함.
여호아스-"아버지 나의 아버지, 이스라엘의 병거와 마병이시여"
엘리사-"활과 화살을 가져 오십시오, 그리고 동쪽 창문을 열고 활을 쏘십시오.
주님의 승리의 화살입니다" 화살을 집으십시오, 땅을 치십시오 (왕이 세
번만 치자) 고작 세 번입니까? 대 여섯 번 쳤으면 아람 군을 진멸 할텐데,
이제 세 번만 시리아를 칠 것입니다.
※ 하나님이 원하시는 믿음은 우리를 테스트한다. 귀뜸을 주거나 힌트를 제공하지 않는다.
그러나 하나님은 우리의 생각보다 더 큰 것을 준비하고 있다는 것을 알아야 한다.(체면금물)
여호아스왕은 이 믿음의 테스트에서 별로 좋은 성적을 내지는 못했다.
시81:10 "네 입을 크게 열라 내가 채우리라" 엡3:20 우리 가운데 역사하는 능력대로 우리가
구하거나 생각하는 모든 것에 더 넘치도록 하실 이에게

엘리야의 기적		엘리사의 기적	
사르밧 과부의 밀가루와 기름	왕상17:14	요단 강물이 좌우로 갈라짐	왕하2:14
죽었던 과부의 아들을 살림	왕상17:22	여리고 성의 물을 깨끗케 함	왕하2:21
불이 내려 제물과 돌과 흙을 태움	왕상18:38	과부의 기름 그릇을 채움	왕하4:6
아하시야의 군사를 불에 태움	왕하1:14	수넴여인의 죽은 아들이 살아남	왕하4:34
요단강 물이 흘어짐	왕하2:8	국물의 독소를 제거	왕하4:41
※ 하늘로부터 불병거와 불말을 나타남. 엘리야를 회오리바람 속으로 들려 승천		적은 양의 식량으로 100명을 먹임	왕하4:44
		나아만의 문둥병을 고침	왕하5:14
		사환 게하시 문둥병이 발함	왕하5:27
		도끼머리가 물위로 떠오름	왕하6:7
		시리아의 군병들 모두 장님이 됨	왕하6:18

14장 아마샤와 여로보암 2세의 통치 / 15장 아사랴(웃시야) 왕과 이스라엘의 악한 다섯왕
16장 유다왕 아하스의 양다리 작전 / 17장 북 이스라엘의 멸망
18장 앗수르의 유다 침공과 히스기야 왕 / 19장 히스기야의 기도와 이스라엘의 퇴각
20장 히스기야의 발병 회복,왕의 잘못된 선택 / 21장 므낫세와 아몬의 악정(惡政)
22장 요시야의 성전 수리 / 23장 요시야의 개혁운동 / 24장 유다의 마지막 왕들
25장 유다의 멸망

※ 위험한 양다리작전 (왕하17:24)

앗수르 사람들이 사마리아 성을 점령하고 이스라엘 사람을 강제로 내어 쫓고 여러 타 지역 사람들을 이주시킨다. 그리고 이곳에 새로 이주 해 온 사람들은 하나님을 알지 못하므로 하나님을 경외하지 않자, 하나님은 사자를 보내 물어 죽이게 한다. 사건의 원인을 깨달은 앗수르 왕은 다시 이스라엘 제사장을 불러 이스라엘 사람들을 다시 와서 거주하기를 청하면서 하나님을 경외하는 방법을 지역주민에게 가르치게 한다. 그러나, 이주 해 온 여러 지역의 타 주민들은 한편으로 주님을 경외하며, 다른 한편으로는 원래 섬겼던 자신들의 여러 가지 우상을 섬긴다.

신앙인들 중에도 이렇게 이방인과 같은 신앙을 가진 사람이 있다. 하나님을 섬기면서도 "다른 종교에도 똑같은 그 하나님이 계실 것이다" 라고 생각하는 범신론적 사상이다. 이러한 신앙은 세속적 우상에 물들어 있는 신앙이다. 이러한 신앙은 기초가 든든하지 못하여, 그 집은 모래위에 지은 집 같아서 비가 내리고 창수가 나고 바람이 불면 무너진다고 했습니다.(마7:26,27) 이런 사람은 무엇이든지 주께 얻기를 생각하지 말라, 두 마음을 품어 모든 일에 정함이 없는 자로다.(약1:7-8) 인생에서 손실이나 아픔을 경험하지 않고 사는 사람은 없다. 그러나, 반석 위에 지은 집이란 나의 믿음과 신앙관을 의미한다 나아가 예수그리스도를 의미한다 예수그리스도는 역사가 증명하듯, 결코 무너지지 않는다. 고대로부터 유명했던 우상들은 다 사라졌다. 그러나, 주님은 살아있다. 신앙의 절개를 지키며 사는 것이 하나님을 향한 신앙인의 도리이다.

14장 유다왕 아마샤는 은 백 달란트로 이스라엘 용병 구하여 에돔을 침략하여 대승을 거두자, 교만하여 북이스라엘과 전쟁을 청하다 오히려 참패함.

16장 유대 아하스왕 아들을 불태워 제물로 바침, 아람왕 르신과 이스라엘왕 베가가 유다를 침공 아하스왕은 당시 막강한 앗수르에 국가의 모든 보물로 조공을 바치며, 침략자들을 물리쳐 줄 것을 요구함. 그는 앗수르에 있는 다메섹의 제단을 보고 와서, 우리야 제사장에게 그대로 본 떠서 만들라고 지시하는 악을 범했다.

17장 앗수르의 살만에셀왕 자기에게 반역한 이스라엘을 침략하여 사마리아를 인종혼합 시킴.

18장 남왕국 히스기야(하나님의 힘)왕의 종교개혁 치세가 훌륭함.
18:7 어디를 가든지 주님께서 그와 같이 계시므로, 그는 늘 성공하였다.
18장 그 당시 근동 아시아지역의 최고 강대국 앗수르의 산헤립 왕 북왕국 이스라엘을 멸망시킴. 그리고 얼마후, 예루살렘을 1차 침략, 성전과 왕궁의 모든 금과 은을 가져가고, 2차 침략.. 랍사게의 모욕적 언사(하나님을 모욕함).

19장 이사야의 예언 / 앗시리아 왕의 위협 / 히스기야의 기도 / 하나님의 응답
19:27 "나는 다 알고있다" 네가 앉고 서는 것, 네가 나가고 들어 가는 것, 네가 내게 분노를 품고 있다는 것도 나는 모두 알고 있다. 살아남은 사람들이 예루살렘에서부터 나오고 환난을 피한 사람들이 시온 산에서 부터 나올 것이다. "나 주의 열심이" 이일을 이룰 것이다.
19:34 나는 내 명성을 지키기 위해서라도 이 도성을 보호하여 구원하고, 내 종 다윗을 보아서라 도 그렇게 하겠다.
19:35 주님의 천사가 하룻밤 사이에 앗수르군 십팔만 오천 명을 죽임, 산헤립왕도 피살당함. 역사적으로 이 사건을 계기로 2백년간 막강했던 철병거의 나라 앗수르는 내분과 외세 그리고 바벨론의 침략으로 몰락의 길을 가게 된다.

20장 히스기야 왕의 발병과 회복
20:3,5 주님, 주님께 빕니다. 제가 주님 앞에서 진실하게 살아온 것과 주님께서 보시기에 선한
일을 한 것을, 기억하여 주십시오. 이렇게 기도하고 나서 히스기야는 한참 동안 흐느껴
울었다. 네 조상 다윗을 돌아본 나 주 하나님이 말한다 . 네 기도하는 소리를 내가 들었
고, 네가 흘리는 눈물도 내가 보았다. 내가 너를 고쳐 주겠다.
20장 히스기야왕은 응답으로 생명을 15년 더 연장 받음. 그 징표를 이사야 선지자에게 요구함.
그 징표로 해시계의 그림자가 십도 뒤로 물러나게 함.

20:12 히스기야왕은 이렇게 운명이 바뀌자, 부와 영광과 모든 일에 형통의 축복을 받았다.(대하
32:27) 이제 하나님은 그를 시험 한다. 하나님은 우리가 형통하고 축복받을 때, 시험 하
신다, 욥과 같이 말입니다.(대하32:31) 하나님이 히스기야를 떠나시고, 그의 심중에 있
는 것을 알고자 하사 시험하셨더라. 히스기야왕은 하나님께 의논하지 않고 스스로 결정
한 일이 있는데, 그것은 바벨론에서 병문안 온 왕의 신하들에게 왕궁에 있는 기물들을 다
보여주는 "이생의 자랑"에 해당하는 죄를 범하고 말았다. 이렇게 실수를 범함으로 징벌
로 왕궁의 모든 것이 바벨론으로 빼앗기고, 왕의 아들중 하나가 바벨론 포로가 되어 환관
이 될 것을 이사야 선지자가 예언을 한다.

(운명을 바꾸는 과거의 준비된 신앙자세)

"흐느껴 울었다"(20:3) 의 표현은 보편적으로 비탄에 빠져 체념속에 부르짖는 기도를 의미
한다. 히스기야왕은 "흐느껴 울었다"고 했다. 이것은 어떤 섭섭함 또는 서운한 감정이 앞설 때
에 쓰는 표현 인 것 같다. 그래서, 그는 하나님 앞에서 진실하게 살아 온 것과 선한 일을 한 것을
기억하여 달라고 간청했다.
그렇다면 우리는 현재 히스기야와 같은 상황을 만나게 되었다고 가정 할 때에, 나는 무엇으로
대가를 요구 할 수 있을까요? 물론 하나님은 자신의 계획이나 예정에는 어떠한 조건이나 대가
를 요구 하지는 않고 정해진 그대로 진행한다.
그러나, 나의 입장과 처지를 호소하기 위하여 이러한 방법도 우리의 연약함은 알리는 표현으로
서는 가능 한것이다.
하나님의 속성에는 인간과 같은 긍휼히 여기는 성품이 있어, 자신의 계획 속에 정해진 인간의
운명일 지라도 바꿀 수 있다는 가능성을 보여 준다. 그 사건이 바로 히스기야왕의 사건이다.
그러므로, 이 사건은 우주적인 힘이 동원된 아주 큰 사건이다. 그래서 평소에 진실되게 선하게
착하게 좋은 일을 많이 하여야 한다. 그리고 주님의 사건을 기억하여야 한다.
하나님은 자신의 형상대로 지음 받은 인간을 사랑하셨으므로, 자신의 독생자도 아낌없이
희생시키셨다. 그러므로 히스기야 왕의 사건은 예수님의 사건과 비교 할 때, 그 차원이 하늘과
땅의 차이이며, 비교도 되지 않는 작은 사건이다. 이제 우리가 예수를 믿으면 히스기야 왕보다
더 큰 긍휼함을 입을 수 있다. 그리고, 우리의 운명 또한 변화 될 수 있다. 구태여 나의 미래의
운명을 바꿀 수 있을까 고민하여 "점"을 보는 집을 찾지만, 운명을 바꾸는 일은 토기장이 되신
하나님만이 하실 수 있는 일이며, 자연의 법칙 속에 이례적인 일이라고 볼 수만은 없다.
운명을 바꾸는 일 또한 주님 안에서는 불가능 한 일이 아니다. 이것을 본문을 통해 잘 보여주
고 있다.

21장-22장 므낫세의 우상숭배와 악함 / 하나님의 심판 예고 / 므낫세의 죽음 / 아몬의 행적 /
요시아왕의 선한 정치 / 성전 공사를 하던 중에 율법책을 발견 함 / 여자 선지자 홀
다의 유다의 멸망을 예언한다
23장 발견한 율법책을 낭독 / 요시야 이방 예배를 없애다 / 종교개혁 운동과 유월절을 지키다
23:22-26 사사들이 이스라엘을 다스리던 시대로부터 이스라엘과 유다 왕들의 시대에 이르기
까지 어느 시대에도 이와 같은 유월절을 지키는 일이 없었다. 요시야는 율법의 말씀
을 지키려고 신접한 자, 박수, 드라빔, 우상등 모든 혐오 스러운 것들을 눈에 보이는
대로 다 없애 버렸다.
이와 같이 마음을 다 기울이고, 생명을 다하고, 힘을 기울여 모세의 율법을 지키며
주님께로 돌이킨 왕은 이전에도 없었고 그 뒤로도 다시 나타나지 않았다.

※ 므깃도 전투의 재앙(BC 609)

당시 국제정세는 바벨론이 승승장구하며 패권을 잡고, 앗수르를 거의 멸망 직전까지 몰고 가자
애굽왕 바로느고는 앗수르를 돕기위해(개역개정은 '치고자' 로 되어 있으나 잘못된 번역, 새번역
성경 '돕기위해' 가 맞음) 올라가는 길을 비켜 달라고 요시야 왕에게 '하나님의 뜻이다' 라고
(대하35:21)하며 양해를 구했으나, 이를 거부하고 오히려 요시야왕은 전쟁에 나갔다가 므깃도
전투에서 바로느고에게 전사한다. 때로는 적이라도 하나님의 대언자가 될 수 있음을 보여준다.

24장 바벨론의 느브갓네살왕의 1차 침공 / 여호야 김의 죽음 / 여호야 긴의 즉위 / 바벨론의 2차
침공 성전과 왕궁을 훼파하고 보물을 약탈해감 빈천한 자들 만 남겨두고 모두 포로로 잡힘
25장 시드기야왕 바벨론왕에게 반기를 들음으로 바벨론의 3차 침공이 시작됨.
시드기야왕이 보는 앞에서 아들들을 처형하고, 왕의 두 눈은 뽑히고, 바벨론으로 끌려감.
성전을 불태워 버리고 예루살렘성벽은 모두 허물어 버림, 모든 기물은 약탈 당하고 백성은
농부들만 일부 남겨두고 모두를 포로로 잡아 감.

※ 왜 하나님의 백성이 이렇게 비참한 최후를 맞이해야만 했을까?

1. 그것은 왕들의 타락이 백성들을 올무에 빠뜨렸고,
2. 하나님과 강대국의 우상과 비교 하므로서 하나님의 거룩함과 신성을 모독했고,
3. 백성들은 하나님의 공의의 심판을 무시하고 율법을 어겨 불법과 타협하고, 스스로 하나님과
의 상관관계를 끊고, 다른 우상들을 섬기므로 선지자들의 예언된 하나님의 진노를 피할 것으
로 착각했음.

※ 연탄 불은 꺼져도 오래간다. 그러나 꺼졌다!

지금은 한국은 생활수준이 높아져 연탄을 피우며 사는 사람들이 드물다. 60, 70년대 까지는
한국은 연탄을 주로 사용하였다. 연탄의 특징은 한 번 방바닥을 뜨겁게 달구어 놓으면, 꺼져도
몇 시간 동안은 방바닥에 온기(溫氣)가 있다는 것이다. 그래서 때로는 불이 꺼졌는지도 모르고

있다가 나중에 꺼진 것을 알게 된다. 그리고 다시 불을 피워도 곧바로 따뜻해지는 것이 아니고 한참이 지나서야 따뜻함을 느낄 수 있다. 우리의 신앙도 이와 같다. 조금 열심을 내다가 크게 변화가 없으면 포기하고 다른 생각을 한다.

이스라엘의 신앙도 이와 같았다. 불이 다윗 왕조 때에는 크게 붙었다. 그러나, 점점 식어지기 시작하였다. 그럼에도 불을 다시 지필 생각은 않고 아직도 따뜻한데, 따뜻한데 그러다가 아주 꺼뜨려 버려 망해버린 것이다. 우리의 신앙도 마찬가지다. 과거의 잘못을 회개하고 돌아온 후에는 반드시 인내가 필요하다. 불은 내가 편안 하도록 금세 뜨거워지지 않는다. 그렇다, 불이 꺼진 것이 아니다. 불씨만 남아 있어도 불은 언제든 활활 타오를 수 있다.

그러므로, 인내가 필요하다. 참 모범이 되는 신앙인은 항상 나의 불이 꺼지지 않았나 점검하여 꾸준히 성령의 인도함을 받는 그러한 신앙생활을 하는 사람이다. 이러한 사람은 그는 물가에 심은 나무와 같아서, 뿌리를 개울가로 뻗으니 잎이 언제나 푸름으로 무더위가 와도 걱정이 없고, 가뭄이 심해도 걱정이 없다. 그 나무는 언제나 열매를 맺는다. (렘17:8)

이렇게 신앙생활을 잘해서 변함없는 축복을 받기를 바란다.

※ 포로 연대기※

	시　　기	포 로 대 상	침략과 약탈
1 차	BC 605년 유다 여호야김 (렘25:1,42:2,단1:1-2)	다니엘을 포함한 왕족, 귀족 (단1:1-3)	성전기구를 약탈하여 바벨론 신당에 둠 (대하36:6-7, 단1:2)
2 차	BC 597년 유다 여호야긴 (대36:9-10) 느브갓네살 (왕24-12)	에스겔(겔1;1-2) 왕궁사람들, 권위자들 (왕하24:12,15,대하36:10) 예루살렘 백성, 방백과 용사 1만명, 대장장이와 기술자 1천명 (왕하24;14,16)	성전과 왕궁의 모든 금 약탈, 기명 파괴 (왕하24:13,대하 36:10)
3 차	BC 586년 유다 시드기야(왕하25:1-3,렘 39;1-2,52:4-6) 느브갓네살(왕하25:8,렘 32:1,2,52:12)	눈이 뽑힌 시드기야왕, 천한 농사꾼을 제외한 모든백성 (왕하25:6-7,11-12 렘39:4,9-10,52:8-11)	왕궁,성전,좋은집들은 불사르고 성벽을 헐어버림, 성전의 두 기둥과 기명들을 약탈(왕하25장,대하 36장,렘52:17-23)

역대상(1 Chronicles)

　구약 성경에서 거의 동 시대를 다룬 성경은 열왕기서와 역대서이다. 열왕기는 솔로몬 즉위에서 분열된 남북왕국을 다루는 반면에, 역대기는 거의 유다 왕국만을 다루고 있다.
　따라서, 열왕기서는 선지자적 관점에서 이스라엘의 순종을 교훈하는 입장이라면, 역대기서는 제사장적 입장에서 신정 체계의 재건을 서술하고 있다.(호크마 주석)
　저자로는 제사장이며, 학사 서기관이던 에스라로 보는 견해가 유력하다.
내용에 있어서는 3가지 구분된다.
　1) 아담에서 다윗의 즉위기까지
　2) 다윗과 솔로몬의 통일 왕국기
　3) 분열 왕국에서 고레스 왕의 포로 귀한 조서가 반포되기까지.....
주제는 하나님을 경외하고, 그를 두려워하는 자들만이 하나님의 은총과 축복을 기대 할 수 있다.

1장 이스라엘 민족의 조상들 / 2장 유다 가계(家系)의 족보 / 3장 다윗 가계(家系)의 족보
4장 유다 후손과 시므온의 후손들 / 5장 요단 동편의 지파들
6장 대제사장의 가계(家系)와 레위의 후손들 / 7장 요단 서편의 지파들
8장 다시 언급되는 베냐민 지파들과 사울의 가족
9장 포로 생활에서 돌아온 백성과 예루살렘 사람들 / 10장 사울왕의 비극적 최후

4:10 ※야베스의 기도 "나에게 복에 복을 더하여 주시고 내 영토를 넓혀 주시고 주님의 손으로 나를 도우시어 불행을 막아 주시고 고통을 받지 않게 하여 주십시오" 하고 간구 하였더니, 하나님께서 그가 구한 것을 이루어 주셨다.

5장-9장 장자의 주도권은 요셉, 장자의 통치권은 유다, 요단 동편의 지파(르우벤, 갓, 므낫세 반지파) 레위 후손의 족보, 요단 서편의 지파 (잇사갈, 베냐민, 납달리, 므낫세, 에브라임, 아셀) 재 언급되는 베냐민 지파의 족보, 사울과 요나단의 계보, 포로 생활에서 예루살렘으로 귀환한 족장, 제사장, 레위인, 성막 봉사자, 사울과 요나단의 계보

10:13 점쟁이를 좋아한 사울, 사울이 주님을 배신하였기 때문에 이렇게 죽었다. 그는 주님의 말씀을 지키지 않았고, 오히려 점쟁이와 상의하며 점쟁이의 지도를 받았다.

11장 다윗왕조의 출범 / 12장 다윗을 옹위한 용사들 / 13장 언약궤를 옮기는 다윗왕
14장 다윗왕의 번영 / 15장 언약궤를 예루살렘으로 옮기다
16장 다윗의 감사찬송, 예루살렘과 기브온에서 드린 예배
17장 다윗에 대한 하나님의 언약 / 18장 다윗의 승전 기록
19장 다윗 암몬과 시리아를 치다 / 20장 다윗의 실수 인구조사 / 21장 성전 터를 구입함

※ 오벳에돔의 집에 내린 복(13장)

언약궤를 옮기다 일어난 사건으로 웃사가 죽자 "다윗이 화를 냈다" 그리고 이렇게 말했다. "이 일 때문에 하나님이 무섭다, 이래서야 내가 어떻게 하나님의 궤를 내가 있는 곳으로 옮길 수 있겠는가? 다윗은 그 궤를 자기가 있는 '다윗 성으로 옮기지 않고 가드 사람 오벳에돔의 집'으로 실어가게 하였다. 하나님의 궤가 오벳에돔의 집에서 그의 가족과 함께 석달 동안 머물렀는데 그 때에 주님께서 오벳에돔의 가족과 그에게 딸린 모든 것 위에 복을 내려 주셨다.
※ 하나님의 계시된 복음이 이방인에게 빛으로 나타난 것은 마치 오벳에돔의 축복 원리 같은 것이 아닌가 생각한다. 건축자의 버린 돌이 모퉁이의 머릿돌이 되었나니(마21:42)

※ 다윗의 감사 찬송

16장 너희는 주님께 감사하면서 그의 이름을 불러라. 그가 하신 일을 만민에게 알려라. 그에게 노래하면서, 그를 찬양하면서, 그가 이루신 놀라운 일들을 전하여라.
주님을 찾고 그의 능력을 힘써 사모하고, 언제나 그의 얼굴을 찾아 예배하여라. 주님께서 이루신 놀라운 일을 기억하여라. 그 이적을 기억하고 내리신 판단을 생각하여라.
주님 앞에는 위엄과 영광이 있고, 그의 처소에는 권능과 즐거움이 있다. 주님의 이름에 어울리는 영광을 주님께 돌리어라, 예물을 들고 그 앞에 들어가라, 거룩한 옷을 입고 주님께 경배하여라. (시편105:1-15, 96:1-13, 106:47-48)

17:14,16 내가 그를 내 집과 내 나라 위에 영원히 세워서 그의 왕위가 영원히 튼튼하게 서게 하겠다, 다윗왕이 성막으로 들어가서 주님 앞에 꿇어 앉아 주 하나님 내가 누구이며 내 집안이 무엇이기에 주님께서 나를 이러한 자리에 까지 오르게 해주셨습까?
17절 주님께서는 이것도 오히려 부족하게 여기시고, 주님의 종의 집안에 있을 먼 장래의 일까지 말씀해 주셨습니다. 주님께서는 나를 존귀하게 만드셨습니다.

※ 오르난의 타작 마당에서 생긴 일 21장

21:1 사탄이 이스라엘을 치려고 일어나서 다윗을 부추겨 이스라엘의 인구를 조사하게 하였다.
선견자 "갓"에게 말씀하심을.... 다윗에게 전함 3가지의 선택을 해야함.
 1) 삼년기근
 2) 원수의 칼을 피하여 석 달 동안 피신
 3) 주님의 칼, 곧 전염병이 사흘간 퍼짐
세 번째를 선택한 다윗, 선택한 대로 백성 7만 명이 쓰러져 죽었다. 주님은 백성을 긍휼이 여기시고 천사에게 명령한다 "그만하면 됐다, 이제 너의 손을 거두어라"

21:16 다윗이 눈을 들어 보매 여호와의 천사가 천지 사이에 섰고, 칼을 빼어 손에 들고 예루살렘 하늘을 향하여 편지라, 18절 주님의 천사가 갓을 시켜 다윗에게 이르기를 "여부스 사람 오르난의 타작 마당으로 올라가서 주님의 제단을 쌓아야 한다"
다윗은 은 6백 세겔로 오르난의 타작마당을 사서 그곳에서 이렇게 말한다. "바로 이곳이 주 하나님의 성전이요, 이 곳이 이스라엘의 번제단이다" 이후로 이곳은 예루살렘의 성전 터가 된다. 또한, 이곳은 아브라함이 이삭을 드리려던 모리아 산과 같은 장소이다.

※ 천사가 나타난 사건

창16:7 하갈에게 / 창18:2 아브라함에게 / 창19:1 롯에게 / 민22:24 발람과 나귀 앞에
삿2:1 길갈에서 보김에 이르러 / 삿6:12 기드온에게 / 삿13:3,11 마노아의 아내,마노아
삼하24:16,17 다윗의 백성을 치러 / 왕상19:5 로뎀나무 아래서
대상 21:18 오르난의 타작마당 / 단8:16 가브리엘 다니엘에게 / 마1:20 마리아에게
마28:1-7 막달라 마리아에게 / 눅1:11 가브리엘 사가랴에게 / 눅2:9 예수 탄생
행5:19 옥에 갇힌 사도들에게 / 행10:4 백부장 고넬료에게 / 행12:7 옥에 갇힌 베드로에게
행27:23 바울에게 나타남

22장 성전 건축 준비 / 23장 레위인의 직분 배정 / 24장 제사장이 맡은 일과 레위사람 명단
25장 성전 찬양대 / 26장 성전 문지기,성전 관리인,재판관의 임무
27장 군대와 시민, 각 지파의 영도자들, 재산 관리자 / 28장 다윗의 마지막 유언
29장 성전 예물과 다윗의 감사기도

22장 다윗이 성전을 건축 못하는 이유, 주님께서 "너는 많은 피를 흘려가며 큰 전쟁을 치뤘으
니 나의 이름을 위하여 성전을 건축 할 수 없다"

23장-24장 레위인의 직분배정 (게르손, 그핫, 므라리) 제사장의 24반열, 레위인의 24반열

25장 성전찬양대 아삽의 가문⇔신령한 노래를 부름, 여두둔의 가문⇔수금을 타면서 찬양
헤만의 가문 ⇔심벌즈와 거문고와 수금(총인원288명)

28:9 다윗이 아들 솔로몬에게 유언을 남기다. 나의 아들 솔로몬아, 너는 네 아버지 하나님을
바로 알고 온전한 마음과 기쁜 마음으로, 정성을 다하여 섬기도록 하여라. 주님께서는 모
든 사람의 마음을 살피시고 모든 생각과 의도를 헤아리신다. 네가 그를 찾으면 너를 만나
주시겠지만, 네가 그를 버리면 그도 너를 영원히 버릴 것이다.

※ 다윗의 감사 기도

29:3 내가 하나님의 성전을 사모하므로, 내가 성전을 지으려고 준비한 이 모든 것 밖에 나에게
있는 금과 은도 내 하나님 성전을 짓는데 바쳤습니다.
29:12 부와 존귀가 주님께로 부터 나오고, 주님께서 만물을 다스리시며, 주님의 손에 권세와
능력이 있으시니, 사람이 위대하고 강하게 되는 것도 주님의 손에 달렸습니다.
29:14 제가 무엇이며 저의 백성이 무엇이기에 우리가 이렇듯이 기쁜 마음으로 바칠 힘을 주셨
습니까? 모든 것을 주님께서 주셨으므로, 우리가 주님의 손에서 받은 것을 주님께 바쳤
을 뿐입니다.
29:15 주님 앞에서 우리는 우리 모두의 조상처럼 나그네와 임시 거주민에 불과 하며, 우리가
사는 세상에 사는 날이 마치 그림자와 같아서 의지 할 곳이 없습니다.
29:16 주 우리 하나님 우리가 주님의 거룩한 이름을 위하여 주님의 성전을 건축하려고 준비한
이 모든 물건은 다 주님의 손에서 받은 것이니 모두 다 주님의 것입니다.
29:17 나의 하나님 주님께서는 사람의 마음을 헤아리시고, 정직한 사람을 두고 기뻐하시는 줄
을 제가 압니다. 나는 정직한 마음으로 기꺼이 이 모든 것을 바쳤습니다.

다윗의 감사기도는 다윗의 진정한 고백 일뿐 아니라, 오늘날 성도에게 주는 하나님의 말씀 속에 담겨있는 사랑의 시금석(판단, 평가 할 때의 기준)과 같은 것이다.
그러므로 위의 본문을 읽으면서 나는 얼마나 하나님을 사랑했으며, 나는 어떠한 감동을 받았는가? 에 따라 "내가 하나님을 얼마나 사랑하고 있나"를 점검해 볼 수 있다.

역대하(2 Chronicles)

역대하는 통일왕국 말기(솔로몬 통치)로부터 유다 왕국의 멸망까지를 다루고 있다. 저자 에스라는 1차 포로에서 귀환 후, 동포들에게 신정(神政)사회 재건을 촉구하며 제사장 적 관점에서 남유다 역사를 집중적으로 서술하고 있다. 역대하의 내용은 세 부분으로 나눌 수 있다.
 1) 솔로몬 통치기(1-9장) 이스라엘의 황금기이다, 대내적으로 성전예배 확립과 평화와 번영을 구가 하였다
 2) 열왕통치기(10장-36장) 왕국의 분열과 유다 왕국의 흥망성쇠기라 할 수 있다.
    선정(善政), 악정(惡政)으로의 순환기 속에서 신명기적 축복과 저주의 사상을 강조하고 있다.
 3) 포로회복기(36:22,23) 고레스의 조서를 통해 '남은 자'와 '메시야'에 대한 소망을 제시.

1장 솔로몬이 구한 것은 지혜 / 2장 성전 건축 준비 / 3장 성전 건축
4장 성전 안의 성물들 / 5장 언약궤의 안치 / 6장 솔로몬의 성전 봉헌
7장 솔로몬에게 내린 하나님의 응답과 약속 / 8장 솔로몬의 업적
9장 솔로몬의 여성들과 부귀영화 / 10장 북 지파의 반란과 왕국의 분열

1:7 하나님 – 내가 너에게 무엇을 주기를 바라느냐? 나에게 구하라.
1:10 솔로몬 – 이제 지혜와 지식을 주셔서 이 백성을 인도 하게 하여 주십시오.
1:11 하나님 – 너의 소원이 그것이구나, 부와 재물과 영화를 달라고 하지 않고, 오직 내가 너를 왕으로 삼아 맡긴 내 백성을 다스릴 지혜와 지식을 달라고 하니, 내가 지혜와 지식을 너에게 줄 뿐만 아니라, 부와 재물과 영화도 주겠다.

3:17 성전 앞에 세워진 두 기둥
    1) 오른쪽 기둥 야긴 (하나님이 세우다)
    2) 왼쪽 기둥 보아스 (하나님의 힘으로)

※두 번이나 솔로몬에게 나타나신 하나님

첫 번째(왕상3:5 대하 1:7) 기브온에서 "내가 너에게 무엇을 주기를 바라느냐?" 지혜를 구함.
두 번째(왕상9:2,대하 7:11) 성전 봉헌 후에 나타나심 "내가 이제 네 기도를 듣고, 이곳을 택하여 내가 제사를 받는 성전으로 삼았다" 7장15, 16절 이제 이곳에서 드리는 기도를 내가 눈을 뜨고 살필 것이며 귀담아 듣겠다. 내가 이제 내 이름이 이 성전에 길이길이 머물게 하려고 이 성전을 선택하여 거룩하게 하였으니, 내 눈길과 마음이 항상 이곳에 있을 것이다.

※ 내 눈길과 마음이 항상 이곳에(교회) 있을 것이다(7:16)

요즘 사람들 중에는 주일 날 교회에 참석치 않고, 자기 집 TV 앞에서 예배드리는 사람들이 있다고 한다. 아마 이러한 분들은 대부분 신앙에 조금은 자신감을 가지신 분들이라 생각이 든다. "너희가 하나님의 성전인 것과"(고전3:16) 이 말씀에 은혜를 많이 받은 것 같다. "내 안에 성전이 있는데 교회 안가면 어때!" 크게 오해하고 계신 것이다.

고전3:16절의 말씀은 "하나님의 성전을 더럽히면" "하님의 성전은 거룩하니" 우리의 몸이 거룩하니 죄악에 더럽히지 말라는 뜻이다. 이것을 마치 성전의 모형물이 내 몸 안에 있는 것처럼 생각하는 것은, 나를 우상화 하는 것이다.

하나님은 두 번 모두 솔로몬을 만나 주신 곳이 성막과 성전이다. 요즘 사람들은 성전이라는 말을 잘 안 쓴다. 예배처소, 교회라는 말을 주로 쓴다. 그래서, 개신교는 교회를 가리켜 무형교회라고 한다. 그러나, 성전의 거룩함과 하나님의 임재하심을 소홀이 해서는 안된다. 구약 성전의 의미는, 예수그리스도의 십자가의 완성으로 다 이루어졌고, 신약에 와서 비유적으로 성전은 바로 예수그리스도의 몸(고전12:27, 엡1:23, 골1:18)이다. 성령의 전(고전3:16, 벧전2:5) 위에 있는 예루살렘(갈4:26), 하늘의 예루살렘(히12:22), 새 예루살렘(계21:2), 진리의 기둥과 터(딤전3:15) 이것이 교회이다.

오늘날에 교회가 예배의식을 행하는 형식적인 장소라는 인식이 신앙의 경건함을 잃게 만들었다. 교회는 그리스도의 몸이고, 우리는 각 지체이다. 그러므로 주의 이름으로 모인 전체집단이며, 이 집단은 세상에서 당연히 구별 될 수밖에 없으므로 불려 냄을 받은 사람들이라는 뜻이다. 그리고 연합됨을 의미한다. 그러므로 모이기를 힘써야 한다. (히10:25) "두세 사람이 내 이름으로 모인 곳에 나도 그들 중에 있느니라"(마18:20) 사도바울은 이렇게 고백한다(골1:24) "그리스도의 남은 고난을 그 분의 몸 곧 교회를 위하여 내 육신을 채워가고 있습니다" 교회는 나를 채워가는 곳이다. 진정한 예배는 솔로몬과 같이 주님의 신령한 은혜를 체험 할 수 있다.

7장 솔로몬의 성전 봉헌과 봉헌기도를 마칠 때, 하늘에서 불이 내려와 번제물을 사르고 하나님의 영광이 성전에 가득함.

8장-9장 솔로몬이 이방여인에 정신이 팔림, 스바여왕의 방문 , 솔로몬의 부귀영화

10장 르호보암에 대한 백성들의 요구, 원로(노인)들의 충언과 친구(소년)들의 간사한 말을 구별치 못한 르호보암 왕은 백성들의 요구를 거절한다. 그 결과 유다와 베냐민을 제외한 나머지 열 지파들이 반란을 일으킴.

11장 르호보암과 스마야의 예언 / 12장 이집트의 시삭의 침략
13장 남왕국 아비야와 북왕국 여로보암의 전쟁
14장 유다왕 아사의 선정(善政)과 애굽과 전쟁승리 / 15장 아사의 제 2차 종교개혁
16장 아사의 실정(失政)과 죽음 / 17장 여호사밧의 즉위
18장 여호사밧 북왕국 아합과 동맹 / 19장 여호사밧의 사법제도 개혁
20장 여호사밧의 승리와 통치말기 / 21장 여호람의 악한 정치
22장 아하시야와 아달랴의 악행 / 23장 여호야다의 혁명

※ 남왕국 유다의 열왕 연대표 ※

르호보암	남북왕국을 분열시킨 장본인 이집트 시삭의 침공 (왕하12장, 대하12장)	17년	여로보암
아 비 야	여로보암과의 큰 전쟁에서 승리(왕상15:1-8, 대하13장)	3년	여로보암
아 사	구스(이디오피아)의 100만 대군을 물리침, 우상숭배한 모친을 폐위 시킴, 아람 벤하닷과 동맹하여 동족상잔의 죄((대하14장, 왕상15장)	41년	바 아 사
여호사밧	유다를 부흥시킴 (왕상22장, 대하 7장, 20장)	25년	아 합
여 호 람	아합의 딸과 결혼, 아달랴와 결혼(왕하8장, 대하 21장)	8년	아 합
아하시야	아합가문과 결탁, 예후에게 죽음 (왕하8장, 대하22장)	1년	예 후
아 달 랴	아하시야의 모친, 반란으로 왕권 탈취, 바알숭배 (대하22장, 왕하11장)	6년	예 후
요 아 스	성전보수,말년에 우상숭배(대하24장, 왕하12장)	40년	여호아하스
아 마 샤	에돔을 학살 후에 그들의 우상을 섬김, 이스라엘과 전쟁에서 패함(왕하14장, 대하25장)	29년	여호아스
웃 시 야	일명, 아사랴 강성대국, 권력남용으로, 성전에서 분향하다 나병환자가 됨(대하26장, 왕하15장)	52년	여로보암2세
요 담	정직히 행하였으나 산당은 제거하지 아니함 (왕하15장, 대하27장)	17년	베 가
아 하 스	바알신상을 만듬, 아람과 이스라엘의 침략으로 유다가 몰락직전에까지 감 (왕하16장, 대하28장)	16년	베 가
히스기야	성전을 정화, 성전 재봉헌과 유월절 준비, 종교개혁, 앗수르의 침공과 하나님의 기적, 병 고침과 수한을 15년 연장 (왕하20장, 대하 29장)	29년	호 세 아
므 낫 세	최고의 악을 행하다 앗수르에 포로가 됨 이후에 회개하므로 유다에서 제일 오래 왕위를 지킴 (왕하21장, 대하33장)	55년	
아 몬	죄악에 빠져서 아버지처럼 회개 하지 않음 암살당함(대하 33장, 왕하21장)	2년	
요 시 야	종교개혁, 율법책을 발견, 유월절을 지킴, 이집트 바로느고가 앗수르와 큰 전쟁을 치르기 위해 갈그미스로 가던 중에 필요 없는 전쟁에 끼어들어 므깃도에서 느고에게 전사함(왕하22장, 대하34장)	31년	북왕국 이스라엘의 멸망 (BC 722년)
여호아하스	이집트왕 바로느고에게 왕위 3개월만에 폐위됨(왕하23장, 대하36장)	석달	
여호야김	요시야의 아들, 바벨론에 포로가 됨(왕하23장, 대하36장)	11년	
여호야긴	여호야김의 아들, 왕위 3개월만에 바벨론에 포로(왕하24장,대하36장)	석달	
시드기야	악한 결과로 눈이 뽑혀 바벨론에 포로로 잡혀 감, 아들들은 그가 보는 앞에서 참살 당함, 유다왕국의 멸망 BC 586년 (왕하24장, 대하36장)	11년	

11장-12장 유다와 베냐민이 18만 명의 군대를 동원 북왕국 이스라엘의 여로보암과 전쟁을 하
려하자, 하나님은 스마야 예언자를 통해 만류함, 애굽왕 시삭이 올라와서 성전의 왕
실 귀중품들을 모두 털어감, 르호보암의 회개로 간신히 살아남.

13장 남왕국 아비야의 통치때에, 북왕국 80만 명의 정예부대와 남왕국 40만 명의 정예부대가
전쟁함, 북이스라엘의 패전 50만 명 전사함, 여로보암 우상숭배와 뇌물 바친 허수아비 제
사장을 세우므로 하나님의 진노로 여로보암의 사망.

14장 아사의 선한 정치와 군사적 승리(에디오피아 세라 100만 명의 대군을 이끌고 왔지만, 패
함.

15장 하나님의 영이 아사랴에게 내리니 아사왕에게 예언을 함. 아사왕은 변화를 받고 용기를
얻은 후, 2차 종교개혁(제사장도 없고 율법도 없는 시대) 소 7백마리와 양 7천마리를 드
림, 산당을 부분적으로 철폐, 친 할머니(마아가)의 아세라 우상숭배를 혐오하여 태후에서
내려오게 함.

16장 이스라엘이 유다를 침략하자, 아람에 도움을 청하는 실수를 범한 아사, 이때에 선견자 하
나니를 통하여 책망하자, 도리어 화를 내고 보복하므로 발에 병이나서 위독하게 되었으나
하나님을 찾지 아니하고, 의사들을 찾아서 치료하려 했고, 결국은 사망함.

17장 여호사밧의 선한정치, 세가지
 1) 그의 조상 다윗이 걸어간 길을 따랐다.(17:3)
 2) 그는 오직 주님께서 지시하신대로 살기로 다짐하고 유다에서 산당과 아세라 목상을 없애
   버렸다.(17:6)
 3) 주님의 율법책을 가지고 유다 전역을 돌면서 백성을 가르쳤다.

18장 여호사밧은 재물과 큰 영예를 얻었으나, 나쁜 선택을 하였다, 그것은 하나님이 이미 싫어
하셔서 버린바 된 북왕국의 왕 아합 가문과 혼인의 유대를 맺은 것이었다. 이렇게 가까워
지자, 유다의 여호사밧왕은 이스라엘의 왕 아합에게 아람에게 빼앗긴 길르앗 라못 땅을
다시 찾으러 올라가자고 제안을 함, 이 때에 아합은 이스라엘의 예언자 400명을 불러모
아 전쟁의 승리 여부를 물어보자, 만장일치로 "올라가시오 승리요" 이 말에 의심이 간 여
호사밧은 다른 예언자가 없냐고 아합에게 묻자, 그는 매번 불리한 예언만을 하는 미가야
를 못 마땅하지만 불러왔고, 미가야는 자신이 본 하늘의 환상(18:18) 이야기를 하며 하늘
의 한 천사가 400명에게 거짓말하는 영을 집어넣은 것이라고 말한다, 이 예언대로 아합
은 거짓말에 속아 전쟁에서 전사하고 만다.

※ 잘 될수록 조심해야 하는 것 "권위주의"

 아사왕은 훌륭한 왕이었다. 종교개혁을 하였고, 치세를 잘하여 유다를 강성대국으로 만들었
으나, 현실에 집중된 나머지 믿음이 약해지고 판단이 흐려져 실수를 했다.(대하16:1-6)
 여기까지는 하나님께서도 때로는 인간의 연약함을 아시므로 이해를 하신것 같다.(롬8:26, 성
령의 도우심) 그러나, 하나님의 능력과 신성을 대변하는 선견자 하나니의 올바른 판단과 자신
에 대한 책망을 듣고 회개치 아니하고, 격분하여 자신의 권위로 하나니를 감옥에 넣어버리고
홧김에 백성을 학대하는 죄를 지은 것이다. 그 결과 그는 3년 후에 발에 병이나서 죽고 말았다.
정말 하나님께 잘하고, 칭찬 받고, 축복받은 왕인데 한 순간을 참지 못해 남은 생애가 불행해
진다는 것은 참으로 안타까운 일이 아닐 수 없다.
(다윗과 나단의 훈계와는 대조적인 면이 보인다)

"발에 병이 났다?" 모세가 가시떨기나무 곁에 서있을 때, 하나님은 "네가 서있는 곳은 거룩한 곳이니 신발을 벗으라"(출3:5)고 했다. 여호수아에게도 똑같은 말씀을 했다.(수5:15)

하나님 앞에서 신발을 신는다는 것은, 나의 자아를 높이는 것이며 나의 주권이 살아있음을 의미한다. 오늘날 교회 안에도 자칭 실력자들이 있어서, 그리스도의 머리되는 교회를 자신의 주권으로 다스리려고 한다. 그리고 모든 일에 양보 없이 자신만을 합리화 하려고 한다.

"내가 이렇 게 잘된 것의 결과가 하나님의 축복이 아니고 무엇이겠는가? 내가 얼마나 봉사, 헌신을 했는가?" 맞는 말이다, 하나님의 축복이다.

그러나, 이러한 엄청난 축복이 하나님으로부터 왔다고 해도 하나님의 신성과 권위 앞에서는 아무것도 자랑 할 것이 없다는 것을 알아야 한다. 아사왕의 교훈을 잘 생각해 보자. 하나님이 계시된 성경이 왜 이런 이해 할 수 없는 내용으로 우리를 교훈 하려는 지를, 사도바울은 로마서 1장 서두에 자신을 가리켜 그리스도의 종(원어:둘로스 주권이 나 주체성이 없는 팔려다니는 종)이라고 했다. 우리는 하나님의 아들이라 칭함을 받았다.

하지만. 그리스도 앞에서 종의 관계라는 것도 알아야한다. 이 뜻은 자유나 권리를 잃었다는 것이 아니고, 우리는 그리스도의 몸된 교회에서 항상 겸손 하라는 그러한 교훈으로 받으면 되겠다.

20장 - 모압과 암몬 연합군의 침입 → 여호사밧의 금식선포와 기도 → 주님의 영이 내린 야하시엘의 예언

20:15 적군이 아무리 많다 하여도, 너희들은 두려워하거나 겁내지 말아라. 이 전쟁은 너희가 하는 것이 아니라 ,나 하나님이 맡아 하는 것이다.

※ 찬양의 골짜기! 브라가(20:26)

앞서 말한 왕하3:15의 엘리사가 거문고 타는 사람을 불러오게 하고 찬양하자, 엘리사에게 권능이 내렸다고 했다. 이번에는 비슷한 시기에 남유다의 여호사밧왕은 "노래하는 사람을 뽑아" 거룩한 예복을 입히고 군대 앞에서 행진하게 하였다.

그리고 그들은 이렇게 찬양하였다 "주님께 감사하여라, 그의 인자하심이 영원하다" 그러자 적군들은 서로 자기들 끼리 싸움하여 전멸하게 되고 승리를 가져 왔다. 그렇다 늘 그랬듯이 영적전투에서의 승리는 찬양을 앞세우는 것이다.

21장 유다왕 여호람 - 그는 아합의 딸을 아내로 맞아 들였기 때문에, 아합이 한대로 이스라엘 왕들이 간 길을 갔다. 이와 같이 하여 그는 주님 보시기에 악한 일(아우들을 모두 죽임, 지도자들을 죽임)을 하였다.(왕하8:18)
여호람의 악한 정치에 대하여 북왕국의 선지자 엘리야의 예언.

21:12-15 네 아버지 여호사밧과 할아버지 아사의 길을 따르지 아니하고, 이스라엘 왕의 길을 가므로 유다의 백성들을 음행하게 하고, 아우들을 죽인 죄로 창자가 터져 고생하다 죽는다.

22장 아하시야와 아달랴의 악행 / 23장 여호야다의 혁명과 요아스의 즉위
24장 요아스의 선정(善政)과 타락 / 25장 아마샤의 선정(善政)과 미련한 전쟁
26장 웃시야의 강성(强盛)과 교만한 마음 / 27장 요담의 통치
28장 아하스의 악정(惡政) / 29장 히스기야의 성전 정화 / 30장 히스기야의 유월절 축제
31장 히스기야의 종교개혁 / 32장 히스기야 전쟁승리 히스기야의 병과 교만
33장 므낫세와 아몬의 통치 / 34장 요시야통치 율법서 발견
35장 요시야 유월절 준수 안타까운 죽음 / 36장 예루살렘 함락과 유다의 멸망

22장 유다 아하시야, 그의 어머니 아달랴(아합의 딸)의 섭정 아래 악을 행함 .
이스라엘 왕 요람(외삼촌)이 전쟁 중 부상을 입자, 문병차 이스라엘에 갔다가 예후(주님
이 아합 왕가를 진멸하기 위해 엘리야를 통하여 기름부음 받은자(왕상19:16)) 에게 피살
됨, 아달랴 왕자들을 다 죽임, 그 과정에서 아하시야의 아들 요아스만 간신히 살아남.

23장 아달랴의 폭정에 맞서 제사장 여호야다가 반란을 일으키고 아달랴와 추종자들을 죽임.

24장 간신히 살아난 요아스가 7살에 즉위하여 선한 정치를 하였으나, 제사장 여호야다가 죽은
후 다시 우상을 섬기기 시작하자, 고인이 된 여호야다의 아들 스가랴가 이런 악행을 책망
하였다. 그러자, 요아스는 조언을 무시하고 충신의 아들을 죽였다. 그 결과 유다는 아람의
침략을 받게 되고, 요아스 왕은 암살을 당한다.

※ 아달랴의 최후와 가문에 흐르는 저주의 그림자

아달랴는 유다와 이스라엘 역대 왕들 중에 유일한 여왕이다. 그녀는 잔인 했으며 예수그리스
도 계보를 잇는 다윗 왕조를 끊어 버리려한 악한 사탄의 앞잡이였다.
오므리(이스라엘의 6대왕, 악한 왕) → 아합(7대왕, 부인 이세벨, 전사) → 아하시야(8대왕,
맏아들 병사) → 요람(9대왕, 막내아들, 피살)
남유다 아합의 딸 아달랴 (남왕국 여호사밧 왕의 아들 여호람과 결혼, 피살) 여호람 → 아하
시야(피살) → 요아스(암살) → 아마샤(암살)
※ 아합의 가문 → 왕들 : 전사 1명, 병사 1명, 피살 3명, 암살 2명

25장 아마샤의 애돔 정복했으나 다시 우상숭배 / 이스라엘과 전쟁 패함 아마샤 암살을 당함.

※ 1대1 제자훈련을 받는 웃시야(아사랴)

26장 그의 곁에는 하나님을 경외하도록 가르쳐주는 스가랴가 있었는데, 스가랴가 살아있는 동
안, 웃시야는 하나님의 뜻을 찾았다. 그가 주님의 뜻을 찾는 동안 하나님께서 그가 하는
일마다 잘 되게 하여 주셨다(대하26:5), 성도는 주의 종을 잘 만나면 축복을 받는다.

※ 웃시야의 강성과 교만

웃시야왕은 힘이 세어지면서 교만하게 되더니, 드디어 악한 일을 저지르고 말았다. 주님의 성전 안에 있는 분향단에 분향을 하려고 들어 간 것이다. 이것은 주 하나님께 죄를 짓는 일이었다(대하26:16), 이 일을 아론의 혈통 만이 할 수 있는 일이라고 만류하는 제사장 아사랴에게 화를 내었다. 화를 내는 순간에 그는 이마에 나병이 걸림, 신성에 관한 죄는 용납이 안된다

27장-28장 요담의 통치 → 아하스의 우상숭배의 죄로 인하여 아람과 북이스라엘 베가의 침공, 베가가 유다 백성을 포로 잡아오자, 오뎃과 지도자들이 책망함, 포로들을 모두 치료 하고 잘 돌봐서 돌려보냄 → 아하스는 하나님을 의지하지 않고 앗수르를 의지하고 도움을 청함, 그러자 약자였던 에돔과 블레셋까지 쳐들어 오게 된다, 앗수르의 도움 은커녕 침략자가 되어 곤경에 빠뜨림.

29장-30장 히스기야의 성전 정화 / 성전 재 봉헌 / 히스기야의 유월절 행사준비

※ 주님께서 지시하시는 찬양대

왕(히스기야)은, 주님께서 다윗왕에게 지시하신대로, 레위 사람들을 시켜서 주님의 성전에서 심벌즈와 거문고와 수금을 연주하게 하였다(대하29:25).

※ 하나님 일에는 최선을 다하자

그는 하나님의 성전을 관리하는 일이나, 율법을 지키는 일이나, 하나님을 섬기는 일이나 하는 일마다 최선을 다하였으므로, 하는 일마다 잘되었다(대하31:21).

31장-32장 히스기야의 종교개혁 → 성물분배 → 앗시리아의 침입과 하나님을 모독하는 발언.

※ 하나님을 성실하게 섬기고 난 뒤 (32:1, 무슨 일이 있었을까?)

당시 근동 지방에 오랜 역사를 가지고 있었지만, 갑자기 막강한 군사력으로 일어난 신흥제국이 니느웨를 중심으로 한 앗수르 였다. 이제 바벨론까지 접수하고, 산헤립은 유다를 침공한 것이다. 이 때에 히스기야 왕은 믿음의 조상들이 한 말을 인용하여 담대히 선포 한다.

32:7,8 군세고 담대하여야 한다, 앗수르의 왕이나 그를 따르는 무리를 보고, 두려워 하거나 놀라지 말아라, 우리와 함께 계시는 분은 앗시리아의 왕과 함께 있는 자 보다 더 크시다. 앗수르왕에게 있는 것이라고는 군대의 힘뿐이다. 그러나 우리에게는 우리를 도우시고 우리를 대신하여 싸우시는 주 우리의 하나님이 계신다, 백성은 유다왕 히스기야의 말을 듣고 힘을 얻었다.
예루살렘성을 포위하고 산헤립이 한 말을 잘 살펴보자.

32:12 주님의 산당들과 제단들을 다 없애 버리고, 유다와 예루살렘에 명령을 내려 오직 하나의
제단 앞에서만 경배하고, 그 위에 분향하라고 한 것이 히스기야가 아니냐?
32:13 그 여러나라 신들이 과연 그 땅을 내 손에서 건져 낼 수 있었느냐?
32:14 너희의 하나님이 너희를 내 손에서 건져 낼 수 있다고 생각하느냐?
32:20 히스기야 왕과 아모스의 아들 이사야 예언자가 함께 하늘을 바라보며 부르짖어 기도하
니, 왕하19:35 주님의 천사가 하룻밤 사이에 앗수르군 십팔만 오천 명을 죽임, 산헤립왕
도 피살당함.
고대사에 의하면, 이 사건을 계기로 2백년간 막강했던 철병거의 나라 앗수르는 내분과
외세 바벨론의 침략으로 몰락의 길을 가게 된다.

하나님을 성실하게 섬기고 난 뒤 → 주님께서 사방으로부터 그들을 보호하여 주셨다.
여러나라 사람들이 예루살렘으로 예물을 가지고 와서 주님께 드리고, 유다 왕 히스기야에게 선
물을 가져왔다, 그 때부터 히스기야는 여러나라에서 존경을 받았다(32:22,23).

※ 히스기야의 발병과 회복

왕상20:5 네 기도하는 소리를 내가 들었고, 네가 흘리는 눈물도 내가 보았다. 내가 너를 고쳐
주겠다. 히스기야왕은 응답으로 생명을 15년 더 연장 받음.

※ 힌놈의 아들 골짜기

예루살렘의 남쪽과 남서쪽에 위치해 있는 골짜기로 남왕국 유다왕 아하스는 이곳에서 자기
자녀들을 불살랐고(대하28:3), 희생의 연기를 올리는 제사를 드렸다. 그의 손자인 악한 왕 므
낫세도 "자기 아들들을 힌놈의 골짜기에서 불 가운데로 지나가게"(대하33:6) 죄악을 저질렀
다. 요시아, 여호아하스, 여호야김, 여호야긴, 시드기야왕 시대에 예레미아 선지자도 하나님의
심판을 전했는데, 그중에 가장 큰 죄는 자녀를 몰렉(메소포타미아에서 유래된 소머리 우상의
신)에게 바치는 희생제사의 가증스러운 행위였다.
후에 가룟유다가 은화 30냥을 던진 "피의 밭"인 아겔다마(마27:3-10)가 있었던 곳으로 알려
져 있다.

33장 므낫세의 악행들
그는 아버지 히스기야가 헐어버린 산당들을 오히려 다시 세우고, 바알들을 섬기는 제단을
쌓고, 아세라 목상을 만들고, 하늘의 별을 숭배하여 섬겼다(33:3).
주님 성전 안에도 이방신을 섬기는 제단을 만들었다(33:4). 주님의 성전 안팎 두 뜰에도
하늘의 별을 섬기는 제단들을 만들어 세우고(33:5), 아들들을 힌놈의 골짜기에서 번제물
로 살라 바쳤으며, 점쟁이를 불러 점을 치게 하고, 마술사를 시켜 마법을 부리게 하고, 악
령과 귀신들을 불러내어 묻곤 하였다(이 정도면 최악의 수준이며 징계가 눈 앞에 온 것임
은 틀림 없다).

33장 므낫세가 회개하다

33:11 앗수르 왕의 군대지휘관들을 시켜 유다를 치게 하시니, 그들이 므낫세를 사로잡아 쇠사
슬로 묶어 바빌론으로 끌고 갔다, 므낫세는 고통을 당하여 주 하나님께 간구 하였다. 그
는 조상의 하나님 앞에서 아주 겸손해 졌다(33:12) 그가 주님께 기도하니 주님께서 그
기도를 받으시고, 그 간구하는 것을 들어 주셔서 그를 예루살렘으로 돌아오게 하시고 다
시 왕이 되어 다스리게 하셨다, 그제서야 므낫세는 주님만이 하나님이시라는 것을 깨달
았다(33:13).

※ 큰 죄인의 회개를 받으시는 하나님

　므낫세 왕은 유다왕족 중에서 가장 악한 왕이었다, 그는 유다 멸망의 원인을 제공한 악한 왕
(왕하24:3.4)이었다. 역사기록에 의하면 이사야까지 죽인 아주 악한 왕으로 알려져 있다.
그러나, 위에 말씀처럼 회개하므로, "그가 환난을 당하여... 간구하고 하나님 앞에 크게 겸손하여
기도 하였으므로 그의 기도를 받으시며"(대하33:12,13) 남왕국, 북왕국에서 가장 오래 통치한
왕(55년)으로 기록된다. 우리로서는 추측 할 수 없는 일이겠지만, 힌트를 얻는다면 그제서야 므
낫세는 주님만이 하나님이시라는 것을 깨달았다(33:13), 이렇게 하나님이 죄인에게 원하시는
목적은 하나님 자신을 깨닫게 하여 회개 시키는 것이다, 여기서 우리는 선택과 유기(버려둠)의
중요한 차이를 알 수 있다, 똑같이 악했지만 사울왕은 유기했고, 므낫세는 선택했다는 사실이다.
　하나님이 한번 선택한 사람은 절대로 놓치는 법이 없다, 하나님은 생명이 다하기 전에 회개하
게 하여 돌아오게 한다는 것이다. 우리는 이 사건을 통하여 우리의 죄가 주홍 같고 진홍 같을 지
라도 눈과 같이 양털과 같이(사 1:18) 하시는 분이시며 용서하시는 하나님 이라는 것을 알 수
있다(이 장면은 구약에서 보여주는 죄인을 부르시는 구속사적 계시의 중요한 사건 내용이다).

※ 겔18:23 나 주 하나님의 말이다, 악인이 죽는 것을 내가 조금이라도 기뻐하겠느냐, 오히려
악인이 자신의 모든 길에서 돌이켜서 사는 것을 내가 참으로 기뻐하지 않겠느냐.
※ 예수님의 말씀 : 나는 의인을 부르러 온 것이 아니요, 죄인을 부르러 왔노라(마9;13).

34장 요시야의 우상 타파, 성전수리 중에 발견된 율법책, 요시야사반 서기관이 읽어 주자 자기
의 옷을 찢으며 애통해 하다 → 여 선지자 훌다의 예언 → 요시야가 통곡하였으므로 요시
야 때 까지는 재앙을 내리지 않을 것이라고 예언함.

35장-36장 요시야의 유월절 준수 : 사무엘 이후로 이스라엘 안에 이처럼 유다와 이스라엘과
예루살렘에서 유월절을 지킨 예가 없었다 (35:18), 이집트 왕 바로느고에 의하여 폐
위 당한 여호야아스 1차 포로 바벨론으로 잡혀감 → 여호야 김이 왕이 됨 → 2차 포
로 바벨론으로 잡혀간 여호야 긴 → 시드기야와 백성들의 패역(왕하24장)

※ 예루살렘의 멸망과 결정적 원인

　주님께서는 그들과 그 성전을 구원하실 뜻으로 자신의 백성에게 예언자를 보내시고 또 보내셔
서 경고에 경고를 거듭 하셨지만, 그들은 하나님의 특사를 조롱하고 하나님의 말씀을 무시하고
하나님의 예언자를 비웃었다(36:15,16) → 멸망과 함께 포로 되었던 자들이 47년 뒤에 페르시
아의 왕 고레스에 의한 귀국 명령이 내려짐.

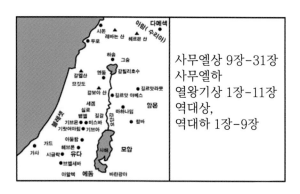

통일왕국시대 (BC 1050-930)

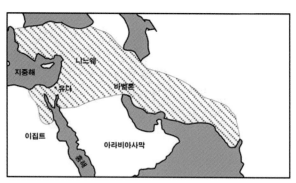

페르시아(바사) 통치시대 (BC 539-331)

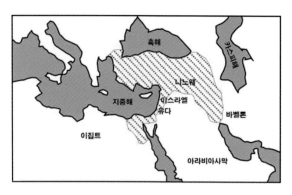

앗수르 통치시대 (BC 746-612)

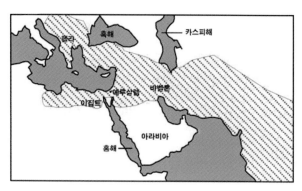

헬라제국(그리스) 통치시대(BC 336-201)

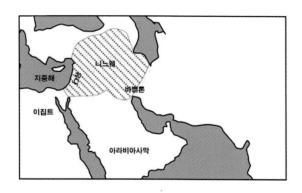

바벨론 통치시대 (BC 626-539)

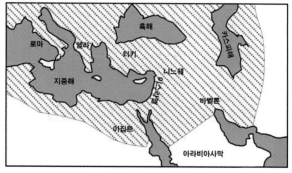

로마제국 통치시대 (BC 63-AD70)

※ 남, 북왕국의 열왕들과 선지자

유다(남왕국)				B.C.	이스라엘(북왕국)			
왕	평가	재위	선지자		왕	평가	재위	선지자
르호보암	악함	17년		930년	여로보암	악함	22년	
아비암	악함	3년		913년				
아 사	선함	41년		910년	나 답	악함	2년	
				909년	바아사	악함	24년	
				886년	엘 라	악함	2년	
				885년	시 므 리	악함	7일	
					오 므 리	극악	12년	
				874년	아 합	극악	22년	엘 리 야
여호사밧	선함	25년		872년				
여 호 람	악함	8년	엘 리 야	853년	아하시야	악함	2년	
				852년	요 람	악함	12년	
아하시야	악함	1년		841년	예 후	악함	28년	엘 리 사
아 달 랴	극악	6년		835년				
요 아 스	선함	40년		814년	여호아하스	악함	17년	
				798년	여호아스	악함	16년	
아 마 사	선함	29년		796년				
				793년	여로보암 2세	악함	41년	
웃 시 야	선함	52년		791년				
				753년	스 가 랴	악함	6개월	요 나
				752년	살 룸	악함	1개월	아 모 스
					므 나 헴	악함	10년	
요 담	선함	16년		750년				
				742년	브가히야	악함	2년	
				740년	베 가	악함	8년	호 세 아
아 하 스	악함	16년	이 사 야	735년				
히스기야	선함	29년	이 사 야 미 가	732년	호 세 아	악함	9년	
				728년				
므 낫 세	악함	55년		722년	이스라엘의 멸망			
				697년				
아 몬	악함	2년	나 훔	642년				
요 시 아	선함	31년	스바냐 하박국 예레미야	640년				
여호아하스	악함	3개월		609년				
여호야김	악함	11년						
여호야긴	악함	3개월	다 니 엘	598년				
시드기야	악함	11년	에 스 겔	597년				
남왕국 유다의 멸망				586년				

**북왕국 이스라엘을 무너뜨린
그 당시 앗수르의 철병거**

에스라(Ezra)

제 2의 출애굽이라고 불리 우는 본서는 페르시아왕 고레스 1세의 1차 귀환 조서가 내려진 BC 538년으로부터 에스라를 비롯한 일부 백성들이 2차 귀환한 BC458년까지 약 80년간의 시간을 시대적 배경으로 한다. 기록목적으로는 귀환 후에 성전 및 예루살렘 성벽의 재건을 주요 내용으로 하며 "남은 자" "거룩한 씨"를 통한 선민 이스라엘과의 신실한 하나님의 언약의 성취와 다시 다스리는 하나님의 주권적인 간섭, 그 백성이 해야 할 일들을 예배와 신앙의 구심점인 성전 재건 과정을 통한 구속사적 신앙의 순수성을 기록하고 있다.

1장 고레스의 감동과 귀환 조서 / 2장 귀환자 명단 / 3장 회복된 예배와 성전 재건 착수
4장 사마리아인들에 의해 방해 받는 성전 재건 공사 / 5장 성전 재건과 좋은 일들의 예견
6장 성전 재건의 공식적 허가와 완공 / 7장 에스라의 귀환, 아닥사스다왕의 칙령
8장 에스라와 함께 돌아온 백성 / 9장 이스라엘의 영적 실상 / 10장 에스라의 종교개혁

1장 페르샤왕 고레스의 조서, "너희는 돌아가서 성전을 건축하라" / 성전 기명 반환
2장 1차 귀환자의 명단과 돌아온 회중의 수 4만2천3백6십 명 성전재건을 위한 모금 착수
3장 다시 드리는 예배, 성전을 재건 시작
4장 사마리아인들의 집요한 방해 공작

5장 늘 그러하듯이 어려운 시기에 학개와 스가랴 선지자가 등장한다 → 유프라테스 강 서쪽 관리들, 다리우스 왕에게 성전 건축 확인서를 판별 해 줄 것을 요청하다 → 성전건축

6장 60년 전 고레스왕의 칙령서가 발견되다, 다리우스왕의 공식허가 →성전 봉헌식과 유월절 준수, 6장과 7장사이는 60년이 흘렀다(1차 귀환과 2차 귀환 사이는 60년이 흐름)

7:6 학자, 제사장인 에스라가 바벨로니아에서 돌아왔다, 그는 주 이스라엘의 하나님이 주신 모세의 율법에 능통한 학자이다, 주 하나님이 그를 잘 보살피셨으므로 왕(아닥사스다)은 에스라가 요청하는 것은 무엇이나 다 주었다.

7:23 그 당시 근동지방에서 최고 강대국 바벨로니아왕 아닥사스다왕은 칙령 중에서 다음과 같은 말을 넣었다.
"하늘의 하나님의 성전에 관하여 하늘의 하나님이 규정하신 것은 하나도 어기지 말고 지켜라, 나와 내 자손이 다스릴 나라에 하나님의 분노가 내리도록 그대로 둘 수는 없기 때문이다" 이것이 바로 에스라를 통해 선교 되어진 "하나님을 아는 지식"이다.

※ 2차 에스라의 귀환 (8장)

남자만 1,773명 5인 가족으로 볼 때, 약 9천 명 정도 됩니다. 1차 때는 5만 명 정도, 70년간 포로 생활 속에서 늘어난 인구 총 3백만 명으로 볼 때에 6만 명만 돌아오고 나머지 290만 명은 바벨로니아에 그대로 정착한 것으로 보여짐. 70년 동안에 이방 문화에 흡수되어 민족적 정통성을 상실한 자들이 많았다, 환경적 안락한 삶의 추구, 본능이 걸림돌이 되었다.

또 다른 이유 중에 하나는 2천Km를 걸어서 오는데 시간이 빨라도 5개월(7장9절)은 걸리고 중도에 강도와 이방 족속들의 위험이 도사리고 있었기 때문이라 생각이 든다.

※ 에스라의 회개기도 의 중요한 대목

9:6-15 하나님 너무나도 부끄럽고 낯이 뜨거워서 하나님 앞에서 차마 얼굴을 들 수 없습니다. 우리가 지은 죄는 우리 스스로가 감당할 수 없을 만큼 불어났고, 우리가 저지른 잘못은 하늘에 까지 닿았습니다.

조상 때부터 오늘에 이르기까지 우리가 저지른 잘못은 너무나도 큽니다.

하나님께서는 우리에게 자비를 베푸셔서 우리가운데 얼마쯤은 살아남게 하시고, 우리 눈에 생기가 돌게 하시고, 오히려 페르시아 왕들에게 사랑 받게 하여주시고 또 우리에게 용기를 주어 하나님의 성전을 다시 짓고 무너진 곳을 다시 쌓아 올리게 하시어, 유다와 예루살렘에서 우리가 이처럼 보호 받으면서 살아갈 수 있게 하셨습니다.

※ 얼마나 겸손한 기도인가, 자신하고는 무관한 일 같은 과거의 불순종을 마치 자신이 저지른 죄처럼 생각하는 회개의 기도, 그리고 전체를 위한 감사의 기도, 진정한 영적리더의 참 모습이다.

8:21 에스라의 금식기도 그 곳 아하와 강가에서 나는 모두에게 금식하라고 선언 하였다. 우리는 하나님 앞에서 우리와 우리 자식들 모두가 재산을 가지고 안전하게 돌아갈 수 있도록 하나님이 보살펴 주시기를 간절히 빌었다.

8:31 첫째 달 십이일에 우리는 아하와 강을 떠나서 예루살렘으로 가려고 길을 나섰다. 가는 길에 매복한 자들의 습격을 받기도 하였지만, 하나님이 우리를 잘 보살펴 주셔서 그들의 손에서 벗어날 수 있었다.

※ 하나님의 응답은 항상 순조롭게 진행되지는 않는다 문제가 지나고 나면 또 다른 문제가 찾아온다, 그것은 우리를 시험해 보시는 하나님의 뜻이다. 에스라가 금식기도로 응답을 받았지만 매복한 자들의 습격을 받기도 했다. 그러나 하나님은 분명히 자신이 뜻하신 목적을 두고 우리에게 피할 길을 주신다. 그것은 하나님이 늘 함께 하심을 보여 주시기 위함이다.

만일, 모든 일들이 순조롭게 진행된다면 인간의 습성은 교만해져 우리는 하나님의 돌보심을 망각하게 만든다. 그래서 늘 느낄만한 때에, 적절한 때에 하나님의 개입하심을 보여 주신다. 사람이 감당 할 시험 밖에는 너희가 당한 것이 없나니, 오직 하나님은 미쁘사 너희가 감당치 못할 시험 당함은 허락하지 아니하시고, 시험 당할 즈음 또한 피할 길을 내사 너희로 능히 감당하게 하시느니라(고전10:13).

※ 바벨론 포로(73 페이지 참고)

	1 차 포로	2 차 포로	3 차 포로	4 차 포로
연 대	BC 605	BC 597	BC 586	BC 582
왕	느브갓네살	느브갓네살	느브갓네살	느브갓네살
유대왕	여호야김 3년	여호야긴 1년	시드기야 11년	그달랴총독(살해됨)
성 경	단1:1-5	왕하24:110-17	왕하25:8-12	렘52:30

※ 바벨론 포로에서의 귀환(93페이지 참고)

	1 차 귀환	2 차 귀환	3 차 귀환
연 대	BC 537	BC 458	BC 444
바사왕	고레스	아닥사스다 1세	아닥사스다 1세
인도자	스룹바벨 ,예수아	에스라	느헤미야
성 경	스1:1-4, 6:22	스7:1, 10:44	느1:1, 13:31

느헤미야(Nehemiah)

고레스 칙령에 의해 1차 귀환 있은 후, 60년 가량이 흘렀다. 이제 에스라를 통해 고국의 소식을 접한 페르샤왕의 고관인 느헤미야는 왕에게 간청하여 성전 건축에 필요한 재정 지원을 약속받게 된다. 고국에 돌아 온 느헤미야는 에스라와 뜻을 모아 한 손에 쟁기를 다른 한 손에 무기를 들고 성벽공사를 시작하여 52일 만에 끝낸다. 이렇게 본서는 제 3차 포로 귀환 BC 444년을 시작으로 느헤미야 2차 귀국 BC 432년후의 활동을 잠시 소개한다. 시간적으로 10년이라는 짧은 배경이지만 성벽재건, 영적부흥 운동이라는 큰 구속사적 주제를 다루고 있다.

> 1장 느헤미아의 귀환 배경 / 2장 느헤미아의 예루살렘 귀환 / 3장 예루살렘 성벽재건
> 4장 대적들의 방해를 물리치다 / 5장 가난한 자들의 부르짖음과 사회정화운동
> 6장 계속되는 음모와 완공된 성벽 / 7장 느헤미야가 지도자를 세우다
> 8장 율법낭독과 이스라엘의 회복 / 9장 백성들의 회개운동
> 10장 백성들의 새로운 각성운동 / 11장 인구 재배치 작업 / 12장 성벽 낙성식
> 13장 고군분투한 느헤미아의 개혁운동

※ 느헤미아의 기도

1:8,9 주님의 종 모세를 시키어 하신 말씀을 기억하여 주십시오, 우리가 죄를 지으면 주님께서 우리를 여러나라에 흩어 버리겠지만, 우리가 주께로 돌아와서 주님의 계명을 지키고 실천하면 쫓겨난 우리가 하늘 끝에 가 있을지라도 주님께서 거기에서 우리를 한데 모아서 주님의 이름을 두려고 택한 곳으로 돌아가게 하겠다고 하신 그 말씀을 이제 기억하여 주십시오.

2장 술 관원인 느헤미야. 당시 술 관원은 술에 독이 있나 없나를 점검해야 하는 직책이므로 왕의 두터운 신임을 받는 직책이다. 아닥사스다왕의 호의로 예루살렘으로 향하는 느헤미야

3장-4장 성벽 재건에 참여한 자들 성벽재건 → 산발랏과 도비아의 조롱과 변방 대적들의 훼방 대적에 대한 방비와 성벽 건축

5장-6장 직면한 사회문제 가난한 자들의 부르짖음 → 대적들의 궤계 → 스마야 느헤미야를 해하려고 돈을 받고 거짓 술책 느헤미야의 지혜 → 성벽 건축 완공

8장 에스라 새벽부터 정오까지 율법을 낭독, 백성은 율법의 말씀을 들으면서 모두 울었다.
느헤미야 – 오늘은 우리 주님의 거룩한 날입니다, 주님 앞에서 기뻐하면 힘이 생기는 법이니 슬퍼하지들 마십시오.

9:28.29 편안하게 살만하면 주님께서 보고 계시는데 또다시 못된 일을 저질렀습니다. 지키기만 하면 살게 되는 법을 주셨지만, 오히려 그 법을 거역하여 죄를 지었습니다.

성을 건축하는 자와 짐을 나르는 자들은 한 손으로는 짐을 나르고, 다른 한 손으로는 무기를 잡았다(느4:17)

에스더(Esther)

 본서의 특징은 단편 소설의 형식 속에 하나님의 이름이나 여호와의 실존에 대한 언급이 없다.
 그러나, 사건의 극대화와 반전(反轉)의 위기감을 고조시키는 내용은 "부림절"(운명의 날)이라는 명제 속에 이스라엘 백성들을 구원하신 하나님의 섭리와 은총을 기념하는 내용으로 전개된다.
 배경으로는 당시 근동 지방에는 앗수르에 포로 되었던 자들이 앗수르의 멸망으로 바벨론에 흡수된다. 그리고 유다에서 포로 된 자들과 합쳐져 약 150년 동안 수백만의 인구가 메소포타미아 지방에 살게 된다.
 이 중에서 본국으로 1차 귀환 때에 돌아간 자들은 5만 명 정도 밖에 안 되었다.
그러므로 에스더서의 사건이 주목 할 만 한 것은, 본국으로 1차 귀환 뒤 50년이 흐른 후에 그곳에 남아있던 자들에게도 베푸신 하나님의 은총의 사건이라 할 수 있다.
 이 당시 역사적 상황은 페르샤의 영토가 터키 땅을 넘어 그리스 땅을 넘보던 때였고, 그리스와의 40년간 전쟁이 계속되었던 때이다, 이때 아하수에로왕(크세르크세스왕) BC 480년 30만명의 대군을 끌고 전투에 나간 후, 유명한 "살라미스해전"에서 참패하고 돌아와, 궁전에서 연회로 속상한 마음을 달래던 중에 에스더라는 왕비가 간택되고, 에스더의"죽으면 죽으리라" 필사의 각오가 그의 백성을 구한다는 내용이다.
 주제로는 하나님께서 언약의 백성을 징계는 하시지만 결코 포기 하시지 아니하시고 이방의 대적으로부터 강한 손과 펴신 팔로 보호하심을 보여준다.

1장-2장 페르시아의 왕 아하수에로의 왕비 와스디의 폐위.
　　　　　모르드개는 고아인 에스더(삼촌 아비하일의 딸)를 딸처럼 키움, 많은 경쟁자들 중에
　　　　　서 에스더가 왕후로 간택이 됨 → 모르드개가 대궐문을 지키고 있을 때에 왕의 두 내
　　　　　시가 왕을 죽이려는 음모를 꾸민다는 사실을 에스더에게 말함으로 사실이 밝혀지고,
　　　　　두 내시는 처형을 당하지만 성경에는 어떠한 포상도 없음을 보여준다.

3장-4장 왕이 하만을 최고직에 등용한다, 모르드개는 궁궐 문지기로서 하만에게 예의를 갖추
　　　　　고 절을 해야하는데 절하지 않는다, 결국 이 한 사람의 사건이 하만의 미움을 사게 되
　　　　　고, 그 증오심은 이스라엘 민족 전체로 번져 나가게 된다, 결국은 하만이 왕의 조서를
　　　　　받아내어, 전국의 이스라엘 민족을 멸절 시킬 날을 정하고, 전국 곳곳에 이 사실을 알
　　　　　리는 대자보가 붙게된다.
　　　　　일촉즉발의 위기에 처한 이스라엘은 모든 사람이 금식하고, 베옷을 입고, 재 위에 누
　　　　　워 통곡을 하였다. 그런데 이상한 것은 성경 상에는 그들이 하나님께 부르짖고 간구
　　　　　하였다는 내용이 전혀 없다, 그것은 그곳에 남은 자들에 대한 신앙상태 (다른 곳에서
　　　　　라도 도움을 얻어서 4:14)가 하나님 중심이 아니었던 것을 알 수 있다.
　　　　　그러나, 하나님께서 택한 자기 백성을 외면하지 않고 구원하심을 보여 주신다.
　　　　　이제 최후의 방법으로 왕비가 된 에스더에게 도움을 청하는 모르드개

4:14 왕후께서 이처럼 왕후에 자리에 오르신 것이 바로 이런 일 때문인지를 누가 압니까?
　　　　"하나님의 뜻이다"라고 강력히 주장하지 못하는 것으로 봐서 신앙심을 많이 잃어버린 것
　　　　같다.

※ 에스더의 각오!
　　　왕이 부르기 전에 왕 앞에 나가는 자는 누구든지 반드시 처형 당하는 이 법을 어기고 에스더
　　　는 민족을 위해 왕 앞에 나가기를 결심한다. 에스더의 애국심이 돋보인다.

5장-6장　하나님은 한 밤에 왕으로 하여금 궁중실록을 찾게하고, 그 기록에서 과거의 모르드개
　　　　　가 충신으로서의 업적(암살음모를 밝힘 2:21)이 드러남으로 하만보다 더 높은 위치
　　　　　에 서게 된다.

7장-10장 에스더가 왕 앞에서 모든 사실을 말하고 간청한다, 하만의 음모가 에스더에 의해 왕
　　　　　에게 알려짐으로서 모르드개를 달으려 했던 장대에 하만이 달림과 함께 유다 사람
　　　　　들의 살 길이 열린다, 유대인들의 승리와 축제의 날 운명의 주사위는 던져 졌지만,
　　　　　살아 남음을 의미하는 부림절이 제정 된다, 이렇게 하나님은 비록 자신에게 소홀히
　　　　　(본국으로 돌아가지 않음) 했을지라도, 자기백성과의 약속을 지키시는 신실함을 보
　　　　　여 주시며, 천민에서 존귀한 자들로 거듭나게 하신다.

※ 포로 귀환 시대의 연대기(B.C. 538-400)

538	메대사람 다리오왕 통치	단5:31
	다니엘의 중보기도, 사자굴 사건, 다리오왕 다니엘의 하나님을 섬길 것을 법령으로 공포	단9:1-27 단6:1-28
537	바사제국 고레스 포로 귀환 칙령 1차 포로로 잡혀간 후 70년 만에 고국 예루살렘으로 스룹바벨의 영도하의 1차 포로귀환	스1:1-4, 대하36:23 스2:1-67
535	귀환 2년 후 스룹바벨과 예수아 성전건축을 시작	스3:8-13
	사마리아사람들의 방해로 16년간 성전건축이 중단	스4:1-24
519	학개, 스가랴 선지자의 성전건축사업을 재개	학1:1,슥1:1, 스5:2
516	다리오왕 제6년에 예루살렘 제 2성전 완공	스6:13-15
485	아하수에로왕(크세르크세스) 20년간 페르샤 통치	
483	아하수에로왕 그리스와의 전쟁에서 패배하고 돌아와 와스디를 폐위	
479	왕후로 피택된 에스더	에2:1-18
478	모르드개의 공헌으로 아하수에로왕 암살 음모가 드러남	에2:21-23
474	하만의 유대인 말살음모의 실패,모르드게에 의한 부림절 제정	에3:1,에9:20
464	페르샤 아닥사스다왕의 등극 41년통치	
458	아닥사스다왕의 포로 귀환 조서, 에스라(제사장, 율법학자) 영도하의 제 2차 귀환 (1차귀환 4만9천명, 2차 귀환은 5천명), 60년 후 늘어난 인구 250만 명은 그곳에 머무름	스7:1-26
	사마리아인들의 예루살렘성벽 재건공사를 방해,성벽재건 중단	스4:7,느1;1
444	아닥사스다왕의 포로귀환 조서와 느헤미야 영도하의 제 3차 귀환	느2:10
	예루살렘 성벽중건 재개	느3:1-32
	예루살렘 성벽 52일만에 완공 인구조사 회중 42.360 노비 7,337 찬양 245	
435	말라기 선지자의 사역 약 10년간	
432	느헤미아의 2차 귀국과 개혁운동	느13:6-31

욥기(Job)

의인의 고난과 회복에 대한 하나님의 섭리 속에 나타난 신앙인격 훈련, 또 하나님을 의심하는 자들에게 보이시는 하나님의 진실과 하나님에 대한 인간의 갈등은 순종으로만 해결 될 것임을 가리키며, 인간의 지식이나 의로운 행위에는 분명한 한계가 있음을 보여준다.

욥기의 배경은 성경에 의한 기록은 없지만, 주전 2천년 경 족장시대로 본다.

'우스'땅은 에돔 지역으로 보며, 헬라어 70인의 역에서는 욥을 아브라함의 5대손인 에돔 사람 (에서의 후손)으로 보며, 그의 세 친구 엘리바스, 빌닷, 소발은 왕과 군주로 기록되어 있다고 전해져 내려온다.

1장 경건한 욥의 첫 번째 시련 / 2장 욥의 두 번째 시련과 세 친구 / 3장 욥의 탄식과 불평
4장 엘리바스의 첫 변론 / 5장 계속되는 엘리바스의 충고 / 6장 엘리바스에 대한 욥의 답변
7장 계속되는 욥의 답변 / 8장 빌닷의 첫 번째 발언 / 9장 빌닷에 대한 욥의 항변
10장 하나님을 향한 욥의 탄식과 기도 / 11장 소발의 첫 번째 충고 / 12장 욥의 대답

1장 경건한 욥에게 갑자기 시련이 닥쳐서, 욥이 자녀(일곱 아들과 세 딸)와 재산을 모두 잃다.

※ 주님과 사탄의 대화

주님: "너는 내 종 욥을 잘 살펴보았느냐" "이 세상에는 그 사람만큼 흠이 없고 정직한 사람 그렇게 하나님을 경외하며 악을 멀리하는 사람은 없다"
사탄: "욥이 아무것도 바라는 것이 없이 하나님을 경외 하겠습니까? 집과 모든 소유에 복을 내리심이 아닙니까? 주님이 그 모든 것을 치시면 주님을 저주 할 것입니다.

2장 하나님의 아들들이 와서 주님 앞에 서고, 사탄도 그들과 함께 주님 앞에 섰다.
주님: "어디를 갔다가 오는 길이냐"
사탄: 땅을 이리저리 돌아다니다가 오는 길입니다.
   사탄의 참소– "우리 형제 들을 참소하던 자, 곧 우리 하나님 앞에서 밤낮 참소 하던 자가 쫓겨났고"(계12:10)
주님: 너는 내 종 욥을 살펴보았느냐...네가 나를 부추겨서 공연히 그를 해치려 하였지만, 그는 여전히 자기의 온전함을 굳게 지키고 있지 않느냐.
사탄: 사람은 자기의 생명을 지키는 일이면 자기가 가진 모든 것을 버립니다.
   이제 그의 뼈와 살을 치시면 당장 주님 앞에서 주님을 저주 할 것입니다.
주님: 그렇다면 그를 너에게 맡기겠다, 그러나 그의 생명만은 건드리지 말라.

1:21 모태에서 빈손으로 태어났으니, 죽을 때에도 빈손으로 돌아 갈 것입니다. 주신 분도 주님 이시오, 가져가시는 분도 주님이시니, 주님의 이름을 찬양 할 뿐입니다.
2장 악창으로 욥을 다시 치는 사탄, 욥의 아내 "하나님을 욕하고 죽으라" 도리어 아내를 꾸짖는 욥 / 친구들이 욥을 찾아오다.

5:17,18 하나님께 징계를 받는 사람은 그래도 복된 사람이다, 그러니 전능하신 분의 훈계를 거절하지 말아라, 하나님은 찌르기도 하시지만 싸매어 주기도 하시며, 상하게도 하시지만 손수 낫게도 해주신다.

12:13,14 지혜와 권능은 본래 하나님의 것이며, 슬기와 이해력도 그분의 것이다. 하나님이 헐어
　　　버리시면 세울 자가 없고, 그 분이 사람을 가두시면 풀어줄 자가 없다.

※ 욥의 제사 와 그 두려움

욥3:25 마침내 그렇게도 두려워하던 일이 밀어 닥치고, 그렇게도 무서워하던 일이 다가오고야
　　　말았구나, 욥은 이 말씀처럼 두려움을 품고 살았습니다. 그러면 그 두려움이 무엇이었을
　　　까요?
욥1장1절- 5절까지를 살펴보면 욥은 잔치가 끝난 뒤, 5절에 "자식들을 생각하면서" 이 대목이
아주 중요 합니다. 자식들이 혹시 부지중에 죄를 지었을까 하는"두려운"생각에서 자식 수대로
번제를 드렸습니다, 결국 신약으로 와서 바꾸어 말하면 롬12:1 우리 몸을 하나님이 기뻐하실 거
룩한 산제사로 드리라 이는 너희가 드릴 영적 예배니라. 산제사가 아닌 나의 속한 귀중한
것들에 대한 두려움의 제사를 욥은 드린 것입니다. 그래서, 오늘날도 성도들은 이렇게 "목표를
위해 수 고하는 무거운 짐의 두려움" "이러한 일들을 해야만이 주님이 내 것을 지켜 주실
것이라는 두려 움" "값없이 주시는 주님의 은혜"의 정반대되는 "대가 성 위주의
두려움"공로위주의 기복주의 신앙 속에 두려움" 이런 일들 때문에 내가 진정 드려야 할 거룩한
산제사를 소홀히 하고, 욥과 같이 조건적 제사를 드리지는 않았는지요, 이러한 제사는 모두가
나를 위한 제사입니다, 그리고 그 결과의 특징은 두려움의 열매로 나타나게 됩니다, 그리고
사탄에게 언젠가는 참소의 빌미를 제공하게 됩니다.
요한 1서 4:16-18 하나님은 사랑이십니다-- 사랑에는 두려움이 없습니다, 완전한 사랑은
두려 움을 내 쫓습니다, 두려움은 징벌과 관련있습니다, 두려워하는 사람은 아직 사랑을
완성하지 못 한 사람입니다, 이제 주님 안에서 두려워하지 말고 주님이 늘 주시는 평강으로
열매를 맺읍시다.

13장 하나님을 굳게 확신하는 욥 / 14장 하나님의 구원을 기다리는 욥
15장 엘리바스의 두 번째 발언 / 16장 엘리바스에 대한 욥의 답변(1)
17장 엘리바스에 대한 욥의 답변(2) / 18장 빌닷의 두 번째 발언 / 19장 빌닷에 대한 욥의 답변
20장 소발의 두 번째 발언 / 21장 소발에 대한 욥의 답변 / 22장 엘리바스의 세 번째 발언
23장 욥의 답변

13장 욥이 하나님의 속성에 관하여 친구들 보다 더 잘 알고 있다고 주장하고 있다, 따라서 본 장
　　　에서부터 욥의 믿음이 점차적으로 상승되며 친구들의 독선을 질책한다, 이것은 자신에 대
　　　한 합리성이며, 이 사실이 하나님 앞에서 부각되기를 원하는 정당성으로 나타난다.

15장 본 장부터는 친구 엘리바스의 거침없이 적대적으로 공격하는 그 주장이 마치 인과응보 법
　　　칙 속에 욥이 걸려든 것처럼 말한다, 그리고 욥의 헛된 지식은 유익한 것도 없고 정신이 황
　　　폐해져 분별 할 수 없는 상태에 빠져 하나님을 대적 할 뿐이라고 강조한다.

16장17장 엘리바스의 위로의 말이 독설로 변한 것에 대한 자신의 안타까움을 하나님께서 직접
　　　개입해 줄 것을 바라며 호소한다, 그러나 욥은 곧 절망감에 빠져든다.

18장19장 빌닷은 첫 번째 발언과 다름 없이 "불의한 자의 파멸"이 곧 하나님이 욥에게 내린 재앙이라고 선을 긋고 욥을 정죄한다, 그러나 욥은 이 사실에 대하여 자신을 위로하기는커녕 자신에게 정신적 학대를 가하는 치졸한 발상임을 상기시키며 친구들을 원망한다, 이러한 원망과 불평은 곧 하나님께 대한 불평으로 이어진다.

20장21장 여기서 소발은 두 친구들의 판단에 동요되어 흥분하며 자신의 영적인 면까지 강조한다, 자신의 논리를 세 친구 중에서 가장 옳다고 여기며 가중된 욥에 대한 비판은 악인은 곧 욥이며, 그는 징벌의 대상이라고 노골적으로 욥을 정죄 한다, 이러한 공격에 욥은 세 친구들을 간접적으로 악인의 형통으로 비유하며, 그들은 바로 너희들이며 거짓말쟁이라고 응수한다.

24장 세상 악에 대한 욥의 항의 / 25장 빌닷의 세 번째 발언 / 26장 빌닷에 대한 욥의 답변
27장 세 친구에 대한 욥의 결론적 답변 / 28장 지혜를 찬양하다 / 29장 과거를 회상하는 욥
30장 고난의 결과를 말하는 욥 / 31장 결백을 주장하는 욥 / 32장 엘리후의 등장과 그의 발언

24:23 하나님이 악한 자들에게 안정을 주셔서 그들을 평안하게 하여 주시는 듯하지만, 하나님은 그들의 행동을 낱낱이 살피신다.

25장 공격적이던 빌닷 태도가 조금은 누그러 진듯하다, 그 이유는 세 친구들의 발언이 욥에게 아무런 유익과 설득력이 없었기 때문이다, 이제 빌닷은 원론적 견해로 돌아가서 인간이 감히 거스릴 수 없는 하나님의 위대하심과 주권 앞에 인간의 비천함과 나약함을 강조하며 욥이 하나님과 논쟁 할 수 있다고 생각했던 것을 반박한다.

28:23 하나님은 지혜가 있는 곳에 이르는 길을 아신다.
28:28 주님을 경외하는 것이 지혜요, 악을 멀리 하는 것이 슬기로다.
29-30장 본장은 앞 장에서 참된 지혜에 대한 명상 후에 자신의 심정을 드러낸 독백이라 할 수 있다, 하나님의 지식과 인간의 지식의 차이를 대조시키며, 과거의 번영과 현재의 파멸이 결코 자신의 죄과로 인함이 아닌 것을 상기시키며, 자신의 행위의 정당성을 호소한다.

33장 엘리후의 첫 번째 변론 / 34장 엘리후의 두 번째 변론 / 35장 엘리후의 세 번째 변론
36장 엘리후의 결론적인 연설 / 37장 계속되는 엘리후의 연설 / 38장 하나님의 말씀 (1)
39장 하나님의 말씀 (2) / 40장 하나님의 두 번째 말씀 / 41장 악어의 교훈 / 42장 욥의 회복

32장-36장 엘리후의 등장과 세 친구의 변론에 대한 비난
　여기서 엘리후라는 이름은 "나의 하나님"이라는 뜻이다, 이 뜻처럼 엘리후는 확고한 신앙의 소유자답게 자신의 인내함을 세 분의 연로함과 자신의 연소함 때문이라고 겸손히 밝힌다.
　그리고 그의 변론의 당위성은 "깨닫고 보니 사람에게 슬기를 주는 것은 사람 안에 있는 영(靈)곧 전능하신 분의 입김이라는 것을 알았습니다" 이 말을 함으로써 자신의 판단이 하나님의 지혜로부터 온 것임을 선포한다, 그리고 그는 지금까지의 변론에 대하여 이렇게 말한다 "세 분께서는 어느 한 분도 욥 어른의 말을 반증하거나 어른의 말에 제대로 답변하지 못했습니다" 그리고 "이 논쟁에서 어느 누구 편을 들 생각은 없습니다"
이렇게 자신의 중립적인 입장을 확실히 했다.

33장 이제 엘리후는 욥과의 담론을 선언한다, 그리고 지금까지 욥이 태도의 잘못된 점들을 지적
하며 그것은 하나님이 의인에 대한 불공평한 처사를 원망과 불평으로 일관 했다는 것이다,
여기서 특이한 점은 그리스도의 구속사적 표현이 본서 변론 말미에 엘리후를 통하여 드디
어 나타났다는 것이다, 그리고 욥의 시대적 배경이 아브라함시대로 볼 때에 그 의미는 그
리스도의 반 차가 되신 멜기세덱의 구속사적의 의미와 연결된 고리라는데 그 의미가 깊다.

33:22,23 이제 그의 목숨은 무덤에 다가서고 그의 생명은 죽음의 문턱에 이르게 될 것입니다,
그때에 하나님의 천사 천명 가운데서 한명이 그를 도우러 올 것입니다, 그 천사는 사
람들에게 사람이 마땅히 해야 할 일을 상기 시킬 것입니다, 하나님은 그에게 은혜를
베푸시고 천사에게 말씀 하실 것입니다.
"그가 무덤에 내려가지 않도록 그를 살려주어라, 내가 그의 몸값을 받았다"
※이 세상에서 우리의 죽음을 대신하여 몸값을 지불 하실 수 있는 분은 오직 예수님 뿐입니다.

35:3 욥의 무지를 책망하는 엘리후, 그리고 명쾌한 해답
내가 죄를 짓는다고 하여 그것이 하나님께 무슨 영향이라도 미칩니까? 또 제가 죄를 짓지
않는다고 하여 내가 얻은 이익이 무엇입니까? 욥의 의롭고 순수함이 이렇게 말함으로서
상황과 변화에 이끌리어 변질되어버린 그의 잘못된 속성을 지적한다.

36:15 사람이 받는 고통은 하나님이 사람을 가르치시는 기회이기도 합니다, 사람이 고통을 받
을 때에 하나님은 그 사람의 귀를 열어서 경고를 듣게 하십니다.

37:24 그러므로 사람이 하나님을 경외해야 하는 것은 당연합니다, 하나님은 스스로 지혜롭다고
하는 사람을 무시하십니다(욥을 비롯하여 세 친구들의 특성은 주체성과 자존감에 가득
찬 이타적이지 않은 사람들이다, 욥은 그런 끔찍한 고난 속에서도 자신의 논리적 반응은
이성을 초월한 특별한 의지력으로 돋보인다, 그러나 그것이 하나님을 향하는 지혜가 아
님을 이제 하나님은 폭풍 가운데서 말씀하신다).

38:1-20 주님께서 욥에게 폭풍이 몰아치는 가운데서 대답하셨다.
"네가 누구이기에 무지하고 헛된 말로 내 지혜를 의심하느냐?
"내가 땅의 기초를 놓을 때에 네가 거기에 있기라도 하였느냐?
"네가 그처럼 많이 알면 내 물음에 대답해 보아라 누가 이 땅을 설계하였는지 너는 아
느냐...죽은 자가 들어가는 문을 들여다 본 일이 있느냐?
그 죽음의 그늘이 드리운 문을 본 일이 있느냐? 빛이 어디에서 오는지 아느냐?
어둠의 근원이 어디에 있는지 아느냐? 빛과 어둠이 있는 그 곳이 얼마나 먼 곳에 있는
지, 그곳을 보여 줄 수 있느냐? 빛과 어둠이 있는 그 곳에 이르는 길을 아느냐?

40:1-6 주님께서 욥에게 말씀하셨다, 전능한 하나님과 다투는 욥아, 네가 나를 꾸짖을 셈이냐.
주님께서 폭풍 가운데서 다시 말씀하셨다.

42:1-6 이제 저는 알았습니다, 잘 알지도 못하면서 감히 주님의 뜻을 흐려놓으려 한 자가 바로
저 입니다, 깨닫지도 못하면서 함부로 말을 하였습니다, 주님이 어떤 분이시라는 것을
지금까지는 제가 귀로만 들었습니다, 그러나 이제는 제가 눈으로 주님을 뵙습니다.

42:7,8 세 친구(엘리바스, 빌닷, 소발)에 대한 하나님의 결론
　　　　세 친구에게 하나님이 분노 한 것은, 너희가 나를 두고 말 할 때에 내 종 욥처럼 옳게 말
하지 못하였기 때문이다. 내 종 욥에게 가서 용서 받을 수 있도록 번제를 드려라, 내 종
욥이 너희를 용서해 달라고 빌면 내가 그의 기도를 들을 것이다. 세 친구들이 번제를
드리고 나서, 주님께서 욥의 기도를 들어 주셨다.

42:10 욥이 주님께 자기 친구들을 용서해 달라고 기도를 드리고 난 다음에, 주님께서 욥의 재
　　　　산을 회복시켜 주셨는데, 욥이 이전에 가졌던 모든 것보다 배나 돌려주셨다.

※ 욥기를 통한 고난에 대한 관점

사단의 관점	사람들, 잘살고 축복 받을 때에만 하나님을 잘 믿는다.
주님의 관점	축복 받을 때 더 잘 믿는 사람과, 잘 믿지 않는 사람 두 종류가 있다.
세 친구의 관점	하나님께서 죄를 심판하실 때, 고난을 주신다.
주님의 관점	베데스다 38년 된 병자와 실로암의 맹인을 비교하여 보라(요 5장,9장).
엘리후의 관점	고난이 우리를 가르치고, 단련시키는 하나님의 방법이다.
주님의 관점	사실이지만 완전하지는 않다, 하나님의 섭리는 우리가 측량 못 한다.
하나님의 관점	우리에게 유익을 주심, 예수님께 더 가까이 나감, 겸손해짐, 인내를 배움, 하나님께 순종, 자신의 죄악을 깨달음.

시편(Psalms)

본서는 하나님께 대한 다양한 신앙체험을 문학적으로 표현한 신앙고백서라 볼 수 있다.

본서에서는 하나님이 여러 가지 이름으로 계시되었다, 여호와(Yahweh) 700번, 엘로힘(Elohim)365번, El 77번, 아도나이(Adonai) 54번등이 많이 사용되었다.

시편의 음악성으로는 입에서 입으로 전해져 내려오면서 각종 신앙행사 때에 불리어지기 위한 노래이다.

악기로는 나팔, 피리, 호각(관악기), 수금, 비파, 심현금(현악기), 제금, 소고(타악기)로 구성 되어있다.

본서는 다양한 시대에 많은 사람들의 찬양, 비탄, 감사, 간구, 예언, 교훈등 여러 요소 들을 아름다운 신앙의 체험과 고백을 통하여 나타나는 표현을 찬양한 것이다.

히브리어로 "세페르 트힐림" 유대인들의 현악에 맞추어 부르는 찬양집이다, 시편을 통하여 이스라엘 민족의 지혜와 신앙의 깊이를 엿볼 수 있다.

제1권(1-41편) 주전 1천~9백년 사이에 수집된 다윗의 시편
제2권과 제3권(42-89편) 고라의 자손(42-49,84,85,97,88편), 다윗의 시편(51-72,86), 아삽의 시편(50,73-83)
제4권과 5권(90-150편) 포로기 이후 주전 450년 경에 수집된 것으로 추측, 성전에 올라가는 노래(120-134), 기타 시편들(90-104), 할렐루야 시편들(105-107, 111-118,135,136,146-150편)

1편- 참된 행복 / 2편-선택된 왕 / 3편-새벽기도 / 4편- 저녁기도 / 5편- 도움요청 기도
6편- 환난 날의 기도 / 7편- 언제나 옳으신 주님 / 8편- 주님의 놀라운 이름
9편- 주님찬양 / 10편- 도움을 구하는 기도

1:1-6 복 있는 사람은 악인의 꾀를 따르지 아니하며, 죄인의 길에 서지 아니하며, 오만한 자의 자리에 앉지 아니하며, 오로지 여호와의 율법을 즐거워하며, 밤낮으로 율법을 묵상하는 사람이다. 그는 시냇가에 심은 나무가 철따라 열매를 맺으며, 그 잎사귀가 마르지 아니함 같으니, 그가하는 모든 일이 다 형통하리로다. 그러나 악인은 그렇지 아니함이여, 오직 바람에 나는 겨와 같도다, 그러므로 악인들은 심판을 견디지 못하며, 죄인들이 의인들의 모임에 들지 못하리로다, 무릇 의인의 길은 여호와께서 인정하시나, 악인들의 길은 망하리로다.

2:6 '너는 내 아들, 내가 오늘 너를 낳았다'

5:1.3 주님, 새벽에 드리는 나의 기도를 들어 주십시오, 새벽에 내가 주님께 사정을 아뢰고, 주님의 뜻을 기다리겠습니다.

5:11 주님께 피신하는 사람은 누구나 기뻐하고 길이길이 즐거워 할 것입니다, 주님을 사랑하는 사람들이 주님 앞에서 기쁨을 누리도록, 주님께서 그들을 지켜 주실 것입니다(새번역).

9:10 주님, 주님을 찾는 사람을 주님께서는 결단코 버리지 않으시므로, 주님의 이름을 아는 사람들이 주님만을 의지 합니다.(새번역)

11편 주님을 신뢰함 / 12편, 13편 도움을 구하는 기도 / 14편 어리석은 자의 실상
15편 주의 장막에 들어 갈 조건 / 16편 죽음을 초월한 신앙 / 17편 의인의 고뇌와 믿음
18편 왕이 부르는 감사의 노래 / 19편 자연과 율법에 나타난 하나님의 계시
20편 승리를 위한 기도

11:7 여호와는 의로우사, 의로운 일을 좋아 하시나니, 정직한 자는 그의 얼굴을 뵈오리로다.

14:2 주님께서는 하늘에서 사람을 굽어보시면서, 지혜로운 사람이 있는지, 하나님을 찾는 사람
이 있는지 살펴보신다.

18:1 나의 힘이신 여호와여, 내가 주를 사랑하나이다, 여호와는 나의 반석이시오, 나의 요새시
오, 나를 건지시는 이시오, 나의 하나님이시오, 내가 그 안에 피할 나의 바위시오, 나의 방
패시오, 나의 구원의 뿔이시오, 나의 산성이시로다.

19:1-4 하늘은 하나님의 영광을 드러내고, 창공은 그의 솜씨를 알려준다. 낮은 낮에게 말씀을
전해주고, 밤은 밤에게 지식을 알려준다. 그 이야기 그 말소리, 비록 아무 소리가 들리
지 않아도, 그 소리 온 누리에 울려 퍼지고, 그 말씀 세상 끝까지 번져간다.(새번역)

19:7-10 여호와의 율법은 완전하여 영혼을 소성시키시며, 여호와의 증거는 확실하여 우둔한
자를 지혜롭게 하며, 여호와의 교훈은 정직하여 마음을 기쁘게 하고, 여호와의 계명
은 순결하여 눈을 밝게 하시도다, 여호와를 경외하는 도는 정결하여 영원에 까지 이
르고, 여호와의 법도 진실하여 다 의로우니, 금 곧 많은 순금보다 더 사모 할 것이며,
꿀과 송이꿀보다 더 달도다.

1편 승리로 인한 감사와 찬송 / 22편 고난과 찬양 / 23편 선한 목자 / 24편-영광의 왕께 찬양
25편 인도와 도움을 구하는 기도 / 26편 정직한 사람의 기도 / 27편 승리의 확신
28편 도움을 구하는 기도 / 29편 폭풍 속에 주님의 음성 / 30편 감사의 기도

23:1-6 여호와은 나의 목자시니, 내게 부족함 없으리로다. 그가 나를 푸른 풀밭에 누이시며,
쉴만한 물가로 인도 하시는 도다 내 영혼을 소생 시키시고 자기이름을 위하여 의의 길
로 인도 하시는 도다, 내가 사망의 음침한 골짜기로 다닐지라도 해를 두려워하지 않을
것은, 주께서 나와 함께 하심이라, 주의 지팡이와 막대기가 나를 안위 하시나이다.
주께서 내 원수의 목전에서 내게 상을 차려주시고, 기름을 내 머리에 부으셨으니, 내
잔이 넘치나이다, 내 평생의 선하심과 인자하심이 반드시 나를 따르리니, 내가 여호와
의 집에 영원히 살리로다.

27:1 여호와는 나의 빛이요 나의 구원이시니, 내가 누구를 두려워하리요, 여호와는 내 생명의
능력이시니, 내가 누구를 무서워하리요.

27:4 주님, 나에게 단 하나의 소원이 있습니다. 나는 오직 그 하나만 구하겠습니다, 그것은 한
평생 주님의 집에 살면서 주님의 자비로우신 모습을 보는 것과 성전에서 주님과 의논하면
서 살아가는 것입니다. (새번역)

30: 5 주님의 진노는 잠깐이요. 그의 은총은 영원하니, 밤새도록 눈물을 흘려도, 새벽이 오면
기쁨이 넘친다. (새번역)

31편 보호를 구하는 기도 / 32편 용서 받은 기쁨 / 33편 우주적 찬양대의 노래
34편 주님 보호에 대한 감사 / 35편 원수에게서 보호를 구하는 기도
36편 하나님의 인자와 인간들의 패역함 / 37편 의인과 악인의 종국 / 38편 환난 날에 기도
39편 인내 속에 깨달음, 허망한 인생 / 40편 도움을 구하는 기도와 나의 입에 새 노래

33:15 주님은 사람의 마음을 지으신 분, 사람의 행위를 모두 아시는 분이시다. 군대가 많다고
해서 왕이 나라를 구하는 것이 아니며, 힘이 세다고 해서 용사가 제 목숨을 건지시는 것
은 아니다. (새번역)

34:1,4 내가 주님을 늘 찬양 할 것이니, 주님을 찬양하는 노래, 내 입에서 그치지 않을 것이다.
내가 주님을 간절히 찾았더니, 주님께서 나에게 응답하시고, 내 모든 두려움에서 나를
건져 내셨다.
34:17 의인이 부르짖으면 주님께서 반드시 들어 주시고, 그 모든 재난에서 반드시 건져 주신다.

37:4.5.6.7 또 여호와를 기뻐하라, 그가 네 마음의 소원을 네게 이루어 주시리라, 네 길을 여호
와께 맡기라, 그를 의지하면 그가 이루시고, 네 의를 빛 같이 나타내시며, 네 공의를
정오의 빛 같이 하시리 로다, 여호와 앞에 잠잠하고 참고 기다리라.
37:8 노여움을 버려라, 격분을 가라앉혀라, 불평하지 말아라, 이런 것 들은 오히려 악으로 기울
어 질 뿐이다.

41편 병상에서 드리는 기도 / 42편 하나님을 향한 갈망 / 43편 시온을 향한 소망
44편 도움을 비는 기도 / 45편 왕실 혼인 잔치의 노래 / 46편 하나님은 우리의 피난처
47편 만민을 다스리시는 하나님 / 48편 하나님의성, 시온 / 49편 세속에 의미는 허무함
50편 참된 예배의 본질 / 51편 참회의 기도 / 52편 강포한 자의 종말

42:1.2 하나님이여, 사슴이 시냇물 바닥에서 물을 찾아 갈급함 같이, 내 영혼이 주를 찾기에 갈
급하나이다, 내 영혼이 곧 살아계신 하나님을 갈망하나니, 내가 어느 때에 나아가서 하나
님의 얼굴을 뵈올까.
42:11 내 영혼아, 내가 어찌하여 낙심하며 어찌하여 내 속에서 불안해 하는가, 너의 하나님께
소망을 두라, 나는 그가 나타나 도우심으로 말미암아, 내 하나님을 여전히 찬송하리로다.

46:1 하나님은 우리의 피난처시오 힘이시니, 환난 중에 만날 큰 도움이시라.

50:14,15 감사로 하나님께 제사를 드리며, 지존하신 이에게 네 서원을 갚으며, 환난 날에 나를
부르라, 내가 너를 건지리니 네가 나를 영화롭게 하리로다.
50:23 감사로 제사를 드리는 이가 나를 영화롭게 하나니, 그의 행위를 옳게 하는 자에게 내가
하나님의 구원을 보이리라.

51:10-12 하나님이여, 내 속에 정한 마음을 창조하시고, 내 안에 정직한 영을 새롭게 하소서.
나를 주앞에서 쫓아 내지 마시며, 주의 성령을 내게서 거두지 마소서, 주의 구원의 즐
거움을 내게 회복시켜 주시고, 자원하는 심령을 주사 나를 붙드소서.

51:17 하나님께서 구하는 제사는 상한 심령이라, 하나님이여 상하고 통회하는 마음을 주께서 멸시하지 아니하시리이다

53편 어리석은 무신론자 / 54편 환난 날에 구원의 확신 / 55편 배신당한자의 기도
56편 어둠속에 비취는 주님의 빛 / 57편 찬양으로 승리 하는 신앙
58편 불법자를 고발하는 시/ 59편 방패와 피난처 되시는 하나님
60편 하나님을 의존하여라 / 61장 하나님의 보호 / 62편 진정 의지해야 할 하나님
63편생명보다 귀한것

57:7,8 하나님이여, 내 마음이 확정되었고 내 마음이 확정되었사오니, 내가 노래하고 내가 찬송하리이다.

62:1,2 내 영혼이 잠잠히 하나님만을 기다림은, 나의 구원이 그에게서만 나오기 때문이다. 하나님만이 나의 반석, 나의 구원, 나의 요새이시니, 나는 결코 흔들리지 않는다.

62:11,12 하나님께서 한 가지 말씀을 하셨을 때, 나는 두 가지를 배웠다. "권세는 하나님의 것" "한결같은 사랑도 주님의 것"이라는 사실을, 주님께서는 각 사람에게 그가 행한 대로 갚아 주십니다. (새번역)

63:3 주님의 한결같은 사랑이 생명보다 더 소중하기에, 내 입술로 주님께 영광을 돌립니다.

63:7,8 주님께서 나를 도우셨기에, 나 이제 주님의 날개 그늘 아래에서 즐거이 노래하렵니다. 이 몸이 주님께 매달리니, 주님의 오른 손이 나를 꼭 붙잡아 주십니다. (새번역)

64편 악행과 그 결과 / 65편 응답하시는 하나님 / 66편 만유의 주를 환호하라
67편 만방에 울리는 구원의 찬양 / 68편 하나님은 승리하신다 / 69편 역경 중에 탄원
70편 구원을 간구하는 기도 / 71편 노년의 기도와 찬양 / 72편 왕을 위한 기도
72편 메시야 왕국을 찬양 / 73 하나님의 선하심 / 74편 환난에 처한 성도의 기도
75편 의로운 심판 / 76 경배의 대상, 그 이름 하나님 / 77편 환난 중에 받는 위로
78편 역사 속에 계시된 하나님의 구원과 심판 / 79편 백성의 탄식과 구원
80편 이스라엘 회복을 위한 염원 / 81편 초막절 축제의 선포
82편 불의한 재판장에 대한 심판 / 83편 하나님의 통치 / 84편 예배의 기쁨
85편 평화를 비는 기도 / 86편 도움을 비는 기도 / 87편 시온 산의 영광
88편 길을 잃었을 때의 기도 / 89편 언약을 이룬 하나님

65:4 주께서 택하시고 가까이 오게 하사, 주의 뜰에 살게 하신 사람은 복이 있나이다, 우리가 주의 집 곧 주의 성전의 아름다움으로 만족 하리이다.

67:1 하나님은 우리에게 은혜를 베푸사 복을 주시고, 그의 얼굴빛을 우리에게 비추사 주의 도를 땅위에, 주의 구원을 모든 나라에 알리소서.

71:18 내가 이제 늙어서 머리카락에 희끗 희끗 인생의 서리가 내렸어도, 하나님 나를 버리지 마십시오, 주님께서 팔을 펴서 나타내 보이신 그 능력을 오고 오는 세대에 전하렵니다. (새번역)

84:1 만군의 여호와여, 주의 장막이 어찌 그리 사랑스러운지요.

84:4,5 주의 집에 사는 자들은 복이 있나니, 그들이 항상 주를 찬송 하리이다, 주께 힘을 얻고 그 마음에 시온의 대로가 있는 자는 복이 있나이다.

84:10 주님의 집 뜰 안에서 지내는 하루가 다른 곳에서 지내는 천 날보다 낫기에, 악인의 장막 에 살기 보다는, 하나님의 집 문지기로 있는 것이 더 좋습니다.

90편 하나님은 영원 하시다 / 91편 주님은 나의 피난처 / 92편 의인의 번영과 악인의 멸망
93편 왕이 되신 주님 / 94편 공의의 주님 / 95편 주님께 예배하고 복종하라
96편 새 노래로 주님께 찬양 / 97편 하나님의 의로운 통치 / 98편 기적의 주님
99편 공평의 기초이며, 왕이신 주님 / 100편 기쁨과 감사의 찬양 / 101편 왕과 그의 약속

90:4.10 주님 앞에서는 천년도 지나간 어제와 같고, 밤의 한 순간과도 같습니다. 우리의 연수가 칠십이요, 강건하면 팔십이라도, 그 연수의 자랑은 수고와 슬픔뿐이요, 빠르게 지나가 니 마치 날아가는 것 같습니다.

91: 14-16 그가 나를 간절히 사랑하니 내가 그를 건지리라, 그가 내 이름을 안즉 내가 그를 높 이리라, 그가 내게 간구하리니 내가 그에게 응답하리라, 그들이 환난을 당 할 때에 내가 그와 함께하여 그를 건지고, 영화롭게 하리라, 내가 그를 장수하게 함으로 그를 만족하게 하며, 나의 구원을 그에게 보이리라 하시도다.
(요10:14 "나는 선한 목자라 나는 내 양을 알고 양도 나를 안다")

96:1,2 새 노래로 주님께 노래하여라. 주님께 노래하며 그 이름에 영광을 돌려라. 그의 구원을 날마다 전 하여라. (새번역)

100:1-5 온 땅아, 주님께 환호성을 올려라. 기쁨으로 주님을 섬기고 환호성을 올리면서 그 앞 으로 나아가거라. 너희는 주님이 하나님이심을 알아라. 그가 우리를 지으셨으니, 우리 는 그의 것이요, 그의 백성이요, 그가 기르시는 양이다. 감사의 노래를 드리며, 그 성문 으로 들어 가거라. 주님은 선하시며, 인자하심이 영원하다. 그의 성실하심이 대대에 미 친다. (새번역)

102편 환난 때의 기도 / 103편 인생을 향한 하나님의 은총 / 104편 창조와 보존의 하나님
105편 신실한 역사의 주관자 / 106편 이스라엘의 불신앙과 하나님의 자비
107편 변치않는 하나님의 은혜 / 108편 승리에 대한 확신 / 109편 주님의 도움을 비는 기도
110편 왕과 제사장 되신 그리스도 / 111편 위대한 하나님의 행사

102:2 내가 고난 받을 때에 주님의 얼굴을 숨기지 마십시오, 내게 주님의 귀를 기울여 주십시오 내가 부르짖을 때에 속히 응답하여 주십시오.

103:1-11 내 영혼아, 주님을 찬송하여라. 마음을 다하여 주님을 찬송하여라. 주님이 베푸신 모 든 은혜를 잊지 말아라. 너의 모든 죄를 용서해 주시는 분, 모든 병을 고쳐주시는 분, 생명을 파멸에서 속량 해주시는 분, 사랑과 자비로 단장하여 주시는 분, 평생 좋은 것 으로 흡족히 채워주시는 분, 네 젊음을 독수리처럼 늘 새롭게 해 주시는 분, 두고두고 꾸짖지 아니하시며, 노를 끝없이 품지 않으신다. 우리 죄를 지은대로 갚지 않으시고, 우리 잘못을 저지른 그대로 갚지 않으신다. (새번역)

103:15-17 인생은 그날의 풀과 같으며 그 영화가 들의 꽃과 같도다. 그것은 바람이 지나가면 없어지나니, 그 있던 자리도 다시알지 못하거니와, 여호와의 인자하심은 자기를 경외하는 자에게 영원부터 영원까지 이르며, 그의 의는 자손의 자손으로 이르리니.

104:4,5 바람을 심부름꾼으로 삼으신 분, 번갯불을 시종으로 삼으신 분이십니다. 주님께서는 땅의 기초를 든든히 놓으셔서 땅을 흔들리지 않게 하셨습니다.
107:29,30 폭풍이 잠잠해 지고 물결도 잔잔해 진다. 사방이 조용해지니 모두들 기뻐하고 주님은 그들이 바라는 항구로 그들을 인도하여 주신다.
108:1,2 하나님이여, 나는 내 마음을 정했습니다. 진실로 나는 내 마음을 확실히 정했습니다. 내가 가락에 맞추어서 노래를 부르렵니다. 내 영혼아, 깨어나라. 거문고야, 수금아, 깨어나라. 내가 새벽을 깨우련다.

> 112편 의인의 복 / 113편 영광의 찬송 / 114편 주님의 놀라우신 일
> 115편 하나님께 찬양과 영광 / 116편 구원에 대한 감사와 찬송 / 117편 찬송
> 118편 자비하신 주님 / 119편 주님의 법을 찬양함 / 120편 평화를 구하는 마음
> 121편 주님이 보호하시는 백성 / 122편 거룩한 성 예루살렘 / 123편 자비를 비는 기도
> 124편 승리의 주님께 감사

112:1-3 할렐루야, 주님을 경외하고, 주님의 계명을 크게 즐거워하는 사람은 복이 있다. 그의 자손은 이 세상에서 능력있는 사람이 되며, 정직한 사람의 자손이 복을 받으며, 그의 집에는 부귀와 영화가 있으며, 그의 의로움은 영원토록 칭찬을 받을 것이다. (새번역)

118:8,9 주님께 몸을 피하는 것이 사람을 의지하는 것 보다 낫다. 주님께 몸을 피하는 것이 높은 사람을 의지하는 것 보다 낫다.
118:19,20 구원의 문들을 열어라, 내가 그 문으로 들어가서, 주님께 감사를 드리겠다. 이것이 주님의 문이다. 의인들이 그리로 들어갈 것이다.
118:22 집 짓는 사람들이 내버린 돌이 집 모퉁이의 머릿돌이 되었다.

119:9 젊은이가 어떻게 해야 그 인생을 깨끗하게 살 수 있겠습니까, 주님의 말씀을 지키는 길, 그 길 뿐입니다.
119:14 주님의 교훈을 따르는 이 기쁨은, 큰 재산을 가지는 것 보다 더 큽니다.
119:18 내 눈을 열어 주십시오, 그래야 내가 주님의 법 안에 있는 놀라운 진리를 볼 것입니다.
119:31 주님, 내가 주님의 증거를 따랐으니, 내가 수치를 당하는 일이 없도록 하여 주십시오.
119:37 내 눈이 헛된 것을 보이지 않게 해 주시고, 주님의 길을 활기차게 걷게 해 주십시오. 주님을 경외하는 사람이면, 누구에게나 나는 친구가 됩니다. 주님의 법도를 지키는 사람이면 누구에게나 나는 친구가 됩니다.
119:62 한 밤중에라도,주님의 의로운 규례들이 생각나면, 일어나서 주님께 감사를 드립니다.
119:67 내가 고난 당하기전까지는 잘못된 길을 걸었으나, 이제는 주님의 말씀을 지킵니다.
119:71 고난을 당한 것이 내게는 오히려 유익하게 되었습니다. 그 고난 때문에 나는 주님의 율례를 배웠습니다.
119:92 주님의 법을 내 기쁨으로 삼지 아니 하였더라면, 나는 고난을 이기지 못하고 망하고 말았을 것입니다.

119:111 주님의 증거는 내 마음의 기쁨이요, 그 증거는 내 영원한 기업입니다.

119;127 그러므로 내가 주님의 계명들을 금보다 순금보다 더 사랑 합니다.

119:130 주님의 말씀을 열면, 거기에서 빛이 비치어 우둔한 사람도 깨닫게 합니다.

121:1-8 내가 눈을 들어 산을 본다, 내 도움이 어디서 오는가, 내 도움은 하늘과 땅을 만드신 주님에게서 온다. 이스라엘을 지키시는 분은 졸지도 않으시고, 주무시지도 않으신다. 오른쪽에 서서 너를 보호하는 그늘이 되어 주신다. 낮의 햇빛도 너를 해치지 못하며 밤의 달빛도 너를 해치지 못할 것이다.

> 125편 주님의 백성의 안전한 삶 / 126편 수확의 기쁨 / 127편 가정에 복을 주시는 주님
> 128편 신실한 가정의 복 / 129편 보호를 구하는 기도 / 130편 영혼의 갈망
> 131편 주님을 신뢰 / 132편 성소에 대한 축복과 약속 / 133편 형제 사랑은 곧 평화
> 134편 밤에 주님을 찬양 / 135편 주님의 자비를 찬양함 / 136편 하나님의 인자와 사랑
> 137편 이스라엘의 슬픈 기도 / 138편 온 마음으로 주님께 찬양 / 139편 가까이 계시는 주님
> 140편 도움을 구하는 기도 / 141편 시험을 극복하기 위한 기도 / 142편 피난처 되신 주님
> 143편 위험 속에서 참회의 기도 / 144편 국가를 위한 기도
> 145편 하나님의 선하심과 하나님의 왕권 / 146편 공의로운 통치와 찬양
> 147편-150편 주님께 나와서 찬양하고 새 노래로 찬양하라

126:5,6 눈물을 흘리며 씨를 뿌리는 사람은 기쁨으로 거둔다. 울며 씨를 뿌리러 나가는 사람은 기쁨으로 단을 가지고 돌아온다.

127:1.3 여호와께서 집을 세우지 아니하시면, 집을 세우는 자의의 수고가 헛되며, 여호와께서 성을 지키지 아니하시면, 파수꾼의 깨어 있음이 헛되도다. 너희가 일찍 일어나고 늦게 누우며, 수고의 떡을 먹음이 헛되도다. 그러므로 여호와께서 그의 사랑하시는 자에게는 잠을 주시는 도다. 보라, 자식들은 여호와의 기업이요. 그의 상급이로다. 젊은 자식은 장사의 수중의 화살 같으니, 이 것이 그의 화살통에 가득한 자는 복되도다.
(개역개정)

128:3 네 집 안방에 있는 네 아내는 열매를 많이 맺는 포도나무와 같고, 네 상에 둘러앉은 네 아이들은 올리브 나무의 묘목과도 같도다.

131:1 주님 이제 내가 교만한 마음을 버렸습니다. 오만한 길에서 돌아섰습니다. 너무 큰 것을 가지려고 나서지 않으며, 분에 넘치는 놀라운 일을 이루려고도 하지 않습니다. (새번역)

133:1,3 그 얼마나 아름답고 즐거운가! 형제자매가 어울려서 함께 사는 모습, 주님께서 그곳에서 복을 약속하셨으니 "그 복은 곧 영생이니라."

136:2 모든 신들 가운데 가장 크신 하나님께 감사할 (그 인자하심이 영원하다 × 24) 반복.

141:3 주님 내 입술 언저리에 파수꾼을 세워 주시고, 내 입 앞에는 문지기를 세워 주십시오.

※ 다 알고 계시는 하나님

139:1-3
주님, 주님께서 나를 샅샅이 살펴보셨으니, 나를 훤히 알고 계십니다. 내가 앉아 있거나 서
있거나 주님께서는 다 아십니다. 멀리서도 내 생각을 다 알고 계십니다. 내가 길을 가거나 누
워있거나 주님께서는 다 살피고 계시니, 내 모든 행실을 다 알고 계십니다. 내가 혀를 놀려
아무 말 하지 않아도, 주님께서는 내가 하려는 말을 이미 다 알고 계십니다.

왕하19:27 나는 다 알고 있다. 네가 앉고 서는 것 네가 나가고 들어오는 것, 네가 내게 분노
를 품고 있다는 것을 나는 다 알고 있다.

사37:28 나는 다 알고 있다. 네가 앉고 서는 것 네가 나가고 들어오는 것 네가 나에게 분노를
품고 있다는 것도 나는 모두 다 알고 있다.

149:1,3 할렐루야, 새 노래로 주님께 노래하며 성도의 회중 앞에서 찬양하여라.
춤을 추며 그 이름을 찬양하여라. 소구치고 수금을 타면서 노래하여라.

150:1,6 할렐루야, 주님의 성소에서 하나님을 찬양하여라. 주님이 위대한 일을 하셨으니 주님
을 찬양하여라. 나팔소리를 울리며 찬양하고, 숨쉬는 사람마다 찬양하여라.

잠언(Proverbs)

　잠언 책의 히브리어 명칭(미슐레쉘로모)은 '솔로몬의 잠언들' 이다. 잠언의 뜻은 속담, 격언, 진리의 간결한 교훈을 가리킨다. 실제로 솔로몬은 하나님으로부터 특출한 지혜를 받아 잠언 3천개와 노래 1천5편을 남겼다.(왕상4:32) 기록목적으로는 "지혜와 훈계를 알게 하며 명철의 말씀을 깨닫게 하여 의롭고, 공평하게, 슬기롭고, 정직하게 행할 일들을 가리킨다.

　특별히 젊은이들에게는 지식과 근신을 주기위하여 기록하였다고 말한다. 이렇게 본서는 하나님을 경외하는 자들이 이 세상에서 어떻게 살아가야 하는지를 구체적으로 실제적으로 제시하는 지혜와 명철의 교훈서이다.

　어떻게 보면 신앙적 색채가 뚜렷하지 않다는 인상을 줄 수 있는 면도 있으나, 본서의 핵심 단어인 "지혜"의 총체적인 뜻은 피조세계와 인간세계 사이에 필수적인 하나님의 지식이 기초되어져 있음을 알 수 있고, 인생의 많은 문제를 풀어가는 보화와 같은 삶의 교훈서가 되는 것이다.

1장 참된 지혜와 그 성격 / 2장 지혜의 도덕적 유익성 / 3장 지혜자의 누릴 복
4장 지혜의 중요성 / 5장 아내에게 성실한 삶 / 6장 지혜를 떠난 어리석음
7장 어리석은 지혜자 / 8장 생명을 얻는 지혜와 그 근원 / 9장 지혜와 어리석음
10장 의인과 악인의 근본적 차이 / 11장 정직한 자와 미련한 자의 차이

1:7,8 여호와를 경외하는 것이 지식의 근본이거늘 미련한 자는 지혜와 훈계를 멸시 하느니라.
　　　내 아들아, 네 아비의 훈계를 들으며 네 어미의 법을 떠나지 말라.

2:1-5 아이들아, 내 말을 받아들이고 내 명령을 마음 속 깊이 간직하여라. 지혜에 네 귀를 기울이고, 명철에 네 마음을 두어라. 슬기를 외쳐 부르고 명철을 얻으려고 소리를 높여라.
　　　은을 구하듯 그것을 구하고, 보화를 찾듯 그것을 찾아라. 그렇게 하면 너의 주님을 경외하는 길을 깨달을 것이며, 하나님을 아는 지식을 터득할 것이다.

2:7,8 정직한 사람에게는 분별하는 지혜를 마련하여 주시고, 흠 없이 사는 사람에게는 방패가 되어 주신다. 공평하게 사는 사람의 길을 보살펴 주시고, 주님께 충성하는 사람의 길을 지켜주신다.

3:5-10 너의 마음을 다하여 여호와를 신뢰하고 네 명철을 의지하지 말라. 너는 범사에 그를 인정하라. 그리하면 네 길을 지도하시리라. 스스로 지혜롭게 여기지 말지어다. 여호와를 경외하며 악을 떠날 지어다. 이것이 네 몸에 양약이 되어, 네 골수를 윤택하게 하리라. 네 재물과 네 소산물의 처음 익은 열매로 여호와를 공경하라. 그리하면 네 창고가 가득히 차고, 네 포도즙 틀에 새 포도즙이 넘치리라. (개역개정)

3:13 지혜를 찾는 사람은 복이 있고, 명철을 얻는 사람은 복이 있다.
3:16 그 오른손에는 장수가 있고, 그 왼손에는 부귀영화가 있다.
3:19 주님은 지혜로 땅의 기초를 놓으셨고, 명철로 하늘을 펼쳐 놓으셨다.

4:23 모든 지킬 만한 것 중에 더욱 네 마음을 지키라. 생명의 근원이 이에서 남이니라.

5:19 아내는 아름다운 암사슴, 아름다운 암노루, 그의 품을 언제나 만족스럽게 생각하고 그의
　　　사랑을 언제나 사모 하여라.
6:6 게으른 사람아, 개미에게 가서 그들이 사는 것을 살펴보고 지혜를 얻어라.

6:10 조금만 더 자야지 조금만 더 눈을 붙여야지 조금만 더 눈을 붙여야지 조금만 더 팔을 베고
　　　누워 있어야지 하면, 네게 가난이 강도처럼 들이닥치고 빈곤이 방패로 무장한 용사처럼
　　　달려들 것이다.
6:16-19 주님께서 미워하시는 것과 주님께서 싫어하시는 것은, 교만한 눈과 거짓말하는 혀와
　　　무죄한 사람을 흘리게 하는 손과 악한계교를 꾸미는 마음과 악한 일을 저지르려고 치
　　　닫는 발과 거짓으로 증거 하는 사람과 친구사이를 이간하는 사람이다.
8:22 주님께서 일을 시작하시던 그 태초에 주님께서 모든 것을 지으시기 전에 이미 주님께서
　　　는 나를 데리고 계셨다.
9:10 여호와를 경외하는 것이 지혜의 근본이요, 거룩하신 자를 아는 것이 명철이니라.

> 12장 의인과 악인의 특징 / 13장- 지혜는 부와 소망의 근원
> 14장 지혜는 의인과 악인을 분별한다 / 15장 주님께서 보고 계신다
> 16장 주님께서 보시고 결정하신다 / 17장실천하며 분별하는 지혜
> 18장 지혜로운 자와 미련한 자의 삶 / 19장 지혜의 근본과 그 결과
> 20장 주님을 의뢰하는 마음은 금보다 더 귀한 지혜

12:15 어리석은 사람은 자신의 행실만이 옳다고 여기지만, 지혜로운 사람은 충고에 귀를 기울
　　　인다.
12:16,19 미련한 사람은 쉽게 화를 내지만, 슬기로운 사람은 모욕을 참는다.
　　　　진실한 말은 영원히 남지만, 거짓말은 한순간 통할 뿐이다.
13:2-3 사람은 입의 열매로 인하여 복록을 누리거니와 마음이 궤사한 자는 강포를 당하느니
　　　라. 입을 지키는 자는 자기의 생명을 보존하나, 입술을 크게 벌리는 자에게는 멸망이
　　　오느니라.
13:7 스스로 부한 체 하여도 아무것도 없는 자가 있고, 스스로 가난한 체 하여도 재물이 많은
　　　자가 있느니라.

14;1 지혜로운 여자는 집을 세우지만, 어리석은 여자는 제 손으로 집을 무너뜨린다.

15:1 부드러운 대답은 분노를 가라앉히지만, 거친 말은 화를 돋운다.
15:5 어리석은 사람은 자기 아버지의 훈계를 업신여기지만, 명철한 사람은 아버지의 책망을
　　　간직한다.
15:16 재산이 적어도 주님을 경외하며 사는 것이, 재산이 많아서 다투며 사는 것보다 낫다.

16:1-3 마음의 경영은 사람에게 있어도 말의 응답은 여호와께로부터 나오느니라.
　　　사람의 행위가 자기 보기에는 모두 깨끗하여도 여호와는 심령을 감찰 하시느니라.
　　　너의 행사를 여호와께 맡기라. 그리하면 네가 경영하는 것이 이루어지리라.
　　　(개역개정)
16:9 사람이 마음으로 자기 앞길을 계획하지만, 그 발걸음을 인도 하시는 분은 주님이시다.
16:18 교만은 패망의 선봉이요, 넘어짐의 앞잡이니라.
16:31 백발은 영화로운 면류관이니, 의로운 길을 걸어야 그것을 얻는다.

16:32 노하기를 더디 하는 사람은 용사보다 낮고, 자기 마음을 다스리는 사람은 성을 점령하는 사람보다 낫다.

17:14 다툼의 시작은 둑에서 물이 세어 나오는 것과 같으니, 싸움은 일어나기 전에 그만두어라.
17:22 마음의 즐거움은 양약이라도, 심령의 근심은 뼈를 마르게 하느니

18:14 사람의 심령은 그의 병을 능히 이기려니와 심령이 상하면 그것을 누가 일으키겠느냐?
18:21 죽고 사는 것이 혀의 힘에 달렸나니, 혀를 잘 쓰는 사람은 그 열매를 먹는다.

19:17 가난한 사람에게 은혜를 베푸는 것은 주님께 꾸어 드리는 것이니, 주님께서 그 선행을 넉넉하게 갚아주신다.

20:19 험담하며 돌아다니는 사람은 남의 비밀을 새게 하는 사람이니, 입을 벌리고 다니는 사람과는 어울리지 말거라.

21장 주님께서 이끄시는 정직함 / 22장 훈계의 가치, 30가지의 교훈
23장 탐욕에 대한 경계 / 24장 지혜에 대한 끝없는 추구 / 25장 인간관계에 관한 교훈
26장 지혜자가 유의 해야 할 특성 / 27장 내일 일을 자랑 하지 말라
28장 지혜자의 현명함과 탐심에 대한 경계 / 29장 의인의 통치 / 30장 아굴의 잠언

21:2 사람의 행위는 자기 눈에는 모두 옳게 보이나, 주님께서는 그 마음을 꿰뚫어 보신다.

22:6 마땅히 할 그 길을 아이에게 가르쳐라, 그러면 늙어서도 그 길을 떠나지 않는다.

27:1 너는 내일 일을 자랑하지 말라, 하루 동안에 무슨 일이 일어 날는지 네가 알 수 없음이니라.

30:8 저를 가난하게도 부요하게도 하지 마시고, 오직 저에게 필요한 양식만을 주십시오.

전도서(Ecclesiastes)

전도서에는 '헛되다' 라는 말이 38번 나온다. 이 '헛되다' 의 원어의 뜻은 수증기, 숨, 호흡이라는 뜻이며, 저자 솔로몬의 염세주의적, 허무주의적 반응을 묘사한 책처럼 오해하기 쉽다.

그러나, 결론 부분에서 "일의 결국을 다 들었으니, 하나님을 경외하고 그 명령을 지킬 지어다, 이것이 사람의 본분이니라." 이 말씀처럼 다양한 사람들에게 사람의 본분을 끌어내려는 솔로몬의 지혜로운 회유책을 기록한 저서라고 볼 수도 있다.

> 1장 만물의 허무함을 성찰하는 자 / 2장 허무함의 실례 / 3장 모든 일의 때와 하나님의 법칙
> 4장 불평등한 인생을 한탄함 / 5장 형식적 신앙과 재물의 허무함 / 6장 세상의 풍요와 허무함
> 7장 참 지혜에 대한 잠언과 능력 / 8장 하나님의 공의로운 통치, 왕에게 복종하라
> 9장 하나님의 주권을 인정하는 삶 / 10장 지혜 자와 미련한 자의 비교
> 11장 슬기로운 삶의 자세 / 12장 청년의 때에 하나님을 기억하라

2:24 사람이 먹는 것과 마시는 것, 자기가 하는 수고에서 스스로 보람을 느끼는 것 이보다 더 좋은 것은 없다. 알고 보니, 이것도 하나님이 주시는 것.

2:26 하나님이 마음에 드는 사람에게는 슬기와 지식과 기쁨을 주시고, 눈 밖에 난 죄인에게는 모아서 쌓은 수고를 시켜서, 그 모은 재산을 하나님 마음에 드는 사람에게 주시니, 죄인의 수고도 헛되어서 바람을 잡으려는 것과 같다.

3:1 모든 일에는 다 때가 있다, 세상에서 일어나는 일마다 알맞은 때가 있다.

3:11 하나님은 모든 것이 제때에 알맞게 일어나도록 만드셨다, 더욱이 하나님은 사람들에게 과거와 미래를 생각하는 감각을 주셨다, 그러나 사람은 하나님의 하신 일을 처음부터 끝까지 다 깨닫지는 못 한다.

3:13 사람이 먹을 수 있고 마실 수 있고 하는 일에 만족을 누릴 수 있다면, 이것이야 말로 하나님이 주신 은총이다.

3:15 지금 있는 것 이미 있었던 것이고 앞으로 있을 것도 이미 있는 것이다, 하나님은 하신 일을 되풀이 하신다.

5:2 하나님 앞에서 말을 꺼낼 때에 함부로 입을 열지 마라, 마음을 조급하게 가져서도 안 된다, 하나님은 하늘에 계시고 너는 땅위에 있으니 말을 많이 하지 않도록 하여라.

5:4.5 하나님께 맹세하여 서원한 것은 미루지 말고 지켜라, 하나님은 어리석은 자를 좋아하지 않으신다, 너는 서원한 것을 지켜라. 서원하고 지키지 못할 바에는 차라리 서원 하지 않는 것이 낫다.

5:10 돈 좋아 하는 사람은 돈이 아무리 많아도 만족하지 못하고, 부를 좋아하는 사람은 아무리 많이 벌어도 만족하지 못하니, 돈을 많이 버는 것도 헛되다.

5:19 하나님이 사람에게 부와 재산을 주셔서, 누리게 하시며, 정해진 몫을 받게 하시며, 수고함으로서 즐거워하게 하신 것이니, 이 모두가 하나님이 사람에게 주신 선물이다.

7:7 탐욕은 지혜로운 사람을 어리석게 만들고, 뇌물은 지혜로운 사람의 마음을 병들게 한다.

7:29 하나님은 우리 사람을 평범하게 만드셨지만, 우리가 우리 자신을 복잡하게 만들어 버렸다는 것이다.

9:9 세상에서 너에게 주신 덧없는 모든 날에 너는 너의 사랑하는 아내와 더불어 즐거움을 누려라, 그것은 네가 사는 동안에 세상에서 애쓴 수고로 받는 몫이다.

12:1,2 젊을 때에 너는 너의 창조주를 기억하여라, 고생스러운 날이 오고 사는 것이 즐겁지 않다고 할 나이가 되기 전에, 해와 빛과 달과 별들이 어두워지기 전에, 먹구름이 곧 비를 몰고 오기 전에 그렇게 하여라.

아가(Song of Songs)

본서는 하나님의 뜻에 따라 남녀 간에 나누는 순수한 사랑을 통한 감정과 애정, 열정, 우정 등을 다루고 있으나, 예표적인 측면에서 보면 "여호와의 신부"(사54:5,6 렘2:2,겔16:8,호2:16) 신약에서 "그리스도의 신부"(고후11:2, 엡5:22, 계19:7, 21:9) 이렇게 그리스도와 교회의 신령한 관계를 시사한다고 볼 수 있다.

원제는 '쉬르 하쉬림' 노래들 중에 가장 아름다운 노래라는 뜻으로 이스라엘의 다섯 절기(유월절, 아빕월, 오순절, 장막절, 부림절) 중에 유월절 어린양을 노래하는 '찬양의 시'라 할 수 있다.

1장 첫사랑의 그리움 / 2장 무르익은 사랑의 열매 / 3장 사랑의 꿈과 신부의 노래
4장 아름다운 신부 / 5장 사랑의 갈등과 시련 / 6장 첫사랑의 회복과 술람미 여인
7장 사랑의 성숙 / 8장 사랑의 완성과 그 능력

8:6 도장 새기듯 임의 마음에 나를 새기세요, 도장 새기듯 임의 팔에 나를 새기세요, 사랑은 죽음처럼 강한 것, 사랑의 시샘은 저승처럼 잔혹 한 것, 사랑은 타오르는 불길, 아무도 못 끄는 거센 불길입니다.

※ 시가서 : 욥기, 시편, 잠언, 전도서, 아가

이사야(Isaiah)

　핵심적 주제는 "구원" 즉, 메시아를 통한 구원입니다. 심판과 징계에 관한 내용 1장-39장 (구약을 상징)과 축복에 관한 내용 40장-66장(신약을 상징)을 통하여 하나님의 공의와 은총을 드러내며, 구약의 메시아 초림에 관한 예언 300가지 중에 많은 부분이 본서에 편중 되어있음. 이사야는 아모스의 아들로 태어나 웃시야 왕 때부터 선지자로 소명을 받음.
　웃시야, 요담, 아하스, 히스기야, 므낫세 시대에 걸쳐 활동.
　므낫세에 의하여 순교. 중심사상은 절망에 빠진 백성들에게 메시아를 통한 진정한 위로와 그의 왕국을 축복하심. 남은 자(그루터기), 메시아, 거룩하신 여호와의 고난 받는 종 등의 표현을 통한 구속의 은혜와 하나님의 섭리, 그의 나라, 그의 통치 등을 나타냄.

> 1장 이스라엘과 유다의 부패상에 대한 예언 / 2장 미래의 영광과 주님의 날
> 3장 하나님의 심판과 유다의 멸망 / 4장 여호와의 싹, 예수그리스도
> 5장 좋은 포도와 들포도 / 6장 이사야의 소명 / 7장 임마누엘이라 하리라
> 8장 앗수르의 압제 중에 나타나는 임마누엘의 위로 / 9장 평강의 왕 메시야
> 10장 앗수르에 대한 심판 예언

1:18 여호와께서 말씀하시되, 오라 우리가 서로 변론하자, 너희의 죄가 주홍 같을 지라도, 눈과 같이 희어 질 것이요, 진홍같이 붉을 지라도 양털같이 희게 되리라.(개역개정)

4:2-4 그 날에 여호와의 싹이 아름답고 영화로울 것이요, 그 땅의 소산은 이스라엘의 피난한 자를 위하여 영화롭고 아름다울 것이며, 시온에 남아 있는 자 곧 예루살렘 안에 생존한 자 중 기록된 모든 사람은 거룩하다 칭함을 얻으리니, 이는 주께서 심판하는 영과 소멸하는 영으로 시온의 딸들의 더러움을 씻기시며, 예루살렘의 피를 그중에서 청결하게 하실 때가 됨이라.

5:1,2 나는 사랑하는 자를 위하여 노래하되, 사랑하는 자의 포도원을 노래하리라....극상품 포도나무를 심었도다...좋은 포도 맺기를 바랐더니, 들포도를 맺었도다.

6:3 이사야의 환상- 여섯 날개 가진 '스랍' (천사)들이 두 날개로 얼굴을 가리고, 두 날개로 발을 가리고, 두 날개로 날고 있었다. 그들의 찬양소리 "거룩하시다, 거룩하시다, 거룩하시다, 만군의 주님! 온 땅에 그의 영광이 가득하다."
6:5-13 이제 나는 죽게 되었구나! 나는 입술이 부정한 사람인데 입술이 부정한 백성 가운데 살고 있으면서, 왕이신 만군의 주님을 만나 뵙다니, 이것이 너의 입술에 닿았으니 너의 악은 사라지고, 너의 죄는 사하여 졌다.
6:8 "내가 누구를 보낼까 누가 우리를 대신하여 갈 것인가?""제가 여기 있습니다, 저를 보내 주십시오." 너는 가서 이 백성에게 '너희가 듣기는 늘 들어라, 그러나 깨닫지는 못한다, 너희가 보기는 늘 보아라, 그러나 알지는 못한다.' 하고 일러라 "주님 언제까지 그렇게 하실 것입니까" 그루터기는 남듯이, 거룩한 씨는 남아서 그 땅에서 그루터기가 될 것이다.

7:14 보라, 처녀가 잉태하여 아들을 낳을 것이며, 그가 그의 이름을 "임마누엘"(하나님이 우리
와 함께 계신다!)이라 할 것입니다.

9:2 어둠속에 헤매던 백성이 큰 빛을 보았고, 죽음의 그림자가 드리운 땅에 사는 사람들에게 빛
이 비쳤다.

9:6,7 한 아기가 우리를 위해 태어났다, 우리가 한 아들을 모셨다, 그는 우리의 통치자가 될 것
이다. 그의 이름은 '놀라우신 조언자' ' 전능하신 하나님' '영존하시는 아버지' "평화의
왕"이라 불릴 것이다. 그의 왕권은 점점 더 커지고 나라의 평화도 끝없이 이어질 것이다.
그가 다윗의 보좌와 왕국위에 앉아서 이제부터 영원히 공평과 정의로 그 나라를 굳게 세
울 것이다. 만군의 주님의 열심이 이것을 반드시 이루실 것이다.

11장 이새의 줄기와 한 싹 / 12장 구원의 감사와 승리의 노래 / 13장 바벨론에 대한 심판 예언
14장 이스라엘의 구원과 주변 국가들의 멸망 / 15장 모압에 관한 경고
16장 교만한 모압의 최후 / 17장 하나님이 시리아와 이스라엘을 치시리라
18장 하나님이 이디오피아를 벌할 것임 / 19장 하나님이 이집트를 벌할 것임
20장 이집트와 에디오피아에 대한 심판 / 21장 바벨론 멸망에 관한 환상
22장 예루살렘에 대한 경고 / 23장 베니게에 대한 경고 / 24장 최후의 심판

11:1-5 이새의 줄기에서 한 싹이 나며 그 뿌리에서 한 가지가 자라서 열매를 맺는다, 주님의 영
이 그에게로 내려오신다, 지혜와 총명의 영, 모략과 권능의 영, 지식과 주님을 경외하는
영이 그에게 내려오시니 그는 정의로 허리를 동여매고 성실로 그의 몸의 띠를 삼는다.

11:6 그때에는 이리가 어린양과 함께 살며 표범이 어린염소와 함께 누우며 송아지와 어린 사자
와 살찐 짐승이 함께 있어 어린아이에게 끌리며, 암소와 곰이 함께 먹으며 그 것들의 새끼
가 함께 엎드리며 사자가 소처럼 풀을 먹을 것이며, 젖 먹는 아이가 독사의 구멍에서 장난
하며 젖 뗀 어린아이가 독사의 굴에 손을 넣을 것이라, 내 거룩한 산 모든 곳에서 해 됨도
없고 상함도 없을 것이니, 이는 물이 바다를 덮음같이 여호와를 아는 지식이 세상에 충만
할 것임이라.

11:10 그날이 오면, 이새의 뿌리에서 한 싹이 나서 만민의 깃발로 세워질 것이며, 민족들이 그를
찾아 모여 들어서 그가 있는 곳이 영광스럽게 될 것이다. (새번역)

12:2,3 너희가 구원의 우물에서 기쁨으로 물을 길을 것이다. 그 날이 오면 너희는 이렇게 찬송
할 것이다 주님께 감사 하여라, 그의 이름을 불러라, 그가 하신 일을 만민에게 알리며 그
의 높은 이름을 선포하여라.

14:12-15 너 아침의 아들 계명성(새벽별)이여, 어찌 그리 하늘에서 떨어 졌으며, 너 열국을 엎
은 자여, 어찌 그리 땅에 찍혔는고, 네가 네 마음에 이르기를 내가 하늘에 올라 하나
님의 뭇별 위에 내 자리를 높이리라, 내가 북극 집회 산위에 앉으리라, 가장 높은 구
름에 올라가 지극히 높은 이와 같아지리라 하는 도다. 그러나 이제 네가 스올 곧 구덩
이 맨 밑에 떨어짐을 당하리로다.

※계명성

계명성의 뜻은 '루시퍼' 라는 뜻이며, "빛"을 가진 존재라고 표현된다.
어떻게 사탄이 어둠이지 빛이 될 수 있나 오해 할 수도 있으나, 타락하기 전의 상태를 의미
한다. 아침 해뜨기 전 동쪽 하늘에 밝게 빛나는 샛별이라는 의미도 되지만, 방향을 가리키는
것은 아니다. 타락 후에는 광명한 천사(고후11:13-15)로 가장 할 수 있음을 성경은 말한다.

28:16 그러므로. 주 하나님께서 이렇게 말씀 하신다. 내가 시온에 주춧돌을 놓는다. 얼마나 견
고한지 시험하여 본 돌이다. 이귀한 돌을 모퉁이에 놓아서 기초를 튼튼히 세울 것이니,
이것을 의지하는 사람은 불안하지 않을 것이다.
29:13 이 백성이 입으로는 나를 가까이하며 입술로는 나를 공경하나, 그들의 마음은 내게서 멀
리 떠났나니, 그들이 나를 경외함은 사람의 계명으로 가르침을 받았을 뿐이라.(개역개정)

30:18 여호와께서 기다리시나니, 이는 너희에게 은혜를 베풀려 하심이요.... 너희를 긍휼히 여기
려 하심이라.... 그를 기다리는 자마다 복이 있도다.
32:1 장차 한 왕이 나와서 공의로 통치하고, 통치자들이 공평으로 다스릴 것이다.
32:15 주님께서 저 높은 곳에서부터 다시 우리에게 영을 보내 주시면, 황무지는 기름진 땅이
되고 광야는 온갖 곡식을 풍성하게 내는 곡창지대가 될 것이다. 그때에는 광야에 공평이
자리 잡고 기름진 땅에 의가 머물 것이다. 의의 열매는 평화요, 의의 결실은 영원한 평화
와 안전이다. 나의 백성은 평화로운 집에서 살며, 안전한 거처 평안히 쉴 수 있는 곳에서
살 것이다.
35:5,6 그 때에 눈 먼 사람의 눈이 밝아지고, 귀먹은 사람의 귀가 열릴 것이다. 그때에 다리를
절던 사람이 사슴처럼 뛰고, 말 못하던 혀가 노래를 부를 것이다. 광야에서 물이 솟겠고
사막에 시냇물이 흐를 것이다.
35:7 거기에 큰 길이 생길 것이니, 그 것을 '거룩한 길' 이라고 부를 것이다. 깨끗하지 못한 자
는 그리로 다닐 수 없다.

※ 히스기야 왕의 기도와 응답 1 (36장, 37장)

※ 히스기야 왕 제14년, 앗시리아 왕 산혜립의 침공으로 모든 성읍들을 다 빼앗김. 예루살렘도 포위되어 아사 직전에 놓임.
계속되는 앗시리아의 군대장관 랍사게의 망언과 항복하라는 회유책.
※ 히스기야 왕 이사야에게 구원받을 수 있도록 기도를 부탁함 – 주님의 응답되어진 말씀 "네가 감히 누구를 모욕하고 멸시하였느냐, 네가 누구에게 큰 소리를 쳤느냐? 이스라엘의 거룩하신 분께 네가 감히 너의 눈을 부릅떴느냐?"(삼위일체 하나님 중에 특별히 주님의 말씀)
– 천사가 나가서 앗시리아 군 18만5천을 멸절 시킴, 산혜립도 피살됨.
※ 이 후로 앗시리아 퇴락의 길을 걷게 되며, 2백년 후에는 멸망함– 유다 백성은 평화를 얻음.

※ 히스기야 왕 의 기도와 응답 2 (38장)

사람의 운명은 한 번 정해지면 바꿀 수 없는 것이 정한 이치라고 세상 사람들은 인식하고 있다. 그러나, 세상을 만드시고 운영하시는 하나님의 의지에 따라 사람의 운명도 바뀐다. 이 당시의 동양(중국)이나 중근동(바벨론)에서는 해, 달, 별 또는 생년월일을 근간으로 하는 주역,점성술, 사주학(명리학)이 횡행하고 있었다. 히스기야 왕은 기도의 응답으로 15년의 생명을 연장 받았다. 그 근거로 해시계 그림자가 10도 뒤로 물러가게 함으로 그 증거를 보여주었다.
이제 그 누구도 자연원리철학으로는 항변하지 못하게 입을 막으시는 운명의 주인이 되시는 하나님이시다.

40장 희망의 말씀 / 41장 하나님께서 이스라엘을 보증하시다 / 42장 여호와의 종 메시아
43장 구원의 약속 / 44장 주님 만이 하나님이시다 / 45장 고레스를 세우신 하나님
46장 바벨론 우상의 최후 / 47장 바벨론의 멸망 / 48장 하나님께서 새 일을 약속하시다
49장 만방에 비치는 빛 이스라엘 / 50장 메시야의 사명 / 51장 이스라엘의 구속과 회복
52장 구원과 해방 선언

40:3-9 한 소리가 외친다. 광야에 주님께서 오실 길을 닦아라. (세례요한의 예표)사막에 우리의 하나님께서 오실 큰 길을 곧게 내어라. 주님의 영광이 나타날 것이니 모든 사람이 그것을 함께 볼 것이다. '너는 외쳐라' 모든 육체는 풀이요. 그의 모든 아름다움은 들의 꽃과 같을 뿐이다. 풀은 마르고 꽃은 시드나, 우리 하나님의 말씀은 영원히 서있다. 좋은 소식을 전하는 시온아 어서 높은 산으로 올라가거라. 아름다운 소식을 전하는 예루살렘아 너의 목소리를 힘껏 높여라.

40:28,29 너는 알지 못하였느냐, 너는 듣지 못하였느냐, 주님은 영원하신 분이시다, 땅 끝까지 창조하신 분이시다, 그는 피곤을 느끼지 않으시며 지칠 줄을 모르시며, 그 지혜가 무궁하신 분이시다, 피곤한 사람에게 힘을 주시며, 기운을 잃은 사람에게 기력을 주시는 분이시다.

40:31 오직 여호와를 앙망하는 자는 새 힘을 얻으리니, 독수리가 날개 치며 올라감 같을 것이
요, 달음박질하여도 곤비하지 아니하겠고, 걸어가도 피곤하지 아니하리로다.(개역개정)

41:10 두려워하지 말라, 내가 너와 함께 함이라. 놀라지 말라, 나는 네 하나님이 됨이라. 내가
너를 굳세게 하리라, 참으로 너를 도와주리라. 참으로 나의 의로운 오른 손으로, 너를 붙
들리라.(개역개정)

42:1 내가 붙드는 나의 종, 내 마음에 기뻐하는 자 곧 내가 택한 삶을 보라, 내가 나의 영을 그
에게 주었은즉 그가 이방에 정의를 베풀리라.
42:3 상한 갈대를 꺾지 아니하며, 꺼져가는 등불을 끄지 아니하고, 진리로 공의를 베풀 것이다.
42:8 나 주가 의를 이루려고 너를 불렀다, 내가 너의 손을 붙들어 주고 너를 지켜주어서, 너를
백성의 언역과 이방의 빛이 되게 할 것이니

43:1 너는 두려워하지 말라, 내가 너를 구속하였고, 내가 너를 지명하여 불렀나니, 너는 내 것
이라.
43:18,19 너희는 이전 일을 기억하지 말며, 옛날 일을 생각하지 말라. 보라 내가 새 일을 행하
리니 이제 나타낼 것이라. 너희가 그것을 알지 못하겠느냐, 반드시 내가 광야에 길을
사막에 강을 내리니
43:21 이 백성은 내가 나를 위하여 지었나니, 나를 찬송하게 하려 함이라.(개역개정)
43:24,25 너는 나에게 바칠 향도 사지 않았으며 제물의 기름으로 나를 흡족하게 하지도 않았
다, 도리어 너는 너의 죄로 나를 수고롭게 하였으며, 너의 악함으로 나를 괴롭혔다.
그러나 나는 네 죄를 용서하는 하나님이다, 내가 너를 용서한 것은 너 때문이 아니다,
나의 거룩한 이름을 속되게 하지 않으려고 그렇게 한 것일 뿐이다, 내가 더 이상 너의
죄를 기억하지 않겠다.(새번역)

44:18 그 들이 알지 못하고 깨닫지 못함은, 그들의 눈이 가려서 보지 못하며, 그들의 마음이 어
두워져서 깨닫지 못함이니라.
44:28 고레스를 보시고는 '너는 내가 세운 목자다, 나의 뜻을 모두 네가 이룰 것이다' 하시며
예루살렘을 보시고는, 네가 재건 될 것이다 하시며 성전을 보시고는 너의 기초가 놓일
것이다.

45:1-7 나 여호와는 나의 기름 받은 고레스의 오른 손을 잡고 열국으로 그 앞에 항복하게 하며
....너로 너를 지명하여 부른 자가 나 여호와 이스라엘의 하나님인줄 알게 하리라,
너는 나를 알지 못하였을 지라도 나는 네게 칭호를 주었노라.

※ 고레스(기원전 590-530년)는 누구인가?

이사야서에서 나오는 고레스왕은, 그 당시에 현존하는 인물이 아닌 170년 이후에 등장 할 인물로서, 이사야서에서는 하나님의 예언적 성취의 사명을 띤 가상적 인물이다. 하지만, 170년 후에는 예언대로 실제 인물로 나타나, 바벨로니아를 정복하고 페르시아 제국을 건설하게 된다.

이때, 키루스(고레스)왕은 바벨론에 포로로 잡혀왔던 이스라엘 백성들을 해방 시켰고, 그들에게 고국으로 돌아가 하나님의 성전을 재건하도록 허락 하였다. 또한 바벨론에서 탈취한 성전의 모든 기물도 다시 돌려주고, 이스라엘백성에게는 특별한 관용을 베풀었다.

바사 왕 고레스는 말하노라, 하늘의 하나님 여호와께서 세상 모든 나라들을 내게 주셨고 나에게 명령하사, 유다 예루살렘 성전을 건축하라 하셨나니, 이스라엘의 하나님은 참 신이시라. (스1:2,3)

*고레스 왕의 무덤은 현제 유네스코 세계문화 유산으로 남아있으며, 이란인들에게는 건국의 아버지로 알려져 있다. 이슬람 전승에 의하면, 다니엘이 그의 외삼촌이라는 설화도 있다.

45:9 질 그릇 조각 중 한 조각 같은 자가 자기를 지으신 이와 더불어 다툴진대, 화 있을 진저 진흙이 토기장이에게 너는 무엇을 만드느냐, 또는 네가 만든 것이 그는 손이 없다 말할 수 있겠느냐.

46:3 야곱의 집안아, 이스라엘의 모든 남은 자들아, 내 말을 들어라. 너희가 태어 날 때부터, 내가 너희를 안고 다녔고, 너희가 모태에서 나올 때부터 내가 너희를 품고 다녔다.
46:9 너희는 옛적 일을 기억하라, 나는 하나님이라, 나 외에 다른 이가 없느니라, 나는 하나님이라, 나 같은 이가 없느니라.

48;12,13 야곱아, 내가 부른 이스라엘아, 내게 들으라. 나는 그니, 나는 처음이요 또 나는 마지막이라, 과연 내손이 땅의 기초를 정하였고, 내 오른 손이 하늘을 폈나니, 내가 그들을 부르면 그것들이 일제히 일어서느니라.

49:8 은혜의 때에 내가 네게 응답하였고, 구원의 날에 내가 너를 도왔도다.

49:15 어머니가 어찌 제 젖먹이를 잊겠으며, 제 태에서 낳은 아들을 어찌 긍휼이 여기지 않겠느냐, 비록 어머니가 자식을 잊는다 하여도, 나는 절대로 너를 잊지 않겠다.

51:4.5 나의 의는 만 백성의 빛이 될 것이다. 나의 의가 빠르게 다가오고 있고, 나의 구원이 이미 나타났으니, 내가 능력으로 뭇 백성을 재판하겠다. 섬들이 나를 우러러 바라보며, 나의 능력을 의지 할 것이다.
51:6 눈을 들어 하늘을 쳐다보아라. 그리고 땅을 내려다보아라. 하늘은 연기처럼 사라지고 땅은 옷처럼 해어지며 거기에 사는 사람들도 하루살이 같이 죽을 것이다. 그러나 나의 구원은 영원하며 내 의는 꺾이지 않을 것이다.

53장 그리스도의 온전한 희생 / 54장 회복된 선민의 축복 / 55장 하나님의 초대
56장 이방인의 구원 / 57장 우상숭배의 죄악 / 58장 하나님이 기뻐하시는 금식
59장 이스라엘의 죄악과 하나님의 구원 / 60장 시온의 영광 / 61장 구원의 기쁜 소식
62장 시온의 영광과 사역자의 의무 / 63장 주님의 승리 / 64장 환난 중에 기도
65장 하나님의 응답 / 66장 새 하늘과 새 땅

53:1-3 우리가 전한 것을 누가 믿었느냐, 여호와의 팔이 누구에게 나타났느냐. 그는 주 앞에서 자라나기를 연한 순 같고, 마른 땅에서 나온 뿌리 같아서, 고운 모양도 없고 풍채도 없은즉, 우리가 보기에 흠모할 만한 아름다운 것이 없도다. 그는 멸시를 받아 사람들에게 버림을 받았으며 질고를 아는 자라 마치 사람들이 그에게서 얼굴을 가리는 것같이 멸시를 당하였고 우리도 그를 귀히 여기지 아니 하였도다.(개역개정)

53:4 그는 실로 우리의 질고를 지고 우리의 슬픔을 당하였거늘, 우리는 생각하기를 그는 징벌을 받아 하나님께 맞으며 고난을 당한다 하였노라.

53:5 그가 찔림은 우리의 허물 때문이요, 그가 상함은 우리의 죄악 때문이라. 그가 징계를 받으므로 우리는 평화를 누리고, 그가 채찍에 맞음으로 나음을 입었도다.(개역개정)

53:6,7 우리는 다 양 같아서 그릇 행하여 각기 제 길로 갔거늘, 여호와께서는 우리 모두의 죄악을 그에게 담당시키셨도다. 그가 곤욕을 당하여 괴로울 때에도, 그의 입을 열지 아니하였음이여, 마치 도수장으로 끌려가는 어린 양과 털 깎는 자 앞에서 잠잠한 양같이 그의 입을 열지 아니하였도다.

53:8,9 그는 곤욕과 심문을 당하고 끌려갔으나, 그 세대 중에 누가 생각하기를 그가 살아있는 자들의 땅에서 끊어짐은 마땅히 형벌 받을 내 백성의 허물 때문이라 하였으리요.

55:1-4 너희 목마른 사람들아, 어서 물로 나오너라. 돈이 없는 사람도 오너라. 너희는 와서 사서 먹되, 돈도 내지 말고 값도 지불하지 말고 포도주와 젖을 사거라. 너희는 귀를 기울이고 나에게 와서 들어라, 그러면 너의 영혼이 살 것이다. 내가 너희와 영원한 언약을 맺겠으니, 이것은 곧 다윗에게 베푼 나의 확실한 은혜다.
내가 그를 많은 민족 앞에 증인으로 세웠고, 많은 민족들의 인도자와 명령자로 삼았다.

55:6 너희는 만날 수 있을 때에 주님을 찾아라. 너희는, 가까이 계실 때에 주님을 불러라.

55:8,9 "나의 생각은 너희의 생각과 다르며, 너희의 길은 나의 길과 다르다."
하늘이 땅보다 높듯이, 나의 길은 너희의 길보다 높으며, 나의 생각은 너희의 생각보다 높다.

56:7 내가 곧 그들을 나의 성산으로 인도하여 기도하는 내 집에서 그들을 기쁘게 할 것이며, 그들의 번제와 희생을 나의 제단에서 기꺼이 받게 되리니, 이는 '내 집은 만민이 기도하는 집'이라 일컬음이 될 것임이라.

58:6 내가 기뻐하는 금식은, 흉악의 결박을 풀어 주며 멍에의 줄을 끌러 주며 압제 당하는 자를 자유하게 하며 모든 멍에를 꺾는 것이 아니겠느냐.

58:11 여호와가 너를 항상 인도하여 메마른 곳에서도 네 영혼을 만족하게 하며, 네 뼈를 견고하게 하리니 너는 물댄 동산 같겠고 물이 끊어지지 아니하는 샘 같을 것이라.

58;13 만일, 안식일에 네 발을 금하여 내 성일에 오락을 행하지 아니하고 안식일을 일컬어 즐거운 날이라, 여호와의 성일을 존귀한 날이라 하여 이를 존귀하게 여기고, 네 길로 행하지 아니하며, 네 오락을 구하지 아니하며, 사사로운 말을 하지 아니하면, 네가 여호와 안에서 즐거움을 얻을 것이라.(개역개정)

59:1.2 여호와의 손이 짧아 구원하지 못하심도 아니요, 귀가 둔하여 듣지 못하심도 아니라, 오직 너희 죄악이 너희와 너희 하나님 사이를 갈라놓았고, 너희 죄가 그의 얼굴을 가리어서 너희에게서 듣지 않으시게 함이니라.(개역개정)

61:1-3 주 여호와의 영이 내게 내리셨으니, 이는 여호와께서 내게 기름을 부으사, 가난한 자에게 아름다운 소식을 전하게 하려 하심이라. 나를 보내사, 마음이 상한 자를 고치며 포로된 자에게 자유를 갇힌 자에게 놓임을 선포하며, 여호와의 은혜의 해와 우리 하나님의 보복의 날을 선포하여 모든 슬픈 자를 위로하되, 무릇 시온에서 슬퍼하는 자에게 화관을 주어 그 재를 대신하며, 기쁨의 기름으로 그 슬픔을 대신하며, 찬송의 옷으로 그 근심을 대신 하시고, 그들이 의의 나무 곧, 여호와께서 심으신 그 영광을 나타낼 자라 일컬음을 받게 하려 하심이라. (개역개정)

61:6 사람들은 너희를 '주님의 제사장' 이라고 부를 것이며, 우리 '하나님의 봉사자' 라고 일컬을 것이다. 열방의 재물이 너희 것이 되고 ,너희가 마음껏 쓸 것이고, 그들의 부귀영화가 바로 너희 것임을 너희가 자랑 할 것이다.(새번역)

62:1-12 시온의 의가 빛처럼 드러나고, 예루살렘의 구원이 횃불처럼 나타날 때까지....예루살렘이 구원받기까지 내가 쉬지 않겠다....사람들이 너를 부를 때에, 주님께서 네게 지어 주신 새 이름으로 부를 것이다....주님의 손에 들려있는 면류관, 하나님의 손바닥에 놓여 있는 왕관이 될 것이다....어느 누구도 너를 버림받은 자 라고 하지 않을 것이며....너희 땅을 버림받은 아내라 라고 하지 않을 것이다. 오직 너를 하나님이 좋아하시는 여인, 결혼한 여인 이라 부를 것이니....신랑이 신부를 반기듯 하네, 하나님께서 너를 반기실 것이다.

65:1 나는 내 백성의 기도에 응답할 준비를 하고 있었지만, 아무도 나를 찾지 않았다. "나는 '보아라, 나 여기 있다. 보아라, 나 여기 있다' 하고 말하였다."하고 말하였다.

65:17 보아라, 내가 새 하늘과 새 땅을 창조 할 것이니, 이전 것들은 기억되거나 마음에 떠오르거나 하지 않을 것이다.

65:25 이리와 어린양이 함께 풀을 먹으며, 사자가 소처럼 여물을 먹으며, 뱀이 흙을 먹이로 삼을 것이다. 나의 거룩한 산에서는 서로 해치거나 상하는 일이 전혀 없을 것이다.

66:1,2 하늘은 나의 보좌요, 땅은 나의 발 받침대다. 나의 손이 모든 것을 지었으며, 이 모든 것이 나의 것이다. 겸손한 사람, 회개 하는 사람, 나를 경외하고 복종 하는 사람 바로 이런 사람을 내가 좋아한다.

예레미야(Jeremiah)

　본서는 하나님의 심판과 회복을 주제로 다루고 있다. 그 당시 유다는 우상숭배와 도덕적 타락 및 사회적 부정부패가 만연해 있었고(5;1-9,7:1-11,23:10-14), 제사장과 선지자와 같은 사람들도 타락하기는 마찬가지였다. 이렇게 어려운 시기에 예레미야의 소명은 백성들의 냉담한 반응 속에서도 41년간(요시아 13년 –시드기야 11년) 사역을 하며, 하나님의 공의와 심판을 외쳤다. 그는 BC 586년 예루살렘 함락 이후에도 백성들이 살아나가게 한 공로자이다.

　본서의 주제로는 나오는 칼, 기근, 황폐, 멸망, 진노, 온역 등을 통하여 유다의 멸망과 열방을 향한 하나님의 진노를 예언으로 나타내며 결국, 이스라엘은 회복 될 것임을 약속한다.

　본서의 특징은 메시아 관에 대하여 이사야, 미가, 스가랴, 다니엘서처럼 뚜렷하게 서술되어 있지는 않다. 그러나, 계시의 빛으로 인도하실 목자(3:14-17), 성도의 마음에 새겨지는 새 언약 (31:31-34), 다윗 언약의 성취(33:14-26) 이렇게 매우 핵심적인 부분을 다루고 있다. (호크마 주석)

1장 예레미야의 소명과 하나님의 격려 / 2장 유다의 죄악에 대한 고발
3장 신실하지 못한 유다 / 4장 임박한 심판 / 5장 심판의 당위성과 그 성격
6장 재앙의 선포 와 그 참상 / 7장 불순종과 우상숭배를 책망
8장 완고한 백성의 후회와 고통 / 9장 배교자의 그 결국 / 10장 우상숭배의 무익성과 고발
11장 언약 파기에 따른 재앙 / 12장 예레미야의 항변과 악인의 종말
13장 비유를 통한 경고, 회개하라

1:5 내가 너를 모태에서 짓기도 전에 너를 선택하고, 네가 태어나기도 전에 너를 거룩하게 구별해서 여러 민족에게 보낼 예언자로 세웠다.

2:13 내 백성이 두 가지 악을 행하였으니, 곧 그들이 생수의 근원이 되는 나를 버린 것과 스스로 웅덩이를 판 것인데, 그것은 그 물을 가두지 못 할 터진 웅덩이들이니라.

5:1,2 너희는 예루살렘 거리를 빨리 다니며 그 넓은 거리에서 찾아보고 알라, 너희가 만일 정의를 행하며 진리를 구하는 자를 한 사람이라도 찾으면, 내가 이 성읍을 용서하리라.

6: 16 나 주가 말한다, 나는 너희에게 일렀다, 가던 길을 멈추어서 살펴보고 옛길이 어딘지, 가장 좋은 길이 어딘지 물어보고 그 길로 가라고 하였다. 그러면, 너희의 영혼이 평안히 쉴 곳을 찾을 것이라고 하였다.
　(관주: 계시록 2:4.5 너에게 나무랄 것이 있다, 그것은 네가 처음 사랑을 버린 것이다. 그러므로, 네가 어디서 떨어졌는지를 생각해 내서 회개하고, 처음 하던 일을 하여라.)

9:23 나 주가 말한다, 지혜 있는 사람은 자기의 지혜를 자랑하지 마라. 용사는 자기 힘을 자랑 하지 마라. 오직 이것을 자랑 하여라, 나를 아는 것과 나 주의 긍휼과 공평과 공의를 세상에 실현하는 하나님인 것과 내가 이런 일 하기를 좋아 한다는 것을 깨달아 알 만한 지혜를 가지게 되었음을 자랑 하여라.

※ 악인의 형통에 관한 예레미야의 흥미로운 질문

12:1 주님 제가 주님과 변론 할 때마다 언제나 주님이 옳으셨습니다. 그러므로 주님께 공정성
    문제 한 가지를 여쭙겠습니다. 어찌하여 악인들이 형통하며, 배신자들이 모두 잘 되기만
    합니까?
12:5 (주님의 대답)네가 사람과 달리기를 해도 피곤하면 어떻게 말과 달리기를 하겠느냐?
            네가 조용한 땅에서만 안전하게 살 수 있다면, 요단강의 창일한 물속에서는
            어찌하겠느냐?

※ 예레미야에 대한 주님의 응답은 죄인들을 다루어야 할 사명자가 가는 길을 말씀해주신다.
   하나님은 이러한 궁금증에 대하여 직설적 언급을 피하신다.
   그 이유는,
   첫째, 하나님의 주권은 어떠한 해명도 원치 아니하심이며,
   둘째, 이미 악인들의 정해진 결과를 우리가 이미 다 알고 있다는 것이므로, 질문의 답은 나와
         있다.
   셋째, 악인이 회개하여 변화 될 수 있기 때문이다.
   넷째, 하나님의 일반 은총 속에는 심판 전까지는 긍휼함이 있다 그러나, 심판 때는 다르다.

   마5:45 아버지께서는 악한 사람에게나, 선한 사람에게나 똑같이 해를 떠오르게 하시며, 의
          로운 사람에게나, 불의한 사람에게나 똑같이 비를 내려주신다.

14장 예레미야의 중보기도 / 15장 선지자의 탄식과 하나님의 위로
16장 재앙 선포, 재앙의 원인 과 목적 / 17장 유다의 죄와 하나님의 구원
18장 토기장이의 비유와 주권적 심판 / 19장 깨어진 오지병 과 유다의 파멸
20장 핍박 속에서도 기도 / 21장 시드기야의 요구와 예레미야의 거절
22장 악한 왕들에 대한 심판 / 23장 하나님 나라의 승리 / 24 무화과 두 광주리의 비유
25장 바벨론과 세계 열방에 내리는 진노의 잔
26장 심문 받는 예레미야와 그를 위한 변호 / 27장 예레미야 거짓 선지자들과 대립

14:13,14 저 예언자들이 이 백성에게 주님의 말씀이라고 하면서 전쟁이 일어나지 않는다, 기근
        이 오지 않는다. 오히려 주님께서 이곳에서 너희에게 확실한 평화를 주신다 합니다.
        주님께서 나에게 말씀하셨다, 그 예언자들은 내 이름으로 거짓 예언을 하고 있다.

※ 무엇이 거짓 예언자들이며, 어떻게 판단해야하나?

1. 거짓 예언자는 죄가 무엇인지 분명히 알면서도 과감하게 책망하지 않는다. 그 이유는 주변의 영향력이 너무 크기 때문이다.(대하18:5)
2. 거짓 예언자는 자신의 말에 대한 책임감이 없다 예를 들어, 신앙이 아직 미숙한데도 무엇이든 잘될 것이라 한다. 그 결과 잘되면 자신이 우쭐해지고, 안되면 상대의 신앙 탓으로 돌린다. 결국 예언자는 아무 손해 볼 것 없는 장사꾼이 된다.
3. 거짓 예언자는 자기 세력을 구축하는데 모든 시간을 허비한다. 참 예언자는 예레미야처럼 "왕따" 아니면 외롭다(렘15:17). 그러나 외로운 시간 속에 하나님은 그와 함께 하신다.
4. 거짓 예언자는 거짓 영의 지시를 따른다 (대하18:22). 그러므로 하나님의 의를 거역한다.

17:7,8 주님을 믿고 의지하는 사람은 복을 받을 것이다, 그는 물가에 심은 나무와 같아서 뿌리를 개울가로 뻗으니, 잎은 언제나 푸르므로, 무더위가 닥쳐와도 걱정이 없고 가뭄이 심해도 걱정이 없다. 그 나무는 언제나 열매를 맺는다.
  관주: (시편 1:3 그는 시냇가에 심은 나무가 철따라 열매를 맺으며 그 잎이 시들지 아니함 같으니 하는 일 마다 잘 될 것이다.)

23:5,6 내가 다윗에게서 의로운 가지가 하나 돋아나게 할 그 날이 오고 있다, 나 주의 말이다, 그는 왕이 되어 슬기롭게 통치 하면서 세상의 공평과 정의를 실현 할 것이다. 그때가 오면 유다가 구원을 받을 것이며, 이스라엘이 안전한 거처가 될 것이다, 사람들이 "그 이름을 주님은 우리의 구원이시다" 라고 부를 것이다.

※ 경고 ! 부담이 되는 주님의 말씀

23:34 또 부담이 되는 주님의 말씀이라는 말을 사용하는 예언자나 제사장이나 백성이 있으면 내가 그 사람과 그 집안에 벌을 내리겠다.
23:36 부담이 되는 주님의 말씀이라는 표현을 너희가 다시는 써서는 안된다, 누구든지 그런 말을 쓰는 사람에게는 그 말이 그에게 정말 부담이 될 것이라 하여라, 그렇게 말하는 것은 살아계신 하나님 만군의 주의 말씀을 왜곡하는 것이기 때문이라고 말하여라.

28장 거짓 선지자 하나냐의 최후 / 29장 바벨론 포로들과의 서신
30장 유다와 이스라엘의 회복 / 31장 이스라엘의 회복 / 32장 예루살렘 재건에 대한 예언
33장 이스라엘의 영원한 회복 / 34장 시드기야왕과 백성에 대한 경고
35장 레갑족속의 순종을 통한 교훈 / 36장 바룩의 두루마리 낭독과 왕이 두루마리 소각
37장 허수아비와 시드기야, 시위대 뜰에 갇힌 예레미아 / 38장 예레미아의 위기와 구출
39장 예루살렘의 함락

※ 포로에게 보내는 희망의 편지 (29:5-7)

너희는 그곳에 집을 짓고 정착하여라. 과수원도 만들고 그 열매도 따먹어라 너희는 장가를 들어서 아들딸을 낳고, 너희 아들들도 장가를 보내고, 너희 딸들도 시집을 보내어, 그들도 아들딸을 낳도록 하여라. 너희가 그곳에서 번성하여 줄어들지 않게 하여라, 또 너희는 내가 사로잡혀 가게 한 그 성읍이 평안을 누리도록 나 주에게 기도하여라. 그 성읍이 평안해야 너희도 평안 할 것이기 때문이다.

※ 우리를 향한 하나님의 진실된 계획

29:11-14 너희를 두고 계획하고 있는 일들은 오직 나만이 알고 있다, 내가 너희를 두고 계획하고 있는 일들은 재앙이 아니라 번영이다, 너희에게 미래에 대한 희망을 주려는 것이다. 나 주의 말이다, 너희가 나를 부르고 나에게 와서 기도하면, 내가 너희의 호소를 들어 주겠다. 너희가 나를 찾으면 나를 만날 것이다, 너희가 온전한 마음으로 나를 찾기만 하면 내가 너희를 만나 주겠다.

31:25 나는 지친 사람들에게 새 힘을 주고, 굶주려서 허약해 진 사람들을 배불리 먹이겠다.
31:27 그때가 오면, 내가 이스라엘 집과 유다집에 사람의 씨와 짐승의 씨를 뿌리겠다.

33:3 너는 네게 부르짖으라, 내가 네게 응답 하겠고, 네가 알지 못하는 크고 은밀한 일을 네게 보이리라. (개역개정)
33:15,16 그때 그 시각이 되면, 한 의로운 가지를 다윗에게서 돋아나게 할 것이니, 그가 세상에 공평과 정의를 실현할 것이다. 그 때가 오면, 유다가 구원을 받을 것이며, 예루살렘이 안전한 거처가 될 것이다. 사람들이 예루살렘을 주님은 구원이시다 하는 이름으로 부를 것이다.

※ 칭찬 받는 레갑 자손

이스라엘의 타락과 멸망을 지켜본 그들은 도시생활을 떠나 조상의 유언(35:7)을 따라 집도 없이 사는 유목민으로 200년 가까이 생활하며 경건한 생활을 해온 사람들 이었다.
그들이 바벨론의 침공으로 예루살렘 성에 피난 왔을 때에, 예레미야가 포도주를 권하자, 그들은 조상의 유언을 따라 포도주를 모두가 거부한 것 이었다. 이 일로 인하여 하나님으로부터 칭찬을 받는다(35:14). 레갑의 아들 요나답의 자손 가운데서 나를 섬길 사람이 영원히 끊어지지 않을 것을(35:19) 약속 받았다. 우리의 인생도 거처 없이 사는 나그네 길이다, 사는 동안 경건과 순종으로 살자.

51:15,16 권능으로 땅을 만드시고, 지혜로 땅덩어리를 고정 시키시고, 명철로 하늘을 펼친 분은 주님이시다. 주님께서 호령하시면 하늘에서 물이 출렁이고 땅 끝에서 먹구름이 올라온다. 주님은 번개를 일으켜 비를 내리시며, 바람 창고에서 바람을 내보내신다.

※ 배신자의 길

예레미야서의 3장의 내용이다. (3:1절)에 한 여자가 수많은 남자와 음행을 하고 다시 돌아오고 싶은 마음이 생겼을 때에, 남편 되는 사람은 이렇게 말한다 "나에게로 다시 돌아오려고 하느냐?" 다시 말해 너무 뻔뻔스럽고 화가 치밀지만, 무엇인가? 용서하려는 느낌이 든다(3:4,5) 그리고 이렇게 말 한다, 지금 너는 나를 "아버지"라고 부르면서 또 "오랜 친구"라고 하면서 하나님은 끝없이 화를 내시는 분이 아니다, 언제 까지나 진노하시는 분이 아니다.

스스로 판단하며 온갖 악행을 마음껏 저질렀다, 한마디로 상대방에 대한 인격적 배려라든가 의사존중을 완전히 무시해 버린 처사다. 이렇게 당하신 그분이 바로 절대자이신 하나님이라는 것이다.

우리도 사는 동안에 이러한 하나님께 대한 간음의 죄를 범하고 산다. 그렇다고 목사님들의 말씀처럼 실제적으로 모두가 늘상 그렇다는 것은 아니다. 이러한 간음의 형태는 상징적이라고 볼 수 있다.

하나님은 신(神)이시고, 거룩하시기 때문에 인간의 속된 어떤 것에도 비유 될 수는 없으시다. 그러면 왜 이런 표현을 사용했을까? 그것은 용서의 최극단을 표현하기 위한 것이다 (3:7). 그래도 나는 그가 이 모든 음행을 한 다음에, 다시 나에게로 돌아오려나... 하고 생각하였다. 그러나, 그는 끝내 돌아오지 않았다.

하나님은 눅 15장의 탕자의 비유에서처럼, 죄인들이 수없이 많은 죄를 지어도 돌아오기만 하면 용서하신다.
그러나 알 수 없는 내일, 심판에 관한 최후의 선택의 몫은 반드시 나에게로 돌아온다.

예레미야애가(Lamentations)

본서는 BC 586년 예루살렘 성전과 도시가 바벨론에 의해 폐허가 되고, 백성들이 포로로 끌려간 뒤에, 하나님의 진노와 예루살렘의 비극적인 멸망을 되돌아보며 비탄에 빠져 노래하는 내용이다. 그러나, 그 절망 속에서 보여 주는 희망의 빛으로 하여금 용기를 얻게 하는 소망의 노래임.

> 1장 예루살렘의 비극에 대한 탄식 / 2장 하나님의 영광을 상실한 슬픔
> 3장 선지자의 비통함과 소망 / 4장 예루살렘의 과거와 현재 / 5장 예레미야의 마지막 기도

3:32 주님께서 우리를 근심하게 하셔도, 그 크신 사랑으로 우리를 불쌍히 여기신다.
3:33 우리를 괴롭히거나 근심하게 하는 것은, 그분의 본심이 아니다.

에스겔(Ezekiel)

본서는 후기 예언서 중에(이사야, 예레미아, 에스겔, 소선지서)의 세 번째 책에 해당한다.

에스겔은 바벨론 2차 포로 때에 잡혀가서, 약 5년 후부터 그발 강가에서 30세의 나이로 선지자 사역을 하였다.

그는 제사장으로서 하나님의 특별한 환상과 계시를 받았다. 그는 동 시대에 예레미야가 유다에서 예루살렘 멸망을 선포하는 동안, 포로민들을 상대로 사역을 감당하였다. 그는 포로의 원인을 패역한 하나님의 백성들의 죄악 때문인 것을 주지 시키며 "내가 여호와인 줄 너희가 알리라"라는 말씀을 54회나 사용하는 점을 들어, 경각심과 징계를 겸허히 받아들이고, 아울러 조기귀환이라는 거짓희망을 갖지 말 것을 당부한다.

전체 내용전개는 1장-32장까지는 "심판과 경고", 33장-48장까지는 "위로와 구원" 소망을 언급 한다. 특별 40-48장까지는 메시아 왕국의 성취될 예언이 들어있다. 이 내용은 심판과 회복을 통한 하나님의 공의와 사랑을 나타내며, 새 영과 새 마음을 부어 주심으로 자신의 나라와 그 통치를 완성 시키신다.

※ 내용분류

에스겔1장-3장	에스겔 선지자의 소명과 임무
에스겔4장-32장	바벨론 2차 포로기간 전반부터 3차 포로 완전 멸망 때까지의 기록, 성전을 떠난 하나님의 영광과 그 후의 심판
에스겔33장-39장	포로기간 후반부부터 이스라엘 민족의 회복
에스겔40장-48장	새 성전의 식양과 새 성전의 영광, 새 성전에서 드려지는 예배, 거룩한 새 땅의 회복과 분배

※ 에스겔 1장의 네 생물의 형상에 관하여

에스겔은 여호야긴 왕이 사로잡힌 지 5년 곧 주전 592년경이었다. 그 이상(異象)을 본 곳은 유프라테스 강 하류의 바벨론 부근 그발 강가에서였다.

북방으로부터 폭풍과 큰 구름 속에 불이 번쩍이는 금속판 속에서 네 생물의 형상이 나타났다. 그 생물들 속에는 영이 있어서 그 영이 지시하는 대로 곧바로 일제히 나갔다.

네 생물의 모양은, 앞은 사람 얼굴 / 우편은 사자 얼굴 / 좌편은 소의 얼굴 / 뒤는 독수리 얼굴이 네 가지의 상징은, 사람⇔누가복음, 사자⇔마태복음, 황소⇔마가복음, 독수리⇔요한복음을 의미한다.

네 생물에는 각각 네 날개가 있어, 두 날개는 날고 두 날개는 몸을 가리웠다.

네 생물에는 각각 한 바퀴씩 네 바퀴가 있는데 빠르게 잘 굴러갔다. 그 네 생물위에는 궁창이 있고, 궁창 위에는 하나님의 보좌 형상이 보였다.

1장 네 생물 네 이상 궁창의 이상을 통한 하나님의 보좌 / 2장 에스겔의 소명
3장 에스겔의 파송 / 4장 예루살렘 함락과 기근을 예고 / 5장 예루살렘 심판 예언
6장 유다의 심판과 구원 / 7장 유다 심판의 본질 / 8장 성전에서 의 우상숭배
9장 예루살렘에 대한 심판 / 10장 성전을 떠난 하나님의 영광
11장 심판과 남은 자들의 회복 / 12장 확실한 심판을 예고 / 13장 거짓 선지자들의 종말
14장 우상숭배에 대한 심판 / 15장 포도나무의 무익함
16장 하나님의 자비를 무시한 이스라엘의 심판

3:18 내가 악인에게 말하기를 '너는 반드시 죽을 것이다' 할 때에, 네가 그 악인을 말로 타일러서 그가 악한 길을 버리고 떠나 생명이 구원 받도록 경고해 주지 않으면, 그 악인은 자신의 악한 행실 때문에 죽을 것이지만, 그 사람의 죽은 책임은 내가 너에게 묻겠다.
(파수꾼 에스겔의 사명)

11:19 그때에 내가 그들에게 일치된 마음을 주고 새로운 영을 그들 속에 넣어 주겠다.
그들의 몸에서 돌같이 굳은 마음을 없애고, 살같이 부드러운 마음을 주겠다.

17장 패망을 예고 하는 두 독수리의 비유 / 18장 책임과 회개
19장 유다왕들의 죽음을 노래하는 애가 / 20장 이스라엘의 반역, 심판과 회복
21장 하나님의 심판의 칼 / 22장 예루살렘의 구체적인 죄악들
23장 유다와 사마리아의 음행 / 24장 씻어도 소용없는 솥(가마) 예루살렘
25장 이방국가 들에 대한 심판을 예언 / 26장 두로에 대한 심판 예언
27장 두로에 대한 애가 / 28장 두로 왕과 시돈의 몰락에 대한 선언
29장 애굽을 향한 하나님의 진노 / 30장 애굽과 동맹국들에게 임할 파멸
31장 앗수르의 영광과 몰락 / 32장 애굽의 운명

18:14-17 의롭지 못한 그가 아들을 하나 낳았다고 하자, 그 아들이 자기 아버지가 지은 모든 죄를 보고 두려워하여서 그대로 따라 하지 않고, 나의 규례를 실천하고 나의 율례대로 살아가면, 이 사람은 자기 아버지의 죄악 때문에 죽지 않고 반드시 살 것이다.

18:21,22 그러나 악인이라도 자기가 저지른 모든 죄악에서 떠나 돌이켜서, 나의 율례를 다 지키고 법과 의를 실천하면, 그는 반드시 살고 죽지 않을 것이다. 그가 지은 죄악을 내가 다시는 더 기억하지 않을 것이다, 그는 자신이 지킨 의 때문에 살 것이다.

18:23 악인이 죽는 것을 내가 조금이라도 기뻐하겠느냐, 오히려 악인이 자신의 모든 길에서 돌이켜서 사는 것을 내가 참으로 기뻐하지 않겠느냐.

18:24 그러나 의인이 자신의 의를 버리고 돌아서서 죄를 범하고, 악인이 저지른 모든 역겨운 일을 똑같이 하면 그가 살 수 있겠느냐, 그가 지킨 모든 의는 전혀 기억되지 않을 것이다, 그는 자신의 불성실과 지은 죄 때문에 죽을 것이다.

18:32 죽을죄를 지은 사람이라도 그가 죽는 것을 나는 절대로 기뻐하지 않는다, 그러므로 너희는 회개하고 살아라, 주 하나님의 말이다.

20:20 너희는 나의 안식일을 거룩하게 지켜서, 그것이 나와 너희 사이에 맺은 언약의 표징이 되어 내가 주 너희의 하나님인줄 알게 하여라.

28:13-16 너는 옛날에 하나님의 동산 에덴에서 살았다. 나는 그룹을 보내어 너를 지키게 하였다. 너는 하나님의 거룩한 산에 살면서 불타는 돌들 사이로 드나들었다. 너는 창조된 날부터 모든 행실이 완전하였다. 그런데 마침내 네게서 죄악이 드러났다. 그래서 내가 너를 더럽게 여겨, 하나님의 거룩한 산에서 쫓아냈다.

33:10,11 우리의 온갖 허물과 우리의 모든 죄악이 우리를 짓눌러서, 우리가 그 속에서 기진하여 죽어가고 있는데, 어떻게 우리가 살 수 있겠는가? 나 주 하나님의 말이다, 내가 내 삶을 두고 맹세 한다, 나는 악인이 죽는 것을 기뻐하지 않고 오히려 악인이 그의 길에서 돌이켜 떠나 사는 것을 기뻐한다, 너희는 돌이켜라 너희는 그 악한 길에서 돌이켜 떠나거라.

33장 파수꾼의 임무와 회개 / 34장 선한목자를 통한 이스라엘의 회복
35장 에돔에 대한 심판 / 36장 새롭게 회복될 땅과 백성 / 37장 마른 뼈들의 소생
38장 하나님의 도구 곡 / 39장 침략자 곡의 멸망 / 40장 다시 회복되는 성전
41장 성전 내부에 대한 계시 / 42장 제사장들의 방 / 43장 하나님의 영광과 제단의 봉헌
44장 성전 출입에 관한 규례 / 45장 주님의 거룩한 땅 / 46장 왕이 준수해야 할 규례들
47장 성전에서 흘러나오는 물 / 48장 지파의 토지 분배

33:12 너 사람아, 네 민족의 자손 모두에게 전하여라. 의인 이라고 해도 죄를 짓는 날에는 과거의 의가 그를 구원하지 못하고, 악인 이라고 해도 자신의 죄악에서 돌이키는 날에는 과거의 악이 그를 넘어뜨리지 못한다고 하여라.

33:13 내가 의인에게 말하기를, 그는 반드시 살 것이다 하였어도, 그가 자신의 의를 믿고 악한 일을 하면, 그가 행한 모든 의로운 행위를 전혀 기억하지 않을 것이다.

※ 나는 자신의 의를 믿고 무엇을 하였나?

앞의 말씀은, 의인이었던 자가 죄를 지었으므로 궁극적으로 죄로 인하여 구원을 못 받는다는 것이 아니고, 회개하기를 촉구하는 하나님의 마음을 뜻 한다. 앞의 33:13절은 다윗이 우리아의 아내 밧세바를 취하고 간접 살인까지 한, 추악한 죄를 짓고도 깨닫지 못했던 것 같고, 다윗이 이 일로 인하여 혼쭐은 났지만 구원을 받았다.

자신의 의에 취해 죄를 합리화하거나 잊어버릴, 때 하나님도 그 의를 잊으신다.

오늘날도 이러한 생각을 하는 교인이 간혹 있다, 자신의 의에 취하여 창피스럽고 불경건한 생활을 하면서도, 자신을 합리화 하려는 신앙인이 있다. 이것은 하나님께 대한 교만이며 하나님을 시험하는 요소가 될 수 있다. 33:13절의 "자신의 의를 믿고" 라는 뜻에 부합되는 것이며, 반드시 그 잘못에 대한 대가는 살아생전에 치르게 된다.

36:25-26 내가 너희에게 맑은 물을 뿌려서 너희를 정결하게 하며, 너희의 온갖 더러움과, 너희가 우상들을 섬긴 모든 더러움을 깨끗하게 씻어 주며, 너희에게 새로운 마음을 주며, 너희 몸에 돌같이 굳은 마음을 없애고 살갗처럼 부드러운 마음을 주며, 너희 속에 내영을 두어 너희가 나의 모든 율례대로 행동하게 하겠다.

37:4,6 너희 마른 뼈들아, 너희는 나 주의 말을 들어라. 나 주의 하나님이 이 뼈들에게 말한다, 내가 너희 속에 생기를 불어 넣어 너희가 다시 살아나게 하겠다. 그때야 비로소 너희는 내가 주 인줄 알게 될 것이다.

43:1-12 그 뒤에 그가 나를 데리고 동쪽으로 난 문으로 갔다, 그런데 놀랍게도 이스라엘 하나님의 영광이 동쪽에서부터 오는데, 그의 음성은 많은 물이 흐르는 소리와도 같고, 땅은 그의 영광의 광채로 환해 졌다. 그 모습이 내가 본 환상 곧, 주님께서 예루살렘 도성을 멸하러 오셨을 때에 본 모습과 같았으며, 또 내가 그발 강가에서 본 모습과도 같았다....나는 말하는 소리를 들었다 "사람아, 이 곳은 내 보좌가 있는 곳, 내가 발을 딛는 곳, 내가 여기 이스라엘 자손과 더불어 영원히 살 곳이다."

47:1-8 그가 나를 데리고 다시 성전 문으로 갔는데 보니, 성전 정면이 동쪽을 향하여 있었는데 문지방 밑에서 물이 솟아 나와 동쪽으로 흐르다가 성전 오른쪽에서 밑으로 흘러 내려가서 제단 남쪽으로 지나갔다...나더러 물을 건너보라고 하기에 건너보니 물이 발목까지 올라왔다...물을 건너보라 하기에 건너보니 물이 무릎까지 올라왔다...물을 건너보라 하기에 건너보니 물이 허리까지 올라왔다...천자가 되는 곳에 이르렀는데, 거기에서는 물이 건널 수 없는 강이 되었다...그런 다음에 그가 나를 강가로 다시 올라오게 하였다. 내가 돌아올 때에는 보니, 이미 강의 양쪽 언덕에 많은 나무가 있었다.

그가 나에게 일러주었다, 이 물이 바다로 흘러 들어가면 죽은 물이 살아 날 것이다.

	에스겔 성전	새 예루살렘
성경구절	에스겔40장-48장	요한 계시록21장-22장
계시를 받은 사람	에스겔 선지자	사도요한
성전을 본 장소	지극히 높은 산(에스겔 40:2)	크고 높은 산(요한계시록21:10)
성전을 척량하는 도구	장대(에스겔 40:5)	지팡이 같은 갈대(계1-2)금 갈대(21:15)
성전의 모양	정방형으로 네모반듯하다	네모반듯하고 너비 높이가 같다(21:16)
생수의 역사	성전에서 나온 생수는 생명을 소성시키고, 달마다 새 실과를 맺게하고, 잎사귀는 약재료가 된다(에스겔 47장)	어린양의 보좌로부터 생명수의 강이 흘러 강 좌우로 있는 생명나무에 달마다 실과를 맺게 하고 그 잎사귀는 만국을 소성시킨다(계22:1-2)
하나님의 임재	여호와삼마(에스겔 48:35) 하나님은 거기계시다	새 예루살렘과 하나님의 장막이 사람들과 함께있다(계21:3)

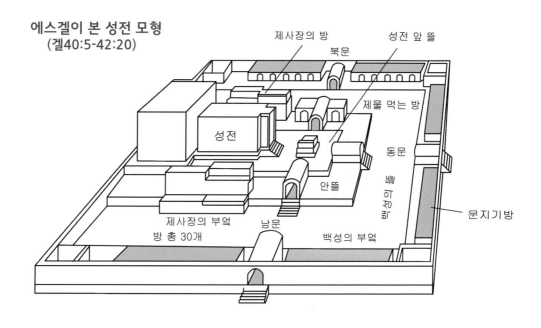

에스겔이 본 성전 모형
(겔40:5-42:20)

제사장의 방
북문
성전 앞 뜰
제물 먹는 방
성전
동문
안뜰
문지기방
제사장의 부엌
방 총 30개
남문
백성의 부엌

다니엘(Daniel)

본서는 바벨론 포로 이후 선지자들이 없던 시기에 쓰여 진 종교적 박해와 고통 속에서 위로와 소망을 주기위한 묵시문학(Apocalyptic Literature)이라 할 수 있다.

에스겔서가 제사장적 관점에서 성전회복과 제도에 초점을 맞춘 반면, 다니엘서는 하나님의 나라와 세상왕국을 통치하시는 역사적 계시의 성격을 띠고 있다. 또한 예수그리스도의 초림과 재림을 통하여, 하나님의 나라와 향후 전개 될 역사의 흐름을 상징적으로 예언한 "구약의 계시록"으로 요한계시록과 대비되고 있다.

주요내용은 1-6장 역사적 사건과 하나님의 기적들, 7-12장 환상들과 하나님의 계시에 대한 증거 본서의 특징적 진리는 하나님은 온 세계의 주권적 섭리자이다. 본서에는 '지극히 높으신 하나님' 11회 , '하늘의 하나님' '하늘에 계신 하나님' 4회, '모든 신의 신' 1회가 나온다.

기록목적으로는 당시 강대국들의 조롱거리가 되어 진 성전과 하나님의 유일신 사상이지만, 다니엘서를 통하여 반전의 계기가 되며, 하나님의 능력의 기적과 권능 그리고 예언을 통하여 세계와 역사를 주관하시는 하나님을 계시로서 본서에서 나타낸다.

1장 다니엘의 신앙과 탁월한 지혜 / 2장 느부갓네살의 꿈과 다니엘의 해석
3장 다니엘의 세 친구 (사드락, 메삭, 아벳느고) 와 함께하신 하나님
4장 느부갓네살왕의 두 번째 꿈 / 5장 벨사살왕의 신성모독과 다니엘의 글씨 해석

1:17 하나님은 이 네 젊은이들이 지식을 얻게 하시고, 문학과 학문에 능통하게 하셨다.
　　　그 밖에도 다니엘에게는 환상과 온갖 꿈을 해석하는 능력까지 주셨다.

"미치광이 해몽법"

이러한 일들이 있은 후, 느부갓네살 왕이 꿈을 꾸었다. 그리고 꿈을 해몽할 신통한 자들 마술사, 주술사, 점쟁이, 점성가들을 왕궁으로 불러 알아맞히는 경연대회를 열었다. 그러나 이 경연대회는 끔직한 경연대회였다. 그 이유는, 왕이 꿈 얘기는 생략하고 꿈을 해몽해야만 하는 것이다. 꿈에 대한 힌트라든가 귀띔 없이 알아맞혀라! 이것은 도저히 신(神)이 아니고서는 불가능한일이다(2:11) 그리고 못 맞추면, 온 집안까지 모두 죽인다. 이렇게 되니 다니엘과 세 친구들도 역시 그런 부류의 신통한 자들로 취급 받고 덩달아 죽게 생긴 것이다. 이제 다니엘과 세 친구는 이 꿈의 비밀을 알게 해 달라고 하나님께 간절히 기도 했다. 그리고 하나님은 다니엘에게 환상을 통해 꿈의 비밀을 알게 해주었다. 그리고 다니엘은 이와 같은 찬양을 부른다.

2:20-22 지혜와 권능이 하나님의 것이니, 영원부터 영원까지 하나님의 이름을 찬송하여라.
　　　　 때와 계절을 바꾸게 하시고, 왕들을 폐하기도 하시고 세우기도 하신다. 심오한 것과
　　　　 비밀을 드러내시고, 어둠속에 감추어진 것도 아신다.
　　　　 그 분은 빛으로 둘러싸인 분이시다.

이제 다니엘은 왕 앞에서 하나님께 영광을 돌리고 왕의 꿈을 해몽하자, 느부갓네살 왕은 이렇게 말한다, "그대들의 하나님은 참으로 모든 신 가운데서 으뜸가는 신이시오, 모든 왕 가운데 으뜸 되는 군주로다."(2:47) 이일로 인하여 다니엘은 높은 위치에 서게 된다.
그러나, 얼마 후 변덕이 생긴 느부갓네살은 금 신상을 만들고 모든 백성에게 금 신상에 절하도록 명령을 내린다. 이 명령을 거부한 다니엘의 세 친구(사드락, 메삭, 야벳느고)는 명령 불복종으로 풀무 불에 던져 지지만, 아무런 해를 받지 아니하고 살아난다.

3:17,18 우리를 지키시는 우리 하나님이 우리를 활활 타는 화덕 속에서 구해 주시고, 임금님의 손에서도 구해 주실 것입니다. "비록 그렇게 되지 않더라도" 우리는 임금님의 신들은 섬기지 않고 임금님이 세우신 금 신상에 절을 하지도 않을 것입니다.

5장 느부갓네살 왕의 아들 벨사살이 왕이 되어 연회를 열고, 예루살렘성전에서 가져온 금 그릇 은그릇으로 시중꾼들에게 술을 따라 마시게 하며 우상들을 찬양하자, 벽에 손가락이 나타나 글을 쓰는 것이었다.
겁에 질린 왕은 다니엘을 불렀고, 다니엘의 해석 "메네메네 데겔 우바르신(왕의 시대는 끝났다, 왕을 저울에 달아보니 함량 미달이다")과 함께 그날 밤 왕은 암살된다.
이제 바벨론나라는 매데와 페르시아 이렇게 둘로 갈라지고. 새 왕 다리우스 왕이 등장한다.

> 6장 사자굴 속의 다니엘 / 7장 다니엘의 네 짐승에 관한 꿈 / 8장 숫양과 숫염소에 관한 환상
> 9장 다니엘의 기도와 70 이레의 환상 / 10장 티그리스강변에서의 환상
> 11장 남방 왕과 북방 왕 / 12장 대 환난과 최후 승리

6장 다니엘의 경력과 신상에 대해서 잘 아는 다리우스 왕은, 다니엘을 정승(조선시대 최고 벼슬 영, 좌, 우의정을 가리킴)으로 추대한다. 그리고 왕이 다니엘을 최고 통치자로 세우려 하자, 정승, 대신, 지방장관들이 다니엘을 해할 음모를 꾸민다. 그 음모는 금령(금지된 법령)을 만들어 "삼십일 동안 왕 외에 다른 신이나 사람에게 절하는 자는 사자 굴에 집어넣는 법"이었고, 다니엘의 신앙절개 상 이 일 때문에 하루에 세 번 기도하기를(6:10) 쉰다는 것은 있을 수 없는 일이었다.
결국, 다리우스 왕도 다니엘을 사랑하고 아꼈지만 금령에 도장을 찍은 이상, 법을 바꿀 수 없어서 일을 진행하게 되었고, 다니엘은 사자 굴에 떨어졌다.
6:22 나의 하나님이 천사를 보내셔서 사자들의 입을 막으셨으므로, 사자들이 나를 해치지 못하였습니다. 그것은 하나님 앞에서 나에게는 죄가 없다는 사실이 드러났기 때문입니다.

※ 다니엘의 네 가지 짐승의 환상

7:13,14 내가 밤에 이러한 환상을 보고 있을 때에, 인자 같은 이가 오는데 하늘 구름을 타고와서 옛적부터 계신 분에게로 나아가 그 앞에 섰다, 옛 부터 계신 분이 그에게 권세와 영광과 나라를 주셔서 민족과 언어가 다른 뭇 백성이 그를 경배 하였다, 그 권세는 영원한 권세여서 옮겨 가지 않을 것이며, 그 나라가 멸망하지 않을 것이다.

※ 숫양과 숫염소의 환상

8:16,17 가브리엘아, 이 사람에게 그 환상을 알려 주어라. 그러자, 그가 내가 서있는 곳으로 가 까이 왔는데 그가 나에게 말하였다.
이 사람아, 그 환상은 세상 끝에 관한 것임을 알아라.

10:12 다니엘아 ,두려워하지 말아라. 네가 이 일을 깨달으려고 하나님 앞에서 스스로 겸손하여 지기로 결심한 그 첫 날부터 하나님은 네가 간구하는 말을 들으셨다.
10:19-21 그가 말하였다 "하나님의 사랑하는 사람아, 두려워하지 마라, 평안 하여라, 강건하 고 강건하여라" 그가 내게 하는 말을 들을 때에 내게 힘이 솟았다....그가 말하였다. 너는 내가 왜 네게 왔는지 아느냐? 나는 이제 돌아가서 페르시아의 천사장과 싸워 야 한다. 내가 나간 다음에 그리스의 천사장이 올 것이다, 나는 진리의 책에 기록된 것을 네게 알려 주려고 한다. 너희의 천사장 미가엘 외에는 아무도 나를 도와서 그들 을 대적할 이가 없다.

12:3 지혜 있는 사람은 하늘의 밝은 빛처럼 빛날 것이요, 많은 사람을 옳은 길로 인도한 사람은 별처럼 영원히 빛날 것이다.

※ 다니엘이 느부갓네살 왕의 꿈을 해몽한 내용

신상부위	다니엘 2장	다니엘 7장	대표 통치자
머리	정금 바벨론(바벨로니아) BC 605-539	사자	느부갓네살 벨사살
가슴과 팔	은 메대, 바사(페르시아) BC 539-331	곰	4인의 왕 고레스, 다리오, 아하수에로, 아닥사스다
배와 넓적다리	놋 헬라(그리스) BC 331-168	표범	알렉산더
무릎아래	철 로마 BC 168-AD 476	짐승	아우구스투스, 티베리우스, 네로, 콘스탄티누스
발	철과 진흙	열 뿔, 작은 뿔	

호세아(Hosea)

　12 소선지서 중 제일 처음에 위치한 본서는 북 왕국 초기 여로보암 2세 국가적으로 부강했고, 물질적으로도 풍요로운 시대였다. 따라서, 백성들은 등 따습고 배부르니 우상숭배와 타락의 길을 가게 된다.

　이때, 호세아라는 선지자를 통하여 하나님의 적극적이며, 끝없는 사랑이 무엇인지를 보여주기 위하여 본서는 기록 된다. 특징으로는 호세아에게는 음란한 부인 "고멜"이 있었다.

　호세아로서는 도저히 용서 할 수 없는 그러한 여인 이었다. 계속적인 음행을 참는 호세아의 모습을 통하여, 이스라엘을 우상숭배의 음란함을 고멜의 비유로 나타내며 다시 돌아오기를 바라는 남편의 모습을 하나님의 심정으로 표현된다. 그리고 하나님의 신실한 언약 속에 이루어진 관계와 심판의 필연성을 통한 회개의 기회를 촉구한다. 또한 메시아사상으로서 (11:1) 하나님의 아들이 이 땅에 오심과 징계 받는 자를 치료해 주시는 구원자로(6:11) 제시되어진다.

1장 호세아의 아내와 아이들 / 2장 징계를 통한 회복 / 3장 호세아와 음행한 여인 고멜
4장 하나님을 아는 지식이 없다 / 5장 이스라엘의 교만 과 몰락
6장 백성들의 불성실한 회개 / 7장 인본주의 외교 결과 / 8장 율법을 어긴 이스라엘
9장 호세아가 이스라엘의 형벌을 선언 하다 / 10장 두 마음을 품은 이스라엘
11장 하나님의 변치 않는 사랑 / 12장 야곱을 본 받아야 할 이스라엘 / 13장 헛된 추구의 심판
14장 이스라엘이 받을 궁극적 축복

4:1 "이 땅에는 진실도 없고, 사랑도 없고, 하나님을 아는 지식도 없다."

6:1,2 오라, 우리가 여호와께로 돌아가자, 여호와께서 우리를 찢으셨으나 도로 낫게 하실 것이요, 우리를 치셨으나 싸매어 주실 것임이라. (개역개정)

11:1-4 이스라엘이 어린아이일 때, 내가 그를 사랑하여 내 아들을 이집트에서 불러냈다. 그러나, 내가 부르면 부를수록 이스라엘은 나에게서 멀리 떠나갔다....나는 인정의 끈과 사랑의 띠로 그들을 묶어서 업고 다녔으며, 그들의 목에서 멍에를 벗기고 가슴을 헤쳐 젖을 물렸다.
11:8 (하나님의 마음)너를 버리려고 하여도 나의 마음이 허락하지 않는 구나, 너를 불쌍히 여기는 애정이 나의 속에서 불길처럼 강하게 치솟아 오르는 구나.

요엘(Joel)

본서는 가장 오래된 선지서(BC830)로서, 메뚜기 재앙을 통하여 이스라엘과 유다에 다가 올 심판에 대하여 예언하고 있고, 더 나아가 마지막 심판의 날이 이르기 전에 백성들로 하여금 자신의 죄악을 깨닫고 회개하여 하나님께로 돌아오도록 촉구하는 것이다.

요엘서의 예언은 재림 때에 있을 마지막 구원의 은총을 보여준다.

특징은 구약성경 중에서 유일하게 성령강림에 대하여 가장 상세하게 예언했다.

> 1장 메뚜기 재앙의 의미 / 2장 임박한 재앙과 하나님의 구원 / 3장 대 환난과 최후승리

2:13 너희는 옷을 찢지 말고 마음을 찢고 너희 하나님 여호와께로 돌아올 지어다.
그는 은혜로우시며, 자비로우시며, 노하기를 더디 하시며, 인애가 크시사 뜻을 돌이켜 재앙을 내리지 아니하시나니.(개역개정)

2:28,32 그 후에 내가 내영을 만민에게 부어 주리니, 너희 자녀들이 장래 일을 말할 것이며, 너희 늙은이는 꿈을 꾸며, 너희 젊은이는 이상을 볼 것이며, 그때에 내가 내영을 남종과 여종에게 부어 줄 것이며, 내가 이적을 하늘과 땅에 베풀리니 곧 피와 불과 연기기둥이라, 여호와의 크고 두려운 날이 이르기 전에, 해가 어두워지고 달이 핏 빛같이 변하려니와 누구든지 여호와의 이름을 부르는 자는 구원을 얻으리니, 이는 나 여호와의 말대로 시온산과 예루살렘에서 피할 자가 있을 것이요, 남은 자 중에서 나 여호와의 부름을 받을 자가 있을 것임이라.(개역개정)

구약성경 39권	율법서 5권	창세기, 출애굽기, 레위기, 민수기, 신명기
	역사서 12권	여호수아, 사사기, 룻기, 사무엘상, 사무엘하, 열왕기상, 열왕기하, 역대상, 역대하, 에스라, 느헤미야, 에스더
	시가서 5권	욥기, 시편, 잠언, 전도서, 아가
	대 예언서 5권	이사야, 예레미야, 예레미야애가, 에스겔, 다니엘
	소 예언서 12권	호세아, 요엘, 아모스, 오바댜, 요나, 미가, 나훔, 하박국, 스바냐, 학개, 스가랴, 말라기

아모스(Amos)

본서는 이스라엘과 유다가 안정과 번영을 누리던 시기(BC760)에 농부 출신의 평민 아모스에 의해 기록되었다. 기록 목적으로는 번영과 부요의식으로 인한 백성들과 지도자들의 교만, 방종, 부패, 배교, 탐욕을 일삼으면서도 입술로는 하나님을 경배하고 사회적 이기심과 부도덕한 타락에 빠져 있으면서도 자신들은 선민이므로 결코 망하지 않을 것이라는 거짓 신념으로 일관 하던 북이스라엘을 향하여 멸망의 임박함을 경고한다.

```
1장 이스라엘 주변 국가들에 대한 하나님의 심판
2장 모압과 이스라엘을 향한 하나님의 진노 / 3장 이스라엘이 징계 받는 이유
4장 백성들의 불순종과 하나님의 심판 / 5장 회개를 촉구
6장 이스라엘 지도자들의 영적 무지
7장 아모스의 세 가지( 1.메뚜기 2.가뭄 3.다림줄 ) 환상
8장 넷째 환상 여름과일 한 광주리 / 9장 다섯째 환상 성전 파괴, 민족의 멸망과 회복
```

1장, 2장에서 여덟 가지의 예언이 나온다.
 1) 하나님의 심판의 음성
 2) 다메섹에 대한 심판 예언
 3) 블레셋에 관한 예언
 4) 두로와 에돔에 관한 예언
 5) 암몬에 관한 예언
 6) 모압에 대한 심판의 예언
 7) 유다에 대한 심판의 예언
 8) 이스라엘을 향한 여호와의 진노 여기서 특징은 "서너 가지 죄로 말미암아" 여기서 서너
    가지라는 뜻은 문자적인 해석이 아니고 당시 많이 사용되던 수적인 격언 3이라는 완전수
    에 1을 더해서 "아주 많은 죄"를 의미한다고 할 수 있다.

3장-6장 세 가지의 설교: 현재(3장), 과거(4장), 미래(5장6장)에 범하는 이스라엘의 죄와 심
        판에 초점이 맞추어진다.

5:12-13 너희의 허물이 많고, 죄악이 무거움을 내가 아노라 ......이러한 때에 지혜자가 잠잠하
        나니 이는 악한 때임이니라.

7장-9장 다섯 가지 환상은 미래에 이스라엘에 불가피하게 징계 내려질 심판에 대한 환상이다.

8:11 주 여호와의 말씀이니라, 보라, 날이 이를 지라, 내가 기근을 땅에 보내리니 양식이 없어
     주림이 아니며 물이 없어 갈함이 아니요, 여호와의 말씀을 듣지 못한 기갈이라.
8:12 사람이 이 바다에서 저 바다까지 북쪽에서 동쪽까지 비틀거리며 여호와의 말씀을 구하려
     고 돌아 다녀도 얻지 못하리니, 이사야 55장 너희는 여호와를 만날만한 때에 찾으라, 가
     까이 계실 때에 그를 부르라.

오바댜(Obadiah)

본서는 구약성경 중에 제일 짧지만, 강력한 심판의 메시지가 선포되고 있다.
기록연대는 예루살렘 멸망 전후라고 보여진다. 기록목적으로는 에돔의 멸망을 선포하고 유대의 회복을 예언하기 위해 쓰여졌다. 특징으로는 유대의 회복은 곧 주님이 도래하는 날에 종말론적 희망을 상징적 의미로 나타낸다.

※ 에돔의 죄란?

> 11절 야곱이 이방인에게 약탈당할(BC 587 바벨론 느브갓네살 왕의침략) 때에, 에돔은 방관하고 오히려 한 패가 됨. 야곱이 환란을 당할 때 기뻐하고, 도망치는 야곱의 재산을 강탈하고 죽이고, 원수의 손에 넘겨줌.

요나(Jonah)

본서는 요나를 통하여 니느웨를 구원 하시려는 하나님의 사랑이 이스라엘의 우월의식을 배제시키며, 온 인류에 대한 공평한 사랑과 자비를 분명히 나타낸다. 요나의 3일간의 물고기 뱃속에서의 체류는 인류 구속의 위엄을 이루기 위하여 성육신하신 예수그리스도의 죽으심과 부활을 예시하는 중요한 예표이다. 요나의 뜻은 '비둘기'(어리석은 사람)로서 본 요나서는 이스라엘을 상징한다. 기록연대는 주전 760년경 북 왕국 여로보암 2세 때로 추정한다.

> 1장 요나의 불순종과 하나님의 징계 / 2장 물고기 뱃속에서의 사흘 동안 요나의 기도
> 3장 니느웨 사람들의 회개 / 4장 요나의 불평과 하나님의 권면

1장 요나의 불순종은 "주님의 낯을 피해" 니느웨 성이 아닌 스페인으로 도망치는 것이었다.
1:6 풍랑이 일자, 잠을 자고 있다니! 당신의 신에게 부르짖으시오. 뱃사람들의 신앙심은 요나보다 높다. 그러나 요나가 그들보다 월등한 것은 나는 "바다와 육지를 지으신 그분을 섬기는 사람이오." 자신의 정체성과 섬기는 대상의 우월함을 이러한 상황 속에서 선포하고 있다는 것이다. "나를 바다에 던지시오, 그러면 바다가 잔잔할 것이오." 인생의 모든 원인을 파악한 사람은 그 믿음으로 말미암아 죽음조차 두렵지 않은 것일까? 하나님이 요나를 선택한 이유가 그의 독특하고, 여유만만하고 비굴하지 않음에 있지 않았을까?

2장 물고기 뱃속에서 그는 크게 회개하고 뉘우치며 살려달라고 간청하지 않고 "주님의 눈앞에서 쫓겨났어도 내가 반드시 주님 계신 성전을 다시 바라보겠습니다."....나는 감사의 노래를 부르며, 주님께 희생제물을 바치겠습니다.(새번역) 요나는 응답 받기도 전에 이미 스스로 결론을 내버렸다. 2장은 두려움을 떠난 철저한 요나의 믿음 장이다.

3장 니느웨 성에서 요나의 외침 "사십 일만 지나면 니느웨가 무너진다."
어떻게 한 사람의 외침이 이렇게 큰 회개와 각성운동을 일으킬 수 있었을까?
그것은 앞에서 말한 것과 같이, 요나의 큰 믿음과 믿음의 선포가 아니었을까 생각한다.

4장 요나가 하나님이 재앙의 계획을 바꾸신 것을 알고 하는 말 "내가 그러실 줄 알았어요. 그래서 내가 스페인으로 도망가려 했던 것입니다" 이것이 인간과 신이신 하나님과의 대화였다면, 요나는 정말 대단한 경지에 이른 사람이다. 어떻게 하나님의 속마음을 인간과 인간관계 사이에서 일어나는 것처럼 대화하고 그렇게 행동하며, 신의 마음을 꿰뚫어 볼 수 있었을까. "하나님이 성령으로 이것을 보이셨으니, 성령은 모든 것 곧 하나님의 깊은 것 까지도 통달하시느니라"(고전2:10) 그리고 그 본 것은 무엇이었을까? 요나가 보아왔던 것은 바로 하나님의 속성 중에 인간을 향한 가장 위대한 속성 "자비와 긍휼"이었다. 인간을 향한 자비와 긍휼이 없었던들 독생자의 십자가 사건이 있을 수 있었겠는가?

14:11 좌우를 가릴 줄 모르는 사람이 십이만 명도 더되고, 짐승들도 수없이 많은 이 큰 성읍 니느웨를 어찌 내가 아끼지 않겠느냐.

※ 종말 속에 보이는 하나님의 마지막 자비와 긍휼
 그날들을 감하지 아니하면, 모든 육체가 구원을 얻지 못할 것이나 그러나, 택하신 자들을 위하여 그날들을 감하시리라.(마24:22)

미가(Micah)

미가서는 하나님을 섬기는 참 된길은 오직 '공의와 인자와 겸손' 임을 강조한다. (6:7-8)같은 시기에(주전 7백년 경) 활동했던 아모스, 호세아, 이사야의 메시지 주체를 종합하여 말하고 있는 듯하다. 구속받은 자의 윤리적 교훈이 강조되고, 가진 자들의 탐심과 없는 자들의 것을 착취하는 것을 질책하며(2장1-5), 통치자들의 불의와 탈취를 질타하고(3장1-4,9), 선지자들과 제사장들과 같은 지도자들의 부정과 욕심을 책망한다.(3장5-7,3장11-12).

1장 사마리아와 예루살렘에 대한 심판 / 2장 이스라엘의 사회적 범죄에 대한 심판
3장 미가가 이스라엘 지도자들을 고발하다 / 4장 주님의 통치로 이룰 우주적인 평화
5장 메시아의 도래와 남은 자의 구원 / 6장 범죄한 이스라엘에 대한 심판
7장 이스라엘의 부패와 최후의 구원 약속

5:2,4,5 너 베들레헴 에브라다야, 너는 유다족속 가운데서 작은 족속이지만 이스라엘을 다스릴 자가 내게서 나올 것이다, 그의 기원은 아득한 옛날 태초에까지 거슬러 올라간다.
 그가 하나님께서 주신 능력을 가지고 그의 하나님이신 주님의 이름을 지닌 그 위엄을 의지하고 서서 그의 떼를 먹일 것이다 그러면, 그의 위대함 이 땅 끝까지 이를 것이므로 그들은 안전하게 살아 갈수 있을 것이다. 그리고 그는 그들에게 "평화"를 가져다 줄 것이다.

※ 분열왕국시대와 포로시대의 연대기

	BC 930	800	700

북왕국	여로보암 나답 바아사 엘라 시므리 아합 아하시야 여호람 예후 여호아하스 요아스 여로보암 2세 스가랴 살룸 므나헴 브가히랴 베가 호세아
남왕국	르호보암 아비암　아사　여호사밧　여호람 아달랴　요아스　아마샤　웃시야 요담　아하스 히스기야
선지자	엘리야　요엘 엘리사 요나 아모스　호세아 이사야

	BC 700	600	바벨론의 멸망 BC539	500

722 북왕국 멸망

		70년 포로생활　남은자들

남왕국	히스기야　므낫세　아몬 요시야 여호아하스 여호야긴 시드기야	586 남왕국 멸망
선지자	나훔 스바냐　에스겔 오바댜　스가랴
선지자	이사야 미가　예레미야　다니엘　학개

	BC 500	400	300

	페르시아 (메대 바사)

남은 자들 3차에 걸쳐 귀한

선지자	스가랴　말라기	──── 중간시대 ────
	스룹바벨 에스더　에스라　느헤미아

나훔(Nahum)

　나훔이란 이름의 의미는 '위로' '위안' '구원'이란 뜻을 갖고 있다. 본서의 주요 내용은 니느웨의 멸망과 앗수르로부터 압제받던 유다백성의 구원이다. 본서의 연대는 BC 620년경으로 추정된다.

　앗수르 멸망의 원인 두 가지는 무자비했던 군사력과 상인들의 비양심적인 상업행위였다.

　주제는 나훔의 예언 중에 "여호와는 투기하시며 보복하시는 하나님"(1:2) 공의에 입각하여 니느웨 멸망의 필연성을 예언하여 선포케 하고 당시 최강을 자랑하던 니느웨 성을 무너뜨리므로 세계를 통치하시는 하나님의 뜻을 알린다.

1장 니느웨에 대한 심판 선언 / 2장 니느웨의 멸망을 예고 / 3장 니느웨 멸망의 원인

1:12,13　내가 전에는 너를 괴롭게 하였으나 다시는 너를 괴롭게 하지 아니 할 것이라, 이제 네게 지운 그의 멍에를 내가 깨뜨리고 너의 결박을 끊으리라.

※ 앗수르의 니느웨성

　앗수르의 조상은 셈의 후손이다(창10:22,대상1:7). 이 족속은 유프라테스 강과 티그리스 강 상류의 비옥한 땅에 일찍이 정착하여 바벨론과 애굽과 유럽지역을 잇는 교역의 통로였다. 가장 전성기는 북 이스라엘을 멸망시킬 때였다. 남 유다 왕 히스기야 때 산헤립이 주전 700년경 니느웨 성을 점령하고 수도로 정했다고 한다. 그때 앗수르의 철 병거를 앞세운 군사력은 근동지방에서 최고이며 군대는 아주 잔인했다. 십자가의 형틀이 이때부터 시작되었고 사람의 인골로 피라미드를 쌓았다고 한다. 니느웨 성은 요나서에서 나오는 것처럼 걸어서 사흘길이니 거대하고 웅장한 성이었다.

　고대 자료에 의하면 이 성곽의 높이가 30미터 가량 되었고, 성곽 주위는 강으로 둘러싸고 있었다고 한다. 그러나 히스기야 왕 때에 유다를 점령하려다 하나님의 개입으로 18만5천명의 군대를 한 번에 잃게 되자,(왕하19:35,이사야37장) 이때부터 쇠락의 길을 걸으며 나훔, 스바냐 선지자의 예언대로 바벨론에 멸망당하고 말았다. 약 200년 동안 세상을 호령 했지만, 하나님의 예언과 심판은 역사적 증거로 남아 근세에 이르러 땅속에서 니느웨 성의 유물과 흔적만 찾았다고 한다.

하박국(Habakkuk)

　삶 속에 나타나는 불공평의 현실에 대하여 하나님께 불평을 토로하는 하박국, 이러한 표현들은 하나님과 질문과 답변으로 전개되며, 하나님께서 갈대아 사람을 일으켜 이스라엘을 심판 하실 것과 그 심판 중에서도 "의인은 믿음으로 말미암아 살리라"라는 말씀이 선포되고 있다.

　1장 하나님은 악을 용납하시는가?　/　2장 하나님이 의를 드러내다
　3장 하박국의 기도와 찬양

2:1 이 묵시는 정한 때가 있나니, 그 종말이 속히 이르겠고 결코 거짓되지 아니하리라. 비록 더 딜지라도 기다리라, 지체되지 않고 반드시 응하리라.

2:4 그 마음이 교만하며 그 속에서 정직하지 못하나, "의인은 그의 믿음으로 말미암아 살리라."

2:14 물이 바다 덮음 같이 여호와의 영광을 인정하는 것이 세상에 가득함이라.

3:17,18 무화과나무가 무성하지 못하며, 포도나무에 열매가 없으며, 감람나무에 소출이 없으며, 밭에 먹을 것이 없으며, 우리에 양이 없으며, 외양간에 소가 없을 지라도 나는 여호와로 말미암아 즐거워하며, 나의 구원의 하나님으로 말미암아 기뻐하리로다.

※ 다니엘의 고백
　"비록 그렇게 되지 않더라도" 금신 상에 절하지 않을 것 입니다.(단3:17,18)

스바냐(Zephaniah)

본서는 유다 요시아 왕(BC640)때에 활동한 스바냐가 기록하였다.
스바냐 통한 "여호와의 날"이 임박했음을 경고하는 선포는 요시아 왕의 종교개혁운동을 가져
왔다. 그러나, 요시아 왕이 애굽 왕에게 전사하고 난 뒤에 국가는 다시 혼란에 빠져 든다.
그리고 스바냐를 통한 경고는 "여호와의 날" 이라는 양면성의 경고로 이루어지는데,
그 양면성은,
첫째, 유다에 대한 심판(1:2-18,3:1-7)과
둘째, 하나님 및 그의 백성을 대적한 열방에 대한 보응적 심판(2:4-15,3:8)을 동시에 언급한
다.
나아가서 "여호와의 날"은 마지막 심판 중에서도 이스라엘의 남은 자들과 회심한 이방인들에
게 주어질 구원과 그리스도의 재림과 함께 도래 할 메시아 왕국을 집중적으로 알리고 있다.

1장 유다, 심판의 원인 / 2장 회개의 권고와 이방의 심판 / 3장 예루살렘의 심판과 구원

학개(Haggai)

본서의 기록 연대는 주전 520년경 다리오 왕의 2차 귀환 조서가 내려지고, 예루살렘에 도착
한 학개는 대제사장 여호수아와 스룹바벨에게 16년 동안 중단 된 성전재건을 촉구한다.
학개의 이름의 '축제' 라는 의미에 걸맞게 학개는 그의 축제의 날을 성전재건에 목적으로 두었
다. 주제는 하나님의 백성은 언제나 하나님의 집과 예배를 먼저 구하면, 축복과 번영을 하나님
으로부터 약속 받게 된다.(2:19 "오늘 부터는 내가 너희에게 복을 주리라.")

1장 성전 재건 명령에 순종함 / 2장 성전 건축에 대한 격려와 순종한 백성에 대한 축복

1:8 너희는 산에 올라가서 나무를 가져다가 성전을 건축하라 그리하면, 내가 그것으로 말미암
아 기뻐하고 또 영광을 얻으리라, 여호와가 말 하였느니라.
1:9 너희가 많은 것을 바랐으나 도리어 적었고, 너희가 그것을 집으로 가져갔으나 내가 불어버
렸느니라, 나 만군의 여호와가 말하노니 이것이 무슨 까닭이냐 내 집은 황폐 하였으되, 너
희는 각각 자기의 집을 짓기 위하여 빨랐음이라.

스가랴(Zechariah)

스가랴의 뜻은 '여호와께서 기억하신다' 스가랴는 젊은 나이에 제사장, 선지자로서 성전재건의 중요성과 격려함, 메시아의 궁극적인 승리와 영원한 통치. 하나님의 소명을 받고 강력한 메시아의 도래와 구원의 메시지를 전파 한다.

본서의 특징은 내용들이 신약에 많이 인용되고 있고, 특별히 메시아의 종말론적 사상이 깊다. 주제는,

1) 성결을 위한 실천생활
2) 하나님을 대적하는 자들을 공의로 심판 하신다.
3) 개인의 죄(5:1-4)
4) 민족의 죄(5:5-11)
5) 하나님을 대적하는 세상나라(9:1-8)
6) 거짓 목자들의 죄(11:17)
7) 악인에게는 심판을 그의 백성에게 영광의 축복이 있다.

1장 회개의 촉구와 위로의 환상 / 2장 예루살렘 재건에 관한 환상
3장 여호와의 사자 앞에 선 대제사장 / 4장 순금등대와 두 감람나무의 환상
5장 날아가는 두루마리의 이상과 에바 속에 여인에 대한 이상
6장 네 병거의 환상과 여호수아의 면류관 / 7장 참된 금식
8장 예루살렘 회복에 대한 약속 / 9장 이웃나라들에 대한 심판과 메시야의 초림
10장 이스라엘의 온전한 회복 / 11장 하나님을 거부하는 자들에 대한 심판
12장 예루살렘의 승리 / 13장 예루살렘의 청결 / 14장 종말론적 메시야의 통치

3:14 주님께서 나에게 보여 주시는데 내가 보니, 여호수아 대제사장이 주님의 천사 앞에 서 있고 그의 오른쪽에는 그를 고소하는 사탄이 서 있었다. 주님께서 사탄에게 말씀하셨다, "사탄아, 나 주가 너를 책망한다, 예루살렘을 사랑하여 선택한 나 주가 너를 책망한다, 이 사람은 불에서 꺼낸 타다 남은 나무토막이다." 그 때에 여호수아는 냄새나는 더러운 옷을 입고 천사 앞에 서있었다, 천사가 자기 앞에 있는 다른 천사들에게 그 사람이 입고 있는 냄새나는 더러운 옷을 벗기라고 이르고 나서 여호수아에게 말 하였다. "보아라, 내가 너의 죄를 없애준다, 이제 너에게 거룩한 예식에 입는 옷을 입힌다."

4:6 이는 힘으로도 되지 아니하며 능력으로 되지 아니하고, 오직 나의 영으로 되느니라.

※ 순금 등잔대와 감람나무

4장에서 스가랴가 본 환상 중에 순금등잔대가 있고 좌우로 "두 감람나무"라는 설명이 있다. 스가랴는 천사에게 두 감람나무의 의미를 묻는다, 천사는 대답한다, '이는 기름부음 받은 자 둘이니, 온 세상의 주 앞에 서 있는 자니라.' (4:14) 여기서 의미하는 두 사람은 당시 인물로 제사장 여호수아와 총독 수룹바벨을 의미한다.
※ 사람들이 잘못 오해하여 한분은 예수, 다른 한분은 모하멧이나 석가로 생각하는 사람들이 있다. 그것은 크게 잘못된 추측이다.

8:3 나 주가 말한다, 내가 시온으로 돌아왔다. 내가 예루살렘에서 살겠다, 예루살렘은 '성실한 도성' 이라고 불리고, 나 만군의 주의 산은 '거룩한 산' 이라고 불릴 것이다.

9:8,9 네 왕이 네게로 오신다. 그는 공의로우신 왕, 구원을 베푸시는 왕이로다. 그는 온순하셔서 나귀 곧 나귀새끼인 어린나귀를 타고 오신다.

11:7 나는(스가랴) 잡혀죽을 양떼를 돌보았다, 특별히 떼 가운데서도 억압을 당하고 있는 양떼를 돌보았다, 나는 지팡이 두 개를 가져다가 하나는 '은총' 이라는 이름을 짓고, 다른 하나는 '연합' 이라고 이름을 지었다, 나는 양떼를 돌보기 시작 하였다.
※ 은총 – 기쁨, 즐거움, 아름다움의 뜻으로 외부의 위협에서 보호해 주는 목자 그리스도를 상징
※ 연합 – 내적 통일과 화합(연합이 깨질 때 양떼의 돌봄도 사라진다, 그리스도와의 연합)

11:12.13 내가(스가랴) 그들에게 말하였다 "너희가 좋다고 생가하면 내가 받을 품삯을 내게 주고, 줄 생각이 없으면 그만 두어라" 그랬더니 그들은 내 품삯으로 은 삼십 개를 주었다. 주님께서 내게 말씀 하셨다 "그것을 토기장이에게 던져버려라 ", 그것은 그들이 내게 알맞은 삯이라고 생각해서 쳐준 것이다. 나는 은 삼십 개를 집어 주의 성전에 있는 토기장이에게 던져 주 었다.

※ 저자 스가랴는 참되고 선한 목자로서의 예수그리스도의 지상 사역을 은 삼십이라는 세상적 가치로 평가한 사실을 풍자적으로 예언함. 한편 당시 이스라엘에서 '은 삼십' 의 가치는 죽임을 당한 노예의 몸값이었는데(출21:32), 여종의 몸값에 불과한 것으로(호3:2), 흔히 '하찮은 것' 에 대한 관용적 표현이기도 하다.

※ 스가랴서에 나타난 그리스도

은 30냥에 팔림(11:12-13) / 찔림을 당하심(12:10)
메시야 왕국의 설립자이시며 통치하는 왕(6:13)
겸손하신 예수를 보잘 것 없는 '순' 으로 묘사 / 만왕의 왕이시지만 나귀를 타고 입성(9:9)
채찍에 맞고 거절당하고 배신당하면서도 잠잠한 하신 목자(13:7)
악한 열방에게 심판하심(9:11-17,14:12-15)

말라기(Malachi)

말라기 선지자는 느헤미야와 에스라와 같은 시대의 사람으로 볼 수 있다. 말라기의 사명은 포로 귀환 이후, 하나님으로부터 특권을 받은 이스라엘이 다시 하나님을 의심하며 껍데기와 같은 신앙 속에 예배의식, 십일조, 도덕법, 의식법을 무시하며 살아가는 이스라엘을 책망한다.

주제는, 하나님 앞에 거룩이라는 의미는 순종하는 마음과 참된 예배를 통하여 이루어지며, 끝까지 사랑하시는 부성적 하나님의 사랑을 보여준다.

1장 이스라엘을 향한 하나님의 사랑 / 2장 제사장들에 대한 하나님의 말씀
3장 임박한 심판과 회복의 약속 / 4장 주의 날이 온다

2:1 "나는 너희를 사랑한다, 나 주가 말한다" 그러나 너희는 주님께서 우리를 사랑하신다는 증거가 어디 있습니까? 하고 묻는다.

2:15,16 육체와 영이 둘 다 하나님의 것이다, 한분이신 하나님이 경건한 자손을 원하시는 것이 아니겠느냐? 너희는 명심하여 젊어서 결혼한 너희 아내를 배신하지 마라, 나는 이혼하는 것을 미워한다, 주 이스라엘 하나님이 말한다.

※ 이스라엘의 이상한 질문 4가지

첫째 – 하나님과 나 사이가 멀어지면, 예배와 봉헌을 소홀히 하게 된다.
　　　 이스라엘의 대답 : 우리가 언제 그랬나요? (1:6)
둘째 – "너희는 나에게 돌아 오거라, 나도 너희에게 돌아가겠다."
　　　 돌아가려면 우리가 무엇을 하여야 합니까? : 하나님의 것을 훔치면 되겠느냐?
셋째 – 우리가 주님의 무엇을 훔쳤습니까? : 십일조와 헌물이 바로 그것 아니냐? (3:8)
넷째 – "너희가 불손한 말로 나를 거역하였다"
　　　 우리가 무슨 말을 하였기에 주님을 거역하였다고 하십니까? (3:13)

※ 하나님의 축복 – 나 만군의 주가 말한다, 내가 지정한 날에 그들은 나의 특별한 소유가 되며 사람이 효도하는 자식을 아끼듯이 내가 그들을 아끼겠다.(3:17)

3:10 너희는 온전한 십일조를 창고에 들여 놓아 내 집에 먹을거리가 넉넉하게 하여라. 이렇게 바치는 일로 나를 시험하여 내가 하늘 문을 열고서, 너희가 쌓을 곳이 없도록 복을 붓지 않나 보아라, 나 만군의 주의 말이다.

4:4:2 내 이름을 경외하는 너희에게는 의로운 해가 떠올라서 치료하는 광선을 발하리니 너희는 외양간에서 풀려난 송아지처럼 뛰어다닐 것이다.

4:5,6 주의 크고 두려운 날이 이르기 전에 내가 엘리야 예언자를 보내겠다.

신 .구약 중간(침묵)시대

  말라기 이후 약 400년간 성경기록도 없고, 하나님의 음성 또한 없는 영적 암흑시대 또는 잠잠한 시대라고 볼 수 있다. 그러나 시대적 변화는 강대국가 간에 흥망성쇠가 반복되는 시기였고, 인간의 정신세계의 발달로 동서양에서 종교와 철학, 사상 등이 싹트고 있는 중요한 시기였다.
  기원전 5세기의 석가의 불교, 공자의 유교, 헬라문화, 플라톤, 아리스토텔레스 등이 거의 비슷한 시기에 출현되었으며, 이 시기를 전후로 우상숭배 등 무속신앙 또는 원시종교들은 사람들 마음속에서 조금씩 멀어지는 즉, 육안이나 감각으로 느껴지는 것이 아닌 이데아의 세계(정신, 사상, 이념) 더 나아가 우주적인 존재인 신(헬라의 로고스사상)과 인간존재의 가치적 변화와 도덕적, 윤리적 또는 자연관, 국가관, 사회관에 대한 인문학적 관심이 높아지고 있었다.
  하나님도 이 시점에서 다른 종교가 출현하기 250년 전, 약 B.C.700년경 구약적 개념의 제사법보다는 좀 더 세련된 다른 방법의 신 제사법을 구상하며, 그 당시 시대적 문화 속에 멸시 받는 십자가 형틀을 사용할 것을 이사야 선지자(사 53:5 "그가 찔림은 우리의 허물")통하여 예언했던 것이 아니었을까 추측해본다.
  하나님의 종교가 지금도 양을 잡거나 소를 잡아 제사를 드린다면, 그 얼마나 미개한 종교가 되었을까 상상 해보자, 그러므로 역사적으로 400년이란 기간은 세계의 종교적 경향을 따라 하나님의 구속사적 완성의 마지막 단계를 준비하는 기간이었다.
  온 땅위에 십자가의 형상(그리스도의 고난과 죽음) 그 영광 얼마나 멋있습니까!

1. 중간시대의 정치적 변화
  다니엘서 2장의 예언과 같이 신상의 머리 부분 금을 상징하는 바벨론이 멸망한 후, 신상의 가슴부분 은의 나라 페르시아(BC539-332)시대가 왔습니다.
  그 때의 유대인들은 타향에서나 고향에서 비교적 평안한 시대를 누려왔습니다. 그리고 얼마 후 신상의 허리부분에 해당한 놋, 그리스시대(헬라시대)는 알렉산더 대제가 페르시아와 애굽을 무너뜨리고 예루살렘 까지 점령하게 됩니다(BC336). 그리고 그리스의 식민통치 아래 놓여있던 이스라엘이었지만 사회적, 종교적 아무 핍박도 없이 그리스인들과 동등한 대우를 받았습니다.
  그러나, 얼마 후 알렉산더가 33세에 말라리아로 급사하자, 그의 휘하에 네 장군에 의해 지역이 분할됩니다. 북쪽의 그리스지역은 두 장군에 의해 나누어지고, 애굽지역은 프톨로미 왕조, 바벨론 지역은 셀류크스 왕조로 나뉘게 됩니다. 이때에 프톨레미 왕조(BC331-167)에 의해 예루살렘은 지배 받게 되는데, 이스라엘 민족은 비교적 평화롭게 지내게 됩니다. 그리고 애굽의 프톨로미 왕조 때에 아프리카 북부의 대도시 알렉산드리아에서 히브리어 구약성경을 헬라어로 학자 70인에 의해 번역되는 역사적 업적을 남기게 됩니다.
  그러나, 약 2백년간의 평온한 시대도 막을 내리게 됩니다. 그 이유는 바벨론의 셀류크스 왕조와 이집트의 프톨로미 왕조 사이에 전쟁이 일어나, 우호적이었던 프톨로미가 패하면서 이스라엘은 바벨론으로부터 온 셀류크스 왕조의 식민지가 됩니다.
  이제 셀류크스 왕조의 안티오커스 4세가 점령하게 되면서, 식민지정책과 아울러 제도를 헬라문화로 강압적으로 바꾸며 탄압과 박해를 시작합니다.

할례금지, 백성을 노예로 팔고, 안식일을 금지하고, 성전을 모독하여 성전에서 금지된 돼지머리와 피를 제우스신에게 바치는 제사로 드려졌습니다. 그리고 이스라엘의 전 지역을 제우스신을 위한 제단을 만들고 제물을 바치라고 명령을 내립니다.

이때, 당시 제사장이었던 맛다디아는 이 명령을 거부하고 혁명을 일으키게 됩니다. 그리고 그의 아들 오형제(일명: 마카비 형제)가 중심이 되어 게릴라전술(마카비, 망치작전)로 예루살렘을 탈환하게 됩니다(BC164). 그리고 점령한 예루살렘성전을 다시 깨끗이 정결하게 합니다, 이날을 기념하여 생긴 절기가 "수전절입니다"(요10:22)

그 후 BC63까지 약100년 동안 로마제국의 통치 전까지 마카비 형제의 후손이 나라를 다스리며 평화를 누리며 이때의 왕조를 하스몬 왕조라 부릅니다. 이때에 바리새파와 사두개파가 생겨나며 종파의 주도권을 두고 서로 쟁투를 벌이게 됩니다.

그러나, 다니엘의 예언대로 철의 나라 로마가 폼페이우스를 앞세워 BC63년에 이스라엘을 속국으로 만들고 5개의 행정구역으로 만들어 유대인으로서 친 로마 정치인을 앞세워 통치하게 합니다. 에돔 출신의 헤롯왕가는 BC20년부터 약48년 걸려서 성전을 증축합니다.

2.중간시대의 종파와 사회적 변화

이 시기에 유대인들의 이민 집단인 디아스포라(Diaspora)가 형성되며 전 유럽으로 퍼져 나가게 됩니다.

그 숫자가 약 800만 명이었으며, 후에 바울의 복음전파 당시에는 곳곳에 유대인들이 정착하고 있었습니다. 그리고 각처에는 성전을 대신하여 율법을 가르치는 장소가 있었는데, 그곳이 예수님도 말씀을 가르치곤 했던 회당(Synagogues)이었습니다.

사도시대에는 이방인 복음전파에 도움이 된 장소로 알려집니다.

1) **열심당** – 주후 6년경에 창설 된 것으로 알려져 있으며, 로마통치에 반항하던 극단주의자로 알려져 있음, 주로 활동무대는 갈릴리 지역이었다.
2) **헤롯당** – 헤롯왕정과 로마법 지지자, 정치적 타협주의자, 실리주의자들이었으며, 사두개인이 주축이었다.
3) **사두개파** – 현실타협주의자, 귀족주의, 헬라문화를 주장하며 육체의 부활이 없다고 함.
4) **바리새파** – 하스몬 왕가의 반대파 평민중심으로 이루어져 있었으며 경건주의자들로서 백성의 지지를 많이 받음, 반 헬라주의, 율법주의자, 백성의 선생이라고 칭함을 받음, 부활 신앙을 주장.
5) **엣세네파** – 광야에서 집단생활을 하던 극단적 경건주의자들로서, 세례요한이 속해 있었다는 설이있다. 엄격한 율법공동체로 활동하였다.

신약

신약성경 27권	4 복음서	공관복음 : 마태복음, 마가복음, 누가복음	요한복음
	역사서	사도행전	
	바울서신 13권	로마서, 고린도전서, 고린도후서, 갈라디아서	
		데살로니가전서, 데살로니가후서	
		옥중서신	에베소서, 빌립보서, 골로새서, 빌레몬서
		목회서신	디모데전서, 디모데후서, 디도서
	공동서신 8권	히브리서, 야고보서, 베드로전서, 베드로후서	
		요한1서, 요한2서, 요한3서, 유다서	
	예언서	요한계시록	

신약개요

하나님과 그의 백성 사이에는 언약이 있다. 그 첫 번째 언약은 모세가 시내 산에서 하나님으로부터 받은 첫 번째 언약 "당신들에게 세우신 언약의 피 입니다"(출24:1-8) 즉, 구약이 있고, 두 번째 언약 신약은 예수님께서 최후의 만찬 자리에서 사랑하는 제자들에게 말씀하신 "이 잔은 내 피로 세우는 새 언약이니 곧 너희를 위하여 붓는 것이라"(눅22:20)
이것이 새 언약의 기원이다.

이렇게 구약의 언약과 신약의 언약의 공통점은 피의 언약이라는 것이다. 그리고 이 피는 예수님께서 십자가에 달려 피 흘리심으로서 구원의 예표와 완성을 상징적으로 보여 주시는 것이다. 그러므로 옛 언약과 새 언약은 본질적으로 다른 것이 아니라, 신약의 새 언약은 옛 언약의 갱신을 의미하는 것이다.

신약성경은 위의 도표와 같이 27권의 구성 되어있다. 저자로는 마태, 마가, 누가, 요한, 바울, 야고보, 베드로이다. 이중에 최초 12제자는 마태, 요한, 베드로 세사람이다.

신약성서의 기원은 예수님 부활직후부터 쓰여 진 것이 아니고, 50여 년간 아무 기록도 없이 예수님에 대하여는 그저 말로 만 전해지고 있었다. 그 당시에는 성경책이 없어서 구약을 기초해서 가르쳤다(행2;16-21,행7장,행8장,행18:25). 그래서 성경이 아닌 "주님의 도"를 가르쳤다고 했다. 신앙의식 또한 요한의 세례 한가지였다(행18:25). 그러나 제자들은 자신들이 직접 경험하고 늘 들어왔던 예수님의 가르침과 그 행적들을 각자의 글로 옮겨 쓴 것이 마태복음과 요한복음, 베드로 전후서이다.

그 외에 마가복음과 누가복음은 구전(입으로 전해진)으로 내려온 것을 기록했고, 그 외에 바울의 서신서는 당시 성경이 없는 상황에서 여기저기서 근거 없는 전설이 나돌고, 헬라의 이단사상과 철학이 판을 치자, 교리의 정립과 교회의 규칙과 질서를 위해서 바울이 서신서를 써서 각 지역에 전달함으로써 본격적인 교리가 전파되기 시작했다. 그러나 중요한 것은 이 모든 성경이 제각기 다른 환경과 다른 시간과 다른 상황 속에서 기록되었지만, 성령에 의한 영감으로 쓰여졌으므로(딤전3:16) 하나로 통일 되었다는 것이다. 그리고 말씀은 살아 있는 운동력이 되어 심령을 변화 시키며 신앙경험의 기초가 되었으며, 성령의 역사는 말씀과 함께 복음이 되어 전 세계로 뻗어 나가기 시작했다.

※ 4 복음서의 특징

	마태복음	마가복음	누가복음	요한복음
예수님의 모습	왕	종	사람	하나님
상징	사자	황소	사람	독수리
독자의 지역	유대	로마	그리스(헬라)	열방
사역지, 명칭	갈릴리 가버나움, 공관복음			유대, 예루살렘

마태복음(Matthew)

마태복음은 이방인보다 유대인에게 주신 말씀이다. 예수님의 모습을 왕으로 상징했으며 배경은 베들레헴, 나사렛, 갈릴리 지역이다.
주제는 "아브라함과 다윗의 자손 예수그리스도의 세계"(1:1)
내용 : 1) 산상보훈(5장-7)
      2) 제자들에 대한 교훈(10)
      3) 천국비유(13장)
      4) 교회에 관한 말씀(18장)
      5) 최후의 심판(24장-25장)등

1장 예수님의 계보와 탄생 / 2장 동방박사의 경배, 애굽 피난 / 3장 세례요한의 천국전파
4장 광야에서의 시험, 갈릴리에서 복음사역 / 5장 산상설교와 천국복음
6장 천국시민의 생활 태도 / 7장 천국에 들어가는 길 / 8장 질병을 다스리시는 왕의 권능

1:23 "보아라, 동정녀가 잉태하여 아들을 낳을 것이니, 그 이름을 임마누엘이라 할 것이다.
    (임마누엘을 번역하면 "하나님이 우리와 함께 계시다"는 뜻)

3:2 세례요한이 전파하여 말하되, "회개하라 천국이 가까이 왔느니라"

4:1-11 예수님께서 성령의 충만함을 받고 요단강에서 돌아오자, 예수님 광야에서 사십일 동안
성령에 이끌리어 마귀에게 시험받는 3가지

첫째, 시험 마귀 – 돌이 변하여 떡이 되게 하라.
　　　예수님 – 사람이 떡으로만 살 것이 아니요, 하나님의 입으로부터 나오는 모든 말씀으로
　　　살 것이다(마 4:4). 교훈 – (육신의 정욕)
둘째, 시험 마귀– 예수님을 성전 꼭대기에 세우고 하나님의 아들이면 여기서 뛰어내려라, 천사
　　　들을 명하여 너를 떠받쳐서 돌에 부딪치지 않게 할 것이다.
　　　예수님 – 주 너의 하나님을 시험하지 마라(4:7). 교훈 – (안목의 정욕)
셋째, 시험 마귀 – 천하만국과 영광을 보이며, 네가 내게 절하면 네 것이 될 것이다.
　　　예수님 – 주 너의 하나님을 시험하지 말라, 사탄아 물러가라, 기록 되었으되 주 너의 하나
　　　님께 경배하고 ,다만 그를 섬기라(4:10). 교훈 – (이생의 자랑)

※ 산상보훈(팔복) 마 5:1-12

1. 심령이 가난한 자는 복이 있나니, 천국이 그들의 것임이요.
2. 애통하는 자는 복이 있나니, 그들이 위로를 받을 것임이요.
3. 온유한 자는 복이 있나니, 그들이 땅을 기업으로 받을 것임이요.
4. 의에 주리고 목마른 자는 복이 있나니, 그들이 배부를 것임이요.
5. 긍휼이 여기는 자는 복이 있나니, 그들이 긍휼이 여김을 받을 것임이요.
6. 마음이 청결한 자는 복이 있나니, 그들이 하나님을 볼 것임이요.
7. 화평케 하는 자는 복이 있나니, 그들이 하나님의 아들이라 일컬음을 받을 것임이요.
8. 의를 위하여 박해를 받는 자는 복이 있나니, 천국이 그들의 것임이라.

5:13,14.16 너희는 세상의 소금이니, 소금이 만일 그 맛을 잃으면 무엇으로 짜게 하리요. 너희
는 세상의 빛이라. 이같이 너희 빛을 사람에게 비추어서 그들이 너희의 착한 행실
을 보고 하늘에 계신 아버지께 영광을 돌리게 하라.
5:17 내가 율법이나 예언자들의 말을 폐하러 온 줄로 생각하지마라, 폐하러 온 것이 아니요, 완
성하러 왔다.
5:22,23,24 자기 형제에게 성내는 사람은 심판을 받는다, 그러므로 제단에 제물을 드리려고 가
다가, 네 형제나 자매가 네게 어떤 원한을 품고 있다고 생각나거든, 너는 그 제물을
제단 앞에 놓아두고 먼저 가서 네 형제와 화해하여라. 그런 다음에 돌아와서 제물을
드려라.
5:44,45 너희 원수를 사랑하며 너희를 박해하는 자를 위하여 기도하라, 이같이 한즉 하늘에 계
신 너희 아버지의 아들이 되리니, 이는 하나님이 그 해를 악인과 선인에게 비추시며, 비
를 의로운 자와 불의한 자에게 내려 주심이라.

6:6,8 너희는 기도 할 때에, 네 골방에 들어가 문을 닫고 은밀한 중에 계신 네 아버지께 기도하
라, 은밀한 중에 보시는 네 아버지께서 갚으시리라, 구하기 전에 너희에게 있어야 할 것을
하나님 너희 아버지께서 아시느니라.

6:9-15 그러므로 너희는 이렇게 기도하라,
 하늘에 계신 우리 아버지여, 이름이 거룩히 여김을 받으시오며,
 나라가 임하시오며, 뜻이 하늘에서 이루어진 것 같이 땅에서도 이루어지이다.
 오늘 우리에게 일용할 양식을 주시옵고, 우리가 우리에게 죄 지은 자를
 사하여 준 것 같이, 우리 죄를 사하여 주시옵고,
 우리를 시험에 들게 하지 마시옵고, 다만 악에서 구하시옵소서,
 (나라와 권세와 영광이 아버지께 영원히 있사옵나이다. 아멘.)
 너희가 사람의 잘못을 용서하면, 너희 하늘 아버지께서도 너희 잘못을 용서하시려니와
 너희가 사람의 잘못을 용서하지 아니하면, 너희 아버지께서도 너희 잘못을 용서하지
 아니하시리라.

※ 예수님께서 행하신 중요한 네 가지 기도

1. 금식기도 : "사십일을 밤낮으로 금식하신 후에 주리신지라"(눅4:2)
2. 새벽기도 : 아주 이른 새벽에 예수께서 일어나서 외딴 곳으로 나가셔서 거기서 기도하고 계
 셨다(막1:35) (새번역)
3. 철야기도 : 기도하시러 산으로 가사 밤이 맞도록 하나님께 기도하시고 밝으매(눅6:12,13)
4. 중보기도 : 예수께서 세상에 육체로 계실 때에, 택하신 백성을 위하여 심한 통곡과 눈물로
 기도 하셨으며(히5:7)

※ 예수님의 기도 방법

1. 너희는 항상 기도하고 낙망하지 말라(눅18:1)- 너희 염려를 다 주께 맡겨라(벧전5:7)
2. 너희는 골방에서 기도하라 – "은밀한 중에 계신 네 아버지께 기도하라, 은밀한 중에 보시는
 네 아버지께서 갚으시리라"(마6:6)
3. 너희는 믿음으로 기도하라 – "너희가 기도 할 때에 무엇이든지 믿고 구하는 것은 다 받으리
 라 하시니라"(마21:21-22, 막11;23-24)
4. 남을 용서하고 기도하라 – 혐의가 있거든 용서(막11:25), 사람의 과실을 용서(마6:14-15)
 일흔 번씩 일곱 번 용서(마18:21-22)
5. 저주하는 자를위하여 축복하며 기도 – 너희 원수를 사랑하며, 너희를 핍박하는 자를 위하여
 기도하라(마5:44, 눅6:27,28)
6. 너희는 기도할 때에 외식하는 자와 같이 되지 말라(마6:5)
7. 너희는 기도 할 때에 이방인과 같이 중언부언(한 말을 되풀이 함)하지 말라(마6:7-8)
 (성경적 기도와 QT. 김정복목사)

※ 중언부언(한말울 되풀이 함)에 오해

당시 이방인들은 기도를 마치 주문(呪文 – 술법이나 귀신을 쫓을 때 쓰는 반복되는 말)을 외우듯이 하는 기도가 있었다 "아침부터 밤까지 바알의 이름을 불러"(왕상18:26)여기서 말하는 예수님의 말씀은 이런 것을 의미한다. 우리가 기도 할 때에 하나님께 영광을 돌리는 기도는 방언과 같이 같은 말을 계속적으로 해도 내 안에 계신 성령님을 기쁘게 해드리는 기도가 될 수 있다.

6:19.20 너희는 자기를 위하여 보물을 땅에다가 쌓아 두지마라, 땅에서는 좀이 먹고 녹이 슬어서 망가지며 도둑이 뚫고 들어와서 훔쳐 간다. 그러므로 너희를 위하여 보물을 하늘에 쌓아두어라, 거기에는 녹이 슬어서 망가지는 일이 없고, 도둑들이 뚫고 들어와서 훔쳐 가지도 못한다. 너의 보물이 있는 곳에 너의 마음도 있을 것이다.

※ 하늘에 속한 것, 십일조 간증

필자는 십일조를 매우 중시하는 신앙인의 한사람이었다. 왜냐하면 많이 드리는 대로 많이 받았기 때문입니다. 그러나 뜻밖에도 사업은 기울고 생활은 바닥을 치는 노숙자(homless)수준까지 도달했습니다. 이제 "십일조"를 드릴 수 있는 형편도 못되었고, 매일매일 먹고 살아가는 일도 매우 힘이 들었다. 하나님께 대한 믿음은 변하지 않았지만, 더 이상 십일조는 드릴 수 있는 여유가 없었다. 그 후로부터 사람들에게는"십일조"에 대하여는 의무가 아닌 자원하는 예물로 주장하며 떠벌였다.

그러던 10여년이 지난 어느 날, 사업을 다시 시작하여 형편이 많이 좋아졌다. 우연히 하나님께 죄송한 생각이 들어 오랜만에 진정 어린 깊은 감사의 기도를 드렸습니다.

"하나님, 그동안 십일조를 모두 떼어 먹었는데 어떻게 이런 축복을 주십니까? 죄송하지만 저의 마음에 하나님께 대한 무슨 불신이라도 혹시 있지는 않았는지요?" 이렇게 질문하자, 이때 갑자기 마음속에서 분명하고 똑똑히 하나님의 말씀이 들려왔다, "마6:20절 너희를 위하여 보물을 하늘에 쌓아두어라, 거기에는 좀이 먹고 녹이 슬어 망가지는 일이 없다"

너무나도 깜짝 놀라 소름이 끼칠 정도이었다. 그리고 감격의 눈물을 마구 쏟았다. 그리고 깨달았다, 오래 전에 드렸던 십일조의 효과가 이제 나타나고 있다는 것을 깨달았다.

그렇습니다, 십일조뿐만 아니라 모든 헌물은 하늘 창고에 들어가는 것입니다. 세상에 있는 금융기관이나 주식은 하루아침에 날라 갈 수가 있습니다. 그러나 하늘 창고는 절대 그럴 일이 없습니다. 왜냐하면 확실한 보증인이 만유의 주인(골1:16)이신 예수님이시기 때문입니다.

우리는 죄를 짓거나, 신앙생활을 소홀이 하면서 정성이 없이 습관처럼 대충 헌금을 드리면, 그 헌금이 얼마나 효력이 있을까? 그렇게 생각할지 모르나, 그렇지 않습니다! 하나님께 드린 것은 하나님의 것입니다. 법적인 문제가 없는 예물은 욕심의 동기로 드렸든지, 죄 중에 드렸든지 그 봉헌한 헌금은 정죄 받고 세상으로 흘러 갈 수가 없습니다. 왜? 주님의 이름으로 축복되어졌기 때문입니다.

시간이 지나 하나님께서 부어 주시기로 작정 한 때에, 또는 준비되어진 그릇이 될 때에, 하나님은 그 이상의 것으로 채워주십니다. 만일 내 자신이 부족하여 그 복을 취득하지 못한다면, 내 후세에게 그것이 전달되어 집니다. 어떤 성도님들은 '그것은 기복주의야!' 하면서 드리는 봉헌한 예물들은 세상에서 받는 것이 아닌 천국에 가서 받는 것이 아닌가? 하며 오해 할 수도 있습니다.

성경은 "내가 진실로 너희에게 이르노니 나와 복음을 위하여 집이나, 형제나, 자매나, 어머니나, 아버지나, 자식이나, 전토를 버린 자는 현세에 있어서 집과 형제와 자매와 어머니와 자식과 전토를 백배나 받되(막10:29,30), 이 말씀에서 분명히 예수님도 "현세"라고 했습니다. 이렇게 세상에서 드려진 성도의 정성은 분명히 때가 이르면 세상에서 반드시 다 받고 축복을 누리게 되어있습니다. 믿음으로 정성으로 드립시다.

우리 주 예수 그리스도의 은혜를 알고 있습니다. 그리스도께서는 부요하나 여러분을 위해서 가난하게 되셨습니다. 그것은 그의 가난으로 여러분을 부요하게 하시려는 것입니다(고후8:9), 적게 심는 사람은 적게 거두고, 많이 심는 자는 많이 거둡니다. (고후9:6)

6:33 너희는 먼저 그의 나라와 그의 의를 구하라, 그리하면 이 모든 것을 더하시리라.

7:7,8 구하라 그리하면 너희에게 주실 것이요 찾으라, 그리하면 찾아 낼 것이요, 문을 두드리라 그리하면 너희에게 열릴 것이니, 구하는 이 마다 받을 것이오, 찾는 이는 찾아낼 것이요, 두드리는 이에게는 열릴 것이니라.

7:9 너희 중에 누가 아들이 떡을 달라하는데 돌을 주며, 생선을 달라하는데 뱀을 줄 사람이 있겠느냐 너희가 악한 자라도 좋은 것으로 자식에게 줄줄 알거든, 하물며 하늘에 계신 너희 아버지께서 구하는 자에게 좋은 것으로 주시지 않겠느냐.

7:21 나더러 주여, 주여 하는 자마다 다 천국에 들어 갈 것이 아니요. 다만 하늘에 계신 내 아버지의 뜻대로 행하는 자라야 들어가리라.

7:24,25 그러므로 누구든지 나의 이 말을 듣고 행하는 자는, 그 집을 반석 위에 지은 지혜로운 사람 같으리니, 비가 내리고 창수가 나고 바람이 불어 그 집에 부딪치되 무너지지 아니하니, 이는 주추를 반석위에 놓은 까닭이요.

9장 죄인과 병자를 고치는 왕의 권능 / 10장 열두제자를 부르시다
11장 배척받으신 예수님의 질책과 권유 / 12장 바리새인들의 메시아 배척
13장 천국에 관한 비유들 / 14장 한층 더 높아진 이적과 권능
15장 장로들의 전통과 고조되는 핍박 / 16장 베드로의 고백, 죽음과 부활을 처음 예고하시다
17장 변화산 상의 영광의 본체 / 18장 천국시민의 윤리관

9:1,13 건강한 자에게는 의사가 쓸데없고, 병든 자라야 쓸데 있느니라. 너희는 가서 내가 긍휼을 원하고 제사를 원하지 아니하노라 하신 뜻이 무엇인지 배우라, 나는 의인을 부르러 온 것이 아니요, 죄인을 부르러 왔노라.

9:17 새 포도주는 새 부대에 넣어야 둘이다 보전 되느니라.

10:1-5 열두 제자를 명하여 부르시다 (베드로, 안드레, 야고보, 요한, 빌립, 바돌로매, 도마, 마태, 야고보(알패오의 아들), 다대오, 시몬, 유다(예수를 은 삼십 냥에 판 자)

10:20,22 말하는 이는 너희가 아니라 너희 속에서 말씀하시는 이 곧, 너희 아버지의 성령이니라 또 너희가 내 이름으로 말미암아 모든 사람에게 미움을 받을 것이나, 끝까지 견디는 자는 구원을 얻으리라.

10:29-33 참새 두 마리가 한 앗사리온에 팔리지 않느냐, 그러나 너희 아버지께서 허락하지 아니하시면, 그 하나도 땅에 떨어지지 아니하리라, 너희에게는 머리털까지 다 세신바 되었나니 두려워하지 말라, 너희는 많은 참새보다 귀하니라.

10:32 누구든지 사람 앞에서 나를 시인하면, 나도 하늘에 계신 내 아버지 앞에서 그를 시인 할 것이요, 누구든지 사람 앞에서 나를 부인하면, 나도 하늘에 계신 내 아버지 앞에서 그를 부인하리라.

10:38,39 또 자기 십자가를 지고 나를 따르지 않는 자도 내게 합당하지 아니하니라, 자기 목숨을 얻는 자는 잃을 것이요, 나를 위하여 자기 목숨을 잃는 자는 얻으리라.

10:40 너희를 영접하는 자는 나를 영접하는 것이요, 나를 영접하는 자는 나를 보내신 이를 영접하는 것이니라.

11:28,29 수고하고 무거운 짐 진 자들아, 다 내게로 오라, 내가 너희를 쉬게 하리라, 나는 마음이 온유하고 겸손하니, 나의 멍에를 메고 내게 배우라, 그리하면 너희 마음이 쉼을 얻으리니, 이는 내 멍에는 쉽고 내 짐은 가벼움이라.

11:28 내가 하나님의 성령을 힘입어 귀신을 좇아내는 것이면, 하나님의 나라가 이미 너희에게 임하였느니라.

11:32 사람에 대한 모든 죄와 모독은 사하심을 얻되, 성령을 모독 하는 것은 사하심을 얻지 못하겠고, 또 누구든지 인자를 거역하면 사하심을 얻되, 누구든지 말로 성령을 거역하면 이 세상과 오는 세상에서 사하심을 얻지 못하리라.

12:35 선한 사람은 그 쌓은 선에서 선한 것을 내고, 악한 사람은 그 쌓은 악에서 악한 것을 내느니라.

※ 씨 뿌리는 비유(13:1-23)

1. 길가에 떨어짐 – 새들이 와서 쪼아 먹음
   ※ 천국 말씀을 악 한자가 와서 빼앗음
2. 흙이 얇은 돌 밭에 떨어짐 – 해가 돋은 후 뿌리가 없어 마름
   ※ 즉시 기쁨으로 받되, 환난이나 박해가 일어 날 때 곧 넘어짐
3. 가시떨기((가시덤불) 위에 떨어지매 – 가시가 자라 그 기운을 막음
   ※ 세상 염려와 재물의 유혹이 말씀을 막아 열매를 맺지 못함
4. 더러는 좋은 땅에 떨어져 30배 60배 100배의 결실을 맺음

※ 무릇 있는 자와 없는 자(13:12.14)

무릇 있는 자는(천국의 비밀을 아는 자) 받아 넉넉하게 되되, 없는 자는(길가, 돌밭, 가시덤불에 떨어짐을 비유함) 그 있는 것도 빼앗기리라.

13:14 너희가 듣기는 들어도 깨닫지 못할 것이요 보기는 보아도 알지 못하리라.

13:44 천국은 마치 밭에 감추어진 보화와 같으니, 사람이 이를 발견한 후 숨겨두고 기뻐하며 돌아가서 자기의 소유를 다 팔아서 그 밭을 사느니라.

14:13 오병이어의 기적 – 떡 다섯 개, 물고기 두 마리로 오천 명(여자와 어린이 외에)을 먹이심
14:22 예수님 물 위를 걸으시다, 제자들이 두려워 함 "안심하라, 나니 두려워하지 말라"
　　　베드로– 나를 명하사 물위로 오라 하소서, 바람을 보고 → 바람이 불면 파도가 칠 것이라는 상식적 고정 관념은 우리의 믿음을 작게 만든다. "믿음이 작은 자여, 왜 의심하였느냐" 믿음이란 그 대상의 능력과 그 결과를 미리 인정하므로서 기적을 만들 수 있다.

15:8 이 백성이 입술로는 나를 공경하되, 마음은 내게서 멀도다.
15:11-20 입으로 들어가는 것이 사람을 더럽게 하는 것이 아니라, 입에서 나오는 그것이 사람을 더럽게 하는 것이니라. 입에서 나오는 것들은 마음에서 나오나니, 그것들이 사람을 더럽게 하느니라, 마음에서 나오는 것은 악한 생각과 살인과 간음과 음란과 도둑질과 거짓증언과 비방이니, 이런 것들이 사람을 더럽게 하는 것이요.
15:21 딸이 흉악한 귀신에 들린 가나안여자(수로보니게 여인)의 겸손한 고백 "개들도 제 주인의 상에서 떨어지는 부스러기를 먹나이다" 는 예수님을 감동시켰다.
15:28 여자여, 네 믿음이 크도다, 네 소원대로 되리라.
15:34-38 떡 일곱 개, 생선 두 마리로 여자와 어린이외 사천 명을 먹이심.

※ 베드로의 그 유명한 고백 (16:16,17)

"주는 그리스도시여, 살아계신 하나님의 아들 이시니이다"
※ "너에게 이것을 알려 주신 분은 사람이 아니라, 하늘에 계신 나의 아버지시다"

16:24-27 누구든지 나를 따라 오려거든 자기를 부인하고 자기 십자가를 지고 나를 따를 것이니라, 누구든지 제 목숨을 구원하고자 하면 잃을 것이요, 누구든지 나를 위하여 제 목숨을 잃으면 찾으리라. 사람이 만일 온 천하를 얻고도 제 목숨을 잃으면 무엇이 유익하리요, 사람이 무엇을 주고 제 목숨과 바꾸겠느냐.

17:20 만일 너희에게 믿음이 겨자씨 한 알 만큼만 있어도 이 산을 명하여 여기서 저기로 옮겨지라 하면 옮겨질 것이, 또 너희가 못할 것이 없으리라.

18:3,4 너희가 돌이켜 어린 아이들과 같이 되지 아니하면, 결단코 천국에 들어가지 못하리라. 누구든지 이 어린아이와 같이 자기를 낮추는 사람이 천국에서 큰 자니라.
　　　※ 천국에도 작은 자와 큰 자가 있다. 큰 자는 겸손하게 살아 온 사람이다.

※ 세상에서 화(禍) 즉 불행, 재난이 일어나는 원인

18:7 사람을 걸려 넘어지게 하는 일(죄를 짓게 만드는 일) 때문에 세상에는 화가 있다, 걸려 넘어지게 하는 일을 일으키는 그 사람에게는 화가 있다.
　　　※ 내가 어쩌다 이런 꼴이 되었나? 생각하기 전에 내가 무엇을 했었나 생각해보자.

18:5 또 누구든지 내 이름으로 이런 어린아이 하나를 영접하면 곧 나를 영접함이니

18:10 이 작은 자 중 하나도 업신여기지 마라, 너희에게 말하노니 그들의 천사들이 하늘에서 하늘에 계신 내 아버지의 얼굴을 항상 뵈옵느니라.

18:12-14 양 일백 마리가 있는데 그중 하나가 길을 잃었으면, 그 아흔아홉 마리를 산에 두고 가서 길 잃은 양을 찾지 않겠느냐 만일 찾으면, 길을 잃지 아니한 아흔아홉 마리보다 이것을 더 기뻐하리라.

18:18 무엇이든지 너희가 땅에서 매면 하늘에서도 매일 것이요, 무엇이든지 땅에서 풀면 하늘에서도 풀리리라.
    너희중의 두 사람이 내 이름으로 모인 곳에는 나도 그들 중에 있느니라.

18:22 주여 형제가 내게 죄를 범하면 몇 번이나 용서하여 주리이까 네게 이르노니
    일곱 번 뿐만 아니라 일곱 번을 일흔 번까지라도 할지니라.

"은혜도 모르고 용서도 모르는 갑(甲)질의 횡포"(18:23-34)

왕으로부터 1만 달란트(요즘 화폐가치로 1달란트가 4억이니 4조원이 되네요) 빚을 탕감 받고 횡재한 자가, 자기 친구가 빚진 백 데나리온(1백일 일하는 품삯 약 7백만 원)을 갚지 않자, 자기 친구를 감옥에 넣어버렸다, 왕은 이 소식을 듣고 1만 달란트 빚진 자를 옥에 가두었다.

18:35 너희가 각각 진심으로 자기 형제자매를 용서해 주지 않으면 나의 하늘 아버지께서도 너희에게 그와 같이 하실 것이다.

19장 천국시민의 생활규범과 영생의 조건 / 20장 포도원의 품꾼들
21장 예루살렘에 입성하시는 메시야 / 22장 혼인잔치의 비유
23장 율법학자와 바리새인들을 책망 / 24장 성전의 파괴와 종말을 예언
25장 열 처녀의 비유와 달란트의 비유 / 26장 악한사람들의 음모와 최후의 만찬
27장 메시야의 수난과 죽음 / 28장 부활하신 예수님

19:5,6 사람이 그 부모를 떠나서 아내에게 합하여 그 둘이 한 몸이 될 지니라 하신 것을 읽지 못하였느냐 그런즉 이제 둘이 아니요 한 몸이니 그러므로 하나님이 짝지어 주신 것을 사람이 나누지 못 할지니라.

19:14 어린아이들을 용납하고 내게 오는 것을 금하지 말라, 천국이 이런 사람의 것이니라.

19:23-26 부자는 천국에 들어가기가 어려우니라, 낙타가 바늘귀로 들어가는 것이 부자가 하나님의 나라에 들어가는 것보다 쉬우니라. 그렇다면 누가 구원을 얻을 수 있으리이까? 사람으로서는 할 수 없으나, 하나님은 무슨 일이나 다 하실 수 있느니라.

※ 하나님이 정하신 부자의 기준

부자의 기본 정신은 소유의 집착과 그 목표 달성을 위하여 거침없이 달리는 것이다. 경쟁에서는 어떠한 양보와 타협은 없다. 그리고, 베푸는 미덕에 인색하다. 부자는 물질이 모든 가치의 기준이 된다. 곧 물질이 만능이며 우상이다. 자기에게는 신(神)이다. 고로 하나님을 알 수가 없다. 오직 자신만을 위해서 살다가 자신도 모르게 죽는다. 그러나 모든 부자가 다 그렇다는 것은 아니다. 내 주위에는 하나님이 정해놓은 부자들이 많다. 무엇이 다른가?

첫째, 그들은 모든 물질과 축복은 하나님으로부터 와서 하나님께로 돌아가는 진리의 법칙을 깨
　　　달았다.
둘째, 주님의 가르침을 따라 모든 물질은 나누는 데 있다는 것을 알고, 자기의 소유를 포기할 줄
　　　안다. 그러므로 그들은 결코 부자가 아니고 가난한자다. 하나님의 부자가 세상 적 부자로
　　　바뀌는 것은 잠깐이다. "내가 넉넉하구나." 생각하면 그는 이미 세상 적 부자가 되었다.
"사람의 생명이 그 소유의 넉넉한 데 있지 아니하니라."(눅12:15) 어떤 성도들은 잘 살아야 전도도 잘된다고 생각하는 사람들이 많이 있다, 틀린 말은 아니다. 그러나 잘 살면서도 나눌 줄 모르면 전도가 아니라 복음을 방해하는 부자라는 것도 알아야 한다.
"자기를 위하여 재물을 쌓아 두고 하나님께 대하여 부요하지 못한 자가 이와 같으리라."
(눅12:21)

19:30 먼저 된 자로서 나중 되고, 나중 된 자로서 먼저 될 자가 많으니라.

※ 포도원의 품꾼들

20:1-16 일꾼들이 3시(아침9시), 6시, 9시, 11시 각기 다른 시간에 왔어도 하루 일당 똑같이 한 데나리온 씩 주자, 일찍부터 일한 자들이 주인에게 원망을 늘어놓음.
주인의 대답 : 나중에 온 사람에게 너와 같이 주는 것이 내 뜻이니라....이와 같이 나중 된 자로서
　　　　　　 먼저 되고 먼저 된 자로서 나중 되리라. (20:14,16).
구원을 받는 것에는 순서도 없고 공로 때문도 아니다. (십자가의 우편 강도는 아무 공로도 없이 세상에서 가장 짧은 고백과 예배를 드리므로 한 순간에 거듭나서 구원을 얻었습니다)
※ 그리스도 예수 안에 있는 속량으로 말미암아 하나님의 은혜로 값없이 의롭다 하심을 얻은 자
　　되었느니라.(롬3:24)

20:26-28 너희 중에 누구든지 크고자 하는 자는 너희를 섬기는 자가 되고, 너희 중에 누구든지
　　　　 으뜸이 되고자 하는 자는, 너희의 종이 되어야 하리라. 인자가 온 것은 섬김을 받으려
　　　　 함이 아니라, 도리어 섬기려하고 자기 목숨을 많은 사람의 대속 물로 주려 함이니라.
20:29 여리고로 내려가시다가 맹인 두 사람 중, 거지 바디매오를 고치심.

21:9 호산나 다윗의 자손이여 찬송하리로다. 주의 이름으로 오시는 이여, 가장 높은 곳에서 호
　　 산나 하더라.
21:13 내 집은 기도하는 집이라 일컬음을 받으리라 하였거늘, 너희는 강도의 소굴을 만드는 도
　　　다.

21:22 너희가 기도 할 때에 무엇이든지 믿고 구하는 것은 다 받으리라.

※ 임금님의 혼인 잔치 비유 (마22:1-14, 눅 14:15-24)

22:3 잔치를 베푼 어떤 임금이 그 종들을 보내어 청한 사람들을 모두 오라고 함.

22:3-6 초청을 받은 사람들의 변명과 태도

　　　 한 사람은 자기 밭으로, 한 사람은 사업하러, 한 사람은 소 다섯 겨리(소 두마리가 끄는 쟁기)를 샀으니 시험하러, 한 사람은 장가들어서, 어떤 사람들은 왕의 종들을 미워하여 죽임.

※임금님의 결정

　네거리 길에 가서"만나는 대로 데려오라". 악한 자든 선한 자든 병든 자든, 가난한자든, 맹인이든, 불구자든(눅14:21) 모두 데려오라, 산이든 들이든 억지로라도 데려다 내 집을 채우라.

혼인잔치에 손님들이 가득한 것을 보다가 이상한 일이 발생 함,

그 많은 사람들 중에 예복을 입지 않은 "한 사람"을 발견 함. 예복을 입지 않은 이 사람을 보고 왕이 호통을 치며 바깥 어두운 데로 내어 쫓음.

※ 이 많은 사람 중에 한 사람만 쫓겨났다면, 천국으로 들어가는 확률이 꽤 높은 것 같지 않습니까? 분명히 성경에는 "좁은 문"으로 들어가라 …생명으로 인도하는 문은 좁고 길이 협착하여 찾는 자가 적음이라(마7:13) 이렇게 말씀했는데…

그렇습니다, 천국은 만민을 다 수용할 수 있는 곳입니다, 누구든지 들어 갈 수 있는 곳입니다. 그러나, 조건이 있습니다, 입장권이 있어야 합니다. 입장권이란? "양들이 그의 음성을 아는 고로 따라오되"(요10:4) 주님의 음성을 들을 수 있는 자에게 만 주는 특혜입니다. 이것을 가리켜 기독교에서는 "믿음과 선택"이라고 합니다. 그러므로 이 "믿음"을 가진 자들에게는 천국에 들어가는 확률이 100％입니다. 그러나, 초대를 받고도 오지 않은 사람들은 세상일에 바쁘고, 세상일에 인생의 모든 것이 집중되어 있으므로, 하나님에 대하여는 무관심한 존재를 의미합니다.

그러면, 본문의 쫓겨난 예복을 입지 않은 사람은 무엇입니까? 아마 하나님에 대한 관심은 있었으나, 믿음의 예복을 입지 않았기 때문 일 것입니다. 오늘 날도 교회에는 나오지만 믿음의 예복을 입지 않고 나오는 사람들이 얼마나 많습니까 믿음은 하나님이 주시는 선물입니다.

"너희는 그 은혜에 의하여 믿음으로 말미암아 구원을 받았으니, 이것은 너희에게 난 것이 아니요, 하나님의 선물이라"(엡2:8). 이렇게 믿음은 하나님이 거저 주시는 선물입니다.

그러면 믿음을 얻기 위해서는 어떻게 해야 합니까?

구하라 그리하면 너희에게 주실 것이요, 찾으라 그리하면 찾아낼 것이요, 문을 두드리라 그리하면 너희에게 열릴 것이니, 구하는 이마다 받을 것이요, 찾는 이는 찾을 것이요, 두드리는 이에게 열릴 것이니라(눅11:9,10). (믿음은 곧 하나님의 능력이며, 천국백성 되는 자격증이다)

22:30,32 부활 때는 장가도 아니 가고, 시집도 아니 가고, 하늘에 있는 천사들과 같으니라. 하나님은 죽은 자의 하나님이 아니요, 살아있는 자의 하나님이시니라.

22:37-40 네 마음을 다하고 목숨을 다하고 뜻을 다하여 주 너의 하나님을 사랑하라 하셨으니, 이것이 크고 첫째 되는 계명이요, 둘째도 이와 같으니 네 이웃을 네 자신같이 사랑하라 하셨으니, 이 두 계명이 온 율법과 선지자의 강령이니라.

23:12 누구든지 자기를 높이는 자는 낮아지고 누구든지 자기를 낮추는 자는 높아지리라.

24:3-9 주의 임하심과 세상 끝에는 무슨 징조가 있사오리이까? 난리와 난리 소문을 듣겠으나
너희는 삼가 두려워하지 말라, 이런 일이 있어야 하되
24:6-9 아직 끝은 아니니라, 민족이 민족을, 나라가 나라를 대적하여 일어나겠고, 곳곳에 기근
과 지진이 있으리니, 이 모든 것은 재난의 시작이니라. 그때에 사람들이 너희를 환난에
넘겨주겠으며 너희를 죽이리니, 너희가 내 이름 때문에 모든 민족에게 미움을 받으리라
24:13 그러나 끝까지 견디는 자는 구원을 얻으리라.
24:27-33 번개가 동편에서 나서 서편까지 번쩍임 같이 인자의 임함도 그러하리라.
무화가 나무의 비유를 배우라. 그 가지가 연하여 지고 잎사귀를 내면 여름이 가까운
줄을 아나니, 이와 같이 너희도 이 모든 일을 보거든 인자가 가까이 곧 문 앞에 이른
줄 알라. 그 날 환난 후에 즉시 해가 어두워지며, 달이 빛을 내지 아니하며, 별들이 하
늘에서 떨어지며, 하늘의 권능들이 흔들리리라. 그때 인자의 징조가 하늘에서 보이겠
고, 그 땅의 모든 족속이 통곡하며, 그들이 인자가 구름을 타고 능력과 큰 영광으로
오는 것을 보리라.
그가 큰 나팔 소리와 함께 천사들을 보내리니, 그들이 그의 택하신 자들을 이 끝에서
저 끝까지 사방에서 모으리라.
24:42 그러므로 깨어 있으라, 어느 날에 너희 주가 임 할는지 너희가 알지 못 함이니라.
24:44 이러므로 너희도 준비하고 있으라, 생각하지 않은 때에 인자가 오리라.

※ 신랑을 맞으러 나간 열 처녀의 비유(25:1-13)

열 처녀 중에 다섯은 등과 기름을 준비했고, 다섯은 등만을 준비했다. 여기서 중요한 것은 기름
이다. 기름이 없이는 불을 밝힐 수 없기 때문이다, 또한 성도는 빛을 발해야합니다.
"너희가 전에는 어둠이더니 이제는 주안에서 빛이라, 빛의 자녀들처럼 행하라"(엡5:8)
25:11절에 기름을 준비 못해 쫓겨난 다섯 처녀는 분명히 "주님, 주님"하면서 외쳤습니다.
성경에도 분명히 "누구든지 주의 이름을 부르는 자는 구원을 얻으리라"(행2:21)했습니다. 그런
데 성경에는 이런 말씀도 있습니다. "나더러 주여, 주여 하는 자마다 천국에 들어 갈 것이 아니
요, 내 아버지 뜻대로 행하는 자라야 들어가리라" 그렇습니다, "주여, 주여"는 누구나 부를 수
있습니다. 그러나 내가 부르는 "주여"가 진짜인지 가짜인지는 아버지만 아십니다. 내 자신도 모
를 수 있습니다, 그러면 진짜 주여는 무엇으로 알 수 있나요 "내 아버지의 뜻대로 행하는 자"입
니다, 그리고 아버지의 뜻을 깨달아 알 수 있는 것은 바로 "성령"이 내 안에서 역사 하여야만 합
니다. 여기서 기름을 준비하지 못함은, 성령이 그들 다섯 처녀에게는 없었다는 것입니다.
"그리스도"의 뜻은 "기름부음을 받다"라는 뜻입니다, "그리스도인" 역시 기름부음을 받은 자
라는 뜻입니다, 우리 모두 성령 안에서 아버지의 뜻을 깨달아 깨어서 준비하는 자가 됩시다.

25:14-30 다섯 달란트 받은 종은 다섯을 남기고, 두 달란트 받은 종은 두 달란트를 남기고, 한
달란트 받은 자는 땅속에 감추어 둠, 결과는 한 달란트 받은 자는 무익한 종이 되어
있는 것 마저 빼앗기고 어두운데(구원받지 못한 장소)로 쫓겨남, 그리고 곧 이어서
나오는 말씀

25:29 무릇 있는 자는 받아 풍족하게 되고 없는 자는 그 있는 것 까지 빼앗기리라

이것이 도대체 복음입니까? 무엇입니까?

요즈음 세상에서 가장 듣기 싫은 소리 하나 꼽으라면 바로 부익부(富益富)빈익빈(貧益貧)입니다. 그런데 "어떻게 예수님이" 가난의 아픔을 외면 하는듯한 이런 말씀을!(25:29) 그러나, 하나님이 창조하신 우주의 법칙을 곰곰이 생각해 보면, 하나님은 누구를 위하여 이 만물을 창조했는지 알 수 있습니다. "하나님이 그들에게 이르시되 생육하고 번성하여 땅에 충만할 땅을 정복하라"(창1:28). 이렇게 하나님은 명령하셨고, 인간은 이것을 지켜야 할 의무가 있습니다. 이것이 시대가 갈수록 변천되어 생존경쟁, 약육강식처럼 되어버렸습니다. 하나님은 이러한 시대가 올 것도 다 아시고 계셨습니다. 그래서 성도들이 시대에 맞게 대처할 태도 즉 근면, 성실, 인내를 가지라는 은유적 뜻이 포함 되어있는 말씀이 달란트의 비유입니다.

성경에도 "게으른 자여 개미에게 가서 그가 하는 것을 보고 지혜를 얻어라"(잠6:6), "누구든지 일하기 싫어하거든 먹지도 말게 하라"(살후3;10), 여기서 한 달란트 받은 사람의 태도를 살펴봅시다.

"주인님, 나는 주인이 굳으신 분이시라 심지 않은데서 거두시고, 뿌리지 않은데서 모으시는 줄 알고" 이 사람은 신적 존재의 초월성을 잘 알고 인정하는 것 같습니다, 그래서 현실적인 것보다는 철학적인 것에 많이 물들어 있는 사람임을 알 수 있습니다. 당시 헬라(그리스)지방이나 중근동(터어키)지방에는 일하지 않고 사람들을 모아 놓고 떠드는 사상적인 사람들이 많이 있었습니다. 데살로니가 인들에게 보낸 사도 바울의 편지에도 "게으른 생활하며 아무 일도 하지 않고 일을 만들기만 하는 사람이 있다고 하면서 이런 사람을 경계하라고 했습니다"(살후3:6-12) 하나님은 자신의 백성이 머리(으뜸)가 되기를 원하시지, 꼬리가 되는 것을 원치 않으십니다(신28:13). 유대인들이 아주 보잘 것 없는 민족인데 세계적으로 그 위상이 어떠한지를 보십시요, 이제 이해가 가실 것입니다. 우리도 게으르지 않고 풍족해서 나눌 수 있는 성도들이 됩시다.

25:35-40 내가 주릴 때 먹을 것을 주고, 목마를 때 마실 것을 주고, 나그네 되었을 때 영접하고, 헐벗었을 때 입히고, 병들었을 때 돌아보았고, 옥에 갇혔을 때 와서 보았느니라. 이에 의인이 언제 우리가 그랬나이까? 너희가 여기 내 형제 중에 지극히 작은 자 하나에게 한 것이 곧 내게 한 것 이니라.

26:26 그들이 먹을 때에 예수께서 떡을 가지사, 축복하시고 떼어 제자들에게 주시며 이르시되 받아서 먹으라, 이것은 내 몸이니라. 또 잔을 가지사, 감사기도 하시고 그들에게 주시며 이르시되 너희가 다 이것을 마시라. 이것은 죄 사함을 얻게 하려고 많은 사람을 위하여 흘리는바 나의 피, 곧 언약의 피니라.

26:39 내 아버지여 만일 할 만 하시거든 이 잔을 내게서 지나가게 하옵소서. 그러나 나의 원대로 마옵시고 아버지의 원대로 하옵소서.

26:41 시험에 들지 않게 깨어 기도하라, 마음에는 원이로되 육신이 약하도다.

26:53 너는 내가 내 아버지께 구하여 지금 열두 군단 더 되는 천사를 보내시게 할 수 없는 줄 아느냐, 내가 만일 그렇게 하면 이런 일이 있으리라, 한 성경이 어떻게 이루어지겠느냐.

26:64 내가 너희에게 이르노니, 이후에 인자가 권능의 우편에 앉아 있는 것과 하늘 구름을 타고 오는 것을 너희가 보리라.

28:18-20 하늘과 땅의 모든 권세를 내게 주셨으니, 그러므로 너희는 가서 모든 민족을 제자로 삼아 아버지와 아들과 성령의 이름으로 세례를 베풀고 내가 너희에게 분부한 모든 것을 가르쳐 지키게 하라. 볼지어다, 내가 세상 끝날 까지 너희와 항상 함께 있으리라.

※ 예수님의 장례를 준비한 두 사람 아리마대사람 요셉(막15:43)과 니고데모(요3:1)

　　이 두 사람의 특징은 명망 있는 산헤드린 의회 공회원이었다. 지금으로 말하자면 국회의원 급이었다. 그러기에 감히 빌라도에게 시체를 요구 할 수 있었고, 아리마대 요셉은 장지를 마련했고 니고데모는 침향과 몰약 100파운드를 마련했다. 이들이 한 행동은 상황적으로 볼 때에 아무리 높은 위치라 할지라도 목숨을 건 모험이었다. 그렇다고 그들이 예수님의 가르침을 받고 즉시 그리스도인이 되었다는 말도 성경에는 없다. 무엇이 이 사람들의 마음을 붙잡았고 용기 있는 결단을 내리게 했을까? 그것은 다름아닌 그들의 올바른 양심이었다.
"선한 사람은 그 쌓은 선에서 선한 것을 내고, 악한 사람은 그 쌓은 악에서 악한 것을 내느니라"(마12:15). 그들은 선한 마음을 가지고 있었고, 그 선한 마음은 무엇이 옳고 그름을 판단 할 수 있게 하였던 것이다, 요즘 세상은 기회주의라는 편협한 생각에 빠져들어 불의와 타협하고 정의를 버리는 시대가 아닌가, 이 두 사람을 닮자. "마음이 청결한 자는 복이 있나니 그들이 하나님을 볼 것임이요"(마5:8) 이 두 사람은 마음이 청결한 사람이었다, 그래서 전설에 의하면 이 두 사람은 후에 모두 성도가 되어 유대인들에 의해서 순교 당했다고 한다. 그러나 그들의 선택은 옳았다, 그 이유는 영원하신 하나님의 품에서 영생을 얻었기 때문이다.

마가복음(Mark)

　마가복음은 4복음서 중에 최초로 쓰여 진 책이다, 마가는 베드로와 동역 자였다. 그래서 베드로에 대한 기록이 많다. 마가는 부잣집의 아들로서 그의 집은 제자들의 집회장소로 사용되기도 하였다(행12:12). 마가는 바나바의 생질이며(골4;10), 바울과 1차 선교여행 때에 되돌아가 버렸다. 마가복음의 핵심은 "전도"이다. 예수께서 하나님의 아들이심을 증명하고 전하는 일이었다. 당시 네로 황제의 핍박으로 성도들이 위기와 혼란에 빠져 있을 때 예수그리스도를 수난 받는 종으로 묘사하며 용기를 북돋아 주기 위해 마가복음을 썼다.

　주요 구절은 "인자가 온 것은 섬김을 받으려 함이 아니라, 도리어 섬기려하고 자기 목숨을 많은 사람의 대속물로 주려함이니라"(막10:45)

1장 세례 요한의 선포 / 2장 병자를 고침과 예수님의 정체성 / 3장 열두 제자를 부르심
4장 예수님 자신의 종에 비유 / 5장 종의 권능 / 6장 핍박의 고조 및 종의 사역 확장
7장 장로들의 전통과 이방사역 / 8장 기적을 행함과 베드로의 고백 / 9장 영광과 능력

1장 세례요한의 복음전파 광야에 외치는 자의 소리가 있어 이르되, 너희는 주의 길을 준비하라, 그의 오실 길을 곧게 하라.

2:17 나는 의인을 부르러 온 것이 아니라, 죄인을 부르러 왔노라.
2:22 새 포도주를 낡은 가죽부대에 넣는 자가 없나니 만일 그렇게 하면, 새 포도주가 부대를 터뜨려 포도주와 부대를 버리게 되리라, 오직 새 포도주는 새 부대에 넣느니라.
2:27 안식일이 사람을 위하여 있는 것이요, 사람이 안식일을 위하여 있는 것이 아니니, 이러므로 인자는 안식일에도 주인이니라.
2:30 하나님 나라는 겨자씨 한 알과 같으니, 땅에 심길 때는 땅의 모든 씨보다 작은 것이로되, 심긴 후에는 자라서 모든 풀보다 커지며 큰 가지를 내나니, 공중의 새들이 그 그늘에 깃들일 만큼 되느니라.

5:35-41 회당장 야이로의 딸을 살리심, 그 아이의 손을 잡고 이르시되 "달리다굼" 달리다굼의 뜻은 (내가 네게 말하노니 "소녀야 일어나라")

8:34 누구든지 나를 따라 오려거든, 자기를 부인 하고 자기 십자가를 지고 나를 따를 것이니라. (마16: 23-25, 눅14:25-27)

9장 예수님 변화산상에서 영광스러운 모습으로 예수님 변형되자, 베드로의 요청 초막 셋을(주를 위해, 모세를 위해, 엘리야를 위해)집시다, 그리고 그들이 두려워하자 하늘에서 음성이 들림. 이는 내 사랑하는 아들이니 너희는 그의 말을 들으라.
9:28 제자들 우리는 어찌하여 능히 그 귀신을 쫓아내지 못하였나이까?

"기도 외에 다른 것으로는 '이런 종류'가 나갈 수 없느니라"

'이런 종류' 의 의미에는 귀신에도 종류가 있다는 뜻이다. 물론 종류도 있고, 등급이 있다.
※ 사탄의 우두머리 타락한 천사장 루시퍼(사14:12) → 사탄의 세력 큰 용, 옛 뱀, 마귀, 리워야
   단, 하늘에 있는 악령(욥41:1, 계12:9, 엡6:12), 어둠의 세상 주관자(엡6:12), 정사와 권세
   (엡 6:12)
※ 미혹케 하는 영(딤전4:1) → 귀신, 동물 속으로도 들어가고(막1:1-20), 사람을 놀라게 하고
   (행19:15), 때로는 장애로 만들며, 병에 걸리게 함(막9:25).

9:38-40 요한이 주님, 우리를 따르지 않는 어떤 자가 주의 이름으로 귀신을 쫓아내는 것을 우
       리가 보고, 하지 못하게 했습니다.
       A. 금하지 말라, 우리를 반대하지 않는 자는 우리를 위하는 자니라.
       B. (마7:22,23) 주의 이름으로 귀신을 쫓아내며, 주의 이름으로 많은 권능을 행하지
          아니 하였습니까? 내가 너희를 도무지 알지 못하니, 불법을 행하는 자들아, 내게서
          떠나가라.

※ 참과 거짓을 분별 할 줄 아는가?

위의 두 본문을 A와 B로 대조해 보면 똑같이 귀신을 쫓아낸 사건 속에 참과 거짓이 무엇인가
를 정확히 밝히는 예수님의 교훈을 알 수 있다.
물과 기름은 얼핏 보기에 같은 물 같다, 그러나 불을 붙여보면 금방 성분을 알 수 있다. 그러면
물과 기름을 섞었다고 하자, 분명히 기름은 불길이 솟지만, 물은 절대 불이 붙지 않는다. 이와 같
이 복음은 아무리 세상과 섞여 있어도 변질되거나 섞이지 않는다. 복음은 그대로 복음으로 남는
다. "어떤 이들은 투기와 분쟁으로, 어떤 이들은 착한 뜻으로 그리스도를 전파하나니...순수하지
못하게 다툼으로 그리스도를 전파하느니라. 그러면 무엇이냐 겉치레로 하나, 참으로 하나 무슨
방도로 하든지 전파되는 것은 그리스도니, 이로써 나는 기뻐하고 기뻐하리라"(빌1;15-18)
이와 같이 복음 때문에 싸우고, 헐뜯고, 판단, 정죄하는 것은 인간의 악한 마음이다, 우리를 따르
지 않는(인간적 섭섭함) 그러나, 복음은 복음대로의 길을 간다. "금하지 말라, 우리를 반대하지
않는 자는 우리를 위하는 자니라." 그래서 예수님께서는 참과 거짓을 구분하는 기준을 세워주셨
다. 그러면 우리는 어떻게 구분하고 대처해야 하는가? "그들의 열매로 그들을 알지니"(마 7:
16) 열매 없는 능력은 불법이고, 진정 주님을 위하는 자는 많은 열매를 맺는다.

※ 거짓 선지자의 특징 네 가지

1. 성경 말씀 외에 자신에게 계시된 무엇이 있음을 암시하거나 주장한다. 하나님이 성경에 무엇
   을 보태거나 빼는 행위를 엄격히 금지하셨다는 사실을 잊어서는 안 된다.
   (신4:2, 계22;18,19)
2. 성도들 앞에서 군림하려고한다, 주의 종은 성도를 섬기고, 희생하여야한다.(마20:28)
3. 자신의 권위를 위하여 물질적인 면과 신비주의적인 면을 많이 강조한다.(벧후2:15,요일4:1)
   "성령께서는 각광을 받지 않으시고 항상 배후에서 사역하신다. 영적은사, 기적적인 능력, 건강
   과 부의 약속 따위를 전면 중심에 내세운다면 사역의 초점이 예수그리스도에게서 멀어질 수
   밖에 없다. 그런 이탈 행위는 성령의 사역과 무관하다." (다른 불 . 존 맥아더)
4. 이성적인 면에서 복음적 윤리관을 지키지 않는다.(벧후2:10)

"의와 불법이 어찌 함께하며, 빛과 어둠이 어찌 사귀며, 그리스도와 벨리알(마귀)이 어찌 조화 되며, 하나님의 성전과 어찌 일치되리요"(고후6:14-16) 이렇게 뚜렷이 구분되어 있는 사실을 우리가 알므로 그들의 존재를 두려워하지는 맙시다.
경계는 하되, 그들을 증오하거나 멸시해서는 안됩니다. 그들에게 옳은 길을 제시하고 옳은 길로 인도 하는 것이 주님의 뜻입니다. 주님은 아흔아홉 마리의 양보다 한 마리 잃어버린 양을 귀히 여기고 찾고 있다는 사실도 알아야합니다. (마18:12)

> 10장 이혼을 비판하시다, 죽음과 부활을 설명 / 11장 종의 예루살렘 입성
> 12장 음모와 종의 변론과 학자들을 책망 / 13장 예루살렘의 멸망과 세상 종말
> 14장 대제사장과 율법학자들의 음모, 유월절 마지막 만찬, 종의 수난
> 15장 십자가상의 고난 받는 종 / 16장 종의 부활

10장 어려서부터 계명을 다 지켰다고 자부하는 부자 청년에게 예수님은 이렇게 말씀하셨다,네 게 아직도"한 가지 부족한 것"이 있으니 가서 네게 있는 것을"다 팔아"가난한 자에게 주라, 그리하면 하늘에서 보화가 네게 있으리라.

"천국의 비밀"

왜 예수님은 자기의 소유의 절반 밖에 드리지 않겠다는(눅19:1:8) 삭개오에게는 그 소유의 전 부를 요구하지 않고, 유달리 부자 청년에게는 전 재산을 요구했을까?
여기서 우리는"천국의 비밀"을 알 수 있다. 부자 청년이 천국에 들어가는 조건은, 자기 재산을 다 팔아서 가난한 자에게 주어야 한다는 것이 명확한 사실이다. 이것을 증명하는 말씀이 "천국 은 마치 밭에 감추어진 보화와 같으니 이를 발견한 후 숨겨두고 기뻐하여 돌아가서 자기의 소유 를 다 팔아 그 밭을 샀느니라."(마13:44) 부자 청년은 천국의 가치와 그 소중함을 몰랐다.
오늘날 한국에는 교회가 너무 흔하다, 특히 도시에는 한 빌딩에 몇 개씩이나 있다. 또한 기독교 의 구원 교리에 대해 들어 보지 못한 사람은 드물 것이다. 불신자들이 볼 때에 천국은 길바닥에 깔렸고, 믿음의 교리 또한 단순하다. '언젠가 믿고 세례만 받으면 거저먹는 곳이 천국이다' 이렇 게 생각하는 것이 기독교에 대한 사회적 통념이 되어버렸다. 정말 그럴까? 여기에 대한 주님의 대답이 오늘 우리에게 주는 교훈이다. 그 교훈은 역설적으로 한 가지만 부족해도 못가는 곳이 천국이다. 천국은 소유를 다 팔아야 갈 정도로 귀한 곳이다. 그러면 삭개오는 어떻게 예외가 될 수 있었을까? 예수님은 산상수훈에서 이렇게 말씀하셨다, "심령이 가난한 자는 복이 있나니, 천국이 그들의 것임이요" 삭개오에게는 늘 따라 다니는 꼬리표가 있었다. 한마디로 낙인이 찍혔 다는 말이다. 그것은 사람들이 그를 죄인으로 취급하는 것이었다. 그는 부자였지만, 늘 죄인 된 의식 속에 살아야 하는 고통이 있었다. 그래서 그는 심령이 가난한 자였다. "나는 의인을 부르러 온 것이 아니라 죄인을 부르러 왔다"(막2;17)
반면에 부자 청년은 자신이 스스로 "나 정도면 천국에 충분히 들어가지" 장담하고 예수님께 나온 것이다, 그래서 주님이 계명에 대해 이야기하자, 그는 자신 있게 이렇게 말한다.
"선생님, 나는 이 모든 것을 어려서부터 다 지켰습니다." 주님도 그 사실을 인정하셨는지 "눈여 겨 보시고 사랑스럽게 여겼다."고 했다. 그러나 그는 천국에 못 들어갔다, 그 이유는 심령이 가 난하지 못했기 때문이다. 오늘날 빈부의 격차로 심령이 가난한 자들이 얼마나 많은가? 교회에 풍성한분 모시고 가서 목사님한테 칭찬받는 것도 좋지만, 심령이 가난한 자들을 찾으라, 그리고 천국의 비밀과 그 소중함을 세상에 알리고, 세상에서는 천국시민권자 답게 살아가자.

12:25 사람이 죽은 사람가운데서 살아 날 때에는 장가도 가지 않고, 시집도 가지 않고, 하늘에 있는 천사들과 같다.(마22:23-33,눅20;27-40)

12:28-31 가장 큰 계명(마22:34-40,눅10;25-28)

12:41-44 가난한 과부의 헌금(눅2;1-4), 한 가난한 과부는 헌금함에 두 렙돈(빵 한 개의 값)을 넣자, 예수님께서 하시는 말씀 "다른 사람들은 풍족한 가운데 넣었거니와 이 과부는 그 가난한 중에 모든 소유 곧 생활비 전부를 넣었느니라."

13:2 예수께서 이르시되, 네가 이 큰 건축물들을 보느냐? 돌 하나도 돌 위에 남지 않고 다 무너뜨려 지리라(AD 70년 로마 타이터스 장군에 의해 예루살렘의 함락과 함께 성전 건물 돌 속에 숨긴 금덩이를 찾기 위해 돌 위에 돌 하나도 남지 않고 다 무너짐)

13:19,20 그 날들이 환난의 날이 되겠음이라, 하나님께서 창조하신 시초부터 지금까지 이런 환난이 없었고, 후에도 없으리라. 만일, 주께서 그 날들을 감하지 아니하셨더라면, 모든 육체가 구원을 얻지 못할 것이거늘, 자기가 택하신 자들을 위하여 그 날들을 감하셨느니라.

13:28 무화과나무의 비유를 배우라, 그 가지가 연하여지고 잎사귀를 내면 여름이 가까운 줄 아나니, 이와 같이 너희가 이런 일이 일어나는 것을 보거든 인자가 가까이 곧 문 앞에 이른 줄 알라.

"무화과나무의 상징"

무화과나무는 옛 부터 이스라엘을 상징한다. 무화과나무는 그 뿌리를 땅속 깊이 30m까지 내려가는 식물이다. 이렇게 강인한 나무처럼 이스라엘은 2천년 동안 나라 없이 세계 곳곳에 흩어져 살면서도 자신들의 신앙의 긍지와 주체성을 잃지 않았다. 그들이 그렇게 될 수 있었던 것은 그들의 철저히 여호와 하나님을 섬기는 신앙교육 때문이었다.

중세 때는 예수를 십자가에 달리게 한 장본인들이라는 이유로 많은 핍박과 멸시를 받았다. 또한, 독립을 이루기 수년 전에는 히틀러에 의해 600만이라는 유대인들이 학살을 당했다. 그리고 세계에서 영향력 있는 국가들은 아프리카에 이스라엘이라는 나라를 세워주려고 까지 했다. 그러나 그들은 그 곳을 거부하고 하나님의 계시된 예언과 같이 1948년에 2천년 전에 잃어버렸던 그 자리에서 나라를 다시 찾았다.

역사학자들은 "이것은 하나님의 기적이다"라고 말한다. 인류 역사에서 어느 나라 어느 민족도 2천년 동안 나라를 잃었다가 찾은 민족이 없기 때문이다. 그 작고(크기가 경상남도만한 땅) 척박한 땅 그러나, 그 땅은 약속의 땅, 예언되어진 땅이었기 때문입니다. 그리고 예언처럼 "그 가지가 연하여 지고, 잎사귀를 내면" 이 뜻은 죽어 있었던 것 같은 이스라엘이 살아남을 것을 의미한다. 그러나 건국 19년 후 아직 재건을 채 이루기도 전에 1967년 6월에 아랍연맹들이 연합하여 이스라엘을 빼앗으려고 침공을 했다. 그러나 또 기적이 일어났다. 수 적으로나 군사장비로 보나 도저히 이길 수 없는 전쟁 이었지만, 단 6일 만에 이스라엘의 승리로 끝나 버렸다. 온 세계가 이 사실을 접하고 믿을 수 없는 불가사의 한 일이라고 했다. 그렇다 하나님의 약속은 어제나 오늘이나 영원토록 동일하다. 우리 믿는 성도들도 실상은 이와 같은 기적의 약속 속에서 살고 있음을 알아야 한다. 그리고 이제는 본문을 통해 예수님의 예언된 말씀처럼 마지막 심판을 하기 위해 예수님이 세상 가까이에 오신 것 또한 깨달으며 살아가야 한다.

13:35-37 그러므로 깨어 있으라, 집주인이 언제 올지 혹 저물 때일지, 밤중일지, 닭이 울 때 일
는지, 새벽 일는지, 너희가 알지 못 함이니라. 그가 홀연히 와서 너희가 자는 것을 보
지 않도록하라. 깨어 있으라, 내가 너희에게 하는 이 말은 모든 사람에게 하는 말이니
라.

14:3-5 베다니 나병환자 집을 찾은 마리아 예수님께 나와 "향유옥합"을 깨뜨림.

27-30 베드로- 다 버릴지라도 나는 그리하지 않겠나이다.
예수님- 오늘밤 닭이 두 번 울기 전에 네가 나를 세 번 부인하리라.

16:17-18 믿는 자에게 이런 표적이 따르리니, 곧 그들이 내 이름으로 귀신을 쫓아내며 새 방언
을 말하며, 뱀을 집어 올리며, 무슨 독을 마실지라도 해를 받지 아니하며, 병든 사람
에게 손을 얹은 즉 나으리라.

누가복음(Luke)

본서는 헬라인 의사이자 바울의 동료였던 '누가'(Luke)가 기록 했다. 주제로는 이방인들에게 구원의 도리와 예수의 메시아 되심을 가르치기 위함이다. 중요한 가르침은 "인자가 온 것은 잃어버린 자를 찾아 구원하려 함이니라."(눅19;10) 이 요절이다.

※ 내용과 특징

　　예수님의 탄생, 유년시절, 성장과정을 잘 소개 한다. 기도에 대한 언급도 4복음서에서 예수님의 기도하심에 대하여 15번 나오는데, 그중 11번이 누가복음에서 나온다. 찬양과 감사, 사랑 표현이 많고 "이방인의 빛으로"예수그리스도를 묘사 하므로 세계적 안목을 제시한다. 비유로 많이 기록 되었으며, 세상에서 가장 아름다운 책이라 할 만큼 문학적이고, 고전적 문체로 잘 조화된 책이다.

> 1장 세례요한의 출생과 인자의 탄생을 알리는 서곡 / 2장 인자의 탄생과 유년시절
> 3장 세례요한의 사역 / 4장 예수님의 전도사역 시작 / 5장 죄인과 제자를 부르시는 예수님
> 6장 안식일의 사건과 권세 있는 가르침 / 7장 병 고침의 기적을 보이심, 인자의 복된 소식

1:5 천사 가브리엘이 제사장 스가랴와 엘리사벳 사이에서 세례요한의 출생을 예고함.
1:28 6개월 후 다시 천사 가브리엘이 요셉의 약혼녀 마리아에게 나타나, 마리아여 무서워말라 네가 하나님께 은혜를 입었느니라.
1:31,32 보라 처녀가 잉태하여 아들을 낳으리니, 그 이름을 예수라 하라. 그가 큰자가 되고, 지극히 높으신 이의 아들이라 일컬을 것이다.

2장 한 밤중 양떼를 지키던 목자에게 주의 사자가 나타나 주의 영광을 두루 비침.
2:10,13,14 천사가 이르되 무서워 하지마라, 보라 내가 온 백성에게 미칠 큰 기쁨의 좋은 소식을 너희에게 전하노라. 홀연히 수많은 천군이 그 천사와 함께 하나님을 찬송하여 이르되, 지극히 높은 곳에 서는 하나님께 영광이요, 땅에서 기뻐하신 사람들 중에 평화로다.

3:7 세례요한의 외침 독사의 자식들아, 장차 올 진노를 피하기 위해서는 회개의 합당한 열매를 맺어라, 도끼가 나무뿌리에 놓였으니, 좋은 열매 맺지 아니하는 나무마다 찍혀 불에 던져지리라.
3:16 나는 물로 너희에게 세례를 베풀거니와 나보다 능력이 많으신 이가 오시나니, 나는 그의 신발 끈을 풀기도 감당하지 못하겠노라, 그는 성령과 불로 너희에게 세례를 베푸실 것이요

4장 예수님께서 성령의 충만함을 받고 요단강에서 돌아오자, 사십일 동안 성령에 이끌리어 마귀에게 시험을 받음.(눅4:1,마4:1,막1:12)
4:17 예수님 회당에서 이사야 61:1의 말씀을 가르치며, 이 말씀이 곧 자신임을 밝힌다.
4:18,19 주의 성령이 내게 임하셨으니, 이는 가난한 자에게 복음을 전하게 하시려고 내게 기름을 부으시고 나를 보내사, 포로 된 자에게 자유를 눈먼 자에게 다시 보게 함을 전파하며 눌린 자를 자유롭게 하고, 주의 은혜의 해를 전파하게 하려 하심이라.

6:27,28 너희 원수를 사랑하며, 너희를 미워한 자를 선대하며, 너희를 저주하는 자를 위하여 축
복하며, 너희를 모욕하는 자를 위하여 기도하라. 너의 이 뺨을 치는 자에게 저 뺨도 돌
려대며 네 겉옷을 빼앗는 자에게 속옷도 거절하지 말라. 네게 구하는 자에게 주며 네 것
을 가져가는 자에게 다시 달라 하지 말며 남에게 대접 받고자 하는 대로 남을 대접하라.
너희가 만일 너희를 사랑하는 자만을 사랑하면 칭찬 받을 것이 무엇이냐, 죄인들도 사
랑하는 자를 사랑하느니라.

6:36-38 너희 아버지의 자비하심 같이 너희도 자비로운 자가되라. 비판하지 말라, 그리하면 너
희가 비판을 받지 않을 것이요. 정죄하지 말라, 그리하면 너희가 정죄를 받지 않을 것
이요. 용서하라, 그리하면 용서를 받을 것이요. 주라, 그리하면 줄 것이니 곧 후히 되어
누르고 흔들어 넘치도록 하여 너희에게 안겨 주리라. 너희가 헤아리는 그 헤아림으로
너희도 헤아림을 도로 받을 것이니라. (새번역)

6:41 어찌하여 형제의 눈 속에 있는 티는 보고, 네 눈 속에 있는 들보는 깨닫지 못하느냐.

6:43,44 못된 열매 맺는 좋은 나무가 없고, 또 좋은 열매 맺는 못된 나무가 없느니라. 나무는 각
각 그 열매로 아나니, 가시나무에서 무화과를 또는 찔레에서 포도를 따지 못하느니라.

6:45 선한 사람은 마음에 쌓은 선에서 선을 내고, 악한 자는 그 쌓은 악에서 악을 내가니 이는
마음에 가득한 것을 입으로 말함이니라.

6:46-49 어찌하여 너희는 나더러 주님, 주님 하면서 내가 말하는 것은 행하지 않느냐? 내 말
을 듣고 행하는 사람이 어떤 사람과 같은지를 너희에게 보여주겠다. 그는 땅을 깊이 파
고 반석위에다 기초를 놓고 집을 지은 사람과 같다. 홍수가 나서 물살이 그 집에 들이
쳐도 그 집은 흔들리지 않는다, 잘 지은 집이기 때문이다. 그러나 내 말을 듣고서도 그
대로 행하지 않는 사람은 기초 없이 맨 흙 위에 집을 지은 사람과 같다. 물살이 그 집에
들이치니 그 집은 무너져 버렸고, 그 집의 무너짐이 엄청났다. (새번역)

7장 백부장의 하인의 병을 고치다. 나는 이스라엘 가운데서 아직 이런 믿음을 본 일이 없다.

※ 4복음서(마태, 마가, 누가, 요한)에 나타난 믿음의 종류

1. 큰 믿음 : 가나안(수로보니게)여인 "네 믿음이 크다, 네 소원대로 되어라"(마15:21,막7:29)
2. 놀라운 믿음 : 백부장을 놀랍게 여기셔서"이런 믿음을 본 일이 없다"(마8:10,눅7:1,요4:43)
3. 보이는 믿음 : 한 중풍병자와 네 친구 "그들의 믿음을 보시고"(마9:1,눅5:17,막2:1)
4. 대답만 "예, 주님"하고 얻은 믿음 : 눈먼 두 사람(마9:28)
5. 구원 받는 믿음 : 열두 해를 혈루증 "네 믿음이 너를 구원하였다"(마9:22,막5:21,눅8:40)
6. 도움받기 원하는 믿음 :"나의 믿음 없는 것을 도와주소서."(막9:24,마17:14,눅9:37-43)
7. 작은 믿음 : "어찌 무서워하느냐, 믿음이 작은 자들아"(마8:26,막4:35,눅8:22)
           "겨자씨 한 알 만큼만 있어도 이 산을 명하여 "(마17:20,막9:19,눅9:37)
8. 변질된 믿음 :"열 사람이 다 깨끗함을 받지 아니하였느냐? 그 아홉은 어디 있느냐?"
       (눅17:17)

※ 세례 요한 의 이상한 질문(마11장,눅7:18)

"오실 그이가 당신이오니까? 우리가 다른 이를 기다리오리까? "우리가 알기로 세례요한은 예수님이 분명히 메시아인 것을 알았다, 그런데 어찌된 일인가? 세례요한이 본 예수님의 두 가지 메시아 모습 중에 잠간 심판주 "이미 도끼가...나무 마다 찍혀 불에 던지우리라."(마3:10)로만 보았고, 종으로 오신 메시아의 모습(사42:1-3,53장)을 잠시 잊었던 것이 아닐까?
예수님의 말씀, "나에게 걸려 넘어지지(의심을 품지 않음) 않는 사람은 복이 있다"

7:1 백부장의 종의 병을 낫게 하시다.
　　※이스라엘 민족을 사랑하여 '회당' 을 지어준 사람.
7:11 나인 성에서 과부의 외아들을 죽음에서 살려 내시다.

※ 성경에서 죽은 자들이 살아난 7가지 사건

1.엘리야: 사르밧 과부의 아들을 살림(왕상17:23)
2.엘리사: 수넴여인의 아들이 살아남(왕하4:32)
3.예수님: 1) 회당장 야이로의 딸을 살리심 "달리다굼"(막5:21,마9:18,눅8:40)
　　　　　2) 나인성 과부의 아들(눅7:15)
　　　　　3) 죽은 지 나흘이나 된 나사로를 살리심(요 11:43)
4. 베드로: "다비다여 일어나시오"(행9:40)
5. 바울: 바울의 강론을 듣던 중 졸다가 3층에서 떨어져 죽은 청년 "유두고"(행20:9)

7:36 죄 많은 한 여인이 예수님께 향유를 붓다 (이 여인은 마26장, 눅22장, 요11장에 나오는 마리아와는 다른 여인이다)
※ 유명한 말씀 47절 이 여자는 그 많은 죄를 용서 받았다, 그것은 그가 많이 사랑하였기 때문이다, 용서받는 것이 적은 사람은 적게 사랑하느니라.

　※나는 별로 죄가 없다고 생각하십니까? - 주님을 적게 사랑하고 계십니다.
　※나는 죄가 많다고 생각 하십니까? - 주님이 많이 사랑하고 계십니다.

> 8장 씨 뿌리는 비유와 계속되는 병 고치는 사역 / 9장 오병이어의 기적 / 10장 70인의 사역
> 11장 기도의 가르침과 복 있는 자 / 12장 마음과 중심을 보시는 주님 / 13장 회개하라, 좁은 문
> 14장 낮은 자리에 앉으라, 큰 잔치의 비유, 제자의 길 / 15장 죄인의 회개를 기뻐하시는 예수님
> 16장 불의한 청지기, 부자와 거지 / 17장 하나님 나라는 너희 안에 있다

8:1 여인들이 예수님을 돕다- 일곱 귀신 들렸다 나간 막달라 마리아, 요안나, 수산나.
8:4 씨 뿌리는 비유(마13:1,막4:1-9)
8:26 거라사인 지방의 군대 귀신 들린 자(마8:28,막5:1-20)

8:46 "열두 해를 혈루증 앓던 여인 몰래 주님의 옷자락에 손을 대자, "누군가 내게 손을 댔다, 나는 내게서 능력이 빠져 나간 것을 알고 있다"

8:49 회당장 야이로의 외동딸을 살리심(마9:18-26,눅8:40-56)

※ 회당이란 무엇인가?

"예수께서 온 갈릴리를 두루 다니시면서 그들의 '회당'에서 가르치시며"(마4:23), 회당(헬라어, 시나고그)의 기원은 바벨론 포로시대 (겔8:1-20) 에스라, 느헤미야에 의하여 시작된 것으로 추측한다. 바벨론과 애굽 땅에도 회당이 많이 있었다. 이곳에서는 예배와 교육제도가 있었다. 예배의 시작은 쉐마("이스라엘이여, 잘 들으십시오."(신6:4))를 시작으로 모세오경(토라)를 낭독하고, 설교, 찬양 등으로 예배를 드렸다.
교육으로는 6살- 모세오경 쓰기, 수학 / 10살- 미쉬나 / 15살- 가마라를 배웠다.
일 년에 3번 예루살렘 성전에서 예배를 드려야 하지만, 못 오는 사람들은 이곳에서 예배를 드렸다. 초대교회 AD100경, 이 시기에는 전 유럽과 중근동 아시아에 700만 정도의 디아스포라(흩어진)이스라엘 민족이 있었는데, 곳곳에서 회당예배를 드렸다. 바울이 이방 선교의 중간 기점으로 많이 사용하였다.

10:1 주님께서 70인을 세워 각 동네와 각 지역으로 둘씩 짝 지워서 보냄, 칠십 인이 기뻐하며 돌아왔을 때, 주님께서 하시는 말씀 –"사탄이 번갯불처럼 떨어지는 것을 내가 보았다" 귀신들이 너희에게 항복하는 것으로 기뻐하지 말고, 너희 이름이 하늘에 기록 된 것으로 기뻐하라.

※ 어느 율법사의 질문과 선한 사마리아인 의 비유

10장 율법사의 질문 – 내가 무엇을 하여야 영생을 얻으리까?
  예수님의 대답 – 율법에 무엇이라 기록하였으며 너는 그것을 어떻게 읽고 있느냐?
  율법사의 대답 – 하나님사랑과 이웃사랑입니다. (요약해서)
  예수님의 말씀 – 네 대답이 옳다, 그 대로 행하라.
  율법사의 질문 –(자기를 옳게 보이고 싶어서) 그렇다면, 내 이웃이 누구입니까?
  예수님의 비유 – 어떤 사람이 예루살렘에서 여리고로 내려가다 강도를 만나 옷도 뺏기고 맞아서 거의 죽게 된 상태로 버려져 있었다.
    제사장 : 모르는 체 피하여 지나갔고,
    레위인 : 못 본체 피하여 지나감
    사마리아인 :그를 보고 측은한 마음이 들어 상처를 치료해주고 ,여관으로 데려가 더 많은 자비를 베풀음.
  예수님의 질문 – 누가 강도 만난 자의 이웃이 되겠느냐?

10:41 마르다의 어떤 염려와 근심
  예수님 – 마르다야, 마르다야 네가 많은 일로 염려하고 근심하나 몇 가지만 하든지 혹은
     한 가지만으로도 족하니라. 마리아는 이 좋은 편을 택하였으니, 빼앗기지 아니
     하리라.

※하나님의 일은 믿음으로 시작 된다, 그러므로 차분하게 진행되어진다. 그러나 세상일은 주위
를 의식하므로 염려와 근심 분주함이 따른다. 그리고 결국은 마르다와 같이 불평을 하게 된다.
참고 : 요한6:28,29
  제자들 – 우리가 어떻게 하여야 하나님의 일을 하오리까?
  예수님 – 하나님께서 보내신 이를 믿는 것이 하나님의 일이니라.

11:5 한 밤중에 친구에게 떡 세 덩이를 꾸러 간 사람이야기.
11:14 사람들이 예수님을 오해 하여, 귀신의 왕 바알세블을 힘입어 귀신을 쫓아낸다고 함.
11:24 내가 나온 집으로 돌아가리라, 그 집이 청소되고 수리되어 있음을 보고, 저보다 악한귀신
     일곱을 데리고 간 후(“그 사람의 형편이 더 나빠짐”)

12:6,7 참새 다섯 마리가 두 냥에 팔리는 것이 아니냐? 그러나 하나님 앞에는 그 하나라도 잊어
     버리시는 바 되지 아니하는 도다. 너희 에게는 머리털 까지 다 세신바 되었나니, 두려워
     하지 말라, 너희는 많은 참새 보다 귀하니라.
12:13,14 내 형의 유산을 나누게 하소서, 이 사람아, 누가 나를 너희의 재판장이나 물건 나누는
     자로 세웠느냐?
12:15 삼가 모든 탐심을 물리치라, 사람의 생명이 그 소유의 넉넉한데 있지 아니하니라.

※ 재물이 많아 너무 행복한 한 부자의 비유

12:17-21 내가 곡식을 쌓아 둘 곳이 없으니 이 많은 것을 어찌 할꼬, 이 어리석은 자여 오늘밤
     네 영혼을 도로 찾으리니 그러면 네 준비 한 것이 누구 것이 되겠느냐? 자기를 위하
     여 재물을 쌓아두고 하나님께 대하여 부요하지 못 한자가 이와 같으니라.
12:24 까마귀를 생각하라 심지도 아니하고 거두지도 아니하며 골방도 없고 창고도 없으되 하나
     님이 기르시나니 너희는 새보다 얼마나 더 귀하냐?
12:27,28 백합화를 보라, 실도 만들지 않고 짜지도 아니 하느니라 그러나, 내가 너희에게 말하
     노니 솔로몬의 영광으로도 입은 것이 꽃 하나 만큼 훌륭하지 못 하였느니라.
     오늘 있다가 내일 아궁이에 던져지는 들풀도 하나님이 이렇게 입히시거든, 하물며 너
     희 일까보냐 믿음이 작은 자들아
12:29 너희는 무엇을 먹을까 무엇을 마실까 하여 찾지 말고, 근심하지도 말라.
12:48 무릇 많이 받은 자에게 많이 요구 할 것이요, 많이 맡은 자에게 많이 달라 할 것이니라.

14:27 누구든지 자기 십자가를 지고 나를 따르지 않는 자도 능히 내 제자가 되지 못하리라.
14:35 소금은 좋은 것이나 소금도 만일 그 맛을 잃으면 무엇으로 짜게 하리요.

15장 잃어버린 한 마리 양을 찾은 목자의 비유

15:7 이와 같이 죄인 한사람이 회개하면, 하늘에서는 회개 할 것 없는 의인 99명 보다 회개하는
　　　죄인 한 사람을 두고 더 기뻐 할 것이다.

15:11-32 잃었던 아들을 되찾은 아버지의 비유(탕자의 비유)

16:1-13 불의 한 청지기의 비유

16:19-28 부자와 거지 나사로의 비유(4복음서에만 나오는 유일한 천국과 지옥의 비유)

※ 이것이 실제적 천국과 지옥일까?

　죽음은 잠시 기절하는 것과 같다, 죽고 난 뒤에 즉시 영혼은 새로운 감각의 세계를 경험하게 된다. 이것을 중간기라고 한다. "오늘 네가 나와 함께 낙원에 있으리라(눅23:43)" 셋째하늘에 이끌려 간자라(고후12:2), 이 말씀의 장소가 바로 중간기에 있는 천국이다. 그러나 이 중간기가 지나가면 미래에 예수님의 재림과 심판이 있고, 모든 영혼은 새로운 몸으로 부활하여 영원한 천국과 지옥으로 가게 된다.

　성경의 나사로의 경험이 바로 이 중간기를 의미한다. 부자는 불지옥에서 뜨거움을 견디다 못해 조상 아브라함 품에 안기어 있는 거지 나사로에게 물 한 방울만 찍어서 자기 혀에 적셔달라고 애원을 한다. 일반적 죽음에 관한 통념을 깨는 경각의 말씀이다. 영혼은 의식이 있을 수 있으나, 몸이 없으니 고통은 없다? 아니다 영혼에는 지(知), 정(情), 의(意)가 있다.

그러므로 중간기 상태에서도, 첫째 부활에서도 영혼은 아픈 것을 느낄 수 있고, 깨달을 수 있는 '보이지 않는 몸'의 전인격체이다. 그래서 계20:6절에는 "이 첫째 부활에 참여 하는 사람은 복이 있고 거룩합니다" 이렇게 죽음에 관하여 성도에게는 두려움이 없다. 둘째 부활은 예수님 재림 때에 "선한 일을 행한 자는 생명의 부활로, 악한 일을 행한 자는 심판의 부활로 나오게 됩니다"(요5:29)

17:11 열 사람의 나병환자가 치료함을 받았지만, 돌아와서 감사를 드린 자는 사마리아 사람 한
　　　사람 뿐이었다.
　　　본문에 의하면 병은 얼마든지 주님을 통하여 치료 될 수 있음을 보여준다. 열 문둥병자가
　　　은총을 받고 다 나았다, 다른 아홉 문둥이가 다시 재발했다는 말도 없다 그러나, 안타깝게
　　　도 "네 믿음이 너를 구원하였다"라는 말은 사마리아인 한 사람 뿐이었다. 불행은 주님이
　　　주시는 구원의 기회임을 알자. 진정으로 주님을 찾자.

17:20,21 하나님의 나라는 볼 수 있게 임하는 것이 아니요, 또 여기 있다 저기 있다 고도 못하리
　　　　니 하나님의 나라는 너희 안에 있느니라.

17:27 롯의 처를 기억하라, 롯의 아내는 뒤를 돌아보았으므로 소금 기둥이 되었더라.(창19:26)

"하나님의 나라에 대한 올바른 이해"

"하나님의 나라는 너희 안에 있다"이 말은 어떤 개인을 지칭하는 말이 아니고, 교회라는 신앙의 공동체를 의미한다. 이 안에서 일어나는 성령에 의한 역사 즉 소명, 중생, 회심과 칭의(인간의 선행에 따른 것이 아니라 오직 믿음으로 말미암은 것)와 성화 이러한 단계적인 일들을 이루어 나가는 것이 하나님의 나라에서 일어나는 일이다. 그러므로 교회를 떠난 개인의 하나님의 나라는 경험 할 수도 없고 존재하지도 않는다.

하나님의 나라는 주의 이름으로 선포되고 전파하는 사역 의미 한다. "예수께서 온 갈릴리에 두루 다니사, 그들의 회당에서 가르치시며 천국복음을 전파 하시며"(마4:23)

하나님의 나라는 주기도문에서 "나라가 임하시오며 뜻이 하늘에서 이루어진 것같이 땅에서도 이루어지이다"(마6:9-10) 이렇게 하나님의 주권적 통치의 개념이며, 내가 지배받는 대상이 된 것을 기뻐하고, 감사하며, 영광스럽게 생각하며, 성령의 내주함으로 얻어지는 믿음의 전 과정이다. 그러므로 성경말씀을 벗어난 하나님의 나라는 이미 통치와 주권의 영역을 벗어 난 것이므로 세상 철학이나 종교이지 창조주 하나님의 뜻도 아니고 하나님의 나라도 아니다.

어떤 자들은"하나님의 나라는 너희 안에 있다"이 말을 오해하여 내적 수양 또는 덕행을 통하여 마음속의 평화, 기쁨, 만족, 즐거움, 심신의 치유 이러한 것들로 충만할 때, 하나님의 나라가 내 안에서 것이다. 그러므로 '천국이라는 실체는 없고 지옥 또한 없다' 라고 가르치는 사람들이 있다. 그러나 하나님의 나라는 실존적 개념이며, 분명히 거듭난 사람은 이 사실을 느낌으로 감지하고 살아간다. 그리고 말씀으로 이 땅에 있는 모든 자들을 복음화하여 하나님의 나라를 확장하는 사명을 최종 목표로 삼는다.

하나님의 나라는 현재적("하나님의 나라가 이미 너희에게 임하였느니라."마12:28)인 것과 미래적("하늘에 속한 형상을 입으리라"고전15:49)인 것을 동시에 수용 할 수 있다.

18장 과부와 불의한 재판관 / 19장 삭개오, 열므나의 비유 / 20장 포도원의 농부, 부활의 논쟁
21장 가난한 과부의 헌금, 환란의 징조 / 22장 마지막 만찬, 베드로의 부인
23장 인자의 수난과 죽음 / 24장 인자의 부활과 승천

18:9-14 자신을 의롭다고 생각하는 바리새인과 죄인이라고 생각하는 세리 두 사람, 성전에서
바리새인 : 하나님 감사합니다, 나는 남의 것을 빼앗지도 않고 불의 하지도 않고 간음하는 사람들과도 다르고, 이 세리와도 다를 뿐만 아니라, 일주일에 두 번 금식하고 모든 소득의 십일조도 바칩니다.
(저는 꽤 괜찮은 사람입니다)
세리 : 하늘을 쳐다보지도 못하고 가슴을 치며 아! 하나님 이 죄인에게 자비를 베풀어 주십시오.
예수님 : 누구든지 자기를 높이는 사람은 낮아지고, 자기를 낮추는 사람은 높아 질 것이다.

19:46 내 집은 기도하는 집이라 하였거늘, 너희는 강도의 소굴을 만들었도다.

※ 강도의 소굴이 된 이유

유월절 절기에는 약 250만 명의 유대인이 모인다고 합니다. 이때 19세 이상인 모든 사람은 성전세를 내야하는데, 당시 성전세는 반 세겔(15만원)정도 된다고 합니다. 거기다 환전을 해야 한다고 합니다. 왜냐하면 당시 동전에는 가이사의 얼굴이 조각되었기에 부정한 돈을 성전에 바쳐서는 안 된다고 하여 성전용 동전으로 바꿔야 하는데, 그 환전세가 10만 원정도 된다고 합니다. 거기다 외부로부터 반입된 제물(소, 양, 비둘기)을 성전 검사관이 불량 유무를 검사하는데 비용이 25만원 이라고 합니다. 또한 검사관이 제물을 100% 불합격 시켜서 성전용 제물만을 쓰게 하는데 그 가격은 시중보다 19배나 비싸다고 합니다. 그러므로 제물용 비둘기 한 쌍 가격이 10만 원짜리가 1백구십만 원이나 된다고 합니다. 이렇게 해서 유월절에 벌어드리는 수익이 약 수천억 원 정도가 된다 하니, 해도 너무 했네요 강도네요, 강도의 소굴을 만든다고 뒤집어 엎으신 예수님의 마음을 이해 할 수 있겠네요.(통큰통독, 주해홍)

20:27 부활이 없다고 주장하는 사두개인들의 질문, 모세의 율법에 따라 어떤 여인이 상속 받을 자식을 만들려고 한 가족에서 형, 동생 할 것 없이 일곱이나 남편을 만들었는데 부활 때에는 그 여인은 누구의 부인이 될 것입니까?

20:34-36 예수께서 이르시되, 이 세상의 자녀들은 장가도 가고, 시집도 가되, 저 세상과 및 죽은 자 가운데서 부활함을 얻기에 합당히 여김을 받은 자들은 장가가고 시집가는 일이 없으며, 그들은 다시 죽을 수도 없나니, 이는 천사와 동등이요, 부활의 자녀로서 하나님의 자녀임이라.

20:38 하나님은 죽은 자의 하나님이 아니요, 살아있는 자의 하나님이시라. 하나님에게는 모든 사람이 살아 있느니라.

22:42 아버지여, 만일 아버지의 뜻 이어든, 이 잔을 내게서 옮기시옵소서. 그러나 나의 원대로 마옵시고, 아버지의 원대로 되기를 원 하나이다. (예수님의 감람산에서의 간절한 기도)

22:44 예수께서 힘쓰고 애써 간절히 기도하시니, 땀이 땅에 떨어지는 핏 방울 같이 되더라.

22:46 예수님 제자들이 잠든 것을 보고, 어찌하여 자느냐? 시험에 들지 않게 일어나 기도하라.

※ 예수님 십자가 상의 7언

눅 23:34 1) 저들의 죄를 사하여 주옵소서, 자기들이 하는 것을 알지 못함이니이다.
눅 23:43 2) 오늘 네가 나와 함께 낙원에 있으리라. (우편 강도에게)
요 19:28 3) 여자여 보소서 아들이니이다, 보라 네 어머니라.
마 27:46 4) 엘리엘리 라마 사박다니 나의 하나님, 나의 하나님, 어찌하여 나를 버리셨나이까?
요 19;28 5) 내가 목마르다.
요 19:30 6) 다 이루었다.
눅 23;46 7) 아버지여, 내 영혼을 아버지 손에 부탁 하나이다.

요한복음(John)

본서는 예수님의 제자 세배대의 아들로 성질이 급하여 '보아너게'라는 별명이 붙은 사도 요한 이 기록했다. 기록 목적은 이미 복음을 접한 성도들에게 말씀의 신학적 의미를 부각시키고 나아 가 당시 반 기독교적이던 그리스, 로마에 편재해 있던 헬레니즘 문화(스토아, 플라톤) 로고스 사 상을 역 이용하여 다 문화권을 복음적 변증으로 이해시키려 하였다.(요20:30-31)

말씀이 성육신이 된 하나님의 아들 예수의 신성을 강조하며, 중심사상은 믿음이다. 사랑의 전 도서라 할 만큼 하나님의 사랑과 그의 독생자 예수님의 인류의 사랑이 점철되어 있다.

핵심 요절은 "하나님께서 세상을 이처럼 사랑하사 독생자를 주셨으니, 이는 저를 믿는 자 마다 멸망치 않고, 영생을 얻게 하심이라."(3;16)

※ 요한복음에 나오는 7가지 표적

1. 물을 포도주로 만드심(2:1-11) / 2. 왕의 신하의 아들을 고치심(4:46-54)
3. 38년된 병자를 고치심(5;1-9) / 4. 5천명을 먹이심(6:1-14) / 5. 물위로 걸으심(6:16-21)
6. 나면서 소경된 자를 고치심(9:1-12) / 7. 죽은 나사로를 살리심(11:1-46)

1장 말씀이 성육신하심 / 2장 가나의 혼인 잔치, 성전 청결 / 3장 니고데모, 중생의 교리
4장 수가성의 여인, 두 번째 기적 왕의 신하를 고침 / 5. 베데스다의 38년 된 병자
6장 바다 위를 걸음, 생명의 떡 / 7장 배에서 흐르는 생수의 강 / 8장 간음한 여인, 세상의 빛

1:1-5 태초에 말씀이 계시니라. 이 말씀이 하나님과 함께 계셨으니, 이 말씀은 곧 하나님이시라 그가 태초에 하나님과 함께 계셨고, 만물이 그로 말미암아 지은바 되었으니, 지은 것이 하 나도 그가 없이 된 것이 없느니라. 그 안에 생명이 있었으니, 이 생명은 사람들의 빛이라. 빛이 어둠에 비치되, 어둠이 깨닫지 못하더라.

1:10-11 참 빛 곧, 세상에 와서 각 사람에게 비추는 빛이 있었나니, 그가 세상에 계셨으며, 세상 은 그로 말미암아 지은 바 되었으되, 세상이 그를 알지 못하였고, 자기 땅에 오매 자기 백성이 영접하지 아니하였다.

1:12 영접하는 자 곧, 그 이름을 믿는 자들에게는 하나님의 자녀가 되는 권세를 주셨으니, 이는 혈통으로나, 육정으로나, 사람의 뜻으로 나지 아니하고, 오직 하나님께로부터 난 자들이니 라.

1:14 말씀이 육신이 되어 우리 가운데 거하시매, 우리가 그 영광을 보니, 아버지 독생자의 영광 이요, 은혜와 진리가 충만하더라.

1:17 은혜와 진리는 예수 그리스도로 말미암아 온 것이라.

1:18 본래 하나님을 본 사람이 없으되, 아버지 품속에 있는 독생하신 하나님이 나타 내셨느니라

1:23 주의 길을 곧게 하라! 광야에서 외치는 자의 소리 로라 하니라.(세례요한)

1:29 세례요한의 외침 ---보라, 세상 죄를 지고 가는 하나님의 어린양이로다.

2장 가나의 혼인 잔치, 물이 변하여 포도주가 됨.(예수님의 첫 번째 기적)

3장 바리새인 니고데모가 한 밤에 예수님을 찾아왔다. 예수님은 아래와 같은 중요한 말씀을 하셨다.

3:3 사람이 거듭나지 아니하면, 하나님의 나라를 볼 수 없느니라.

3:5 "사람이 물과 성령으로 나지 아니하면, 하나님의 나라에 들어 갈 수 없느니라."

3:8 바람이 임의로 불매, 네가 그 소리를 들어도 어디서 와서 어디로 가는지 알지 못하나니, 성령으로 난 사람도 다 그러하니라.

3:16 하나님이 세상을 이처럼 사랑하사, 독생자를 주셨으니 이는 그를 믿는 자 마다 멸망하지 않고 영생을 얻게 하려하심이라.

3:17 하나님이 그 아들을 세상에 보내신 것은, 세상을 심판하려하심이 아니요, 그로 말미암아 세상이 구원을 받게 하려하심이라.

3:34 하나님이 보내신 이는 하나님의 말씀을 하나니, 이는 하나님이 성령을 한량없이 주심이니라.

※ 참으로 기묘한 말 일세~

일반인들이 기독교를 말 할 때에 교리가 너무 복잡하고, 쉽게 이해가 안 간다라고 말 한다. 성부, 성자, 성령 삼위일체로부터 시작하여, 말씀이 육신이 됨, 참 빛, 동정녀 탄생, 생명의 떡, 인자
의 피, 바람이 임의 불매...성령으로 난 사람은, 물과 성령 등등 참으로 기묘한 말들이다.

위의 말씀에서도 한 밤에 니고데모라는 국회의원정도의 높은 양반이 주님을 찾아와서 하는 말 "우리는 선생님이 하나님께로부터 오신 분임을 압니다, 하나님께서 함께 하지 않으시면 선생님께서 행하시는 그런 표징들은 아무도 행 할 수 없습니다."(3:2)

그러자, 주님은 이렇게 말한다. "내가 진정으로 너에게 말한다, 누구든지 다시나지 않으면, 하나님의 나라를 볼 수 없다"(3:3) 니고데모는 이 말씀을 듣고 이해 할 수 없어서 이렇게 말한다.

"어머니 뱃속에 다시 들어갔다가 태어날 수야 없지 않습니까? "(3:4) 그러자 주님은 그 말의 의 미를 잘 풀어서 이렇게 말씀하신다.

"누구든지 물과 성령으로 나지 아니하면, 하나님나라에 들어 갈 수 없다."(3:5)

다른 종교는 교리의 절차가 단순하다, 그런데 기독교는 다르다, 꼭 구원을 얻으려면 거듭남이 있어야 한다고 가르친다. 이것을 가리켜 중생이라고 하는데, 중생은 먼저 영적인 지식으로부터 시작한다. 우리의 영혼은 지정의(지식, 감정, 의지)를 통하여 인격이 형성된다.

그리고 중생함으로 이 지정의가 새 생명의 원리 속으로 들어오게 되고, 인간 본성이 변화된다. 이것은 본질적으로 물리적이거나 화학적 변화가 아닌 영(靈)적으로 변화를 의미하는 것이다. 이 영적인 변화를 통하여 신분의 변화가 일어나고, 그때부터 하나님(神)과의 채널 즉 주파수가 맞추어진다. 이것을 가리켜 성령의 교통, 교제(고후13:13))함이라고 한다.

성령의 교통함의 결과는 무엇인가?

우리가 하나님을 "아버지"라고 부를 수 있게 된다는 것이다. 이 말은 중생으로 새로워진 인격만이 "아버지"라고 부를 수 있다는 것이다. 다른 동서고금을 막론하고 어떤 종교가 신(神)을 가리켜 아버지라고 부를 수 있었는가? 이슬람교에서는 자신들의 "알라"와 기독교의 "여호와"하나님을 동일 시 한다. 그러나 분명히 다르다, 그들은 하나님을 아버지라고 부르지 않고 신(神)이라고 하지만, 기독교는 "아버지"라고 부른다. 그러므로 근본적으로 신관(神觀)에 있어서는 전혀 다른 존재를 믿는 것이다. 기독교에서 의미하는 아버지는 인격적인 관계뿐만 아니라, 상징적 혈연의 관계로 이어진다. 그래서 시편 2:7 "너는 내 아들이라, 오늘날 내가 너를 낳았다." 라고 한다. 이렇게 인격적 관계가 이루어지면, 그 다음에는 분명한 약속이 있다. 이것을 가리켜 하나님의 언약(page10 참고)이라고 한다.

그러면 하나님의 아들이 될 수 있는 필수 조건인 물과 성령으로 거듭남이란 무엇인가?
여기서 "물"이란 정결케 함(겔36:25)을 의미하기도 하고, 영생하는 샘물도 된다(요1:14) 또한
구교 카톨릭에서는 세례(막1:4,16:16, 벧전3:21)를 강조한다. 그렇다면 우리가 군대에서 종교
예식으로 집단으로 세례식을 베푼다.

　그러면 이 사람들 모두가 구원을 받게 되는 것인가? 그렇지 않다, 어떤 사람은 장난 정도로 취
급하고, 어떤 사람은 죄를 씻겨준다니 양심적 반응으로 신중 할 수도 있겠지만, 구체적으로 왜?
씻어야 되는지를 모른다, 어떤 사람은 진정으로 마음속 에서 그 회개해야 할 대상이 구체화 되면
서 그 분에게 죄를 고백하고 싶은 충동이 생겨남과 동시에 뚜렷이 내 죄가 그분(예수그리스도)
으로 말미암아 씻겨 졌다는 확신이 들어온다.

　이러한 상태를 가리켜 "그리스도와 연합(롬6:3,4골2:11,12)되었다" 라고 하며 "물과 성령으
로 거듭나다." 라고 할 수 있다. 다시 말해 물과 성령의 의미는 서로 분리된 기능으로서의 역할
이 아니라, 새 마음과 새 영을(겔36:26) 만드시는 성령님의 동일한 사역이다.

　그러면 마가의 다락방에서 일어난 오순절 날에 일어난 성령강림의 사건(행2:1-4)은 무엇인가
? 그것은 이미 물과 성령으로 거듭난 사람들에게 사역을 위하여 충만한 성령의 선물, 즉 은사를
주기 위함이다. 필자도 초등학교 시절에 이미 거듭남의 은혜 받았지만, 31살 나이에 이러한 오
순절 날에 임한 것과 같은 성령 충만함을 경험 한 적이 있다. 그러나 이러한 체험을 못했다고 해
서 구원을 못 받는 것도 아니고, 이러한 체험이 나를 죄에서 완전히 멀어지게 하는 요소도 아니
다. 오히려 주님은 부활 후에 의심하는 도마에게 "나를 보지 않고도 믿는 사람이 복이 있다"(요
20:29)라고 말씀 하셨다. 그러므로 신앙적 욕심보다는 물과 성령으로 한번 거듭난 사람은 그
상태로 하나님께서 주신 말씀과 함께 순종하며 살아가면 된다.

※ 수가성의 여인(사마리아 여자)

4장 이 여인의 특징은 과거에 다섯 남편이 있었고, 지금도 불륜 중에 있는 여인이었다. 이 여인
　　에게 이렇게 중요한 말씀을 하였다.

4:13 이 물을 마시는 자마다 다시 목마르려니와, 내가 주는 물을 마시는 자는, 영원히 목마르지
　　아니 하니라, 내가 주는 물은 그 속에서 영생하도록 솟아나는 샘물이 되리라.

4:23 아버지께 참되게 예배하는 자들은, 영과 진리로 예배 할 때가 오나니,

4:24 하나님은 영이시니, 예배하는 자가 영과 진리로 예배 할지니라.

5:1-18 베데스다 못가에 38년 된 병자에게
　　　네가 낫고자 하느냐, 네 자리를 들고 걸어가라. 보라, 네가 다 나았으니 더 심한 것이 생
　　　기지 않게 다시는 죄를 범하지 말라.

※ 부활과 심판에 관하여

5:24 내가 진실로, 진실로 네게 이르노니, 내 말을 듣고 또 나를 보내신 이를 믿는 자는 영생을
　　얻었고 심판에 이르지 아니하나니, 사망에서 생명으로 옮겼느니라.

5:25 죽은 자들이 하나님의 아들의 음성을 들을 때가 오나니 곧 이때라, 듣는 자는 살아나리라.

5:28,29 무덤 속에 있는 자가 다 그의 음성을 들을 때가 오나니, 선한 일을 행한 자는 생명의 부
　　　활로, 악한 일을 행 한자는 심판의 부활로 나오리라.

5:39 너희가 성경에서 영생을 얻는 줄 생각하고 성경을 연구 하거니와 이 성경이 곧 내게 대하여 증언 하는 것이니라.

6:27 썩을 양식을 위하여 일하지 말고, 영생하도록 있는 양식을 위하여 하라. 이 양식은 인자가 너희에게 주리니, 인자는 아버지 하나님께서 인 치신 자 니라.
디베랴 바닷가에 모인 무리 무리들의 질문: 우리가 어떻게 하여야 하나님의 일을 하오리이까?
예수께서 대답하여 이르시되 "하나님께서 보내신 이를 믿는 것이 하나님의 일 이니라"
6:35,37 나는 생명의 떡이니 내게 오는 자는 결코 주리지 아니할 터이요, 나를 믿는 자는 영원히 목마르지 아니하리라, 내게 주시는 자는 다 네게로 올 것이요, 내게 오는 자는 내가 결단코 내쫓지 아니하리라.
6:39,40 나를 보내신 이 의 뜻은 내게 주신자 중 내가 하나도 잃어버리지 아니하고 마지막 날에 다시 살리는 이것이라. 내 아버지의 뜻은 아들을 보고 믿는 자마다 영생을 얻는 이것이니, 마지막 날에 이를 내가 다시 살리리라.
6:53-57 인자의 살을 먹지 아니하고, 인자의 피를 마시지 아니하면, 너희 속에 생명이 없느니라. 내 살을 먹고, 내 피를 마시는 자는, 영생을 가졌고 마지막 날에 내가 그를 다시 살리리니, 내 살은 참된 양식이요, 내 피는 참된 음료로다, 내 살을 먹고, 내 피를 마시는 자는, 내 안에 거하고, 나도 그의 안에 거하나니, 살아계신 아버지께서 보내시매, 내가 아버지로 말미암아 사는 것 같이, 나를 먹는 그 사람도 나로 말미암아 살리라.
6:63 살리는 것은 영이니, 육은 무익하니라, 내가 너희에게 이른 말은 영이요, 생명이라.

7:37,38 누구든지 목마르거든 내게로 와서 마시라, 나를 믿는 자는 성경에 이름과 같이 그 배에서 생수의 강이 흘러 나오리라.

※ 간음하다 돌에 맞아 죽을 뻔 한 여인을 살려냄

8장 너희 중에 죄 없는 자가 먼저 돌로 치라.
8:11 나도 너를 정죄하지 아니하노라, 가서 다시는 죄를 범하지 말라.
8:12 나는 세상의 빛이니 나를 따르는 자는 어둠에 다니지 아니하고, 생명의 빛을 얻으리라.
8:32 "진리를 알지니, 진리가 너희를 자유롭게 하리라"
8:47 하나님께 속한 자는 하나님의 말씀을 듣나니, 너희가 듣지 아니함은 하나님께 속하지 아니하였음이로다.

9장 맹인과 바리새인 / 10장 양 무리와 선한 목자 / 11장 죽은 나사로를 살리심
12장 향유를 부은 마리아 / 13장 제자들의 발을 씻김, 새 계명
14장 길과 진리와 생명, 보혜사

※ 베데스다와 실로암 연못가의 두 사람

예루살렘에는 두 연못이 있는데, 한쪽은 성전 옆에 가까이 있는 베데스다 연못(요한5:2)이다. 이 연못의 특징은 이따금씩 천사가 내려와 물을 출렁이게 하는 이적을 나타내는데, 이때에 제일 먼저 연못으로 뛰어 들어가는 사람은 어떤 병이든 낫는다는 기적의 연못이다.

그래서, 이 연못가에는 환자와 사람들이 들끓었다. 반면에 성 외곽 남 동쪽에 위치한 베데스다의 실로암은 그곳에서 망대가 무너져 18명이 죽은 곳(눅13:4)이다. 그래서 비교적 한적한 곳이다. 38년 된 병자는 "네가 낫고자 하느냐?"예수님이 이렇게 물을 때에, 대뜸 하는 말이 "물이 동할 때에 나를 물에 넣고주는 사람도 없고, 나보다 빠른 자가 먼저 들어 가나이다" 한 맺힌 절규이다. 그리고 원망과 푸념이 이어진다.

주님은 곧 고쳐주시고 이렇게 말했다. "네가 나았으니, 더 심한 것이 생기지 않게 다시는 죄를 범하지 말라"(요한5;14) 38년이나 된 병자가 무슨 죄를 그렇게 많이 졌겠는가? 이 사람의 인생의 문제는 나 보다 먼저 연못에 들어가는 사람들에 대한 원망과 미움이었다.

이러한 죄가 그의 인생을 38년간 붙잡고 있었던 것이다. 또한 이러한 시기와 미움을 버리지 않으면 앞으로 더 심한 것이 생길 수 있음을 주님은 교훈하고 있다.

여기에 반해서 실로암의 장님은 모든 것을 체념하고 조용한 생애를 보내고 있었다. 그리고 그곳에서 "실로암"(보냄을 받았다)에서 주님을 만나 눈을 뜨게 된 것이다.(요한9:3)

주님께서는 이 사람의 불운은 그 원인이 이 사람이나 그 부모의 죄로 인한 것이 아니라, 그에게서 하나님이 하시는 일을 나타내고자 하심이라, 이렇게 말씀 하셨다. 결과적으로 한사람은 죄로 인한 병이요, 다른 한 사람은 하나님께 영광을 돌리기 위한 병이었다.

하나님이 영광을 받으시는 사람은 경쟁하는 사람이 아니요, 외롭고 조용히 양보하며 기회를 기다리는 사람이다.

9:5 내가 세상에 있는 동안에는 세상의 빛 이로라.

10:9,10 내가 문이니 누구든지 나로 말미암아 들어가면 구원을 받고, 또는 들어가며 나오며 꼴을 얻으리라, 도둑이 오는 것은 도둑질하고 죽이고 멸망시키려는 것뿐이요, 내가 온 것은 양으로 생명을 얻게 하고 더 풍성히 얻게 하려는 것이라.
10:15 나는 양을 위하여 목숨을 버리노라.
10:27 내 양은 내 음성을 들으며, 나는 그들을 알며, 그들은 나를 따르느니라.

11:25,26 나는 부활이요 생명이니 나를 믿는자는 죽어도 살겠고, 무릇 살아서 믿는 자는 영원히 죽지 아니하리니, 이것을 네가 믿느냐.

※ 예수의 발에 향유를 붓다

12장 마르다의 동생 마리아가 비싼 향유 삼백 데나리온(※당시 1 데나리온은 노동자들의 하루 품삯)을 예수님 발에 붓고 머리털로 발을 씻음.(마26:6-13,막14:3-9)
12:24,25 한 알의 밀이 땅에 떨어져 죽지 아니하면 한 알 그대로 있고, 죽으면 많은 열매를 맺느니라, 자기 생명을 사랑하는 자는 잃어버릴 것이요, 이 세상에서 자기의 생명을 미워하는 자는 영생하도록 보존 하리라.

12:44,46 나를 믿는 자는 나를 믿는 것이 아니요, 나를 보내신 이를 믿는 것이며, 나를 보는 자는 나를 보내신 이를 보는 것이니라, 나는 빛으로 세상에 왔나니 무릇 나를 믿는 자로 어둠에 거하지 않게 하려 하심이라.

12:46,47 사람이 내 말을 듣고 지키지 아니 할지라도 내가 그를 심판하지 아니하노라, 내가 온 것은 세상을 심판 하려 함이 아니요, 세상을 구원하려 함이로라.

12:48 나를 저버리고 내 말을 받지 아니 하는 자를 심판하는 이가 있으니 곧 내가 한 그 말이 마지막 날에 그를 심판 하리라.

13:34,35 새 계명을 너희에게 주노니 서로 사랑하라, 내가 너희를 사랑한 것 같이 너희도 서로 사랑하라, 너희가 서로 사랑하면 모든 사람이 너희가 내 제자인 줄 알리라.

14:1-4 너희는 마음에 근심 하지 말라, 하나님을 믿으니 또 나를 믿으라, 내 아버지 집에 거할 곳이 많도다, 그렇지 않으면 너희에게 일렀으리라, 내가 너희를 위하여 거처를 예비하러 가노니 가서 너희를 위하여 거처를 예비하면, 내가 다시 와서 너희를 내게로 영접하여 나 있는 곳에 너희도 있게 하리라, 내가 어디로 가는지 그 길을 너희가 아느니라.

14:6 내가 곧 길이요, 진리요, 생명이니, 나로 말미암지 않고는 아버지께로 올 자가 없느니라.

14:12 나를 믿는 자는 내가 하는 일을 그도 할 것이요, 또한 그보다 큰일도 하리니 이는 내가 아버지께로 감이라.

14:16 내가 아버지께 구하겠으니 그가 또 다른 보혜사를 너희에게 주사 영원토록 너희와 함께 있게 하리라.

14:17,18 그는 진리의 영이라 세상은 능히 그를 받지 못하나니, 이는 그를 보지도 못하고 알지도 못함이라, 그러나 너희는 그를 아나니 그는 너희와 함께 거하심이요, 또 너희 속에 계시겠음이라, 내가 너희를 고아와 같이 버려두지 아니하고 너희에게로 오리라.

14:26 보혜사 곧 아버지께서 내 이름으로 보내실 성령, 그가 너희에게 모든 것을 가르치고 생각나게 하시리라.

※ 보혜사 성령

보혜사란 헬라어로 파라클레토스(parakletos)인데 곧 위로자, 상담자, 도움을 주는자, 변호인, 강하게 하는 자, 후원자를 뜻한다.(요14:26,롬8:26) 최초의 보혜사이신 예수님은 이 두 번째 보혜사 활동을 통해 인류에 대한 당신의 사역을 계속 하신다. 그분의 영 또한 그러하다.(갈4:6)
그래서 성령께서는 오순절 이후 모든 시대에 걸쳐 복음이 전파된 곳이라면 어디서나 예수께서 약속하셨던 새로운 보혜사의 역할을 감당해 오셨다.(요20:22,눅1:13-16,행1:8,10:38,계2:7)
그리스도인의 삶이 시작되고 유지될 수 있는 것은 오로지 성령의 활동 덕분이다. 고로 성령을 배제 한다면 활력 있는 신도나 회중을 기대 할 수 없다. "또 성령으로 힘입지 않고는 아무도 예수는 주님이시다 하고 말 할 수 없습니다."(고전12:3) (성령을 아는 지식 J.I.Packer)

14:27 평안을 너희에게 끼치노니 곧 나의 평안을 너희에게 주노라, 내가 너희에게 주는 것은 세상이 주는 것과 같지 아니 하니라, 너희는 마음에 근심하지도 말고 두려워하지도 말라.

15:5 나는 포도나무요, 너희는 가지라. 그가 내 안에, 내가 그 안에 거하면, 사람이 열매를 많이 맺나니, 나를 떠나서는 너희가 아무것도 할 수 없음이라.

15:7,8 너희가 내 안에 거하고, 내 말이 너희 안에 거하면, 무엇이든지 원하는 대로 구하라. 그리하면 이루리라. 너희가 열매를 많이 맺으면, 내 아버지께서 영광을 받으실 것이요, 너희는 내 제자가 되리라.

15:10 내가 아버지의 계명을 지켜 그의 사랑 안에 거하는 것같이, 너희도 내 계명을 지키면, 내 사랑 안에 거하리라. 내가 이것을 너희에게 이름은, 내 기쁨이 너희 안에 있어 너희의 기쁨을 충만하게 하려 함이라.

15:12 내 계명은 곧 내가 너희를 사랑한 것같이 너희도 서로 사랑하라 하는 이것이니라.

15:13 사람이 친구를 위하여 자기목숨을 버리면 이보다 더 큰 사랑이 없나니, 너희가 나의 명하는 대로 행하면 곧 나의 친구라.

15:16 너희가 나를 택한 것이 아니요, 내가 너희를 택하여 세웠나니, 이는 너희로 가서 열매를 맺게 하고, 또 너희의 열매가 항상 있게 하여, 내 이름으로 아버지께 무엇을 구하든지 다 받게 하려 함이라.

15:19 너희가 세상에 속하였으면 세상이 자기 것을 사랑할 것이나, 너희는 세상에 속한 자가 아니요, 도리어 내가 너희를 세상에서 택하였기 때문에 세상이 너희를 미워하느니라.

15:26 내가 아버지께로부터 너희에게 보낼 보혜사 곧 아버지로부터 나오시는 진리의 성령이 오실 때에, 그가 나를 증언 하실 것이요.

16장 성령의 일, 세상을 이긴 주님 / 17장 주님의 중보기도 / 18장 주님의 수난
19장 주님의 고난과 죽음 / 20장 부활하신 하나님의 아들 / 21장 양을 먹이라, 치라, 먹이라

16:13 진리의 성령이 오시면, 그가 너희를 모든 진리 가운데로 인도하시리니 그가 스스로 말하지 않고, 오직 들은 것을 말하며 장래 일을 너희에게 알리시리라.

16:24 지금까지는 너희가 내 이름으로 아무것도 구하지 아니하였으나, 구하라 그리하면 받으리니 너희 기쁨이 충만하리라.

16:33 세상에서는 너희가 환난을 당하나 담대 하라, 내가 세상을 이기었노라.

17:3 영생은 곧 유일하신 참 하나님과 그가 보내신 자 예수그리스도를 아는 것이니라.

※ 부활 후 열한 제자에게 나타나시다 (20:21-23)

20:21 너희에게 평강이 있을 지어다, 아버지께서 나를 보내신 것 같이 나도 너희를 보내노라. 성령을 받으라, 너희가 누구의 죄든 사하면 사하여 질 것이요, 그대로 두면 그대로 있으리라.

20:29 너는 나를 본 고로 믿느냐? 보지 못하고 믿는 자들은 복되도다.

※ 예수님 디베랴 호수에서 일곱 제자에게 나타나심

21:6 그물을 배의 오른편에 던지라, 그리하면 잡으리라.

21:15-17 예수님께서 배드로에게 요한의 아들 시몬아, "네가 이 사람들보다 나를 더 사랑하느냐?"(같은 말씀을 세 번하심) 내 양을 먹이라, 내 양을 치라, 내 양을 먹이라.

예수님의 생애

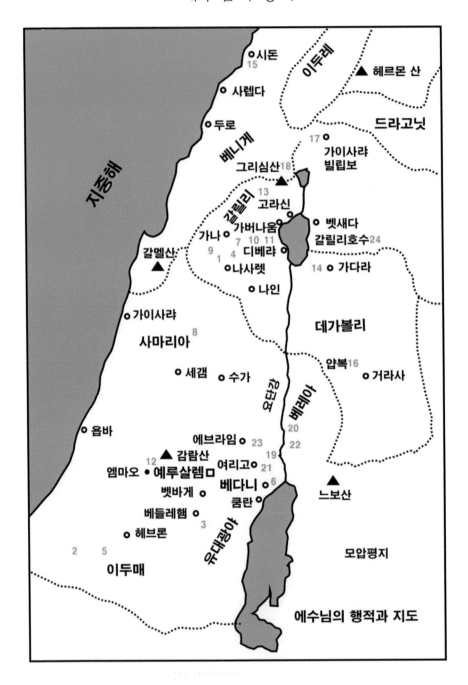

에수님의 행적과 지도

※앞 페이지 지도의 번호와 지역번호를 참고하세요.

지역	사 건 내 역	장 소	마 태	마 가	누 가	요 한
	요한의 탄생 예고	예루살렘			1:5	
1	예수의 탄생 예고	나사렛			1:26	
2	마리아 엘리사벳 방문	유대			1:39	
	천사의 요셉 방문	나사렛	1:18			
3	아기 예수탄생 (임마누엘)	베들레헴	1:24		2:7	
	목자들의 경배	베들레헴			2:15	
	동방박사들의 경배	베들레헴	2:1			
	애굽 피신		2:13			
4	예수, 지혜로 가득 찬 유년시절	나사렛			2:40	
	예루살렘 방문 12살 선생들과 대화	예루살렘			2:41	
5	세례요한의 광야 외침	유대광야	3:1	1;1-8	3:1	1:19
6	세례 받으심	요단강	3:13	1:9	3:21	
	세상 죄를 지고 가는 어린양	베다니				1:29
7	혼인잔치, 물이변하여 포도주	가나				2;1
	유월절 성전을 청결케 하신 예수님	예루살렘				2:13
	니고데모에게 물과 성령으로	유대				3:1
8	사마리아 수가성 여인과 우물가	사마리아				4: 7
9	왕의신하 아들의 병 고침, 두번째 표징	가나				4:46
	예수님을 배척 언덕에서 떨어뜨리려함	나사렛			4:29	
	세례요한 잡힘, 가버나움으로 가심	가버나움	4:13			
10	네 제자를 부름 (베, 야, 요, 안)	갈릴리	4:18	1:16	5:1	
	베드로의 장모 치유	갈릴리	8:14	1:29	4:38	
※	※1차 갈릴리 순회사역※	갈릴리	4:23	1:35	4:42	
	문둥병자 치유		8:2	1:40	5:12	
11	백부장의 하인 치유	가버나움	8:5		7:1	
	금식논쟁		9:14	2:18	5:33	
	제2차 예루살렘 방문					5:1
12	38년 된 베데스다 의 병자	예루살렘				5:2
	안식일에 손 마른 자 치유	갈릴리	12:9	3:1	6:6	
	12제자를 임명	가버나움	10:1	3:13	6:12	
13	산상수훈	가버나움	5:1		6:17	
	나인성 과부의 아들 소생	가버나움	8:5		7:11	
	세례요한의 물음		11:3		7:18	
	바리세파, 시몬의 집 향유(옥합)사건	가버나움			7:36	
	제 2차 갈릴리 순회전도	갈릴리			7:18	
	파도를 잔잔케 함	갈릴리	8:23	4:35	8:22	
14	돼지 떼와 귀신들린 두 사람	갈릴리	8:28	5:1	8:26	
	침상에 누운 중풍병자와 네 친구	갈릴리	9:1	2:1	5:17	
	열두 해 혈루증 여인을 치료		9:18	5:25	8:43	
	회당장 야이로의 딸 소생		9:23	5:21	8:40	
	소경 두 사람을 치유		9:27			
	벙어리치유		9:32			
	12제자를 파견		10:5	6:7	9:1	

	세례요한의 처형	갈릴리	14:1	6:14	9:7	
	되돌아온 귀신		12:43		11:24	
	씨 뿌리는 사람의 비유		13장	4:1	8:4	
	오병이어의 기적		14:13	6:30	9:10	6:1
	물 위로 걸으심	갈릴리	14:22	6:45		6:16
15	수로보니게 여인의 딸 치료	시돈	15:21	7:24		
16	칠병이어의 기적	데가볼리	15:32	8:1		
17	베드로의 신앙고백	가이사랴	16:13	8:27	9:19	
18	변화산	호수북쪽	17:1	9:2	9:28	
	잃은 양의 비유		18:10		15:3	
	용서, 만 달라트 빚진 종		18:21			
※	※후기 유대사역 ※					
	제자의 도를 설명				9:57	
	초막절에 예루살렘 상경	예루살렘				7:10
	간음한 여인					7:53
	바리세인들과 논쟁					8:12
	70인을 파송				10:1	
	선한 사마리아인과 제사장, 레위인				10:25	
	나면서부터 소경, 실로암사건	예루살렘				9:1
19	마리아와 마르다	베다니			10:38	
	기도, 바알세불, 되돌아오는 귀신				11:1	
	바리세파 사람, 율법학자를 책망				11:14	
	무엇을 먹을까, 먼저 그의 나라				12:22	
	안식일 등 굽은 여인을 치료				13:10	
	겨자씨와 누룩,		13:31	4:33	13:18	
	좁은 문	베레아	7:13		13:22	
	선한목자, 양의 우리					10:1
	큰 잔치에 초대 받은 사람들				14:15	
	자기 십자가를 지고				14:27	
	한 마리의 잃어버린 양				15:1	
	드라마크의 비유				15:8	
	탕자의 비유				15:11	
	불의한 청지기의 비유				16:1	
	부자와 거지 나사로				16:19	
	열 나병환자와 돌아온 한사람				17:11	
※	※ 단기 유대사역 ※					
21	나사로의 병듬	베다니				11:1
	나는 부활이요 생명, 예수님의 눈물					11:28
	인자의 오심		24:29	13:24	21:25	
	과부와 불의한 재판관				18:1	
	바리세인과 세리의 기도				18:9	
	이혼의 문제		19:3	10:2		
22	어린이 축복	베레아	19:13	10:13	18:15	
	부자 청년과의 대화		19:16	10:17	18:18	
	포도원의 품꾼		20:1			
	죽음과 부활 3번째 예언.	요단근처	20:17	10:32	18:31	
	요한, 야고보의 욕심		20;20	10:35		

			마태	마가	누가	요한
23	여리고, 소경 둘, 바디매오 치유	여리고	20:29	10:46	18:35	
	삭개오의 집				19:1	
	열므나의 비유				19:11	
※	※고난주간 전후사역※					
토	나병환자 시몬 집에서 향유사건	베다니	26:6	14:3		12:2
	대제사장들의 모의					12:9
일	승리의 호산나 입성	예루살렘	21:9	11;1	19:28	12:12
	한 알의 밀알이 떨어져서					12;24
월	무화과나무의 저주		21:18	11;12		
	2차 성전 정결. 내 집은 기도하는 집		21:14			
화	예수의 권위에 대한 논란	예루살렘	21:23	11:27	20;1	
	두 아들의 비유 탕자의 비유와 다름		21:28			
	포도원과 악한 농부		21:33	12;1	20:9	
	혼인잔치 예복을 입지 않은 한사람		22:1			
	황제에게 바치는 세금		22:15	12:13	20:20	
	부활에 관한 논쟁		22:23	12:18	20:27	
	가장 큰 계명		22;38	12:28	10:25	
	위선자 율법사와 바리새파		23:13	12:38	20:45	
	유대인의 불신					12;37
	과부의 두 렙돈			12:41	21;1	
	성전파괴와 재난의 시작		24:1-8	13;1	21:5	
	신실하고 슬기로운 종		24:45		12:41	
	열 처녀의 비유		25:1			
	달란의] 비유		25:14			
	양과 염소의 비유		25:32			
	예수를 죽일 음모		26:1	14:1	22:1	
목	최후의 성만찬		26:26	14:22	22:15	13:1
	제자들의 발을 씻음					13:5
	베드로의 세 번 부인을 예고		26:31	14:27	22:28	13:36
	보혜사 성령을 약속					14:15
	참포도 나무, 진리의 영					15:1
	내가 세상을 이겼다					16:25
	영생은 우리가 하나 된 것 같이					17장
	겟세마네 기도		26;36	14:32	22:40	18:1
금	주께서 잡히심		26:47	14:43	22:47	18:2
	안나스의 심문	예루살렘				18:13
	가야바의 심문		26;57	14:53	22장	18:12
	베드로의 세 번 부인		26;69	14:54	22:54	18:15
	공회의 심문		27:1	15:1	23장	
	가룟유다의 자살		27:3			
	빌라도의 1차 재판		27:2	15:1	23:1	18:28
	헤롯의 심문				23:8	
	빌라도 2차 재판		27:15	15:6	23:13	18:39
	골고다의 십자가 길		27:32	15:20	23:26	19:17
	십자가에 못 박히심		27:32	15:21	23:26	19:17
	숨을 거두시다		27:45	15:33	23:44	19:28
	무덤에 묻히시다		27:57	15:42	23:50	19:38

	예수님의 부활,		28;1	16:1	24:1	20:1
	여인들의 무덤방문		28:1	16:1		
	천사의 부활증언		28:5	16:2	24:1	20:2
	베드로와 요한의 확인			24:12	20:2	
	예수, 마리아와 만남			16:9		20:14
	예수 여인들과 만남		28:9			
	경비병의 보고		28:11			
	엠마오로 가는 길에서			16;12	24;13	
	열한 제자와 예수님의 만남		28:16	16:14	24:36	20:19
	도마의 부활 확인			16;14		20:26
24	갈릴리 디베랴, 일곱 제자에게	갈릴리				21:1
	500문도에게 나타나심	고전15:6				
	지상명령(제자, 세례 지키게 하라)		28:19			
25	승천하심	감람산		16;19	24:50	행1:4

사도행전(Acts)

　　본서는 누가복음의 저자이며 바울의 전도여행 동반자인 누가가 기록했다. 누가는 12제자는 아니지만 의사(골4:14)이며 헬라 문화에 익숙한 사람이었다.
　　신약성경 중 유일한 역사서로서 초대교회의 태동과 확장, 이방인의 구원과 예언의 성취, 예수 복음을 세계만방에까지 증거하는 선교의 과정을 보여 준다. 내용분류는 예루살렘에서 일어난 부흥과 핍박, 이방인에게 복음의 문이 열리고 핍박자 바울의 회심, 1차부터 4차까지 바울의 선교여행이 주된 내용이며 처음부터 성령행전이다.

1장 예수님의 승천과 성령강림의 약속 / 2장 오순절의 성령 강림과 베드로의 설교
3장 예루살렘교회의 활동과 베드로의 성령 충만한 사역 / 4장 교회에 대한 핍박
5장 시련 속에 성장하는 교회 / 6장 일곱 일꾼을 택하다 / 7장 스데반의 설교와 순교

※ 예수님 부활하신 후, 40일 동안 제자들에게 보이시고 (행1:3) 500명의 형제에게도(고전15:6)) 일시에 나타나심

1:4,5 예루살렘을 떠나지 말고 내게서 들은 바 아버지의 약속 하신 것을 기다리라, 요한은 물로 세례를 베풀었으나, 너희는 몇 날이 못되어 성령으로 세례를 받으리라.
1:8 오직 성령이 너희에게 임하시면, 너희가 권능을 받고 예루살렘과 온 유대와 사마리아와 땅 끝까지 이르러 내 증인이 되리라.

※ 예수님 승천하는 장면

1:9-11 이 말씀을 마치시고 그들이 보는 가운데 올려져 가시니, 구름이 그를 가리어 보이지 않게 하더라. 올라가실 때에 제자들이 자세히 하늘을 쳐다보고 있는데, 흰 옷 입은 두 사람이 그들 곁에 서서 이르되, 갈릴리 사람들아, 어찌하여 서서 하늘을 쳐다보느냐? 너희 가운데서 하늘로 올려지신 이 예수는 하늘로 가심 본 그대로 오시리라.

※ 성령이 임하시다

2:1-4 오순절 날이 이미 이르매 그들이 다 같이 한곳에 모였더니, 홀연히 하늘로부터 급하고 강한 바람 같은 소리가 있어 그들의 앉은 온 집에 가득하며, 마치 불의 혀처럼 갈라지는 것들이 그들에게 보여 각 사람위에 하나씩 임하였더니, 그들이 다 성령의 충만함을 받고 성령이 말하게 하심을 따라 다른 언어들로 말하기를 시작하니라.
2:38,41 베드로가 이르되, 너희가 회개하여 각각 예수 그리스도의 이름으로 세례를 받고 죄 사함을 받으라, 그리하면 성령의 선물을 받으리라, 세례를 받으매, 이날의 신도의 수가 3천명이나 되더라.

※ 베드로와 요한이 나면서부터 못 걷게 된 사람을 고치다

3:6 은과 금은 내게 없거니와 내게 있는 것으로 네게 주노니, 나사렛 예수그리스도의 이름으로
    일어나 걸으라.

4:3 말씀을 듣고 믿는 자가 5천명

※ 그 곳에서 생긴 일

약 두 달 전만해도 예수를 죽이라고 열광하던 도시가 순식간에 8천명이나 되는 신자가 생겼다.
정작 장본인인 예수도 없는데 무엇이 이들을 변화 시켰는가? 성령! 주의 영이 오신 것이다.

4:12 이 예수 밖에는 다른 아무에게도 구원은 없습니다, 사람들에게 주신 이름 가운데 우리가
    의지하여 구원을 얻어야 할 이름은 하늘아래에 이 이름밖에 다른 이름이 없습니다.
    (새번역성경)

5장 성령을 속인 아나니아와 삽비라 두 부부의 죽음.

6장 일곱 일꾼을 택하다.(스데반, 빌립, 브로고로, 니가노르, 디몬, 바메나, 니골라)
6:8 스데반 은혜와 권능이 충만하여 큰 기사와 표적을 행함.

7:54 스데반의 설교, 순교 "하늘이 열리고 인자가 하나님 우편에 서신 것을 보노라"

8:3 사울이 교회를 핍박(교회를 잔멸할새 각 집에 들어가 남녀를 끌어다가 옥에 넘기니라)
8:4 빌립의 사마리아 전도, 최초의 이방 선교자 빌립 "그가 하는 말을 따르더라."
    그 후에 일어 나는 현상들 – 귀신이 나가고, 중풍병자가 낫고, 못 걷던 사람이 걸음

※ 사마리아의 마술사 시몬

빌립이 행하는 신기하고 놀라운 표적을 본 시몬(그 지방에서 유명하고 존경받는 마술사)은 세
례를 받고 나니, 교권에 욕심이 생겨서 성령의 능력을 돈을 주고 사려 함.
"내가 안수하는 사람은 성령을 받게 하여 주소서" 베드로의 책망 – "네가 하나님의 선물을 돈
주고 살줄로 생각하였으니, 네 은과 함께 망할 지어다"(8:20) "내가 보니 너는 악독이 가득하고
불의에 매인 바 되었도다."
그러면 시몬이 받은 세례는 가짜 세례였을까? 아니다, 이 시몬의 고백을 잘 보자 "나를 위하여
주께 기도하여 말한 것이 하나도 내게 임하지 않게 하소서" 세례 받은 자 만이 할 수 있는 그런
말이 아니겠는가? 그는 진짜 세례를 받았다.

8:26 빌립은 남쪽지방으로 내려가서 에디오피아 내시에게 이사야서(53:7)를 풀어 가르치고 세
    례를 베풀음.

※ 본장은 세례 받은 유명한 두 사람을 잘 나타내 주고 있다.

9장 사울의 회개, 베드로의 병 고침과 죽은 자를 살림 / 10장 이방인 고넬료 가정의 성령강림
11장 베드로 예루살렘교회에 보고, 이방선교의 발진 / 12장 야고보의 순교와 베드로의 투옥
13장 1차 선교여행(바나바와 바울 파송) / 14장 바울과 바나바의 사역, 이고니온, 루스드라
15장 예루살렘 공의회 할례문제 다루다, 유다와 실라를 바울과 바나바와 함께 안디옥으로 보
    냄, 바울과 바나바 갈라서다
16장 2차 선교여행 – 바울 디모데와 동행, 옥에 간힌 바울과 실라
17장 바울 데살로니가에서 전도, 유대인들의 방해, 베뢰아 전도, 아덴 전도

9장 교회를 핍박하던 자 사울의 회심, 다메섹으로 교회를 핍박하러 가던 중 예수님의 음성을 들
    음, "사울아, 사울아 네가 어찌하여 나를 박해하느냐?" 그 후 사흘 동안 장님이 됨.
9:15,16 예수님 아나니아에게 사울을 소개함.
            이 사람은 내 이름을 이방인과 임금들과 이스라엘 자손들에게 전하기 위하여 택한 나의
            그릇이라, 그가 내 이름을 위하여 얼마나 고난을 받아야 할 것을 내가 그에게 보이리라.
9:32 베드로가 중풍 병자를 고치다 / 베드로 병들어 죽은 착한 "도르가"를 살려내다.

10장 백부장 고넬료가 베드로를 초청하여 / 복된 소식을 듣다 / 이방선교의 문이 열리다, 이방인
    들도 성령을 받다.

11장 베드로가 예루살렘 교회에 선교보고를 하다 / 예루살렘교회, 멀리 북쪽에 위치한 안디옥에
    바나바를 파송.

12장 요한의 형제 야고보 (12제자중 한사람)의 첫 순교와 베드로의 투옥.

13장 핍박자에서 회심한 바울, 바나바와 함께 안디옥에서 1차 선교여행을 파송 받음.

14장 바울과 바나바가 루스드라에서 앉은뱅이를 일으키자, 신이 사람의 형상으로 내려왔다하여
    당시 그리스 신 제우스 와 헤르메스라고 부름.

※ 오늘 날의 제우스신과 헤르메스신

  14장에서 바울과 바나바가 지체 장애인의 몸을 일으키는 기적을 일으키자, 그곳에 있던 무리
들이 "신들이 사람의 모습으로 우리에게 내려왔다"라고 하면서 바나바를 제우스신이라 부르고
바울을 헤르메스 신이라고 외쳤다.
  얼마 전 모처의 어느 교회에 유명한 강사 한분이 왔다. 3일간 집회를 마치고 따로 마련한 장소
에서 교회의 재직을 모이게 하여 강사분이 특별안수 모임을 가졌다. 물론 담임목사님의 주도 아
래 행하여 진 일이 아니라는 것도 나중에 알았다. 필자는 매사에 긍정적으로 생각하므로, 좋은
일이다 라고 생각하며 그냥 넘어갔다. 그러나 시간이 갈수록 마음속에 궁금증이 쌓이는 것은, 그
들이 그때에 무슨 목적으로 안수를 받으려고 그렇게 머리를 디밀며 애를 썼는가? 하는 질문이
었다.
  이미 우리 성도 안에는 전능자 되신 예수님이 그리스도의 영, 성령으로 와 계시지 않은가?

너희가 하나님의 성전인 것과 하나님의 성령이 너희 안에 거하시는 것을 알지 못하느뇨(고전 3:16,17) 그런데 왜 성도들은 자신 안에 이미 강하고 능력 있는 예수님이 계시는데도 다른 존재, 즉 피조물에 대하여 그토록 기대를 걸고 문제의 해결사, 또는 초월적 대상으로 추앙하는 지 알 수가 없었다. "남의 떡이 크게 보인다."는 속담이 있듯이 그분 안에 있는 예수님은 아주 크고 내 안에 계시는 예수님은 초라하고 능력도 없단 말인가? 주위에 유명인의 예수는 크고 나의 예수는 작단 말인가? 스스로 내 안에 계신 예수님을 상대적으로 작고, 무능하게 만드는 그런 행위가 아닌가 하는 생각이 든다.

물론 성경에도 수많은 사건을 통하여 중보기도의 능력을 인정하고(약5장14,15) 그렇게 하기를 원한다. 그러나 안수를 받으려는 사람이 탐욕의 동기로 안수를 받는다면, 안수자가 우상이 아닐지라도 자신에게는 우상이 될 수 있다는 것을 알아야 한다.

본문에서 바울과 바나바가 옷을 찢고 호통을 친 것도 자신들로 인하여 10계명 중에 제 1계명 "내 앞에서 다른 신들을 섬기지 못한다." 이 중요한 계명을 어기는 죄를 범할까 두려워했기 때문이다.

또 다른 하나는 하나님은 제 2계명에서 "주 너희 하나님은 질투하시는 하나님이다"라고 말씀하고 계신다. 신학자 J.I. PACKER는 "하나님을 아는 지식에서" 이렇게 말한다. "자신이 원하는 대로 하나님을 생각할 자유가 있다고 주장하는 사람들은 제 2계명을 어기는 것이라는 사실을 최대한 강조하여 말할 필요가 있다..... 우리는 하나님의 형상으로 만들어졌지만, 하나님이 우리가 만든 형상 안에 존재하신다고 생각해서는 안된다. 그러한 생각은 하나님을 아는 것이 아니라, 하나님에 대해 무지한 것이다" (하나님을 아는 지식, 제임스 팩커)

내 안에 계신 예수님은 나의 형편과 처지를 잘 알고 계신다. 또한 어떠한 영적 싸움에도 절대 지거나 항복하시는 그런 분이 아니시다, 아주 강하고 능력이 많으신 분이시다. 그럼에도 다른 사람이 나보다 더 능력 있다고 크게 보는 것은, 척도에 따라 내안에서 또 다른 인간의 형상으로 우상을 만드는 것이다. 물론 사람마다 은사는 다르다.

고전12:31의 더욱 큰 은사를 사모하라, 그러나 주님 행하시는 능력은 같다는 것을 인정 할 때에 영적 무장과 승리를 가져 올 수 있음을 알자.

하나님은 전능하시고 나의 모든 것을 파악하고, 나의 미래를 준비하고 계시는 존재임을 기억하자.

15장 예루살렘 회의에서 이방인의 할례문제로 변론이 있음.

16장 바울의 환상 중에 마케도냐 사람이 오라고 요청, 바울과 실라가 빌립보의 감옥에 갇힘, 찬송하매 옥터에 문이 열림.

17장 바울의 데살로니가 전도, 베뢰아 사람들의 착하고 간절한 마음 , 아덴 전도

18장 바울의 2차 전도여행 마감 / 19장 바울의 3차 전도여행
20장 이방 성도들을 향한 바울의 권면 / 21장 예루살렘으로 향하는 마음
22장 유대인에게 변증하는 바울 / 23장 공회 앞에선 바울 / 24장 벨릭스 앞에 선 바울
25장 베스도 앞에 선 바울 / 26장 아그립바 앞에 선 바울 / 27장 로마로 향하는 바울의 마음
28장 로마에 도착한 바울

18장 바울의 고린도 전도, 주님의 환상가운데 말씀 "두려워하지 말며 침묵하지 말고 말하라, 내가 너와 함께 있으매 어떤 사람도 너를 대적하여 해롭게 할 자가 없을 것이니, 이는 이 성 중에 내 백성이 많음이라.

※ 중보기도의 공동체

여기서 내 백성이 많음이라는 무력의 힘이 아니고, 세력의 힘도 아니고, 기도의 힘입니다.
중보기도는 우리에게 큰 힘이 됩니다. 중보기도는 체면 차릴 때에 고립됩니다. 엘리야도 갈멜산 전투에서 승리하고도 바알에게 무릎 꿇지 않은 7천명이 있었다는 사실을 (왕상19:18) 몰랐을 때, 겁을 먹고 도망을 칩니다.
사사기 18장에 라이스 사람들은 풍부하고 안락한 것에 도취되어 "어떤 사람들과도 상종하지 아니함이라" 이렇게 자신하고 고립 되었다가 단 지파에게 멸망당하고 맙니다. 고립은 신앙의 적이요, 사탄의 올무입니다.
막 5장에 거라사인 지방의 귀신 들린 자도 혼자 고립되어 있었습니다. 교회는 고립 된 자들을 불러 모아서 치유하며, 회복시키며, 하나님의 나라를 완성해 가는 중보기도의 공동체입니다.
우리 모여서 함께 기도하는 기도의 사람들이 됩시다.
마18:20 두 세 사람이 내 이름으로 모인 곳에는 나도 그들 중에 있느니라.

19장- 바울의 에베소 전도 "악귀가 대답하여 내가 예수도 알고 바울도 알거니와 너희는 누구냐?" 에베소에서 일어난 은장색 소동.
20장- 바울의 마게도냐와 헬라를 다니다 죽은 "유두고"를 살리다, 고별설교.
21장- 바울 죽을 것을 각오하고 예루살렘으로 가다.
22장- 유대인들 앞에서 변증하는 바울, 바울 로마 시민권자임을 밝히다.
23장- 공회 앞에 선 바울, 살해 음모, 가이샤라로 이송된 바울.
24장- 벨릭스 총독 앞에 선 바울, 바울의 항변, 감옥에 갇힌 바울.
25장- 바울, 가이사에게 상소하다, 바울 아그립바 왕과 버니게 앞에 서다.
26장- 바울의 변명, 자신의 개종을 설명, 상황을 초월한 복음전파, 무죄판결.
27장- 로마로 향하는 바울, 바다에서 유라굴로 광풍을 만남, 바울의 위로와 구출.
28장- 멜리데 섬에서 로마로, 유대인에게 변증하는 바울, 바울의 강론.

※ 사도바울의 연대기

1. 청년기(AD1-34년)
   길리기아 다소 출생(행22:3), 가말리엘에서 율법을 배움(행26:4.5), 장막 만드는 일을 배움(행18;3), 스데반의 순교에 가담과 기독교를 핍박(행7장9장)
2. 회심 후 초기(AD34-46년) 행9장-12장
   다메섹도상에서 회심, 아나니아에게 세례를 받음 / 아라비아에서 3년간 체류(갈1:17) / 제 1차 예루살렘 방문(갈1:18,19) / 수리아와 길리기아 선교 / AD44년 바나바와 안디옥에서 1년간 사역 / 제2차 예루살렘 방문 / 갈1:1-10 예루살렘구제

3.제 1차 전도여행 (AD47-49년) 행13-15장
　　안디옥 교회 바울과 바나바 선교사로 파송 / 구브로 섬 전도사역 / 총독 서지오의 회심 / 소아시아 버가 사역 / 비시디아 안디옥 사역 유대인과 충돌 / 이고나온과 루스드라 전도사역 / 바울을 죽이려는 음모 / 더베 전도사역 / 돌에 맞음 / 버가와 앗달리야 전도사역 / 안디옥 귀환 / 3차 예루살렘 교회 방문 / 종교 회의

4.제 2차 전도여행 (AD49-52년) 행15:22-18장
　　안디옥 교회에서 2차 전도여행 시작(바나바와는 마가의 문제로 헤어짐, 실라와 동행) / 다소 - 더베 - 루스드라 - 비시디아 안디옥을 거치면서 성도들을 격려 / 루스드라에서 디모데 합류 / 드로아에서 누가와 합류 / 환상을 본 바울 아시아에서 마케도냐로 선택 / 빌립보 전도 사역 / 루디아 옥중 수감 때 간수의 회심 / 데살로니가 전도사역, 뵈레아 전도사역, (17장) / 아덴 전도사역 / 고린도 전도사역(행18장), 1년 반 사역, 데살로니가 전후서 기록 , 유대인의 고발로 아가야총독 갈리오에게 심문을 받음 / 돌아오는 길 에베소에 잠시 들려 전도사역, 4차 예루살렘방문, 안디옥으로 귀환

5. 제 3차 전도여행 (AD52-57년) 행19,20장
　　1차 전도지역 방문 (갈라디아, 부르기아) 에베소사역 고린도전서 기록 / 빌립보가 중심이 된 마케도냐와 헬라사역, 고린도후서, 갈라디아서기록 / 드로아 전도사역, 유두고사건 / 밀레도 사역, 두로 방문, 가이사랴 방문, 예루살렘도착

6. 예루살렘 귀환과 체포 (AD58-60년) 행21- 23장
　　제 5차 예루살렘방문 / 바울의 체포 / 유대공회 앞에서 변론 / 가이사랴로 호송 -2년간 수감 / 벨릭스 앞에서 변론 베스도 총독에게 가이사 앞에서의 재판을 주장하며 항소를 요청 / 아그립바 왕 앞에서 변론

7. 로마전도 여행 (AD60-67년) 행27장- 28장
　　로마 항해 중 유라굴로 광풍 만남 / 멜리데 섬에서 AD61년 로마도착 후 투옥 / 옥중서신- 에베소서, 빌레몬서, 골로새, 빌립보서 기록 / AD63년 석방 후 사역 / 디모데전서, 디도서, 디모데후서 기록 / 로마에 2차 투옥, 네로황제에 의하여 순교

※ 전설에 의하면, 바울이 참수되어 머리가 세 번 튀었는데, 그 튀었던 곳에 세 분수가 솟아 올랐고, 그 곳에 세 분수교회가 세워졌다고 한다.

※ "익투스" 초대교회 그리스도인의 상징이었던 물고기

물고기란 뜻의 그리스어 '익투스'(ΙΧΘΥΣ)는 "예수 그리스도는 하나님의 아들 구세주"라는 고백의 의미.
예수(Ιησους, Iesus), 그리스도(Χριστος, Christus), 하나님(Θεos, Theos), 아들(Υιos, Huios), 구세주(Σωτηρ, Soterias)의 첫 머리 글자를 따보면, 물고기라는 그리스어 '익투스'(ΙΧΘΥΣ)라는 단어가 됨.

　　초대교회시대(주후 63년부터 313년까지) 로마는 교회를 향하여 큰 핍박을 가하게 됩니다. 이때 성도들이 피신하여 숨은 곳은 지하 공동묘지 카타쿰등 이었습니다. 이 카타쿰은 알려진바 대로 매우 길고(길이가 4.5km) 복잡하여 외부사람이 들어오면 길을 잃게 됩니다. 그러므로 성도와 외부사람들과의 구별이 필요했습니다. 그 안내자와 같은 역할을 한 것이 바로 물고기 표식과 그 속에 글씨(예수는 나의 구세주)입니다. 또한 물고기 형상은(눅5:6), (요21:6)의 풍성한 물고기 즉 많은 영혼을 낚아 올리는 어부를 뜻합니다.

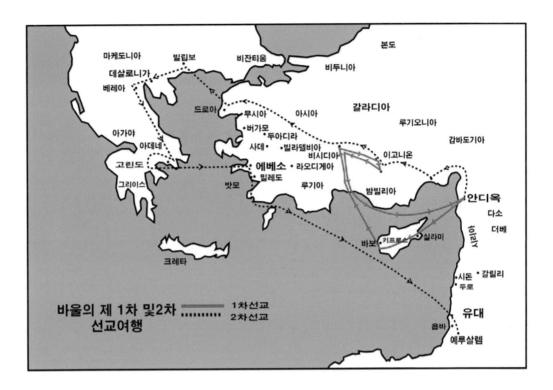

바울의 제 1차 및2차 선교여행
— 1차선교
···· 2차선교

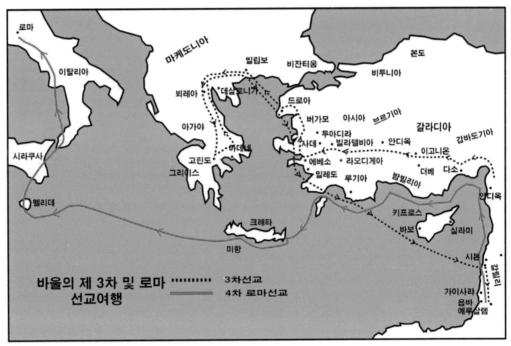

바울의 제 3차 및 로마 선교여행
···· 3차선교
— 4차 로마선교

로마서(Romans)

이 서신은 한번도 방문한 일이 없는 바울이 제 3차 전도여행 때에 고린도에서 로마에 있는 성도들에게 쓴 것이다. "이 복음은 모든 믿는 자에게 구원을 주시는 하나님의 능력이 됨이라(1: 16)"라는 주제를 제시하며, 기록 목적은 로마교회에서 유대파 교인과 이방파 교인과의 갈등을 해소하고, 복음은 하나님이 거저 주시는 선물인 것과 예수그리스도를 믿는 것만이 만민의 구원을 이룬다는 것이다. 인간의 죄에 대한 하나님의 심판, 복음으로 나타난 하나님의 계시, 오직 믿음으로 의롭다 함을 받는 구원의 도리, 하나님의 주권, 봉사등 기독교의 교리를 조직적으로 기록한 중요한 서간이다.

※ 로마서의 주제

초 점	죄	구 원	성 화	주 권	봉 사
구 분	인간의 의에 대한 필요성	의에 대한 하나님의 공급	의로운 삶을 위한 하나님의 능력	의에 대한 하나님의 계획	의의 실천 작업
본 문	롬1-3장	롬4-5장	롬6-8장	롬9-11장	롬12-16장
주 제	교리편				실천편
장 소	죄의 종	하나님의 종			주를 섬기는 종
	고린도				
시 간	A.D. 58년				

(KCM 한국 컴퓨터 선교회)

1. 하나님의 의의 계시로서의 복음

1:4 육신으로는 다윗의 혈통으로 나셨고, 성결의 영으로는 죽은 자들 가운데서 부활하사, 능력으로는 하나님의 아들로 선포되셨으니, 곧 우리 주 예수 그리스도시니라.

1:16 내가 복음을 부끄러워하지 아니하노니, 이 복음은 모든 믿는 자에게 구원을 주시는 하나님의 능력됨이라.

1:17 복음에는 하나님의 의가 나타나서 믿음으로 믿음에 이르게 하나니, 기록된바 오직 의인은 믿음으로 말미암아 살리라 함과 같으니라.

1:19-23 창세로부터 그의 보이지 아니하는 것들 곧 그의 영원하신 능력과 신성이 그가 만드신 만물에 분명히 보여 알려졌나니, 그러므로 그들이 핑계하지 못할 지니라, 하나님을 알되, 하나님을 영화롭게도 아니하며, 감사하지도 아니하고, 오히려 그 생각이 허망하여지며, 미련한 마음이 어두워졌나니, 스스로 지혜있다 하나 어리석게 되어 썩어지지 아니하는 하나님의 영광을 썩어질 사람과 새와 짐승과 기어 다니는 동물 모양의 우상으로 바꾸었느니라.

1:28-31 또한 그들이 마음에 하나님 두기를 싫어하매 하나님께서 그들을 그 상실한 마음대로 내버려 두사, 합당하지 못한 일을 하게하셨으니 곧 모든 불의와 추악, 탐욕, 악의가 가득한 자요, 시기, 살인, 분쟁, 사기, 악독이 가득한 자요, 수근, 수근 하는 자요, 비방하는 자요, 하나님께서 미워하시는 자요, 능욕하는 자요, 교만한 자요, 자랑하는 자요, 악을 도모하는 자요, 부모를 거역하는 자요, 우매한자요, 배약하는 자요, 무정한 자요, 무자비한 자라.

1:32 그들이 이 같은 일을 행하는 자는 사형에 해당 한다고 하나님께서 정하심을 알고도 자기들만 행할 뿐 아니라, 또한 그런 일을 행하는 자들을 옳게 여기느니라.

2. 하나님의 심판, 유대인의 율법

2:1 남을 판단하는 사람아, 누구를 막론하고 네가 평계하지 못할 것은, 남을 판단하는 것으로 네가 너를 정죄함이니, 판단하는 네가 같은 일을 행함이니라.

2:11 하나님께서는 외모로 사람을 취하지 아니하심이라.

3. 믿음으로 말미암는 의

3:10-12 의인은 없나니 하나도 없으며, 깨닫는 자도 없고, 하나님을 찾는 자도 없고, 다 치우쳐 함께 무익하게 되고, 선을 행하는 자는 없나니 하나도 없도다.

3:20 그러므로 율법의 행위로는 그의 앞에 의롭다 하심을 얻을 육체가 없나니, 율법으로는 죄를 깨달음이니라.

3:23,24 모든 사람이 죄를 범하였으매, 하나님의 영광에 이르지 못하더니, 그리스도 예수 안에 있는 속량으로 말미암아 하나님의 은혜로 값없이 의롭다 하심을 얻은 자 되었느니라.

3:28 그러므로 사람이 의롭다 하심을 얻는 것은, 율법의 행위에 있지 않고 믿음으로 되는 줄 우리가 인정하노라.

4. 칭의에 대한 구약의 예증

4:18,22 아브라함이 바랄 수 없는 중에 바라고 믿었으니, 그것이 그에게 의로 여겨졌느니라.

5. 의롭다 하심을 받은 사람의 삶과 칭의의 결과

5:1 그러므로 우리가 믿음으로 의롭다 하심을 받았으니, 우리 주 예수그리스도로 말미암아 하나님과 화평을 누리자.

5:3,4 우리가 환난 중에도 즐거워하나니, 이는 환난은 인내를 인내는 연단을, 연단은 소망을 이루는 줄 앎이로다.

5:8 우리가 아직 죄인 되었을 때에, 그리스도께서 우리를 위하여 죽으심으로 우리에 대한 자기의 사랑을 확증하셨느니라.

5:12 그러므로 한 사람으로 말미암아 죄가 세상에 들어오고 죄로 말미암아 사망이 들어 왔나니 이와 같이 모든 사람이 죄를 지었으므로, 사망이 모든 사람에게 이르렀느니라.

5:17 한사람의 범죄로 말미암아 사망이 그 한사람을 통하여 왕 노릇 하였은즉, 더욱 은혜와 의의 선물을 넘치게 받는 자들은, 한 분 예수그리스도를 통하여 생명 안에서 왕 노릇하리로다.

5:18 그런즉 한 범죄로 많은 사람이 정죄에 이른 것같이, 한 의로운 행위로 말미암아 많은 사람이 의롭다 하심을 받아 생명에 이르렀느니라.

※ 칭의 란 무엇인가?

칭의는 사람을 도덕적 변화에 의한 선언이 아닌 재판장(예수님)의 지위로 인간을 의롭다고 선언 하시는 것이다. 그러므로 "정죄와는 반대되는 개념을 지니고 있다" 라고 말할 수 있다.

칭의는 하나님의 법적개념이며 의롭게 만든다는 뜻이 아닌, 의롭다고 선언하다의 뜻을 갖춘다 (롬3:24, 롬8:33,34)(롬3:20-28, 4:5-7, 5:1, 갈2:16, 3:11, 5:4, 롬4:6,7 요3:18)

(부록 조직신학에서 참고)

6. 성화와 의의 종

6:8 만일 우리가 그리스도와 함께 죽었으면, 또한 그와 함께 살줄을 믿노니

6:10,11 그가 죽으심은 죄에 대하여 단번에 죽으심이요, 그가 살아 계심은 하나님께 대하여 살아 계심이니, 이와 같이 너희도 너희 자신을 죄에 대하여 죽은 자요, 그리스도 예수 안에서 하나님께 대하여는 살아 있는 자로 여길 지어다.

6:23 죄의 삯은 사망이요, 하나님의 은사는 그리스도 예수 우리 주 안에 있는 영생이니라.

7. 성화와 율법

7:18,21 나는 내 속에 곧 육신 속에 선한 것이 깃들여 있지 않다는 것을 압니다. 나는 선을 행하려는 의지는 있으나, 그것을 실행하지 않으니 말입니다.

7:21 여기에서 나는 법칙 하나를 발견 하였습니다, 곧 나는 선을 행하려고 하는데 그러한 나에게 악이 붙어 있다는 것입니다.(새 번역 성경)

7:23 내 지체 속에 한 다른 법이 내 마음의 법과 싸워 내 지체 속에 있는 죄의 법으로 나를 사로잡는 것을 보는 도다.

7:24 오호라! 나는 곤고한 사람이로다, 이 사망의 몸에서 누가 나를 건져내랴.

8. 성화와 성령

8:1,2 그러므로 이제 그리스도 예수 안에 있는 자에게는 정죄함이 없나니, 이는 그리스도 예수 안에 있는 생명의 성령의 법이 죄와 사망의 법에서 너를 해방하였음이라.

8:5,6 육신을 따르는 자는 육신의 일을, 영을 따르는 자는 영의 일을 생각하나니, 육신의 생각은 사망이요, 영의 생각은 생명과 평안이니라.

8:9 만일 너희 속에 하나님의 영이 거하시면, 너희가 육신에 있지 아니하고 영에 있나니, 누구든지 그리스도의 영이 없으면, 그리스도의 사람이 아니라.

8:11 예수를 죽은 자 가운데서 살리신 이의 영이 너희 안에 거하시면, 그리스도 예수를 죽은 자 가운데서 살리신 이가 너희 안에 거하시는 그의 영으로 말미암아 너희 죽을 몸도 살리시리라.

8:14 무릇 하나님의 영으로 인도함을 받는 사람은 곧 하나님의 아들이라.

8:15 너희는 다시 무서워하는 종의 영을 받지 아니하고, 양자의 영을 받았으므로 우리가 아빠 아버지라고 부르짖느니라.

8:16 성령이 친히 우리의 영과 더불어 우리가 하나님의 자녀인 것을 증언하시나니

8:26 성령도 우리의 연약함을 도우시나니, 우리의 마땅히 기도할 바를 알지 못하나, 오직 성령이 말할 수 없는 탄식으로 우리를 위하여 친히 간구 하시느니라.

8:28 우리가 알거니와 하나님을 사랑하는 자 곧 그의 뜻대로 부르심을 입은 자들에게는 모든 것이 합력하여 선을 이루느니라.

8:31 만일 하나님이 우리를 위하시면, 누가 우리를 대적하리요.

8:36 누가 우리를 그리스도의 사랑에서 끊으리요, 환난이나, 곤고함이나, 박해나, 기근이나, 적신(헐벗음)이나, 위험이나, 칼이랴.

8:38,39 내가 확신하노니 사망이나, 생명이나, 천사들이나, 권세자들이나, 현재일이나, 장래 일이나, 능력이나, 높음이나, 깊음이나, 다른 어떤 피조물이라도 우리를 우리 주 그리스도 예수 안에 있는 하나님의 사랑에서 끊을 수 없으리라.

9.약속의 자녀, 약속의 말씀, 하나님의 진노와 긍휼

9:15,16 내가 긍휼이 여길 자를 긍휼이 여기고, 불쌍히 여길 자를 불쌍히 여기리라 하셨거늘 그런즉 원하는 자로 말미암음도 아니요, 달음박질하는 자로 말미암음도 아니요, 오직 긍휼이 여기시는 하나님으로 말미암음이니라.

9:20 이 사람아, 네가 누구기에 감히 하나님께 반문하느냐? 지음을 받은 물건이 지은 자에게 어찌 나를 이같이 만들었느냐 말하겠느냐? 토기장이가 진흙 한 덩이로 하나는 귀히 쓸 그릇, 하나는 천히 쓸 그릇을 만들 권한이 없느냐?

10. 믿음으로 얻는 구원과 이스라엘의 불순종

10:9 네가 만일 네 입으로 예수를 주로 시인하며, 또 하나님께서 그를 죽은 자 가운데서 살리신 것을 네 마음에 믿으면 구원을 얻으리라.

10:10 사람이 마음으로 믿어 의에 이르고, 입으로 시인하여 구원에 이르느니라.

10:13 누구든지 주의 이름을 부르는 자는 구원을 받으리라.

10:14 그런즉 그들이 믿지 아니하는 이를 어찌 부르리요, 듣지도 못한 이를 어찌 믿으리요, 전파하는 자가 없이 어찌 들으리요.

10:17 그러므로 믿음은 들음에서 나며, 들음은 그리스도의 말씀으로 말미암았느니라.

11. 이스라엘의 남은 자. 이방인의 구원, 이스라엘의 구원

11:17 또한, 가지 얼마가 꺾이었는데 돌감람나무인 네가 그들 중에 접붙임되어 참감람나무 뿌리의 진액을 함께 받는 자 되었느니라.

11:33 깊도다, 하나님의 지혜와 지식의 풍성함이여, 그의 판단은 헤아리지 못할 것이며, 그의 길은 찾지 못할 것이 로다.

11:36 이는 만물이 주에게서 나오고, 주로 말미암고, 주에게로 돌아감이라. 그에게 영광이 세세에 있을 지어다.

12. 믿음으로 의를 얻은 자의 생활태도

12:1 너희 몸을 하나님이 기뻐하시는 거룩한 산 제물로 드리라, 이는 너희가 드릴 영적예배니라

12:2 너희는 이 세대를 본받지 말고, 오직 마음을 새롭게 함으로 변화를 받아 하나님의 선하시고 온전하신 뜻이 무엇인지 분별하도록 하라.

12:3 마땅히 생각 할 그 이상의 생각을 품지 말고, 오직 하나님께서 각 사람에게 나누어 주신 믿음의 분량대로 지혜롭게 생각하라.

12:4,5 우리가 한 몸에 많은 지체를 가졌으나, 모든 지체가 같은 기능을 가진 것이 아니니, 이와 같이 우리 많은 사람이 그리스도 안에서 한 몸이 되어 서로 지체가 되었느니라.

12:16-21 서로 마음을 같이하며, 높은데 마음을 두지 말고 도리어 낮은데 처하며, 스스로 지혜 있는 체 하지마라. 아무에게도 악을 악으로 갚지 말고, 모든 사람 앞에서 선한 일을 도모하라. 할 수 있거든 너희로서는 모든 사람과 더불어 화목 하라. 원수 갚는 것이 내게 있으니 내가 갚으리라, 주께서 말씀하시니라.

13. 권세에 대한 의무, 사랑의 의무

13:1 각 사람위에 있는 권세들에게 복종하라, 권세는 하나님으로부터 나지 않음이 없나니, 모든 권세는 다 하나님께서 정하신 바라.

13:8 피차 사랑의 빚 외에는 아무에게든지 아무 빚도 지지 말라.

13:11-14 이제 우리의 구원이 처음 믿을 때보다 가까웠음이라. 밤이 깊고 낮이 가까웠으니, 그러므로 우리가 어둠의 일을 벗고, 빛의 갑옷을 입자. 낮에와 같이 단정히 행하고, 방탕하거나 술 취하지 말며, 음란하거나 호색하지 말며, 다투거나 시기 하지 말고, 오직 예수그리스도로 옷 입고, 정욕을 위하여 육신의 일을 도모하지 말라.

14.형제에 대한 보살핌과 이방인들을 향한 구원

14:1,2 믿음이 연약한 자를 너희가 받되, 그의 의견을 비판하지 말라. 어떤 사람은 모든 것을 먹을 만한 믿음이 있고, 믿음이 연약한 자는 채소만 먹느니라.

14:8 우리가 주를 위하여 살고, 죽어도 주를 위하여 죽나니, 그러므로 사나 죽으나 우리가 주의 것이로다.

14:17 하나님의 나라는 먹는 것과 마시는 것이 아니요, 오직 성령 안에 있는 의와 평강과 희락이라.

14:23 믿음을 따라 하지 아니하는 것은 다 죄니라.

15:13 소망의 하나님이 모든 기쁨과 평강을 믿음 안에서 너희에게 충만하게 하사, 성령의 능력으로 소망이 넘치게 하시기를 원하노라.

※ 바울서신의 연대표

구 분	배 경	서 신	연대AD	주 제	목 표	대 상
여행중 서 신	1,2차여행사이	갈라디아	48	현재와 미래의 구원	복음전파	교회들 에게
	2차 여행	데살로니가 전, 후서	52			
	3차 여행	고린도 전,후서	55			
		로마서	56			
옥 중 서 신	첫번째 투옥	골로새서	61	그리스도인의 생활	교 회	
		에베소서				
		빌레몬서				
		빌립보서				
목 회 서 신	출 옥	디모데전서	62	교회의 일꾼들	확 립	개인 에게
		디도서	62			
	두번째 투옥	디모데후서	67		작 별	

(KCM한국콤퓨터 선교회)

고린도전서(1 Corinthians)

고린도 전후서는 사도 바울이 3차 여행을 하던 중에 에베소에 머물며 기록한 서신이다. 고린도는 아가야 지방의 무역항구 도시로서 매우 화려했고 여러 다인종들이 거주하는 도시였다.

사도 바울이 2차 선교 여행 때에 아덴의 훼방꾼들을 피해 고린도에 와서 1년 반 머물며, 브르스길라와 아굴라를 만나 천막 제조업과 회당 옆 유스도의 집에 머물면서 말씀을 가르쳤다.

바울이 처음 고린도에 왔을 때에, 그 도시의 부패와 타락, 수많은 우상들을 보고 두려워했으나, "이 도시에는 나의 백성이 많다"(행18:10)는 환상 가운데 주님의 말씀을 듣고 담대히 복음을 전파한 곳이다. 이 서신의 기록 목적은 교회의 분열, 교회 내에 간음행위 등 부도덕한 행위, 성도 간의 법정송사에 까지 이르게 된 일 등을 보고 받고, 그 곳에 제기 되어있는 질문에 해답을 주고자 서신을 썼다. 해답의 내용은 혼인에 관한 문제(7장), 그리스도의 자유함으로 생기는 방종한 행위(8장-10장), 무질서한 만찬, 성령의 은사 활동에 관한 무질서한 행위, 그리스도의 부활과 육체의 부활에 대한 올바른 이해(15장) 등을 기록하였다.

> 1장 분열된 교회 / 2장 성령으로 나타난 구원의 지혜 / 3장 하나님의 동역자
> 4장 사도의 직분 / 5장 교회내의 성적 부도덕 / 6장 소송 및 성문제에 관한 성도의 자세
> 7장 혼인에 대한 권고 / 8장 우상에 바친 제물에 대한 성도의 태도

1:18 십자가의 도가 멸망 하는 자에게는 미련한 것이요, 구원을 받는 우리에게는 하나님의 능력이라.

2:10 성령은 모든 것 곧, 하나님의 깊은 것 까지도 통달 하시느니라.

3:6,7 나는 심었고, 아볼로는 물을 주었으되, 오직 하나님께서는 자라나게 하셨나니, 그런즉 심는 이나, 물을 주는 이는 아무것도 아니로되, 오직 자라게 하시는 이는 하나님뿐이니라.
3:16 너희가 하나님의 성전인 것과 하나님의 성령이 너희 안에 계시는 것을 알지 못하느냐.

4:1,2 사람이 마땅히 우리를 그리스도의 일꾼이요, 하나님의 비밀을 맡은 자로 여길지어다. 그리고 맡은 자들의 구할 것은 충성이니라.
4:20 하나님의 나라는 말에 있지 아니하고, 오직 능력에 있음이라.

6:19,20 너희 몸은 너희가 하나님께로 부터 받은바 너희 가운데 계신 성령의 전인 줄을 알지 못하느냐 너희는 너희 자신의 것이 아니라, 값으로 산 것이 되었으니, 그런즉 너희 몸으로 하나님께 영광을 돌리라.

8:1,2 만일 누구든지 무엇을 아는 줄로 생각하면 아직도 마땅히 알 것을 알지 못하는 것이요, 또 누구든지 하나님을 사랑하면 그 사람은 하나님도 알아주시느니라.

9장 사도의 권리 / 10장 우상숭배를 피하고, 오직 하나님께 영광 / 11장 올바른 예배와 성만찬
12장 성령의 은사 / 13장 사랑 / 14장 방언과 예언 / 15장 부활 / 16장 권면

9:16 내가 복음을 전할지라도 자랑할 것이 없음은 내가 부득불 할 일임이라. 만일 복음을 전하지 아니하면, 내게 화가 있을 것이로다.

9:23,24 내가 복음을 위하여 모든 것을 행함은, 복음에 참여하고자 함이라. 경기장에서 달리기하는 사람들이 모두 달리지만, 상을 받는 사람은 하나뿐이라는 것을 여러분은 알지 못합니까? 이와 같이 여러분도 상을 받을 수 있도록 달리십시오.(새번역 성경)

10:12 그런즉 선줄로 생각하는 자는 넘어질까 조심하라.

10:13 사람이 감당할 시험 밖에는 너희가 당한 것이 없나니, 오직 하나님은 미쁘사 너희가 감당하지 못할 시험 당함을 허락하지 아니하시고, 시험 당할 즈음에 또한 피할 길을 내사 너희로 능히 감당하게 하시느니라.

10:31 너희가 먹든지 마시든지 무엇을 하든지 다 하나님의 영광을 위하여 하라.

11:3 각 남자의 머리는 그리스도요, 여자의 머리는 남자요, 그리스도의 머리는 하나님이시라.

11:24 이것은 너희를 위하는 내 몸이니, 이것을 행하여 나를 기념하라.

11:25 이 잔은 내 피로 세운 새 언약이니, 이것을 행하여 마실 때 마다 나를 기념하라.

11:29 주의 몸을 분별하지 못하고 먹고 마시는 자는, 자기의 죄를 먹고 마시는 것이니라.

12:3 하나님의 영으로 말하는 자는 누구든지 예수를 저주할 자라 하지 아니하고, 또 성령으로 아니하고는 누구든지 예수를 주시라 할 수 없느니라.

12:4-11 은사는 여러 가지나, 성령은 같고, 각 사람에게 성령을 나타내심은 유익하게 하려 하심이라. 성령으로 말미암아,
1) 지혜의 말씀을 2) 지식의 말씀을 3) 믿음을 4) 병 고치는 은사를 5) 능력 행함을
6) 예언함을 7) 영들 분별함을 8) 각종 방언 말함을 9)방언 통역함을
이 모든 일은 같은 한 성령이 행 하사, 그의 뜻대로 각 사람에게 나누어 주시는 것이니라.

12:27 너희는 그리스도의 몸이요, 지체의 각 부분이라.

12:31 너희는 더욱 큰 은사를 사모하라, 내가 또한 가장 좋은 길을 너희에게 보이리라.

13:1,2 내가 사람의 방언과 천사의 말을 할지라도 사랑이 없으면 소리 나는 구리와 울리는 꽹과리가 되고 내가 예언하는 능력이 있어 모든 비밀과 모든 지식을 알고 또 산을 옮길 만한 믿음이 있을지라도 사랑이 없으면 내가 아무것도 아니요

※사랑보다 더 큰 은사는 없다※

성도들이 신앙생활에 경륜이 쌓이면 슬그머니 욕심을 내는 것이 은사다. 외적으로는 자기 과시를 위한 목적이고, 내적으로는 신비스러운 체험을 통하여 나에게 유익함을 얻으려는 것이다.

사도 바울은 은사를 오해하는 고린도 교회를 향하여 이렇게 책망한다. "만일 누구든지 무엇을 아는 줄로 생각하면, 아직도 마땅히 알 것을 알지 못하는 것이요"(고전 8;2) 마땅히 알아야 할 것이 무엇인가? 그것은 각 사람 속에 계시는 예수 그리스도를 바랄 줄 아는 영적 지식이다. 지금은 우리가 거울로 영상을 보듯이 희미하게 보이지만(13:12), 진정한 성도들 속에는 분명히 예수님께서 그를 위해 피 흘리심과 화해와 용서와 사랑이 있다는 것을 아는 것이다. 지금은 우리의 육신의 눈은 무분별한 상태이기 때문에 희미하게 보이나, 나중에는 뚜렷이 보이는 것이 있는데, 그것이 "사랑"이다.

오늘날 교회 안에 심각한 증상 가운데 하나는 "영 분별의 은사"에 대한 오해이다. 예를 들어 특정한 성도나 교역자를 영 분별의 대상으로 삼고, 때로는 비판을 일삼을 때에 이것은 사랑의 결핍 증상이다.

"요즘 목사님 설교 말씀이 예전 같지 않네" 신앙생활을 하다보면 가끔 이런 생각을 한다. 이렇게 생각되는 이유에는 반드시 나의 기준에서 남을 판단 평가하려는 편견에서 시작 되거나, 아니면 삶에 있어서 불편한 감정이 나를 혼돈 시키기 때문이라 생각한다.

목회자도 사람이다. 특별히 요구하는 대로 다 채워 주고, 욕구와 불만을 해소 시켜주고, 기도의 응답을 쉽게 풀어주는 그러한 능력을 항상 기대해서는 아니 된다.

오직 우리를 가르치고 생각나게 하시는 분은 성령님이시고, 내 안에 능력을 나타내시는 분은 예수님이시다. 설교가 마음에 안 드십니까? 주님은 이렇게 말 할 것이다, 그러면 "내가 대신 저 강대상에 올라가 설교를 해줄까?" 아마 이런 사람은 주님이 설교를 한다 해도 핑계거리를 만들 것이다. 왜? 긍휼과 사랑의 정신이 없기 때문이다, 주님은 긍휼과 사랑의 본체시다. 우리가 남에 대하여 판단하고 분석하는 것은 사랑의 본체에서 벗어났음을 의미하는 것이다.

"미움은 다툼을 일켜도, 사랑은 모든 허물을 가리느니라(잠10:12)" "사랑은 허다한 죄를 덮느니라."(벧전 4:8) 남의 허물과 죄를 덮어주고 용서 할 때에, 그 사람이야 말로 최고의 은사를 가진 것이다. 모든 영적인 것은 사랑으로 건너가는 다리이다. 우리 안에 계시는 주님은 영적인 것만 보고 달려가지 말고, 영적인 다리를 건너 자신에게 오라하신다.

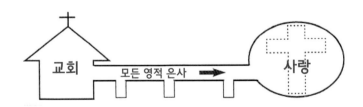

13;4-7 사랑은 오래참고, 사랑은 온유하며, 시기하지 아니하며, 사랑은 자랑하지 아니하며, 교만하지 아니하며, 무례히 행치 아니하며, 자기의 유익을 구하지 아니하며, 성내지 아니하며, 악한 것을 생각하지 아니하며, 불의를 기뻐하지 아니하며, 진리와 함께 기뻐하고, 모든 것을 참으며, 모든 것을 바라며, 모든 것을 견디느니라.

그런즉 믿음, 소망, 사랑, 이 세 가지는 항상 있을 것인데, 그 중의 제일은 사랑이라.

13:12 지금은 우리가 거울로 영상을 보듯이 희미하게 보이지만, 그때에는 얼굴과 얼굴을 마주
하여 볼 것입니다. 지금은 내가 부분밖에 알지 못하지만 그때에는 하나님께서 나를 아신
것 같이 내가 온전히 알게 될 것입니다.

13:13 그러므로 믿음, 소망, 사랑 이 세 가지는 항상 있을 것인데, 그 가운데 으뜸은 사랑입니다.

15:10 내가 나 된 것은 하나님의 은혜로 된 것이니– 내가 수고하였으나 내가 한 것이 아니요,
오직 나와 함께 하신 하나님의 은혜로다.

15:14 그리스도께서 만일 다시 살아나지 못하셨다면, 우리가 전파하는 것도 헛것이요, 또 너희
믿음도 헛것이며

15:17,19 그리스도께서 다시 살아난 일이 없으면, 너희의 믿음도 헛되고 너희가 여전히 죄 가운
데 있을 것이요...만일 그리스도 안에서 우리가 바라는 것이 다만 이 세상의 삶뿐이면,
모든 사람가운데 우리가 더욱 불쌍한 자니라.

15:42,44 죽은 자의 부활도 그와 같으니, 썩을 것으로 심고 썩지 아니할 것으로 다시 살며, 육의
몸으로 심고 신령한 몸으로 다시 살아나니, 육의 몸이 있은즉 또 영의 몸도 있느니라.

15:51,52 우리가 다 잠잘 것이 아니요, 마지막 나팔에 순식간에 홀연히 다 변화 하리니, 나팔 소
리가 나매, 죽은 자들이 썩지 아니할 것으로 다시 살아나고, 우리도 변화 하리라.

15:55,56 사망아, 너의 승리가 어디 있느냐? 사망아, 네가 쏘는 것이 어디 있느냐? 사망이 쏘는
것은 죄요, 죄의 권능은 율법이라.

고린도후서(2 Corinthians)

본서를 이해하기에 앞서 고린도 전서와 사도행전에서 나타난 상호 관련된 내용을 비교해 보기로 한다.

1) 바울의 2차 전도여행 중에 에덴에서 고린도로 처음 방문 1년 반 머무름(행18:1)
2) 고린도를 떠나 에베소로 가다, 고린도 교회가 분쟁이 있다는 소식을 접하고 디모데를 특별한 사명을 주어 고린도교회에 파송(고전4:17,16:10)
3) 고린도 교회는 바울을 대적하는 거짓 사도가 나타나 교회는 심각한 위기에 직면 함(고후 2:5,11:4)
4) 바울은 위기 해결을 위해 잠시 고린도 교회를 방문한다, 이 방문을 가리켜 "가슴 아픈 방문"이었다고 회고함.(고후2:1-4)
5) 그 후에 마케도냐 지방에 와서 고린도후서, '준엄한 편지 혹은 눈물의 편지'(10장-13장)를 써서 디도 편에 보낸다. 이 편지(고린도 후서)는 교리적인 교훈보다는 개인적인 감정, 희망, 자존감, 책임, 소명, 기원등을 기록함으로서, 자신의 가르침을 왜곡하고 비난하는 거짓사도들의 위선을 드러내고 있다. 예루살렘의 가난한 성도들을 위한 모금운동(8,9장)을 권면하고 자신의 사도직을 변호한다.(10장-13장)

1장 고난과 위로 / 2장 교회를 위한 바울의 사랑 / 3장 새 언약에 일꾼 된 바울
4장 질그릇에 담긴 보배, 겉 사람과 속사람 / 5장 화해의 직분
6장 구원의 날, 내 안에 있는 성전

1:5 그리스도의 고난이 넘친 것 같이, 우리가 받는 위로도 그리스도로 말미암아 넘치는 도다.

2:14,15 그리스도를 아는 냄새를 나타내시는 하나님께 감사하노라, 우리는 구원 받는 자들에게나, 망하는 자들에게나 하나님 앞에서 그리스도의 향기니

3:17 주는 영이시니, 주의 영이 계신 곳에는 자유가 있느니라.

4:3 만일 복음이 가리었으면, 망하는 자들에게 가리어진 것이라.
4:7 우리가 이 보배를 질그릇에 가졌으니, 이는 심히 큰 능력은 하나님께 있고, 우리에게 있지 아니함을 알게 하려 함이라.
4:8-10 우리가 사방을 욱여쌈을 당하여도, 싸이지 아니하며, 답답한 일을 당하여도 낙심하지 아니하며, 박해를 받아도 버린바 되지 아니하며, 거꾸러뜨림을 당하여도 망하지 아니하고, 우리가 항상 예수의 죽음을 몸에 짊어짐은 예수의 생명이 또한 우리 몸에 나타나게 하려함이라.
4:16 우리의 겉 사람은 낡아지나, 우리의 속사람은 날로 새로워지도다.
4:18 우리가 주목하는 것은 보이는 것이 아니요 보이지 않는 것이니, 보이는 것은 잠깐이요, 보이지 않는 것은 영원함이라.

5:10 우리가 다 반드시 그리스도의 심판대 앞에 나타나게 되어, 각각 선악 간에 그 몸으로 행한 것을 따라 받으려 함이라.

5:17 그런즉, 누구든지 그리스도 안에 있으면 새로운 피조물이라, 이전 것은 지나갔으니, 보라,
　　 새것이 되었도다.

6:2 보라, 지금이 은혜 받을 만한 때요, 보라, 지금이 구원의 날이로다.

6:8,10 우리는 속이는 자 같으나 참되고, 무명한자 같으나 유명한 자요, 죽은 자 같으나 보라, 우
　　 리가 살아있고, 징계를 받는 자 같으나 죽임을 당하지 아니하고, 근심하는 자 같으나 항
　　 상 기뻐하고, 가난한자 같으나 부요하고, 아무것도 없는 자 같으나, 모든 것을 가진 자로
　　 다.

> 7장 고린도교회의 회개를 기뻐함 / 8장 풍성한 헌금
> 9장 예루살렘의 가난한 성도를 돕는 헌금 / 10장 바울이 자기 사도직을 변호하다
> 11장 바울 참된 자랑과 거짓사도 / 12장 바울의 신비한 체험 자신에 대한 간증
> 13장 마지막 경고와 인사

7:10 하나님의 뜻대로 하는 근심은 후회 할 것이 없는 구원에 이르게 하는 회개를 이루는 것이
　　 요, 세상 근심은 사망을 이루는 것이니라.

8:2 환난의 많은 시련 가운데서 그들의 넘치는 기쁨과 극심한 가난이 그들의 풍성한 연보를 넘
　　 치도록 하게 하였느니라

8:9 우리 주 예수그리스도의 은혜를 너희가 알거니와 부요하신 이로서 너희를 위하여 가난하게
　　 되심은, 그의 가난함으로 말미암아 너희를 부요하게 하려 하심이라.

9:7 각각 그 마음에 정한대로 할 것이요, 인색함으로나 억지로 하지 말지니, 하나님은 즐겨내는
　　 자를 기뻐하시느니라.

9:8 하나님이 능히 모든 은혜를 너희에게 넘치게 하시나니, 이는 너희로 모든 일에 항상 모든 것
　　 이 넉넉하여 모든 착한 일을 넘치게 하게하려하심이라.

10:4 우리의 싸우는 무기는 육신에 속한 것이 아니요, 오직 어떤 견고한 진도 무너뜨리는 하나
　　 님의 능력이라.

10:17,18 자랑하는 자는 주안에서 자랑 할지니라, 옳다 인정함을 받는 자는 자기를 칭찬하는 자
　　 가 아니요, 오직 주께서 칭찬 하시는 자니라.

12:1,2 내가 부득불 자랑하노니, 주의 환상과 계시를 말하리라, 내가 그리스도 안에 있는 한 사
　　 람을 아노니, 그는 십사 년 전에 셋째 하늘에 이끌려 간자라.

12:8,9 내가 세 번 주께 간구하였더니, 나에게 이르시기를 내 은혜가 네게 족하도다. 이는 내 능
　　 력이 약한데서 온전하여 짐이라.

12:10 그러므로 내가 그리스도를 위하여 약한 것들과 능욕과 궁핍과 박해와 권고를 기뻐하노니
　　 이는 내가 약한 그때에 강함이라.

13:5 너희는 믿음 안에 있는가? 너희 자신을 시험하고 너희 자신을 확증하라, 예수그리스도께
　　 서 너희 안에 계신 줄을 너희가 스스로 알지 못하느냐?

갈라디아서(Galatians)

　본 서신은 바울의 3차 여행 중 마케도니아 방문 중에 쓰여 졌다.(AD55-58) 기록 목적은 1차 전도여행 때에 복음을 받아들인 갈라디아 교인들은 그 당시 세례를 받았고(3:27), 성령도 체험했지만 그들 대부분이 이교도들이었기 때문에(4:8) 예루살렘에서 올라온 몇몇 유대인들은 바울의 가르침이 잘못 된 것이라고 율법주의를 강조하며 가르치는 그들에 의해서 갈라디아 교인들은 율법과 복음사이에서 교리적인 대 혼란을 겪게 되었다.
　이때, 바울은 이 소식을 듣고 하나님의 진정한 복음을 천명하는데 이 교리가 바로 "인간이 율법의 행위가 아닌 오직 믿음으로 의롭게 되며 구원을 받게 된다."는 칭의의 신앙이다.
　본 서신의 특징은 거짓교리에 대한 논박과 고린도후서처럼 자서전(自敍傳)적 특징을 강하게 반영한다. 율법과 복음의 관계를 명확하게 규명한다. 신앙의 실천적인 면에서 성령의 열매로 인한 성결에 지침을 기독교 윤리적 바탕에서 구체적으로 소개 한다.

1장 바울의 문안과 바울의 변론 / 2장 바울의 사랑, 믿음으로 의로움 / 3장 율법과 복음
4장 믿음의 자유와 율법의 노예 / 5장 성령으로 말미암는 새 생활 / 6장 짐을 서로 지라

2:16 사람이 의롭게 되는 것은 율법의 행위로 말미암음이 아니요, 예수그리스도를 믿는 믿음으로 의롭다고 하심을 받고자 하는 것입니다.
2:20 내가 그리스도와 함께 십자가에 못 박혔나니, 그런즉 이제는 내가 사는 것이 아니요, 오직 내 안에 그리스도께서 사시는 것이라.

3:3 의인은 믿음으로 살리라.

5:13 너희가 자유를 위하여 부르심을 입었으나 그러나, 그 자유로 육체의 기회로 삼지 말고, 오직 사랑으로 서로 종노릇하라.
5:14,15 온 율법은 네 이웃 사랑하기를 네 자신같이 하라 하신 한 말씀에서 이루어 졌나니. 만일 물고 먹으면 피차 멸망 할까 조심하라.
5:16.17 너희는 성령을 따라 행하라, 그리하면 육체의 욕심을 이루지 아니하리라, 육체의 소욕은 성령을 거스르고, 성령의 소욕은 육체를 거스르나니 이 둘이 서로 대적함으로 너희가 원하는 것을 하지 못하게 하려 함이니라.
5:19-21 육체의 일은 분명하니 곧 음행과 더러운 것과 호색과 우상숭배와 주술과 원수 맺는 것과 분쟁과 시기와 분 냄과 당 짓는 것과 분열함과 이단과 투기와 술 취함과 방탕함과 또 그와 같은 것 들이라.
5:22 오직 성령의 열매는 사랑과 희락과 화평과 오래 참음과 자비와 양선과 충성과 온유와 절제니 이 같은 것을 금지 할 법이 없느니라.
5:24 그리스도의 사람들은 육체의 정욕과 탐심을 십자가에 못 박았느니라.

6:8,9 자기의 육체를 위하여 심는 자는 육체로부터 썩어질 것을 구하고, 성령을 위하여 심는 자는 성령으로부터 영생을 거두리라. 우리가 선을 행하되 낙심하지 말지니 포기 하지 아니하면 때가 이르매 거두리라.

이신득의(以信得義) 또는 이신칭의(以信稱義)란 무엇인가?

인간은 본질적으로 타락했으므로 스스로 구원이나 성화를 이룩할 수 없으며, 오직 십자가의 공로를 믿음으로써만 하나님께 의인으로서 받아들여질 수 있다. 이 진리에는 자기 노력이나 수양, 선한 인격 등이 결코 요청되지 않는다는 것이다. 여기서 유의해야 할 점은 믿음으로 의롭게 된다는 것이 하나님 편에서 의롭다고 인정해 준다는 의미이지, 우리의 죄악 된 성품이 선하고 의로운 성품으로 변화한다는 의미가 아니라는 사실이다. 믿음으로 죄 용서함 받고, 의인으로서 하나님께 받아들여질 수 있다는 신앙 외에는 인간의 노력을 더하는 다른 어떤 신조나 교리는 결코 복음의 산물이 아님을 강조하며 가르치는 기독교 구원의 핵심 교리이다. (호크마주석)

이신득의(以信得義)의 배경

그리스도의 복음이 태동하는 1세기 초기와 중기에는 이스라엘을 비롯하여 그리스, 로마, 터키 지방 등지로 확산되기 시작한 디아스포라(흩어진 유대인)라는 이주민들이 곳곳 대도시에서 약 700만 정도의 어마어마한 숫자가 무역상, 사업가 또는 숙련공으로 자리를 잡아가고 있었다.

그들이 정착한 곳에는 자신들만의 민족의식의 정통성을 지키려는 신앙, 정치, 재판, 행사 등을 목적으로 지어진 회당이 이국땅 곳곳에 설립되었다. 예루살렘에만 480개가 있었다고 한다.

이제 바울은 터키, 그리스, 로마 이곳을 기점으로 삼아 복음의 전진기지로 삼고 선교 활동을 시작한다. 그러나, 기존에 율법주의로 기초가 다져진 그들을 복음화 하기란 쉬운 일이 아니었다. 그래서, 바울이 가는 곳마다 유대인들의 핍박이 시작되었다. 그러나 시간이 갈수록 복음에 매료된 이방인들의 숫자가 엄청나게 많아지자 당황한 유대인들도 서서히 개종하기 시작했는데, 개종한 유대인들 중에는 그렇게 오랫동안 그들의 신조가 되었던 율법을 쉽게 버리기를 망설이는 자들이 있었다.

행여나 그리스도가 하나님의 아들인 것을 많은 소문과 많은 사람들의 체험을 통 하여 인증된 사실이지만, 만약에 이 신흥 종교인 그리스도교가 가짜로 들통나면, 하나님을 배신 한 벌을 받을까 두려워서였기 때문이다. 그래서 생각해 낸 것이 복음과 율법을 적당히 버무려서 타협적인 신앙체계를 만들자는 것이 유대인들의 목적이었다. 그러나 바울에게는 성령으로 말미암아 확신되어진 종교적 신념이 있었는데, 그 신조가 구약성경 "의인은 그의 믿음으로 말미암아 살리라" (합2:4)(개역개정) 이 말씀에 기초하여 구약을 통한 연구와 연구 끝에 이신득의라는 교의를 만들어낸 그것이었다. 그리고 최초로 이 교리를 기록한 책이 '갈라디아서'이다. 후에 로마서로 교리를 완전히 확립시킨다. 그리고 그의 확실한 종교적 신념은 어느 누구와도 타협하기를 거부함으로써 진리의 복음을 끝까지 사수하고, 후대에 그리스도교 신앙의 핵심 요소인 "오직 믿음으로 구원"이라는 교리의 길을 열어 놓게 된다.

에베소서(Ephesians)

본서는 빌립보서, 빌레몬서, 골로새서와 함께 옥중서신에 해당한다. 바울이 로마에서 억류되어 2년 동안 셋집에서 살았을 때에 기록한 것으로 전해진다.

기록목적으로는 그리스도교회에 관한 하나님의 우주적 경륜, 곧 그리스도 안에서의 만유의 통일 이라는 하나님의 계획을 서술해 나가고 있다. 다른 서신은 보편적으로 교회를 향한 권면, 문제해결, 간증 등을 다루었다면 본서는 교회라는 큰 주제아래 초신자에게 보다는 영적인 경험, 신앙의 성숙함, 복음의 바른 지식으로 풍성한 신자에게 보내는 글이라 하겠다.

에베소의 당시 배경으로는 에베소는 교회 역사상 3대(예루살렘, 안디옥, 에베소) 중요한 도시이다. 바울이 2차 전도여행 때에 교회를 설립했고, 이곳에는 세계 7대 불가사의 중의 하나인 거대한 아데미신전(파르테논신전의 4배)이 있었다.

그곳에서 바울은 유명한 말을 했다"너희가 믿을 때에 성령을 받았느냐"(행19:2) 바울은 그곳에서 이적을 많이 행했다. 바울의 앞치마를 병든 사람에게 얹으면 병이 낫고 악귀도 떠났다. 한번은, 유대 마술사가 시험 삼아 예수이름으로 귀신을 쫓다가 귀신으로 부터 "내가 예수도 알고 바울도 알거니와 너희는 누구냐"(행19:15) 하면서 그들을 억압하니 벌거벗은 몸으로 도망가는 일이 있었다. 많은 마술사들도 이일로 인하여 자기들의 술법책을 불사르는 사건도 일어났다. 소문이 온 도시로 퍼지자, 아데미신상 모형을 만들어 돈벌이를 잘하던 데메드리오 라는 사람이 에베소사람들을 동요시켜 바울의 일행들을 연극장으로 끌고 가서 생명에 위협을 가했던 곳이다.(행19:28-40)

신학적 중요한 주제로는
1) 하나님의 예정과 선택 – 죄 사함 – 성령의 인침
2) 그리스도의 몸 된 교회를 중심으로 한 통일
3) 그리스도의 삶속에서 나타난 남편과 아내, 부모와 자녀, 상전과 종의 관계 등을 다루고 있다.

1장 하나님의 위대하신 구원 계획 / 2장 믿음으로 말미암는 구원
3장 교회를 향한 하나님의 경륜 / 4장 성도의 연합과 새로운 삶
5장 하나님을 기쁘시게 하는 성도의 생활 / 6장 성도의 영적 전투

1:4-6 창세전에 그리스도 안에서 우리를 택하사, 우리로 사랑 안에서 그 앞에 거룩하고 흠이 없게 하시려고 그 기쁘신 뜻대로 우리를 예정하사, 예수그리스도 로 말미암아 자기의 아들들이 되게 하셨으니, 이는 그가 사랑하시는 자 안에서 우리에게 거저 주시는 바, 그의 은혜의 영광을 찬송하게 하려는 것이라.

1:7 우리는 그리스도 안에서 그의 은혜의 풍성함을 따라 그의 피로 말미암아 속량 곧죄 사함을 받았느니라.

1:8-10 이는 그가 모든 지혜와 총명을 우리에게 넘치게 하사, 그 뜻의 비밀을 우리에게 알리신 것이요, 그의 기뻐하심을 따라 그리스도 안에서 때가 찬 경륜을 위하여 예정하신 것이니, 하늘에 있는 것이나, 땅에 있는 것이 다 그리스도 안에서 통일되게 하려하심이라.

1:13,14 그 안에서 너희도 진리의 말씀 곧, 너희의 구원의 복음을 듣고 그 안에서 또한 믿어 약
속의 성령으로 인치심을 받았으니, 이는 우리 기업의 보증이 되사 그 얻으신 것을 속량
하시고 그의 영광을 찬송하게 하려하심이라.

1:17-19 영광의 아버지께서 지혜와 계시의 영을 너희에게 주사, 하나님을 알게 하시고 너희 마
음의 눈을 밝히사, 그의 부르심의 소망이 무엇이며 성도 안에서 그 기업의 영광과 풍성
함이 무엇이며, 그의 힘의 위력으로 역사하심을 따라 믿는 우리에게 베푸신 능력의 지
극히 크심이 어떠한 것을 너희로 알게 하시기를 구하노라.

1:21-23 모든 통치와 권세와 능력과 주권과 이 세상뿐 아니라, 오는 세상에 일컫는 모든 이름
위에 뛰어 나게 하시고, 또 만물을 그의 발아래 복종하게 하시고, 그를 만물 위에 교회
의 머리로 삼으셨느니라. 교회는 그의 몸이니 만물 안에서 만물을 충만하게 하시는 이
의 충만함이라.

2:2-4 세상 풍조를 따르고 공중권세 잡은 자를 따랐으니 곧, 지금 불순종의 아들 가운데서 역사
하는 영이라 – 본질상 진노의 자녀이었더니 긍휼이 풍성하신 하나님이 우리를 사랑하신
그 큰 사랑을 인하여 허물로 죽은 우리를 그리스도 와 함께 살리셨고 너희는 은혜로 구
원을 받은 것이라.

2:8 너희는 그 은혜에 의하여 믿음으로 말미암아 구원을 받았으니, 이것이 너희에게 난 것이 아
니요, 하나님의 선물이라.

2:13 이제는 전에 멀리 있던 너희가 그리스도 예수 안에서 그리스도의 피로 가까워졌느니라.

2:20 우리 가운데 역사하는 능력대로 우리가 구하거나 생각하는 모든 것에 더 넘치도록 능히 하
실 이에게.

4:3 평안의 매는 줄로 성령이 하나 되게 하신 것을 힘써 지키라.

4:13 우리가 다 하나님의 아들을 믿는 것과 아는 일에 하나가 되어 온전한 사람을 이루어, 그리
스도의 장성한 분량이 충만한 데까지 이르리니.

4:22 너희는 유혹의 욕심을 따라 썩어져가는 구습을 따르는 옛사람을 벗어 버리고, 오직 심령이
새롭게 되어, 하나님을 따라 의와 진리의 거룩함으로 지으심을 받은 새 사람을 입으라.

4:26,27 분을 내어도 죄를 짓지 말며, 해가 지도록 분을 품지 말고, 마귀에게 틈을 주지마라.

4:29 무릇 더러운 말은 너희 입 밖에도 내지 말고, 오직 덕을 세우는데 소용되는 대로 선한 말을
하여 듣는 자들에게 은혜를 끼치게 하라.

4:30 하나님의 성령을 근심하게 하지 말라, 그 안에서 너희가 구원의 날까지 인 치심을 받았느
니라.

5:8,9 너희가 전에는 어두움이더니 이제는 주안에서 빛이라, 빛의 자녀들처럼 행하라, 빛의 열
매는 모든 착함과 의로움과 진실함에 있느니라.

5:19 시와 찬미와 신령한 노래들로 서로 화답하며, 너희의 마음으로 주께 노래하며, 찬송하며

5:22 아내들이여, 자기 남편에게 복종하기를 주께 하듯 하라.

5:25 남편들아, 아내 사랑하기를 그리스도께서 교회를 사랑하시고, 그 교회를 위하여 자신을 주
심 같이 하라.

5:28 자기 아내를 사랑하는 자는 자기를 사랑하는 것이라.

6:2 네 아버지와 어머니를 공경하라 이것은 약속 있는 첫 계명이니 이로써 네가 잘되고 땅에서 장수 하리라.

6:12 우리의 씨름은 혈과 육에 상대하는 것이 아니요, 통치자들과 권세들과 이 어둠의 세상 주관자들과 하늘에 있는 악의 영들에 대함이라.

6:13 그러므로 하나님의 전신갑주를 취하라, 이는 악한 날에 너희가 능히 대적하고, 모든 일을 행한 후에 서기 위함이라.

6:14-17 그런즉 서서 진리로 너희의 허리띠를 띠고, 의의 가슴막이를 붙이고, 평안 의 복음이 준비한 것으로 신을 신고, 모든 것 위에 믿음의 방패를 가지고, 이로써 능히 악한자의 모든 불화살을 소멸하고, 구원의 투구와 성령의 검 곧, 하나님의 말씀을 가지라.

※ 에베소서 강해 요약

1장 선택과 예정

그리스도 안에서 우리를 택하시고(3절), 자녀 삼기로 예정 하신 것입니다(5절), 놀라운 사실은 이러한 일들이 언제 일어났는가? 하나님은 세상 창조 전에(4절), 이 사실이 어떻게 믿어지는 가? 지혜와 계시의 영을 받으면 가능합니다(17절).

2장 하나님의 선물

믿음을 통하여 은혜로 구원을 얻었습니다(8절) 이 것은 우리 스스로가 노력하고 수고하여 얻어지는 결실이 아닌 즉, 어떤 행위에서 난 것이 아닌 하나님의 선물입니다. 믿음이라는 것은 인간의 본능 속에 있는 종교적 의지의 한 부분입니다. 그러나 이 믿음은 하나님의 선물과는 전혀 다릅니다. 하나님의 선물은 롬5:8 우리가 아직 죄인 되었을 때에, 그리스도께서 우리를 위하여 죽으심으로 생성된 신비한 하나님의 특별한 은총에 의한 것입니다.

3장 하나님의 비밀 계획

세상이 아무리 전자공학이 발달하고 첨단화 되었다 하여도, 자연의 섭리와 우주의 비밀을 깨닫지는 못합니다. 그러나 하나님은 영원 전부터 감추어져 있는 비밀을 모두에게 밝히겠다고(9절) 합니다. 그 비밀이 어디에서 유출됩니까? 그리스도의 몸 된 교회에서 시작됩니다. 그리고 교회는 그리스도의 사랑의 너비와, 길이와, 높이와, 깊이가 어떠한지를 깨닫는 곳(19절)입니다. 우리는 그 보좌 앞에 확신을 가지고 담대히 나갑시다(12절).

4장 교회의 일체성

교회는 성령 안에서 구속의 날까지 인 치심을 받은 유기적 공동체입니다. 평안의 매는 줄이 모두에게 연결되어있습니다(3절). 온 몸이 그리스도에 속해있으며, 각 마디를 통하여 연결되고 결합합니다. 그러므로 매듭이 튼튼하기 위해서는 옛사람을 벗고 마음의 영을 새롭게 하고 하나님의 형상을 따라 의로움과 거룩함으로 새 사람을 입어야합니다(22-24절)

5장 영적 빛의 자녀

전에는 어둠이었으나, 지금은 주 안에서 빛입니다(8절). 이것은 영적 세계 입증하는 말입니다. 의와 불의, 선과 악, 진리와 거짓, 이 모든 것은 영적세계에서 만들어지는 것입니다. 그러므로 성도는 빛의 자녀답게 사는 것이 그리스도 안에 열매 맺는 일입니다.

6장 영적 전투

보이지 않는 세계에서는 끊임없는 전투가 계속됩니다. 이 전투는 성도들과 마귀와의 싸움입니다. 이 곳에는 통치자, 권세자, 어둠의 세상 주관자, 하늘의 악의 영(12절)들이 존재합니다. 우리가 이러한 전투에서 승리하기 위해서는 하나님의 전신갑주를 취하여야 하는데, 하나님의 전신갑주는 진리의 허리띠, 의의 흉배, 평안 복음의 신발, 믿음의 방패, 구원의 투구, 성령의 검 하나님의 말씀(13-17절)을 가져야 합니다.

빌립보서(Philippians)

　본서는 바울의 옥중서신으로서 십여 년 전에 방문하여 교회를 세웠던 빌립보교회의 교인들을 생각하며 이 서신을 썼다. 배경으로는 바울이 2차전도 여행 때에 드로아에서 환상을 본 뒤, 유럽의 관문인 마케도니아 지방 빌립보 성에 도착 한다. 그 곳은 로마의 식민지로서 정치, 군사의 요충지로 보수적인 도시인 관계로 그곳에는 회당이 없었다.

　이곳에서 최초의 신자는 자주장사(최고 신분이 입는 자주색 옷감)를 하는 루디아 이었다.(행 16:14) 그곳에서 한 사건이 일어났는데, 점치는 여자의 귀신을 쫓은 일이였다. 이 점쟁이를 하수인으로 두고 돈을 벌던 주인이 장사가 망하게 되자, 화가 나서 관서에 고발한 일이였다.

　이 일로 바울과 실라는 매질을 당하고 옥에 갇혔다. 그날 밤, 바울과 실라가 찬양을 하자, 큰 지진이 나서 옥 터가 열리고, 죄수들에게 채워졌던 수갑 착고가 저절로 풀리는 일이 벌어지자, 간수들이 놀래서 책임감 때문에 자결하려고 하자, 바울과 실라가 말리면서 한 말이 그 유명한 "주 예수를 믿으라, 그리하면 너와 네 집이 구원을 얻으리라"(행16:31)이다.(개역개정)

　이렇게 해서 옥사장과 그의 집 식구들이 모여서 최초에 유럽 지방에 세워진 교회가 빌립보 교회이다. 그 후 시간이 많이 지나자, 교회 안에 여러 가지 문제가 생기기 시작했다.

　두 여인 유오디아와 순두게를 중심으로 한 분열(4:2), 유대주의자들의 분쟁(3:1-3), 바울의 장기투옥과 에바브로디도로 인한 비관(2:19-24), 행위로 완전함에 이른다는 이단 사상(3:12-14), 이렇게 흔들리고 있는 교회를 위하여 바울은 비록 자신은 위험과 고난가운데 있지만, 그들에게 자신의 깊은 애정을 표시하며 9번 나오는 "복음" 16번 나오는 "기쁨"이라는 낱말 안에서 자신의 기쁨과 평안으로 애정 어린 빌립보 교인들에게 권면하며 용기를 주고 있습니다.

1장 복음 전파와 복음에 합당한 생활, 고난은 그리스도를 높임
2장 그리스도의 겸손을 본 받는 생활 / 3장 육체를 위한 삶의 경고
4장 서로 화평 하라, 만족한 삶과 주인에서의 기쁨

1:6 너희 안에서 착한 일을 시작하신 이가, 그리스도 예수의 날까지 이루실 줄을 우리는 확신하노라.

1:15 어떤 이들은 투기와 분쟁으로, 어떤 이들은 착한 뜻으로 그리스도를 전파 하나니

1:18 그러면 무엇이냐 겉치레로 하든, 참으로 하든, 무슨 방도로 하든지, 전파되는 것은 그리스도니, 이로써 나는 기뻐하고 또한 기뻐하리라.

2:2-4 마음을 같이하여 같은 사랑을 가지고 뜻을 합하여 한 마음을 품어 아무 일에든지 다툼이나 허영으로 하지 말고, 오직 겸손한 마음으로 각각 자기보다 남을 낮게 여기고, 각각 자기 일을 돌볼뿐더러 또한 각각 다른 사람들의 일을 돌보아 나의 기쁨을 충만하게 하라.

2:5-8 너희 안에 이 마음을 품으라, 곧 그리스도 예수의 마음이니 그는 근본 하나님의 본체시나 하나님과 동등 됨을 취할 것으로 여기지 아니하시고, 오히려 자기를 비워 종의 형체를 가지 사, 사람들과 같이 되셨고, 사람의 모양으로 나타나사, 자기를 낮추시고 죽기까지 복종 하셨으니, 곧 십자가에 죽으심이라.

2:9-11 이러므로 하나님이 그를 지극히 높여 모든 이름 위에 뛰어난 이름을 주사, 하늘에 있는 자들과 땅에 있는 자들과 땅 아래 있는 자들로 모든 무릎을 예수의 이름에 꿇게 하시고 모든 입으로 예수그리스도를 주라 시인하여, 하나님 아버지께 영광을 돌리게 하셨느니라.(개역개정)

2:13 너희 안에서 행하시는 이는 하나님이시니, 자기의 기쁘신 뜻을 위하여 너희에게 소원을 두고 행하게 하시나니

3:7-9 무엇이든지 내게 유익하던 것을 내가 그리스도를 위하여 다 해로 여길뿐더러 또한 모든 것을 해로 여김은, 내주 그리스도 예수를 아는 지식이 가장 고상하기 때문이라, 내가 그리스도를 위하여 모든 것을 잃어버리고 배설물로 여김은, 그리스도를 얻고 그 안에서 발견되려 함이니

3:12 내가 이미 얻었다 함도 아니요, 온전히 이루었다 함도 아니라. 오직 내가 그리스도 예수께 잡힌바 된 그것을 잡으려고 달려가노라.

3:13,14 나는 내가 아직 잡은 줄로 여기지 아니하고 오직 한 일 즉, 뒤에 있는 것을 잊어버리고 앞에 있는 것을 잡으려고 푯대를 향하여 그리스도 예수 안에서 하나님이 위에서 부르신 부름의 상을 위하여 달려가노라.

4:4 주 안에서 항상 기뻐하라, 내가 다시 말하노니 기뻐하라.

4:6,7 아무것도 염려하지 말고, 다만 모든 일에 기도와 간구로 너희 구할 것을 감사함으로 하나님께 아뢰라, 그리하면 모든 지각에 뛰어난 하나님의 평강이 그리스도 예수 안에서 너희의 마음과 생각을 지키시리라.

4:8 무엇이든지 참된 것과 무엇이든지 경건한 것과 무엇이든지 옳은 것과 무엇이든지 순결한 것과 무엇이든지 사랑스러운 것과 무엇이든지 명예로운 것과 또 덕이 되고 칭찬할 만 한 것이면, 이 모든 것을 생각하십시오.

4:11,12 어떠한 형편에든지 나는 자족하기를 배웠노니, 나는 비천에 처할 줄도 알아 모든 일 곧 배부름과 배고픔과 풍부와 궁핍에 처할 줄 아는 일체의 비결을 배웠노라.

4:13 내게 능력 주시는 자 안에서 내가 모든 것을 할 수 있느니라.

내게 능력을 주시는 첫째가 무엇인가?

이 말씀은 익히 간증을 통해서 많이 들어 왔다. 어떤 역경을 헤쳐나아 갈 때에 특별히 사용되어지는 구절이다. 이 구절을 통하여 많은 사람들이 자신의 한계를 극복한 능력의 말씀이다. 그러나, 이 말씀은 특별한 때에만 주어지는 것은 아니고, 일상적으로 사용되어 질 수도 있다.

예를 들어 매일 보는 원수 같은 사람의 모습을 사랑스러운 사람으로 변하게 만드는 능력을 일으킨다는 사실이다. 어떻게 그것이 가능 할까? 내 안에 그리스도의 능력이 들어오면 상대방의 눈동자 속에서 또는 마음 속에 예수그리스도의 형상이 머물고 있다는 것을 깨달아 알 수 있게 된다는 것이다. 너무 피상적인 이야기 같지만, 사실 성도끼리는 이것을 바라 볼 수 있는 능력이 주어져 있다는 사실을 알아야 한다. 우리가 성도 안에 계신 예수님을 못 본다는 것은, 내 자아와 이기심이 나를 지배하고 있기 때문이다. 이것을 내려놓을 때에, 그리스도의 믿음과 능력 안에서 무엇이든 볼 수 있고, 나는 또한 그 사랑의 능력으로 모든 것을 할 수 있다.

골로새서(Colossians)

본서는 바울이 옥중에서 골로새 교인을 향하여 쓴 서신이다. 골로새는 지금의 터키 에베소에서 100마일 내륙지방 쪽에 있는 도시로, 바울의 3차 여행 중에 만난 바울의 제자 에바브라가 세운 교회이며(1:7), 빌레몬의 집에서 모였다(몬2). 교회 안에 여러 문제가 생기자, 에바브라는 문제 해결을 위해 로마의 바울에게 찾아 갔고, 바울은 이 문제 해결을 위하여 로마 옥 중에서 두기고 편에 이 서신을 골로새 교회에 보냈다. 서신의 내용은

1) 그리스도의 탁월성이다 – 죄 사함을 주시는 전 우주적인 아버지와 아들의 관계로서 만물의 화해 자이심을 강조(1:18-20)
2) 교리에 있어서의 탁월한 그리스도교 – 당시 유럽지역에 유행하던 헬라 철학과 사상 등 거짓 속임수와 거짓 신비주의, 거짓 금욕주의자들을 경계할 것을 강조한다(2:8-19).
3) 새 사람이 된 그리스도인은 옛 생활과 습관을 벗어버리고(3:5-11), 그리스도인으로서의 덕행과 사랑의 완전함으로 새 옷을 입고(3:18-4:1), 감사와 기도, 전도에 힘쓸 것을 당부한한다.

주제는 골로새 교회 내에 만연되어 있는 잘못된 철학, 유대적 의식주의,신비주의, 금욕주의 등을 불식시키기 위한 성도의 푯대가 되시는 그리스도의 탁월함을 논증한다.

1장 하나님의 형상이신 그리스도 / 2장 그리스도 안에서 행하며 뿌리내리는 새사람
3장 새사람의 생활 원리 / 4장 마지막 교훈과 개인적인 인사

1:15-17 그는 보이지 아니하는 하나님의 형상이요, 모든 피조물보다 먼저나신 이시니, 만물이 그에게서 창조되되, 하늘과 땅에서 보이는 것들과 보이지 않는 것들과 혹은 왕권들이나 주권들이나 통치자들이나 권세들이나 만물이 다 그로 말미암고, 그를 위하여 창조되었고 또한 그가 만물보다 먼저 계시고, 만물이 그 안에 함께 섰느니라.

1:18-20 그는 몸인 교회의 머리시라, 그가 근본이시오, 죽은 자들 가운데서 먼저 나신이시니, 이는 친히 만물의 으뜸이 되려 하심이요, 아버지께서는 모든 충만으로 예수 안에 거하시게 하시고 그의 십자가의 피로 화평을 이루사, 만물 곧 땅위에 있는 것들이나 하늘에 있는 것들이 그로 말미암아 자기와 화목하게 되기를 기뻐하심이라

3:1 그러므로 너희가 그리스도와 함께 다시 살리심을 받았으면 위의 것을 찾으라, 거기는 그리스도께서 하나님의 우편에 앉아 계시느니라.

3:5 땅에 있는 지체를 죽이라, 곧 음란과 부정과 사욕과 악한 정욕과 탐심이니, 탐심은 우상숭배니라, 이것들로 말미암아 하나님의 진노가 임하느니라.

3:13 누가 누구에게 불만이 있거든, 서로 용납하고 피차 용서하되, 주께서 너희를 용서하신 것 같이 너희도 그리하고, 이 모든 것 위에 사랑을 더하라, 이는 온전하게 매는 띠니라.

3:5-17 그리스도의 평강이 너희 마음을 주장하게 하라, 너희는 평강을 위하여 한 몸으로 부르심을 받았나니...시와 찬송과 신령한 노래를 부르며, 감사하는 마음으로 찬양하고 또 무엇을 하든지 말에나 일에나 다 주 예수이름으로 하고 그를 힘입어 하나님께 감사하라.

데살로니가전서(1 Thessalonians)

데살로니가 교회는 바울의 2차 선교 여행 중에 야손의 집에서(행17:5) 시작된 가정교회이다. 이 서신 또한 비슷한 시기에 쓰여 졌다고 본다. 이 교회의 특징은 주로 이방인으로 구성되어 있었고, 그들은 능력과 성령의 큰 확신으로 담대히 우상을 버리고 하나님께로 돌아왔다.(살전1:8-10)이 소문이 각처에 퍼지자, 어떤 이들(유대인)이 바울의 일행들을 가리켜 간사하고, 부정하고, 아첨하는 말과 탐심의 탈을 썼다, 사람께 영광을 구하고 있다(살전2:5) 하면서 그들을 비난 하였다, 그러나 데살로니가 교인들은 흔들리지 않고 진리로 받아 들였음을 바울은 감사하며 기뻐하였다. 기록 목적은 첫 째, 교회생활의 건전함과 가정에서의 성결, 타인들에게 모범이 될 것을 강조한다. 둘 째, 교회 내부에서 일어난 잘못된 종말관이 성도의 생활에 문란해지고 곧 재림이 임박했다고 생각하여 일도 하지 않는 게으름(4:11)의 문제였고, 또 하나는 그리스도의 재림 전에 죽어 버린다면, 주님을 못 볼 텐데 하는 염려 때문에 신앙에 혼란을 가져왔다.

이러한 문제를 그리스도의 재림관(4:17,5:1-3), 구원관(5:10)으로 잘 설명해 주는 서신이다. 주제는 믿음의 진보에 대한 칭찬과 위로, 성도의 성결, 그리스도의 재림에 관한 치밀한 서술이다.

> 1장 데살로니가 교인들의 믿음의 본 / 2장 모범적인 전도자 바울의 복음전파 동기와 변호
> 3장 디모데의 파송과 바울의 위로 / 4장 주의강림과 죽은 자의 부활 / 5장 권면과 인사

4:16,17 주께서 천사장의 소리와 하나님의 나팔로 친히 하늘로부터 강림하시리니, 그리스도 안에서 죽은 자들이 먼저 일어나고, 그 후에 우리 살아남은 자들도 그들과 함께 구름 속으로 끌어 올려 공중에서 주를 영접하게 하시리니, 그리하여 우리가 항상 주와 함께 있으리라.

5:5,8 여러분은 모두 빛의 자녀요, 낮의 자녀입니다. 우리는 밤이나 어둠에 속한 사람이 아닙니다...낮에 속한 사람이므로, 정신을 차리고 믿음과 사랑을 가슴막이 갑옷으로 입고, 구원의 소망을 투구로 씁시다.

5:16-18 항상 기뻐하라, 쉬지 말고 기도하라, 범사에 감사하라, 이것이 그리스도 예수 안에서 너희를 향하신 하나님의 뜻이니라.

5:16-22 성령을 소멸하지 말며, 예언을 멸시하지 말고, 범사에 헤아려 좋은 것을 취하고, 악은 어떤 모양이라도 버리라.

※ 쉬지 않는 기도는 나에게 돌아오는 것

오래전부터 남을 위한 기도는 자기에게 유익으로 돌아온다는 말씀을 자주 들어왔습니다. "너희가 그 집에 들어 갈 때에 평화를 빈다고 인사하여라, 그래서 그 집이 평화를 누리기에 알맞으면 너희의 비는 평화가 그 집에 있게 하고, 알맞지 않으면 그 평화가 너희에게 되돌아오게 하여라."(마10:12,13) 이렇게 남을 위한 기도의 능력은 바로 나에게 유익하기 때문이다.

여기서 말하는 기도는 진실하고 진정성이 있어야한다, 속에서는 미움이 가득하고 억울함이 가득한데 상대를 위해 기도한다는 것은 참으로 힘들고 위선적이다. 그렇다고 기도를 아예 안 하는 것 보다는 기도하는 것이 낫다. 본문 말씀처럼 쉬지 않고 기도하다 보면, 어느새 나의 마음이 바뀌어 가고 있음을 알게 된다. 그리고 그것이 기쁨이 되고, 감사로 표현 되어 질 때에, 하나님이 보시기에 진실과 진정한 기도로 인정해 준다. 그리고 나에게는 축복이 된다.

데살로니가후서 (2 Thessalonians)

고린도에 있는 바울이 데살로니가전서를 기록한 지 수개월 후에 기록한 서신이다. 데살로니가를 방문했던 디모데로부터 그들이 믿음 안에서 견고히 서 가는 것을 보고 받고, 한 편으로는 종말론에 너무 집착하여 오해를 하는 신도들에게 훈시하며, 그리스도의 재림과 심판 에 대한 전조의 현상을 이렇게 설명한다.

 1) 배도하는 일이 먼저 있다.
 2) 멸망의 자식이 나타나고
 3) 자기가 하나님이라고 주장 할 것이다.
 4) 이러한 일들이 이미 작동하고 있다.

그러나, 주님의 날에 그들은 주님의 입김과 광채에 심판을 받고 멸망 할 것이니 인내하라. 그리고, 게으른 자들에 대한 경계를 하되, 원수처럼 여기지 말고 타이르라고 권면한다.

1장 재림 때에 심판 받을 자와 영광 받을 자 / 2장 불법 자들의 마지막 심판
3장 기도를 부탁하며 게으른 자들에 대한 경고

디모데전서(1 Timothy)

　본서는 디모데후서, 디도서와 함께 "목회 서신"으로 불리운다. 당시는 AD63년경 로마에서 1차 석방 된 후로 본다. 수신자는 에베소교회에서 사역하던 2차 선교여행 때에 만난 사랑하는 아들과 같은 디모데이다. 에베소 교회는 바울이 3년 목회 한 후에, 디모데가 후임자로 사역을 잘 하고 있던 교회이다. 그러나 교회 안에 여러 가지 문제가 생기기 시작했는데, 내용상으로는 교회의 조직과 감독, 이단에 대한 경계, 교인들을 향한 윤리적 권면과 교회의 전반적 치리에 대한 문제였다. 당시는 초대교회가 곳곳에서 세워지고 폭발적 부흥운동이 일어나는 반면에, 양적 성장에 맞추어 질적 성장이 뒷받침하지 못하는 때였다. 그 이유는 완전한 신약성경도 없었고, 새 언약의 복음은 구전(전해 내려오는 말)으로 가르치고, 교리도 없었던 때라 쉽게 그 당시 유럽에서 횡행하던 이단들이 교회 내부로 들어오기 시작했다. 아마 성령의 크신 역사 그리고 수많은 표적과 기사가 없었더라면, 교회는 이 땅에서 뿌리 내리기에 어려움이 있었으리라 생각한다. 그러면 목회서신에서 나타난 이단 사상은 무엇인가?
　1) 금욕주의자들이다
　　음식에 관한 특별 규정을 주장 했으며, 성생활을 부정한 것으로 간주하여 결혼을 포기하도록 강요하였다(4:3)
　2) 방종자들이다
　　또 다른 이단자들은 거꾸로 성문란에 빠졌으며, 어리석은 여자를 유혹하여 쾌락주의에 빠지게 했다(딛3:3)
　3) 율법주의자들이다
　　이들은 할례를 중시 했고, 다른 사람들에게 할례 받을 것을 강요하였다. 유대교회의 전통과 율법을 가르치는 교사로 만들려는 목적이었다(1:7)
바울은 이러한 문제들을 배격하고 복음의 순수성을 지키기 위하여, 또한 성도들에게 경건의 훈련, 도덕적 품성의 고양, 성숙한 신앙생활을 고착시키기 위하여 본서를 썼다.

1장 정통교리의 사수 / 2장 중보기도와 여성의 덕 / 3장 감독과 집사의 자격
4장 거짓 교사와 올바른 일꾼 / 5장 교회 질서에 대한 권고 / 6장 말씀과 경건에 대한 교훈

2:5 하나님은 한 분이시오 하나님과 사람사이의 중보자도 한 분이시니, 곧 사람이신 그리스도 예수 이십니다 그분은 모든 사람을 위하여 자기를 대속물로 내주셨습니다.

3:15 이 집은 살아계신 하나님의 교회요, 진리의 기둥과 터니라.

4:4 하나님의 지으신 것이 선하매, 감사함으로 받으면 버릴 것이 없나니, 하나님의 말씀과 기도로 거룩하여 짐이라.

5:8 누구든지 자기 친족 특히 자기 가족을 돌보지 아니하면 믿음을 배반한 자요, 불신자보다 더 악한 자니라.

6:9 부자가 되기를 원하는 사람은, 유혹과 올무와 여러 가지 어리석고도 해로운 욕심에 떨어집니다. 이런 것들은 사람을 파멸과 멸망에 빠뜨립니다.
6:10 돈을 사랑함이 일만 악의 뿌리가 되나니, 이것을 탐내는 자들은 미혹을 받아 믿음에서 떠나 많은 근심으로써 자기를 찔렀도다.

디모데후서(2 Timothy)

디모데후서는 바울의 서신 중에 마지막으로 기록된 서신이다. AD67년경으로 보고 있다.
바울이 1차 로마에서 석방된 뒤, 4년 만에 다시 체포되어 로마 옥에 갇혔다. 이때에 그를 버린 일행이 많았다(1:15-4:10). 남은 자는 오직 누가 뿐이었다. 또한 바울은 자신의 마지막이 임박한 것을 알고 디모데를 보기 원하였고(4:9,20), 앞으로 어려운 복음사역을 감당해야 할 디모데에게 용기를 북돋우어 주기 위하여 이 서신을 썼다. 이 서신에는 바울의 감상, 행정정책, 회상, 교훈, 슬픔, 확신등이 뒤섞여있다. 디모데전서와 디도서가 목회서신과 교리적인 문제를 다루고 있다면, 본 서신은 복음 전파자의 삶에 대한 권면을 강하게 부각 시키고 있다.

1장 복음과 함께 고난을 받으라 / 2장 훌륭한 군사인 전도자의 자세와 임무
3장 말세에 대한 예언과 성도의 자세 / 4장 디모데를 향한 바울 최후의 권면

1:7,8 하나님이 우리에게 주신 것은 두려하는 마음이 아니요, 오직 능력과 사랑과 절제하는 마음이니 그러므로 너는 내가 우리 주를 증언함과 또는 주를 위하여 갇힌 자 된 나를 부끄러워하지 말고, 오직 하나님의 능력을 따라 복음과 함께 고난을 받으라.

2:3 너는 그리스도 예수의 좋은 병사로 나와 함께 고난을 받으라.
2:11 미쁘다 이 말이여, 우리가 주와 함께 죽었으면 또한 함께 살 것이요, 참으면 또한 함께 왕노릇 할 것이요, 우리가 주를 부인 하면, 주도 우리를 부인 할 것이라.
2:15 너는 진리의 말씀을 옳게 분별하며 부끄러울 것이 없는 일꾼으로 인정된 자로 자신을 하나님 앞에 드리기를 힘쓰라.
2:20,21 큰 집에는 금그릇과 은그릇 뿐 아니라, 나무그릇과 질그릇도 있어 귀하게 쓰는 것도 있고 천하게 쓰는 것도 있나니, 그러므로 누구든지 이런 것에서 자기를 깨끗하게 하면 귀히 쓰는 그릇이 되어 거룩하고, 주인의 쓰심에 합당하며 모든 선한 일에 준비함이 되리라.
3:1-5 너는 이것을 알라, 말세에 고통하는 때가 이르러 사람들이 자기를 사랑하며, 교만하며, 비방하며, 부모를 거역하며, 감사하지 아니하며, 거룩하지 아니하며, 무정하며, 원통함을 풀지 아니하며, 모함하며, 절제하지 못하며, 사나우며, 선한 것을 좋아하지 아니하며 배신하며, 조급하며, 자만하여 쾌락 사랑하기를 하나님 사랑하는 것 보다 더하며, 경건의 모양은 있으나 경건의 능력은 부인하니, 이 같은 자에게서 네가 돌아서라.
3:12 무릇 그리스도 안에서 경건하게 살고자 하는 자는 박해를 받으리라.
3:14 너는 배우고 확신하는 일에 거하라.
3:15 성경은 능히 너로 하여금 그리스도 예수 안에 있는 믿음으로 말미암아 구원에 이르는 지혜가 있게 하느니라.
3:16,17 모든 성경은 하나님의 감동으로 된 것으로, 교훈과 책망과 바르게 함과 의로 교육하기에 유익하니, 이는 하나님의 사람으로 온전하게 하며 모든 선한 일을 행할 능력을 갖추게 하려함이라.
4:7,8 나의 선한 싸움을 싸우고 나의 달려 갈 길을 마치고 믿음을 지켰으니, 이제 후로는 나를 위하여 의의 면류관이 예비 되었으므로, 주의 곧 의로우신 재판장이 그 날에 내게 주실 것이며, 내게만 아니라, 주의 나타나심을 사모하는 모든 사람에게도 주실 것입니다.

디도서(Titus)

본 서신은 디모데전후서와 함께 목회서신으로 불리운다. 수신자 디도는 헬라인으로서 예루살렘총회(AD 50년경)때에 바울과 바나바와 함께 참석했고, 2차 전도여행 때에는 고린도에 파송하기도한 오래된 동역자이다. 이제 바울은 그레데 섬에 남아서 사역하는 동역자이며, 아들과 같은 디도에게 당시 그레데에 만연했던 도덕적 문란과 천박한 사회풍습에 물들어 구원은 행위와는 무관하다는 거짓 교사들을 경계할 것과 장로의 자격, 신앙윤리, 신자의 국가관 등을 가르친다.

> 1장 장로의 자격과 거짓교사에 대한 경고 / 2장 건전한 생활의 교훈 / 3장 신자 의 선한 행실

빌레몬서(Philemon)

이 서신은 에베소서, 빌립보서, 골로새서와 같이 옥중서신에 속한다. AD62년경에 로마에서 쓰여 진 것으로 추측 한다. 기록 목적은 현재 자기가 함께 있는 오네시모라는 사람 때문에 이 서신을 쓰게 되었다. 이 오네시모라는 사람은 과거에 수신자 빌레몬의 집에서 종살이 하던 사람이었다. 그러던 어느 날, 그 주인의 물건을 훔쳐 도망쳐 버렸다. 당시 법으로 이러한 죄는 잡히면 사형에 해당하니, 이 사건으로 오네시모는 매일 불안한 나날을 보내다 바울을 찾게 된 것으로 추측한다. 이러한 사실을 알게 된 바울은, 자기와 가까운 친구이며 자기 집을 교회로 사용할 정도로 믿음이 좋은 빌레몬에게 오네시모의 근황을 알리며, 지금은 그가 그리스도 안에서 회개하고 거듭난 사람이며, 바울이 옥에 갇혀있는 동안에 자신을 돌보는 아들과 같은 자라고 칭찬하며, 그가 앞으로 돌아가더라도 제도적인 주인과 종의 관계를 떠나서 그리스도 안에서 형제로서 대하며, 그가 변화 된 것을 보증하며 잘 대해 줄 것을 간청하는 그러한 서신이다.

이렇게 예수그리스도도 우리를 위하여 십자가에 달리심으로 우리는 모든 죄에 자유함을 얻게 되었다는 구속사적 관점에서, 인간세계의 한 모델을 복음으로 승화 시킨 사건이며, 그리스도께서는 우리가 죄책으로 인하여 죄에서 종노릇 하는 것을 안타까워하시며 끊임없이 하나님 앞에서 중보해주시고 계시다는 진리를 가르치고 있다.

히브리서(Hebrews)

   본서의 저자는 정확하지 않다. 그러나 유력한 저자로 떠올리는 사람은 누가, 바울, 바나바, 아볼로로 추정해보는 견해가 있다. 본서의 수신자는 유대인들이다. 기록동기로는 당시(1세기 후반)에는 유대교에서 그리스도교로 개종한 사람들이 많았다. 그러나 한결같이 로마와 유대인으로부터 양면 핍박을 받아오던 상태였다. 이렇게 힘들어지자 그들은 신앙을 버리고 유대교로 다시 돌아가려는 성향을 띠게 되었다. 그래서 저자는 "믿음의 주요, 온전케 하시는 이인 예수를 바라보자"(12:2)라고 강조하며, 기독론적 관점에서 유대교의 주장을 반박하며 아래의 세 가지 논증을 통하여 그리스도의 우월성을 확증하고 있다.

   1) 그리스도 품성의 우월성(1;1-4:13) 그리스도는 율법의 중보자인 모세보다 우월한 분이시다.
   2) 그리스도 사역의 우월성(4:14-10:18) 멜기세덱의 반차를 쫓는 영원한 대제사장이다.
   3) 그리스도 신앙의 우월성(10:19-13:25) 배교의 위험성을 강조, 고난을 믿음과 인내로 지킬 것.

주제로는 새 제사장, 새 계약, 새 희생 제사를 통한 그리스도의 품성의 우월성과 사역의 우월성, 그리스도인의 신앙의 우월성을 재확인 시키고 있다.

1장 그리스도의 선재성과 우월성 / 2장 큰 구원 / 3장 모세보다 우월하신 그리스도
4장 안식의 약속과 대제사장 그리스도 / 5장 큰 대제사장 그리스도
6장 성숙한 신앙에의 권고, 하나님의 확실한 약속 / 7장 멜기세덱의 반차를 쫓는 그리스도

1:2,3 이 모든 날 마지막에는 아들을 통하여 우리에게 말씀하셨으니, 이 아들을 만유의 상속자로 세우시고 또 그로 말미암아 모든 세계를 지으셨느니라. 이는 하나님의 영광의 광채시오 그 본체의 형상이라. 그의 능력의 말씀으로 만물을 붙드시며 죄를 정결하게 하는 일을 하시고 높은 곳에 계신 지극히 크신 이의 우편에 앉으셨느니라.

1:7 그는 그의 천사들을 바람으로, 그의 사역자들을 불꽃으로 삼으시느니라.

1:8 주님의 보좌는 영원무궁하며, 공의의 막대기는 주님의 왕권입니다.

1:10-12 주여, 태초에 주께서 땅의 기초를 두셨으며, 하늘도 주의 손으로 지으신 바라, 그것들은 멸망할 것이나, 오직 주는 영존할 것이요, 그것들은 다 옷과 같이 낡아지리니 의복처럼 갈아입을 것이요, 그것들은 옷과 같이 변할 것이나 주는 여전하여 연대가 다함이 없으리이다. (시102:26-27)

2:14,15 자녀들은 혈과 육에 속하였으매, 그도 또한 같은 모양으로 혈과 육을 함께 지니심은 죽음을 통하여 죽음의 세력 잡은 자 곧, 마귀를 멸하시며 또 죽기를 무서워하므로 한 평생 매여 종노릇하는 자들을 놓아 주려 하심이니

2:18 그가 시험을 받아 고난을 당하였은즉, 시험받는 자들을 능히 도우실 수 있느니라.

3:14 우리가 시작 할 때에 확신한 것을 끝까지 견고히 잡고 있으면, 그리스도와 함께 참여한 자가 되리라.

4:12 하나님의 말씀은 살아있고 활력이 있어 좌우의 날선 어떤 검보다 예리하여 혼과 영과 및 관절과 골수를 찔러 쪼개기까지 하며, 또 마음의 생각과 뜻을 판단하나니

4:16 우리는 긍휼하심을 받고 때를 따라 돕는 은혜를 얻기 위하여 은혜의 보좌 앞에 담대히 나
    갈 것이니라.

6:14,15 내가 반드시 너에게 복 주며, 너를 번성하게하고 번성하게 하리라 하셨더니, 그가 이
    같이 오래 참아 약속을 받았느니라.(창 22:16)
6:17 하나님은 약속을 기업으로 받는 자들에게 그 뜻이 변하지 아니함을 충분히 나타내시려고
    그 일을 맹세로 보증하셨나니, 이는 하나님이 거짓말 하실 수 없는 이 두 가지 변하지 못
    할 사실로 말미암아 앞에 있는 소망을 얻으려고 피난처를 찾은 우리에게 큰 안위를 받게
    하려하심이라.

> ※ 이 두 가지는 첫째, 13절 하나님의 "약속" / 둘째, 17절 하나님의 "맹세"

6:20 예수께서는 앞서서 달려가신 분으로서, 우리를 위하여 거기에 들어가셔서 멜기세덱의 계
    통을 따라 영원히 대 제사장이 되셨습니다.

"멜기세덱의 계통을 따라"

창세기 14장에서는 아주 신비스러운 인물이 한분 나오는데 그가 "멜기세덱"이라는 사람이다. 그의 신분을 가리켜 "그는 가장 높으신 하나님의 제사장으로서 그는 아브라함에게 복을 빌어 주었다"(창14:18)고 했다. 인류 제사의 기원은 성서적으로 가인과 아벨의 기록에서 찾을 수 있다. 그 후에도 각처로 흩어진 인류문화는 제사의식을 통하여 원시종교가 시작되었고, 그 대상은 각자 편리하게 만든 우상들이었다. 또한, 서로가 한곳에서 집단적인 소통문화를 이룰 수 있었던 것이 제사의식이었다. 그리고 그곳에는 영험이 강한 자나 우두머리들이 제사장 역할을 해왔다. 성경에도 믿음의 조상이라고 하며 이슬람교나 기독교에서 크게 받들어 존경하는 분이 있는데, 그분이 아브라함이다. 물론 이슬람교에서 주장하는 아브라함은 인물은 같지만, 기독교 처럼 믿음의 조상이 아니라, 혈통적 조상이다.

이제 그 분 아브라함이 어떤 제사장을 만나 십일조의 헌물을 드리고, 그는 이 아브라함에게 복을 빌어 주었다. 그러니 실제적으로 그는 큰 제사장이며 아브라함보다 더 대단한 분이다. 복의 근원을 약속받은 아브라함의 복을 다시 증명이라도 해주듯이 빌어준 그 분, 바로 "멜기 세덱"이다.

멜기세덱의 특징은, 그에게는 아버지도 없고, 어머니도 없고, 생애의 시작도 없고, 생명의 끝 도 없습니다. 그는 하나님의 아들 같아서, 언제 까지나 제사장으로 계신 분(히7:3), 그리고 약 4백 오십년 후에 하나님은 모세를 시켜 새로운 제사의식과 제도를 만들고, 모세의 형 아론을 시켜 하나님의 대제사장으로 임명했다. 그가 하는 일은 백성들이 하나님의 법령(율법)을 어기 면 죄를 사하기 위하여 제사를 드리는 업무를 맡은 자이다. 그 제사제도는 그 후에 1500년가량 지속되었고, 예수님 시대에 와서 나라가 없어지면서 완전히 사라지게 되었다.

그러면 하나님은 왜? 그토록 모세에게 율법을 주면서 그 백성 모두가 지키게 했던 그 애착했 던 제사제도를 결과적으로 폐기시켰나? 그 이유에 대한 해명이 바로 오늘 본문이다.

우리에게는 이 소망이 있으니, 그것은 안전하고 확실한 영혼의 닻과 같아서 휘장 안에 까지 들어가게 해줍니다. 예수께서 앞서서 달려가신 분으로서 우리를 위하여 거기에 들어가셔서 멜 기세덱의 계통을 따라 영원히 대제사장이 되셨습니다.(6:19-20)(새번역)

우리가 여기서 기억해야 할 것은, 예수님께서 십자가에 달리시고 운명하시며 하신 말과 그때에 일어난 사건이다. "다 이루었다"(요19:30) 그리고 "성소의 휘장이 한 가운데가 찢어지더라."

성소는 하나님께 제사를 드리는 장소이며, 성소 안에는 지극히 거룩한 지성소가 있는데, 이곳은 일 년에 한 번 대제사장이 백성들의 죄를 사하는 피 뿌리는 제사의식을 행하는 곳이다. 여기에 놀라운 사건은 성서와 지성소를 막아놓는 휘장이 저절로 갈라져서 찢어진 것이었다. 이 찢어졌다는 의미는, 새로운 큰 대제사장이 눈에는 보이지 않지만, 나타나셔서 그 휘장을 찢고 누구든지 하나님 앞에 설 수 있게 해주시겠다는 표징인데, 이 일을 이루신 분이 바로 예수그리스도라는 뜻이다.

그러면 멜기세덱을 따라 왔다는 것은 무엇을 의미하는가?

대제사장은 오직 레위지파의 아론의 혈통에서만이 될 수 있는데, 예수님은 유다의 혈통이므로 제사장이 될 수 없다. 그러나 예수님은 제사제도가 있기 전에 있던 큰 제사장 멜기세덱의 계통으로 오셨으므로, 대제사장이지만 율법에 의한 양이나 염소, 소 등으로 피 뿌림의 제사를 드릴 필요가 없었다. 또한 그는 동정녀 탄생에 의한 원죄의 오염을 받지 아니한 육신의 몸으로서의 다른 사람의 죄를 다 수용할 수 있는 조건을 갖춘 어린양으로서의 희생제물이 될 수 있었고, 아울러 대제사장도 될 수 있었던 것이다.

※ 그 리 스 도 ※	※ 멜 기 세 덱 ※
존재의 시작과 끝이 없음(요8:58,계1:4)	아비도 없고, 어미도 없고 ,시작한 날도 없고, 생명의 끝도 없음 (히7:3)
대제사장이시며 만왕의 왕이심(계19:16)	지극히 높으신 하나님의 제사장이면서 살렘왕임 (히7:1, 창14:18)
생명의 떡과 포도주로 예표 되는 자신의 몸과 피를 인류의 대속 물로 주심(마26:26-29)	아브라함에게 떡과 포도주를 줌(창14:18)
유다지파의 후손으로 레위 지파를 쫓는 제사장이 아니지만 하나님의 부르심으로 제사장이 되심(히5:5)	레위지파 이전 인물로 지극히 높으신 하나님의 제사장이 됨(히7:1)

(호크마 주석)

※ 제도적 대제사장과 새 언약에 의한 대제사장

	제도적 대제사장	대제사장이신 그리스도
자격과 역할 1	사람의 몸을 가진 자(히5:1)	사람의 몸을 입고 탄생(요1:14), 육체의 부활과 승천(마 28:5-7,행1:11)
자격과 역할 2	사람을 용납할 줄 아는 자(히5:2) 제사를 주관 한다(히5:1,민3:10)	속죄의 제사를 주관 하시며 속죄의 제물이 되셨다(히9:23-28) 어느시대, 어떠한 사람, 어떠한 죄라고 할 지라도 다 용서 해주실 수 있다 (롬5:15-17)
자격과 역할 3	하나님께로부터 부르심을 입은 자(히5:4)성전을 관리한다(민 3:5-8)	예수만이 하나님으로부터 부르심을 받은 우리의 영원한 대 제사장이다 (히7:21,26,4:14) 하늘의 지성소(성전)를 관리하신다 (히10:12,13)

(호크마 주석)

9:14,15 영원하신 성령으로 말미암아 흠 없는 자기를 하나님께 드린 그리스도의 피가 어찌 너희 양심을 죽은 행실에서 깨끗하게 하고 살아계신 하나님을 섬기게 하지 못하겠느냐.

9:22 율법에 따르면 거의 모든 것이 피로 깨끗하여 집니다. 그리고 피 흘림이 없이는 죄 사함이 이루어지지 않습니다.

9:27,28 한번 죽는 것은 사람에게 정해진 것이요, 그 후에는 심판이 있으리니, 이와 같이 그리스도도 많은 사람의 죄를 담당하시려고 단번에 드리신바 되었고, 구원에 이르게 하기 위하여 죄와 상관없이 자기를 바라는 자에게 두 번째 나타나시리라.

11:11 믿음은 바라는 것들의 실상이요, 보이지 않는 것들의 증거니

11:3 믿음으로 모든 세계가 하나님의 말씀으로 지어진 줄을 우리가 아나니, 보이는 것은 나타난 것으로 말미암아 된 것이 아니니라.

11:6 믿음이 없이는 하나님을 기쁘시게 못하나니, 하나님께 나아가는 자는 반드시 그가 계신 것과 또한 그가 자기를 찾는 자들에게 상 주시는 이심을 믿어야 할지니라.

"믿음은 보이지 않는 것을 보이는 것과 같이 행동하는 것이다"

필자가 조금 비싼 식사를 하면 주머니에서 돈을 꺼내서 "오늘은 내가 비싼 음식을 먹었으니, 주님도 무엇을 좀 드셔야지"하면서 헌금을 미리 떼어 놓는 습관이 있다. 식구들이 모인 곳에서 이러한 이야기를 했더니, "어떻게 그렇게 숨 막힐 정도로 율법적으로 사는가?" 하며 힐문을 하는 동생의 말을 듣고, "믿음이 나보다 적어서 그렇구나" 생각하며 이해를 했다.
"그래도 믿음의 측면에서는 내 방식이 나쁜 것은 아니야" 하면서 나중에 히브리서 11장에 나오는 믿음의 선진들이 기록들을 읽으며 깨달은 것은, 믿음이란 보이지 않는 것을 보는 것처럼 생각했던 나의 작은 행동이 행위의 차원이 아닌, 믿음의 차원인 것을 알았다.
믿음은 순종을 이루고, 순종은 하나님을 기쁘시게 하는 것이다. 그러므로 이 세 가지는 일맥상통하는 것이다. 믿음은 보이지 않는 하나님을, 보이시는 분으로 생각할 때부터 이 세 가지 은혜를 느끼게 한다.

12:1,2 이러므로 우리에게 구름같이 둘러싼 허다한 증인들이 있으니, 모든 무거운 것과 얽매이기 쉬운 죄를 벗어 버리고, 인내로써 우리 앞에 당한 경주를 하며 믿음의 주요, 온전케 하시는 이인 예수를 바라보자.
12:7,8,11 어찌 아버지가 징계하지 않는 아들이 있으리요, 징계는 다 받는 것이거늘, 너희에게 없으면 사생자요, 친 아들이 아니니라. 무릇 징계가 당시에는 즐거워 보이지 않고 슬퍼 보이나, 후에 그로 말미암아 연단을 받은 자들은 의와 평강의 열매를 맺느니라.

13:1,2 형제 사랑하기를 계속하고, 손님 대접하기를 잊지 말라. 이로써 부지중에 천사들을 대접한 이들이 있었느니라.
13:5 돈을 사랑하지 말고, 있는 바를 족한 줄로 알라. 그가 친히 말씀하시기를, 내가 결코 너희를 버리지 아니하고 떠나지 아니하리라 하셨느니라.
13:8 예수는 어제나 오늘이나 영원토록 동일하시니라.
13:15 우리는 예수로 말미암아 항상 찬송의 제사를 드리자. 이는 그 이름을 증언하는 입술의 열매니라.

야고보서(James)

본서의 저자는 예수님의 동생 야고보이다. 기록 연대는 AD60년 경이며, 수신자는 1장 1절에서처럼 "흩어져 있는 열 두 지파"이다. 기록 목적은 당시 유대인들은 흩어져서 생활을 했으므로 교회지도자와 접촉할 기회가 없었다. 시련도 많았고 부자들의 횡포와 학대로 어려움을 당했다. 사랑이 식어져서 신앙은 형식화 되고, 말과 행동은 경건을 떠나서 성도간의 교제는 단절되어 갔다. 이 때문에 야고보는 성도를 격려하며 잘못된 신앙 자세를 바로잡고 "믿음과 행함"의 기본적인 성도의 지침을 인식시키므로, 교훈으로 남게 하기위하여 본서를 기록했다.

본서는 전부 106절로 되어있는데, 그 중 54절은 명령형으로 되어있다. 교리적인 면에서 주목해야 할 사항은, 바울의 이신득의(오직믿음으로 구원) 신앙관에 저촉되는 어느 정도의 행위로서의 구원을 강조하는 것이 아닌가 하는 의구심을 품을 수 있다.(종교개혁자 마틴루터는 이 야고보서를 가리켜 별 볼일이 없는 복음서로 취급하는 오해를 낳았다) 그러나 이 두 가지는 서로 대립하는 것이 아닌 서로 보완하는 교리라고 생각하면 된다.

1장 믿음의 시련, 믿음의 실천 / 2장 행 함이 없는 믿음은 죽은 믿음
3장 성숙한 그리스도의 삶 / 4장 다툼과 자랑에 대한 권고 / 5장 인내와 기도

1:2,3 너희가 여러가지 시험을 당하거든 온전히 기쁘게 여기라, 이는 너희 믿음의 시련이 인내를 만들어 내는 줄 너희가 앎이라.

1:5 너희 중에 누구든지 지혜가 부족하거든, 모든 사람에게 후히 주시고 꾸짖지 아니하시는 하나님께 구하라, 그리하면 주시리라.

1:6-8 오직 믿음으로 구하고 조금도 의심하지 말라, 의심하는 자는 마치 바람에 밀려 요동하는 바다 물결 같으니, 이런 사람은 무엇이든지 주께 얻기를 생각하지 말라, 두 마음을 품어 모든 일에 정함이 없는 자로다.

1:13 사람이 시험을 받을 때에, 내가 하나님께 시험을 받는다 하지 말지니, 하나님은 악에 시험 받지도 아니하시고, 친히 아무도 시험 하지 아니 하시느니라.

1:14 오직 각 사람이 시험 받는 것은 자기 욕심에 끌려 미혹 됨이니

1:15 욕심이 잉태한즉 죄를 낳고, 죄가 장성한즉 사망을 낳느니라.

1:26 누구든지 스스로 경건하다 생각하며 자기 혀를 재갈 물리지 아니하고, 자기 마음을 속이면 이 사람의 경건은 헛것이라.

1:27 하나님 아버지 앞에서 정결하고 더러움이 없는 경건은 곧, 고아와 과부를 그 환난 중에 돌보고 또 자기를 지켜 세속에 물들지 아니하는 것이라.

1:5 하나님이 세상에서 가난한 자를 택하사, 믿음에 부요하게 하시고 또 자기를 사랑하는 자들에게 약속하신 나라를 상속으로 받게 하지 아니 하셨느냐.

2:17 행함이 없는 믿음은 그 자체가 죽은 것이라.

2:22 네가 보거니와 믿음이 그의 행함과 함께 일하고, 믿음이 온전하게 되었느니라.

"믿음과 행위는 대립이 아닌 서로 보완되는 교리"

로마서4:1-5에 의하면 아브라함이 의롭게 된 것은, 그의 믿음 때문이라고 말한다.
"아브라함이 여호와를 믿으니, 이를 그의 의로 여기시고"(창15:6) 반면 야고보는 "우리조상 아
브라함이 그 아들 이삭을 제단에 바칠 때에, 행함으로 의롭다 하심을 받은 것이 아니냐, 네가 보
거니와 믿음이 그의 행함과 함께 일하고, 행함으로 믿음이 온전하게 되었느니라"(약2:21,22)
이렇게 말하므로 믿음과 행함이 대립되는 것으로 오해하기 쉽다 그러나, 아래 도표를 보자.

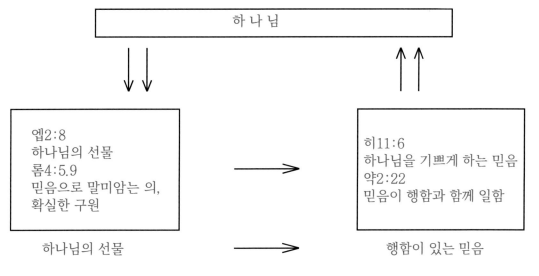

"믿음은 하나님의 선물이다"

"여러분은 믿음을 통하여 은혜로 구원을 얻었습니다. 이것은 여러분에게서 난 것이 아니요, 하
나님의 선물입니다"(엡2:8) 아브라함의 믿음의 시작은 이삭의 사건(창22장)이 아닌, 우르를
떠 나 하란 땅에서 믿음으로 순종하여 갈 바를 모르고 간 것이다.(히11:8) 이때에 아브라함은
믿음 의 선물을 받음과 동시에 선택도 받았다. 그리고 이삭을 제단에 바치기 전에 하나님은
무엇이라 말씀했나 "하나님이 아브라함을 시험하시려고"(창22:1) 이 말은 믿음을 가진 자의
순종을 의미 하는 것이다. 또한, 성도의 순종은 행위의 결단으로 나타나게 되어있다.
　이삭을 드리려는 신앙은 믿음보다는 행위의 비중이 크다. "순종이 제사보다 낫다"(삼상
15:22)
믿음은 우리로 하여금 순종을 하게 만드는 하나님의 절대적인 은혜의 수단임을 생각 할 때에,
순 종함으로서 하나님을 기쁘게 해드리는 것은 믿음으로부터 나온다 하여도 과언이 아니다.
"믿음이 없이는 하나님을 기쁘시게 할 수 없다고 말한다."(히11:6) 또한 믿음 없이
순종한다는 것은 참으로 힘들다. 만일 믿음 없이 순종을 한다면, 그것은 신념 또는 자기의 의가
될 수 있다.
그래서 야고보서는 "네가 보거니와 믿음이 그의 행함과 함께 일하고, 행함으로 믿음이 온전하게
되었느니라."(약2;21,22) 그러므로 하나님의 선물은 위에서 내려오는 은총의 결과이고, 이
선물 은 불변하는 하나님의 구원이다. 따라서 구원 받은 성도는 크고 작던 간에, 반드시 행함을
가지게 된다. 이것은 위에서 아래로, 아래서 위로 다시 반복되는 순환의 과정이 잘 되었을 때에,
인생의 여정 길에 형통과 복을 누리게 된다. 믿음은 하나님의 선물 ⇒ 믿음으로 하나님을
기쁘시게 하는 순종 ⇒ 순종의 행위로서 믿음으로 인증 ⇒ 아브라함과 같은 성도의 축복

3:1 혀도 작은 지체로서 큰 것을 자랑 하도다. 보라, 얼마나 작은 불이 얼마나 많은 나무를 태우는가

3:6 혀는 곧 불이요, 불의의 세계라. 혀는 우리 지체 중에서 온 몸을 더럽히고 삶의 수레바퀴를 불사르나니, 그 사르는 것이 지옥 불에서 나느니라.

3:8 혀는 능히 길들일 사람이 없나니, 쉬지 아니하는 악이요, 죽이는 독이 가득 한 것이라.

3:17,18 오직 위로부터 난 지혜는, 첫째 성결하고, 다음에 화평하고, 관용하며, 양순하며 긍휼과 선한 열매가 가득하고, 편견과 거짓이 없나니 화평하게 하는 자들은 화평으로 심어 의의 열매를 거두느니라.

4:3 구하여도 받지 못함은, 정욕으로 쓰려고 잘못 구하기 때문이라.

4:14 내일 일을 너희가 알지 못하는 도다, 너희 생명이 무엇이냐 너희는 잠깐 보이다가 없어지는 안개니라.

5:13 너희 중에 고난당하는 자가 있느냐 그는 기도 할 것이요, 즐거워 하는 자가있느냐 그는 찬송 할 지니라.

5:15 믿음의 기도는 병든 자를 구원 하리니, 주께서 그를 일으키시리라. 혹시 죄를 범하였을지라도 사하심을 받으리라.

베드로전서(1 Peter)

본서는 로마의 폭군 네로황제의 핍박 초기에(AD64) 베드로에 의해서 기록되었다.
수신자는 소아시아 지방에 흩어져 사는 기독교로 개종한 유대인들에게 보내진 편지다.
기록목적은 네로황제가 로마의 대형 화제 사건을 그리스도인에게 전가 시키므로 본격적인 박해가 시작되었다. 그리스도인들에게 다가온 박해와 고난으로 많은 성도들이 두려움에 빠져 있을 때, 성도들에게 고난 후에 얻게 될 영광스런 유업을 소개하며, 새로운 소망과 위로를 주기 위하여 쓰여 졌다. 그래서 본서를 가리켜 '소망의 서신' ' 격려의 서신'이라고도 한다.

1장-5장
1. 성도의 산 소망과 성화 2. 산 돌과 하나님의 백성 3. 고난에 대한 권면
4. 선한 청지기, 그리스도인이 받을 고난 5. 하나님의 양 무리를 치라

1:7 너희 믿음의 확실함은 불로 연단하여도 없어질 금보다 더 귀하여 예수그리스도께서 나타나실 때에, 칭찬과 영광과 존귀를 얻게 할 것이니라.

1:18,19 헛된 행실에서 대속함을 받은 것은 은이나 금같이 없어질 것으로 된 것이 아니요, 오직 흠 없고, 점 없는 어린 양 같은 그리스도의 보배로운 피로 된 것이니라.

1:24 모든 육체는 풀과 같고 그 모든 영광은 풀의 꽃과 같다, 풀은 마르고 꽃은 떨어지되 주님의 말씀은 영원히 있다.

2:9 너희는 택하신 족속이요, 왕 같은 제사장들이요, 거룩한 나라요, 그의 소유된 백성이니, 이는 너희를 어두운데서 불러내어, 그의 기이한 빛에 들어가게 하신 이의 아름다운 덕을 선포하게 하려 하심이라.

2:20 죄가 있어 매를 맞고 참으면 무슨 칭찬이 있으리요, 그러나 선을 행함으로 고난을 받고 참으면 이는 하나님 앞에 아름다우니라.

3:7 남편들아, 이와 같이 지식을 따라 너희 아내와 동거하고, 그를 더 연약한 그릇이요 또 생명의 은혜를 함께 이어받을 자로 알아 귀히 여기라, 이는 너희의 기도가 막히지 아니하게 하려 함이라.

4:7-10 만물의 마지막이 가까이 왔으니, 그러므로 너희는 정신을 차리고 근신하여 기도하라. 무엇보다 뜨겁게 사랑할지니, 사랑은 허다한 죄를 덮느니라. 서로 대접하기를 원망 없이 하고, 각각 은사를 받은 대로 하나님의 여러 가지 은혜를 맡은 선한 청지기같이 서로 봉사하라.

5:12 사랑하는 자들아, 너희를 연단하려고 오는 불 시험을 이상한일 당하는 것 같이 이상히 여기지 말고, 오히려 너희가 그리스도의 고난에 참여하는 것으로 즐거워하라.

5:8 근신하라, 깨어라, 너희 대적 마귀가 우는 사자같이 두루 다니며 삼킬 자를 찾나니.

베드로후서(2 Peter)

베드로전서가 외부로부터 오는 박해와 고난에 대한 격려와 위로의 서신이라면, 본서는 지식이라는 말이 16번 나오는 것처럼, 참 지식을 터득하므로 교회 내부로부터 오는 거짓교사, 이단에 대한 경계와 올바른 신앙관으로 부도덕한 향락주의에 맞서는 성도가 될 것을 권면한다.

1장 택함 받은 자의 윤리적인 삶 / 2장 거짓교사 / 3장 그리스도 재림에 대한 확신

1:3,4 그의 신기한 능력으로 생명과 경건에 속한 모든 것을 우리에게 주셨으니, 이는 자기의 영광과 덕으로써 우리를 부르신 이를 앎으로 말미암음이니라.
이로써, 그 보배롭고 지극히 큰 약속을 우리에게 주사 이 약속으로 말미암아 너희가 정욕 때문에 세상에서 썩어질 것을 피하여 신성한 성품에 참여 하는 자가 되게 하려하셨느니라.

1:5 그러므로 너희가 더욱 힘써 너희 믿음에 덕을, 덕에 지식을, 지식에 절제를, 절제에 인내를, 인내에 경건을, 경건에 형제우애를, 형제우애에 사랑을 더하라.

1:20 먼저 알 것은 성경의 모든 예언은 사사로이 풀 것이 아니니 예언은 언제든지 사람의 뜻으로 낸 것이 아니요 오직 성령의 감동하심 을 받은 사람들이 하나님께 받아 말한 것임이라

3:8,9 사랑하는 자들아, 주께는 하루가 천년 같고 천 년이 하루 같다는 이 한 가지를 잊지 말라. 주의 약속은 어떤 이들이 더디다고 생각하는 것 같이 더딘 것이 아니라, 오직 주께서는 너희를 대하여 오래 참으사, 아무도 멸망하지 아니하고 다 회개하기에 이르기를 원하시느니라.

공동서신(일반서신)

야고보서	베드로전서	베드로후서	유다서	요한 1,2,3서

요한1서(1 John)

본서는 '사랑의 서신' '진리의 변증서'로 불리어진다. 요한 1, 2, 3서의 기자는 요한복음의 기자인 사도요한이다. 이 서신에는 구약의 인용문이 한 곳도 없다. 이 서신은 AD85-90년경에 기록 되었다. 기록 목적으로는 교회 안에 들어온 이단으로 교회는 분파가 생기기 시작하였고, 사도요한은 이 분파의 정체를 밝히는 것과 목회적 대응에 초점을 맞추어 기록하였다.

※ 분파의 정체를 지적하는 문제점

예수님이 하나님의 아들인 것을 부인(2:22), 예수님의 말씀을 부인(4:2), 그들의 죄 성을 부인(1:8,10), 그리스도의 사역을 통한 구원을 부인(2:2), 서로 사랑하라는 주님의 명령을 부인(2:9), 신성한 공동체와 지도자의 권위를 부인(1:3,2:11,1:5)
※ 중심된 사상
1) 하나님의 속성 '빛과 사랑'을 강조하였다.
2) 죄인을 구속하기위하여 이 땅에 오신 하나님의 아들.
3) 마지막 때에 나타나게 될 적그리스도에 대한 경계이다.

> 1장 생명의 말씀과 하나님의 빛 / 2장 세상과 구별된 성도, 적그리스도의 본질
> 3장 사랑받는 자의 행함과 진실함 / 4장 하나님은 사랑이시다
> 5장 진리의 교훈, 성도의 확신

1:1 태초부터 있는 생명의 말씀에 관하여는 우리가 들은 바요, 눈으로 본 바요, 자세히 보고 손으로 만진 바라.
1:5 곧 하나님은 빛이시라, 그에게는 어둠이 조금도 없으시다는 것이니라.
1:7 그가 빛 가운데 계신 것 같이, 우리도 빛 가운데 행하면, 우리가 서로 사귐이 있고, 그 아들 예수의 피가 우리를 모든 죄에서 깨끗하게 하실 것이요.
1:9 만일 우리가 죄를 자백하면, 그는 미쁘시고 의로우사, 우리 죄를 사하시며, 우리를 모든 불의에서 깨끗하게 하실 것이요.

2:9-11 빛 가운데 있다 하면서 그 형제를 미워하는 자는, 지금까지 어둠에 있는 자요, 그의 형제를 사랑하는 자는, 빛 가운데 거하여 자기 속에 거리낌이 없으나, 그의 형제를 미워하는 자는 어둠에 있고 또 어둠에 행하며 갈 곳을 알지 못하니, 이는 그 어둠이 그의 눈을 멀게 하였음이라.
2:15,16 이 세상이나 세상에 있는 것들을 사랑하지 말라, 누구든지 세상을 사랑하면, 아버지의 사랑이 그 안에 있지 아니하니, 이는 세상에 있는 모든 것이 육신의 정욕과 안목의 정욕과 이생의 자랑이니, 다 아버지께로 부터 온 것이 아니요, 세상으로부터 온 것이라.

3:8 죄를 짓는 자마다 마귀에 속하나니 마귀는 처음부터 범죄 함이라, 하나님의 아들이 나타나신 것은 마귀 일을 멸하려 하심이라.
3:9 하나님께로 부터 난 자마다 죄를 짓지 아니하나니, 이는 하나님의 씨가 그의 속에 거함이요 그도 범죄 하지 못하는 것은 하나님께로부터 났음이라.

3:21,22 사랑하는 자들아, 만일 우리 마음이 우리를 책망 할 것이 없으면, 하나님 앞에서 담대함을 얻고 무엇이든지 구하는 바를 그에게서 받나니, 이는 우리가 그의 계명을 지키고 그 앞에서 기뻐하시는 것을 행함이라.

4:1-3 사랑하는 자들아, 영을 다 믿지 말고, 오직 영들이 하나님께 속 하였나 분별하라. 많은 거짓 선지자가 세상에 나왔음이라. 이로써 너희가 하나님의 영을 알지니 곧 예수그리스도 께서 육체로 오신 것을 시인하는 영마다 하나님께 속한 것이요, 예수를 시인하지 아니하는 영마다 하나님께 속한 것이 아니니, 이것이 곧 적그리스도의 영이니라.

※ 영지주의(Gnosticism) 란 무엇인가?

　　AD1-4세기경에 교회 내부로 들어온 대표적 이단사상이다. 오늘날의 이단사상의 뿌리며, 이단의 아버지라 할 수 있다. 헬라어 '그노시스'(지식)을 중요시하던 헬레니즘에서 유래된 말로 4가지 설을 주장한다.

　1) 이원론(二元論) - 플라톤의 철학을 배경으로 세상을 영계와 물질계로 나누며 영적인 것, 정신적인 것은 선하고, 물질의 세계와 몸(육신)은 악하다고 보는 관점이다. 그러므로 하나님께서 이 악한 물질계를 만드셨을 리가 없다고 주장하며 창조설을 부인하였다.

　2) 영지(靈知)의 지식 - 구원은 믿음이 아닌 영적통찰로 가능하며, 영적통찰은 성경을 문자적으로의 깨달음이 아니고, 영지를 받으려고 노력하는 소수의 사람에게만 가능하다. 따라서 이러한 지식을 터득하는 것이 믿음이나 사랑보다 우위에 있으며, 구원은 죄로부터 해방이 아니며 영적무지로부터 해방을 의미한다.

　3) 가현설(假現設) - 하나님은 선하고 온전함으로 죄악 된 육체를 입고 오실 수 없고, 영원하시기에 죽음을 겪지 않으신다. 그러므로 예수님의 몸은 육체로 오신 것이 아니다. 따라서 요한사도의 "예수가 육체로 오신 것을 부인하는 영은 적그리스도이다"(요한1서4:3) 이 말씀의 뜻이 영지주의를 가리키는 말이다.

　4) 이처럼 영지주의 윤리적 양상은 두 가지로 나뉘는데,
　　첫째는 금욕주의
　　둘째는 쾌락주의이다
　전자는 자신들이 가지고 있는 신비한 영적지식이 세상 속에서 더럽혀지지 않기 위하여 세상과의 접촉이나 관계를 멀리한다.
　후자, 쾌락주의는 자신들이 가지고 있는 영적지식이 최고의 신앙조건이므로 어떠한 죄에서도 자유함을 누리는 특권을 가지고 있다. 그러므로 어떠한 방탕한 생활에도 거리낌이 없다. 이러한 이단 사설이 교회 안에 스며들어오자, 사도들은 교회에 경고와 경계의 서신을 보내지 않을 수 없었다. 또한 이러한 이단들의 기습을 막기 위한 교회는 조직을 체계화 할 필요가 있었다. 당시 교사와 예언자의 위치는 감독이 되었고, 밑으로 사제, 부제, 평신도 제도가 도입되었다.

4:7 사랑하는 자들아, 우리가 서로 사랑하자. 사랑은 하나님께 속한 것이니, 사랑하는 자마다 하나님으로부터 나서 하나님을 알고, 사랑하지 아니하는 자는 하나님을 알지 못 하나니, 이는 하나님은 사랑이심이라.

4:10,11 사랑은 여기 있으니, 우리가 하나님을 사랑 한 것이 아니요, 하나님이 우리를 사랑하사, 우리 죄를 속하기 위하여 화목제물로 그 아들을 보내셨음이라. 사랑하는 자들아, 하나님이 이 같이 우리를 사랑하셨은즉, 우리도 서로 사랑하는 것이 마땅하도다.

4:12 어느 때나 하나님을 본 사람이 없으되, 만일 우리가 서로 사랑하면 하나님이 우리 안에 거
　　 하시고 그의 사랑이 우리 안에 온전히 이루어지느니라.
4:18 사랑 안에 두려움이 없고 온전한 사랑이 두려움을 내 쫓나니, 두려움에는 형벌이 있음이
　　 라. 두려워하는 자는 사랑 안에 온전히 이루지 못하였느니라.

요한 2,3서(2,3 John)

　사도요한의 세 번째 편지인 본서는 가이오(Gaius)라는 한 개인에게 보내는 서신이다.
　본 서신의 기록목적은 그 당시 아무런 보수도 없이 애쓰는 순회 전도자들이 많았다. 사도요한
은 이 전도자들을 잘 환대하여 줄 것을 교훈한다.
　반면에 전도자를 적대시하고 배척하는 사례가 있었는데, 대표적 인물로 디오드리베가 있었다.
사도요한은 이 두 사람을 비교하며 진리 안에 거하며, 전도자를 잘 대접 할 것을 당부하고 있다.

1:2　사랑하는 자여, 네 영혼이 잘됨 같이 네가 범사에 잘되고 강건하기를 내가 간구 하노라.

유다서(Jude)

　본 서신의 저자는 예수의 동생 유다(예수의 동생들 : 야고보, 요셉, 시몬, 유다(마13:55,막6:
3)에 의해서 기록되었다.
　기록 목적으로는 영지주의의 이단에 대하여 성도들이 믿음 위에 굳게 서서 대항 할 것을 강력
히 권고하며, 거짓교사들은 구약에 나오는 하나님의 심판 세 가지 즉, 가인과 발람과 고라에 대
한 심판을 상기시키며, 거짓 교사들의 비참한 최후를 예언적으로 선포한다.

1:9 천사장 미가엘은 모세의 시체를 놓고 악마와 다투면서 논쟁을 할 때에, 차마 모욕적인 말로
　　 단죄하지 못하고 "주께서 너를 꾸짖으시기를 바란다" 이렇게만 말 하였습니다.

※ 위의 말씀은 천사장 미가엘도 훼방하거나 고소하지 아니했는데, 감히 거짓교사들의 복음을
　 훼방했던 일들을 대조하며 모든 심판과 판결을 하나님의 주권에 맡길 것을 당부한다.

요한계시록(Revelation)

  본서의 저자는 사도요한이다. 수신자로는 소아시아의 7교회 에베소, 서머나, 버가모, 두아디라, 사데, 빌라델비아, 라오디게아교회이다. 기록연대는 AD 95-96으로 보고 있다.

  시대적 배경으로는 본서가 기록될 당시 유럽과 아시아는 초강대국 로마의 지배아래 통치되었을 때이다. 초기 점령기의 로마는 정복지에 대한 유화정책의 일환으로 그들의 문화와 종교를 인정하고 탄압보다는 관용을 베풀었다. 그러나 AD64년 로마의 대화재 사건이후로 기독교인들에 대한 대대적인 핍박이 시작되었다. 그 이유로는 방화의 주범으로 평소에 정부에 비협조적인 기독교인으로 지목했기 때문이다. 사실은 역사학자에 의하면 미치광이 같은 네로황제의 짓이었지만 그 후유증은 AD70년 로마 장군 디도(Titus)에 의해 본국 이스라엘의 멸망이라는 비극적 결말에 이르렀다.

  이스라엘 민족은 각처로 흩어졌고, 요한은 이렇게 곳곳에서 박해받는 성도들에게 낙담과 좌절 속에서도 믿음을 잃지 않도록 권면하기위해, 주님으로부터 받은 묵시를 기록한 것이다. 본서의 특징은 계시 속에 나타난 계시문학이라 할 수 있다. 계시는 하나님께서 인류창조, 역사, 말씀, 인간의 양심 등을 통하여 자신을 드러냄을 의미하며, 이 계시는 하나님의 말씀이 육신이 되어(요 1:14) 오신 예수그리스도를 통하여 모든 계시를 완성시키셨다.

  이런 맥락에서 구약은 오실 그리 스도를 예표 하는 하나님의 계시이며, 신약은 오신 그리스도를 나타내 보이는 계시라 할 수 있다. 본서는 다시 오실 그리스도와 인류의 종말과 심판을 묵시적으로 계시한 계시문학이라 할 수 있다.

  그러므로, 본서를 해석하면서 우리는 본서의 특징이 묵시록(Apocalypse)이라는 사실을 잊어서는 안 된다. 어떤 기록은 쉽게 이해할 수 있고, 어떤 상징들은 설명하기 가능하지만, 대부분의 기록은 구체적으로 무엇을 의미하는지 단정하기 어렵다. 그러므로 본서의 일부 예언을 우리 주변의 구체적 상황과 절대 동일시하는 것은 언제나 위험하다.(호크마주석)

※ 전체내용분류

구 분	서론(명령)	심 판					영 광
	일곱 교회의 교훈	일곱인	인 맞은 성도 (일곱나팔)	일곱징조	일곱재앙	일곱멸망	새로운 7가지
본 문	계1-3장	계4-6장	계7-9장	계10-13장	계14-16장	계17-19장	계20-22장
주 제	하늘의 환상 (심판관)	땅의 환란 과심판					새 하늘과 새 땅
장 소	밧모섬						
시 간	A.D. 95-96						

1장 예수그리스도의 계시 / 2장 일곱 교회들에게 보내는 편지(1)
3장 일곱 교회들에게 보내는 편지(2) / 4장 하나님의 영광과 그 보좌
5장 인봉된 책과 어린양 / 6장 일곱 인의 재앙

1:7,8 볼 지어다, 그가 구름을 타고 오시리라. 각 사람의 눈이 그를 보겠고, 그를 찌른 자 들도 볼 것이요, 땅에 있는 모든 족속이 그로 말미암아 애곡하리니, 그러하리라 아멘 주 하나님이 이르시되, 나는 알파와 오메가라, 이제도 있고, 전에도 있었고, 장차 올 자요, 전능한 자라 하시더라.

1:17-20 내가 볼 때에, 그의 발에 엎드려져 죽은 자 같이 되매, 그가 오른 손을 내게 얹고 이르시되, 두려워하지 말라, 나는 처음이요, 마지막이니, 곧 살아 있는 자라. 내가 전에 죽었었노라, 볼 지어다, 이제 세세토록 살아있어 사망과 음부의 열쇠를 가졌노니, 그러므로 네가 본 것과 지금 있는 일과 장차 될 일을 기록하라. 네가 본 것은 내 오른손의 일곱별의 비밀과 또 일곱 금 촛대라, 일곱별은 일곱 교회의 사자요, 일곱 촛대는 일곱 교회니라.

※ 아시아의 일곱 교회

교회	상징	칭찬	책망	가르침	약속된상급
에베소 1-7	정통적인 교회	인내와 수고, 악한자를 용납하지 않음	처음 사랑을 잃어 버림	회개하고 처음 행위를 가져라	생명나무 과실
서머나 8-11	궁핍하나 부요한 교회	환난과 궁핍을 잘 견뎌냄과 영적 풍요	없음	죽도록 충성하라	생명의면류관,둘째사망을 면함
버가모 12-17	주위환경이 나쁨	믿음을 저바리지 않음	부도덕, 우상숭배, 이단자를 용납	회개하라	감추었던 신령한 축복 새 이름을 새긴 돌
두아디라 18-29	악한 여선지자의활동	사랑, 섬김, 믿음, 인내가 처음보다 강함	우상숭배, 부도덕, 악한 여선지자를 용납	심판이 다가온다 믿음을 굳게 지켜라	만국을 다스리는 권세와 새벽별
사데 3:1-6	죽은교회	소수의 순결을 칭찬	형식주의 실천과 행위가 없음	회개하고 남은 것을 굳게 하라	의로운 흰옷을 입음
빌라델비아 3:7-13	연약하나 충성된 교회	말씀을 지킴, 증인 생활	없음	가진 것을 굳게 잡고 면류관을 지키라	예루살렘과 주의 이름을 기억
라오디게아 3:14-22	부요하나 가난한 교회	없음	미지근한 믿음, 영적 자만심, 영적가난, 영적수치, 영적소경	차든지 덥든지하라 회개하고 열심을 내라	하나님과 교제, 영적보좌, 주와 동거

2:4,5 네가 처음 사랑을 버린 것이다, 그러므로 네가 어디에 떨어졌는지를 생각해내서 회개하고 처음 하던 일을 하여라. (에베소교회에게)

※ 나 주가 말한다, 나는 너희에게 일렀다. 가던 길을 멈추어서 살펴보고, 옛 길이 어딘지 이 어딘지 물어보고, 그 길로 가라하였다. (렘6:16)

※ 성도의 두 갈래 길

성도의 신앙여정에는 언젠가 두 갈래의 길이 나온다. 한 길은 늘 주님의 인도를 받는 바른 길이고 또 다른 길은 잘못된 길, 세상적 유혹과 욕심에 빠져드는 길이다.

우리는 이 두 갈래 길에서 선택을 잘 해야 한다. 때로는 주님의 길이 세상에 속한 평탄대로 보다 험하고 비좁고 불편 할지 몰라도(마7:13,14) 조금만 인내하면 곧 좋은 길로 들어서게 되었음을 알게 된다. 그러나 미혹케 하는 길은, 처음 보기에는 길이 넓고 보기에도 편리해 보이지만 조금 가다보면, 그 길은 낭떠러지 같은 아슬아슬한 길이며, 결국 공사 중이라는 팻말이 있어 더 이상 나갈 수 없는 낭떠러지길인 것을 알 수 있다. 한마디로 헛고생 한 것이다.

이렇게 성도의 길은 오직 하나, 주님이 인도하는 길이다. 그 길에는 말씀과 기도와 찬양과 예배와 주님을 향한 충성스런 마음이 늘 따른다. 그러나 세상 길은 온갖 물질적 욕망과 명예와 쾌락, 이런 것들이 내 삶의 우선순위가 되어 점점 유혹의 길을 선택하게 된다. 그리고 그 길이 마치 에베소교인들처럼, 주님이 축복해 주신 길인 것처럼, 착각하게 만든다. 그러나 하나님이 택한 진정한 성도는 그 길이 잘못된 길인 것을 주님이 어떠한 방법으로든 깨닫게 해준다.

이때에 성도의 회심은 주님이 주신 처음 사랑으로 돌아가는 것이다. 그리고 그 사랑이 어디에서 떨어졌는지를 찾고, 옛 길 가장 좋은 길을 찾아서 다시 돌아가는 것이다. 또한 잘못 돌아온 길, 그 거리만큼의 인내와 성실로 회복되어져야한다. 그러므로 잘못된 길이라 생각될 때에는 지체 없이 오던 길로 다시 돌아가서 주님을 찾는 것만이 회복의 길이며, 축복된 길로 가는 것이다.

3:20 내가 문밖에 서서 문을 두드리고 있다, 누구든지 내 음성을 듣고 문을 열면, 나는 그에게로 들어가서 그와 함께 먹고, 그는 나와 함께 먹을 것이다.

※ 하늘예배

4:1-8 하늘 문이 하나 열림 "이리로 올라오너라", 음성이 들림 – 성령에 사로잡힘 – 하늘에는 무지개에 둘러싸인 보좌가 하나가 놓여 있음...그 보좌 주위에는 24개의 보좌가 있고, 그곳에는 24장로가 흰옷을 입고 금 면류관을 쓰고 있음...보좌로부터 번개가 치고, 음성, 천둥이 울려나옴 – 일곱 영이신 일곱 횃불...수정 같은 유리바다...보좌 가운데와 그 둘레에 눈이 가득달린 네 생물... 1) 사자 2) 송아지 3) 사람얼굴 4) 독수리 이 네 생물은 눈이 달려 있는 날개가 각각 6개씩 달려있음, 이 네 생물은 "거룩하십니다, 거룩하십니다, 전능하신 분 주 하나님, 전에도 계셨으며 지금도 계시며 또 장차 오실분이십니다."

4:10,11 우리 주님이신 하나님, 주님은 영광과 존귀와 권능을 받으시기에 합당하신 분이십니다. 주님께서 만물을 창조하셨으며, 만물은 주님의 뜻을 따라 생겨났고 또 창조되었기 때문입니다.

※ 두루마리와 어린 양)

5장 그 보좌에 앉으신 분 오른손에 두루마리 하나를 들고 계심, 그 두루마리에는 일곱 인을 찍어 봉하여 놓음 / 보좌와 네 생물 가운데 어린양이 있었고, 그 어린 양에게는 일곱 뿔과 일곱 눈이 있음 / 어린양은 보좌에 앉으신 분으로부터 두루마리를 받음 / 이때에 네 생물과 24장로가 거문고와 향이 가득히 담긴 금 대접을 가지고 나와 어린 양 앞에 엎드림, 그 향은 성도들의 기도 / 네 생물과 24장로들 주변에는 수천수만의 천사들이 이렇게 외침

5:12 "죽임을 당하신 어린양은 권세와 부와 지혜와 힘과 존귀와 영광과 찬양을 받으시기에 합당하십니다"라고 외치고 있었다.

5:13 나는 또 하늘과 땅 위와 땅 아래와 바다에 있는 만물이 외치는 소리를 들었습니다. "보좌에 앉으신 분과 어린양께서는 찬양과 존귀와 영광과 권능을 영원무궁하도록 받으십시오."

※ 세 가지의 일곱 재앙

구분	순서		재앙의 내용	관련성구
일곱 인 재앙	1		흰말 – 세계적인 전쟁이 일어남	6:1,2
	2		붉은 말 – 전쟁과 빈번한 내란, 살상, 화평이 사라짐	6:3,4
	3		검은 말 – 흉년, 기후변화, 기근, 경제파국, 빈곤과 기아	6:5,6
	4		청황색 말 – 식량난과 전쟁으로 땅의 사분의 일이 사망	6:7,8
	5		성도들의 고난과 순교자의 탄원	6:9-11
	6		하늘이 휘말리고 땅이 지진으로 자리를 옮김, 공포로 숨음	6:12-17
일곱 나팔 재앙	7	1	피 섞인 우박과 불로 땅과 수목의 1/3 불에 타버림	8:1,2,7
		2	화산과 용암으로 바다 생물 1/3 소멸됨	8:8,9
		3	큰 별(유성) 하나가 지구에 떨어져 물이 쑥(죽는 물)이 됨	8:10,11
		4	해, 달, 별의 1/3이 그 빛을 잃음으로 세상이 어두워 짐	8:12
		5	황충으로 다섯 달 동안 고통을 당함	9:1-10
		6	네 천사와 마병대가 사람의 1/3을 죽임	9:13-21
일곱 대접 재앙	7	1	불신자들에게 악종이 생겨 고통당함	16:2
		2	바다가 피같이 되고 모든 생물이 죽음	16:3
		3	강과 샘물이 피가 되어 불신자들이 피를 마심	16:4-7
		4	태양열로 사람이 타버림	16:8,9
		5	흑암과 질병으로 고통을 당함	16:10,11
		6	귀신의 영들이 하나님을 대적하기 위해 사람을 모음	16:12-16
		7	번개, 지진, 우박 등으로 큰 성 바벨론이 파괴됨	16:17-21

※ 두 증인과 두 감람나무, 두 촛대의 의미

11장 3,4절에 나오는 두 증인, 두 감람나무, 두 금촛대의 해석은 과거에 이단들이 자주 사용했던 용어들이며, 성도들이 다른 종교와 혼합된 의미로 오해할 수 있다. 올바른 이해가 필요하다.
'두 감람나무와 두 촛대'는 앞 절에서 언급된 '두 증인의 묘사이다. 이것은 스가랴의 환상을 암시한다.(슥4;1-14) 스가랴서에서 '두 감람나무'는 기름부음을 받은 총독 스룹바벨과 제사장 여호수아를 가리킨다(슥 3:1.4:6). 요한은 이 환상을 통하여 하나님이 과거에 두 증인의 예언자적 권위를 인정했던 것처럼, 두 감람나무(기름부음을 받은 교회를 상징)와 두 촛대(세상에서 빛을 발하는 교회)의 모습을 두 사람의 예언적 상관관계로 연결시키고 있다.

※ 한 때, 두 때, 반 때의 신학적 의미

한 때, 두 때, 반 때는 1260일(12:6)과 일치하며, '마흔 두 달(11:2)과 동일한 기간이다.
이 기간은 그리스의 4대 분할제국인 셀류크스 왕조 제 8대 왕인 시리아의 안티오커스 에피파네스의 아주 잔인한 폭정과 핍박, 성전에 대한 모독행위(돼지머리를 성소에 올려놓고 돼지 피를 뿌린 사건)를 일삼은 3년 6개월의 기간을 의미한다.

11장 두 증인과 일곱째 나팔 / 12장 여자와 용 / 13장 짐승 두 마리(적그리스도)
14장 십사만 사천이 부른 노래, 최후의 심판 / 15장 마지막 일곱 재난을 가지고 올 일곱 천사
16장 일곱 대접의 재앙 / 17장 큰 음녀에게 내릴 심판 / 18장 바벨론의 멸망
19장 그리스도의 재림과 짐승의 멸망 / 20장 천년왕국과 백보좌 심판 / 21장 새 하늘과 새 땅
22장 생명수와 생명나무, 오십시오 주 예수님

12:7 그 때에 하늘에서 전쟁이 일어났습니다. 미가엘과 미가엘의 천사들은 용과 맞서서 싸웠습니다. 용과 용의 부하들이 이에 맞서서 싸웠지만

12:8 당해 내지 못하였으므로 하늘에서는 더 이상 그들이 발붙일 자리가 없었습니다.

12:9 그래서 그 큰 용 곧, 그 옛 뱀은 땅으로 내 쫓겼습니다. 그 큰 용은 악마라고도 하고 사탄이라고도 하는데, 온 세계를 미혹하던 자입니다. 그 용의 부하들도 그와 땅으로 내쫓겼습니다.

12:10 그 때에 내가 들으니, 하늘에서 큰 음성이 이렇게 울려 나왔습니다. 이제 우리 하나님의 구원과 권능과 나라가 이루어지고, 하나님이 세우신 그리스도 권세가 나타났다. 우리의 동료들을 헐뜯은 자, 우리 하나님 앞에서 밤낮으로 그들을 헐뜯는 자가 내쫓겼다.

13:16-18 다 그들의 오른손이나 이마에 표를 받게 하였습니다. 이 표를 가진 사람 그 짐승을 상징하는 숫자를 세어보십시오, 그 수는 어떤 사람을 가리키는데, 그 수는 육백육십육 (666)입니다.

14:3,4 땅에서 구원을 받은 십사만 사천 명밖에는 아무도 그 노래를 배울 수 없었습니다. 그들은 사람들 가운데서 하나님과 어린양에게 드리는 첫 열매로서 구원을 받았습니다.

※ 비밀의 숫자 십사만 사천

십사만 사천은 7장 4절에 언급된 것과 14장 1절에 두 번 언급되어 있다. 7장의 십사만 사천은 첫 번째 그리스도의 인침을 받고 순교당한 성도들을 의미하며, 14장의 십사만 사천은 앞에 성도들과 같은 수이지만, 추가적으로 구속받은 모든 성도를 가리킨다고 보아야 할 것이다.

숫자의 개념이란 인간들에 의해 편리를 목적으로 만들어진 것이지, 우주 밖으로만 나가도 시간의 개념이 달라지듯이 본문의 숫자는 하늘나라의 숫자를 상징하는 것이지, 인간세계의 숫자로 오해해서는 안 된다.

19:9 어린양의 혼인 잔치에 초대를 받은 사람은 복이 있다고 기록 하여라.

19:11-13 나는 또 하늘이 열려있는 것을 보았습니다. 거기에는 흰말이 있었는데, 신실하신 분, 참되신 분이라는 이름을 가지신 분이 그 위에 타고 계셨습니다.

그는 의로 심판하시고 싸우시는 분입니다. 그는 피로 물든 옷을 입고 그의 이름은 '하나님의 말씀' 이라고 하였습니다.

20:12,13 나는 또 죽은 사람들이 큰 자나 작은 자나 할 것 없이 다 그 보좌 앞에 서 있는 것을 보았습니다. 그리고 책들을 펴놓고 또 다른 책 하나를 펴 놓았는데, 그것은 생명의 책이었습니다. 첫 번째 책들의 복수명사는 인간들의 행위의 책이고, 그 수량은 측량 할 수 없는 미지의 숫자이고, 두 번째 책 생명의 책은, 유일한 한권의 책이었습니다.

이 말씀은 갈1:8 말씀처럼 오직 유일한 구원은 예수님 밖에는 없다는 의미입니다. 죽은 사람들은 그 책에 기록되어있는 대로, 자기들의 행위대로, 심판을 받았습니다.

바다가 그 속에 있는 죽은 사람들을 내 놓고, 사망과 지옥도 그 속에 있는 죽은 사람들을 내놓았습니다. 그들은 각각 자기들의 행위대로 심판을 받았습니다.

20:14 그리고 사망과 지옥이 불바다에 던져졌습니다. 이 불바다가 둘째 사망입니다.

20:15 이 생명책에 기록되지 않은 사람은, 누구나 다 불 바다에 던져졌습니다.

21:1,2 나는 새 하늘과 새 땅을 보았습니다. 이전의 하늘과 이전의 땅이 사라지고, 바다도 없어졌습니다. 나는 또 거룩한 도성 새 예루살렘이 남편을 위하여 단장한 신부와 같이 차리고 하나님께로부터 하늘에서 내려오는 것을 보았습니다.

21:3 그 때에 나는 보좌에서 큰 음성이 울려나오는 것을 들었습니다. "보아라, 하나님의 집이 사람들 가운데 있다, 하나님이 그들과 함께 계실 것이요, 그들은 하나님의 백성이 될 것이다" 하나님이 친히 그들과 함께 계시고

21:4 그들의 눈에서 눈물을 닦아 주실 것이니, 다시는 죽음이 없고 슬픔도 울부짖음도 고통도 없을 것이다. 이전 것들은 다 사라져 버렸기 때문이다.

21:6 "다 이루었다, 나는 알파며 오메가, 곧 처음이며 마지막이다" 목마른 사람에게는 내가 생명수 샘물을 거저 마시게 하겠다.

22:1 천사는 또 수정과 같이 빛나는 생명수 강을 내게 보여 주었습니다. 그 강은 하나님의 보좌와 어린 양의 보좌로부터 흘러 나와서

22:2 도시 넓은 가운데를 흘렀습니다. 강 양쪽에는 열두 종류의 열매를 맺는 생명나무가 있어서 달마다 열매를 내고, 그 나뭇잎은 민족을 치료하는데 쓰입니다.

22:5 다시는 밤이 없고 등불이나 햇빛이 필요 없습니다. 그것은 주 하나님께서 그 들을 비추시기 때문입니다. 그들은 영원무궁 하도록 다스릴 것입니다.

22:12 보아라, 내가 곧 가겠다. 나는 각 사람에게 그 행위대로 갚아 주려고 상을 가지고 간다.

22:13 나는 알파며 오메가, 곧 처음이며 마지막이요, 시작이며 끝이다.

천년왕국

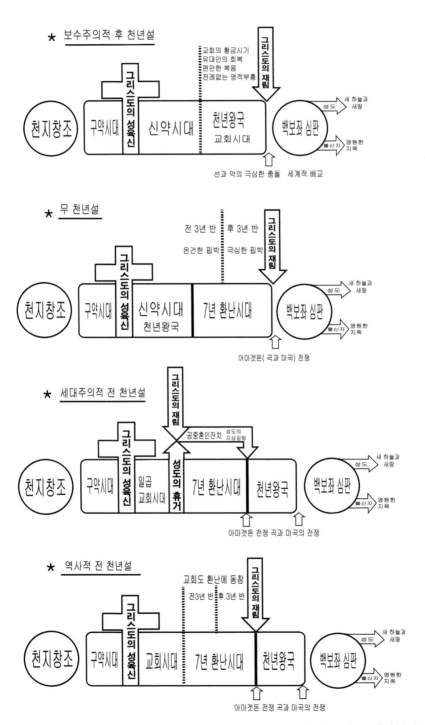

출처:순복음 성경대학 교재

※ 종말론의 역사적 여러 가지 배경

바리세인이 예수님께 질문을 합니다. "하나님의 나라가 언제 옵니까?" "하나님의 나 라는 볼 수 있게 임하는 것도 아니며, 여기 있다, 저기 있다 못하리니, 하나님의 나라는 너희 안에 있느니라"(눅17:20-21)

그러면, 하나님의 나라와 도표의 나라 천년왕국의 차이는 무엇인가?

※ 하나님의 나라
하나님의 주권이 나를 통치하는 통치의 개념. 내가 지배 받는 대상이 된 것을 기뻐하고, 감사, 영광스럽게 생각하며... 말씀에 순종하므로써 얻어지는 믿음의 과정이 성령을 통 하여 인격적 느낌으로 오는 마음의 확정이다.

※ "천년왕국의 배경"
유대인들의 구약성경 선지서(이사야, 에스겔, 다니엘, 스가랴)를 통하여 메시아 사상이 시작되었고, 인류의 기원을 6천으로 보고, 천년은 안식년(천년왕국), 8천년은 신천지시대 이렇게 3등분으로 6천년과 8천년 사이에 완전 숫자 7에 해당하는 7천년을 천년왕국이라고 계시록에서는 표기하고 있다.

※ 언제 오느냐 ?
천년왕국을 기점으로 4가지의 견해 (그림을 참고)
1. 무 천년설
   영적, 상징적으로 해석, 지금 우리가 사는 이 시기, 교회의 황금 시기, 복음이 온 세상에 편만하게 전파되고, 영적부흥, 문예부흥, 산업혁명 이러한 번영의 시대를 거치는 근대 교회시대를 의미하지만, 1차 2차 세계대전이 발발하므로 이 학설은 사라진다. 사탄이 1천년 동안 무저갱에 있는데, 어떻게 1, 2차 세계대전이 일어날 수 있는가? 라는 이유에서이다.
2. 후 천년설 : 무 천년설과 비슷하나 7년 환란이 없음.
3. 전 천년설 : 이해하기 쉽게 천년왕국(사탄 영향력이 없는 평화시대) 전에 예수님의 재림이 있다는 견해인데, 7년 환란 전에 오시는가? 후에 오시는 가? 로 나누게 된다.
   1) 역사적 전 천년설 : 7년 대환란 동안 성도들...극도로 고통 당 할 때에
   2) 세대주의 전 천년설 : 7년 대환란을 격지 않고 환란 전에 주님의 공중 재림

※ "휴거" : 주님과 7년 혼인잔치, 7년 환란이 끝난 후, 성도와 함께 공중에서 지상 강림한다는 견해이다.
※ 이제 어떤 것을 택해야 할지는 성도들의 자유이다.
'역사적 전 천년설' 은 대담한 믿음의 소유자로 "한 번 견디어보자" 하는 것이고, 겁이 많고 두려움이 앞서는 성도들은 세대주의 전 천년설을 택할 것이다.
※ 결론
그러나 종말론은 상징적, 문자적, 역사적이라는 견해가 많이 나오는데, 정해진 바가 없다.
그러므로 종말론에 치우치지 아니하고, 편하게 주님 중심의 온전함과 정직함, 성령에 의한 순결한 신앙생활 하는 것이 답이다.

성경의 예언과 성취

성경에는 1,010개의 예언이 있고, 앞으로 있을 예언 외에는 100%의 예언이 모두 성취되었다. 이 사실에 대하여는 수많은 고명한 학자들도 인정하고 반론을 제기하지 않는다.

코란이나 불경, 힌두교에서는 역사적인 예언의 기록을 찾아 볼 수가 없다. 그 이유는 성경만이 불변의 진리이며, 하나님과 인간 사이에 이루어진 약속이기 때문이다.

※ 구약의 주제 – 초림예수 ※ 신약의 주제 – 재림예수

시대	예언구절	내용	성취구절
창조	창3:15	여자의 후손	갈4:4
	창6:3	인간의 수명 120세	현재
족장 시대	창12:3	아브라함의 씨	마1:1
	창15:13,16	애굽에 400년간 노예, 4대만에 귀환	출12:37
	창16:12	이스마엘 후손과 이스라엘의 원수 될 것	현재 원수
	창17:19	이삭의 후손	눅3:34
	창49:10	유다지파 출신의 그리스도	눅3:33
출애굽	민24:17	야곱에서 나온 한 별	마1:2
	신18:15	모세와 같은 선지자를 일으킴	요6:14
단일왕국 시대	시45:6,7	기름부음 받은 영원한 왕	히1:8
	시2:7	하나님의 아들로 선포 됨	마:3:17
	시78:2-4	비유로 말씀 할 것	마13:34
	시110:4	멜기세덱 반차의 제사장	히5:6
	시8:2	어린이들의 찬양	마21:16
	시41:9	제자의 배반	눅22:47
	시109:7,8	배신자 유다의 운명	행1:18
	시35:11	거짓 고소를 당함	막14:57
	시35:19	이유 없이 증오함	요15:24
	시22:7	멸시와 수치를 당함	눅23:35
	시69:9	훼방 당하심	롬15:29
	시69:21	쓸개와 쓴 포도주를 받으심	요19:29
	시109:4	원수를 위한 기도	눅23:34
	시22:17,18	옷이 제비 뽑혀 나누임	마27:35
	시22:1	하나님의 버림을 당하심	마27:46
	시34:20	그 뼈가 꺾이지 않음	요19:36
	시16:10	부활하심	막16:6,7
	시68:18	승천하여 하나님 우편에	고전15:4
분열왕국 시대	사7:14	동정녀의 수태	눅1:26
	사51:6	하늘은 연기처럼 땅은 옷처럼 헤어진다.	공해, 산성화
	미5:2	베들레헴 탄생 사건	눅2:4
	렘31:15	유아 학살소동	마2:16
	사60:6,9	박사들이 예물을 드림	마2:11
	호11:1	애굽 피난	마2:14
	사40:3	첩경을 평탄케 함	눅3:4
	사61:1,2	상한 심령의 치유자	눅4:18
	사9:1	갈릴리사역	마4:13
	사12:3	구원의 우물	요4:14
	사53:3	동족 유대인의 멸시	요1:11
	사9:7	다윗 왕권의 후계자	눅1:32
	사53:7	굴욕과 고문에도 잠잠하심	막15:4,5
	사50:6	침 뱉음 당하고 매 맞음	마26:67

	사53:5	우리를 위해 희생당하심	롬5:6,8
	사53:12	악인들과 함께 못 박히심	막15:27
	사53:9	부자처럼 장사되심	마27:57
	사53:5	손과 발을 찔리우심	요20:27
	사8:9	북 왕국 이스라엘의 멸망	왕하15:29
	왕하21:13	남 왕국 유다의 멸망	왕하25장
	렘25:11	바벨론에 70년간 포로	슥1:16
포로시대	말4:5,6	엘리야의 심령이 올 것임	마11:14
	단2:1	금신상과 네 나라 순금, 은, 놋쇠, 철, 진흙과 철	침묵시대
	단12:4	말세에는 빨리 왕래	현시대
	단12:4	지식이 증가	현시대
	단9:25	예루살렘의 재건과 탄생의 시각	눅2:1
분열왕국	슥9:9	어린 나귀를 타고 예루살렘 입성	마21:5
	슥11:12	은 삼십에 넘기우심	마26:15
	슥11:13	토기장이의 밭 값에 팔리움	마27:6
	슥12:10	옆구리를 찌르고 쳐다보게 됨	요19:37
	호6:2	3일 만에 부활 하실 것	마28:1
	슥14:2	이방나라의 예루살렘 공격	중동6일 전쟁
	요21:18	베드로의 순교	거꾸로 순교
	행9:16	바울의 순교	로마에서 참수
	마24:14	성전이 파괴됨과 멸망	AD70 파괴
	마24:32	잎이 돋는 무화과나무	AD1948 건국
	요14:26	예수님의 약속과 오순절의 성령강림 사건	행2:2
	마24:14	모든 민족에게 복음이 전파 될 것	현재 성취됨

* 예언의 성취를 뒷받침하는 쿰란 동굴의 사해사본

1947년부터 1956년까지 10년간 사해 북서쪽 쿰란 지역 11개 동굴에서 900여편, 구약을 총망라한 두루마리로 된 옛 문서들이 발견되었다. 이 문서들은 B.C. 200년부터 A.D. 70년 사이에 기록된 사본이었으며, 당시 에세네파라는 엄격한 유대교 신앙의 훈련을 받은 경건주의 공동체에 의해 손 글씨로 기록되어진 구약문서이다. 구약의 대부분이 발견된 이 사건은 세상을 깜짝 놀라게 만들었다. 그 이유는 구속사적 예언을 담고 있는 위의 도표와 같이 이사야서 스가랴서와 같은 오실 예수그리스도에 관한 예언들이 사실화되었음을 입증하기 때문이다.

이 문서가 발견되기 전 까지는 구약에서 오실 예수그리스도의 예언은 신약에 맞추어 꾸며낸 것이라고 주장하던 사람들이 많았다. 그러나 연대 측정에 의하여 예수님 오시기 200년 전의 것으로 판명되므로, 성경의 예언이 적중하였음을 인정하게 되었다. 뿐만 아니라, 역사적, 신학적 가치로서 성경의 형성과 본문의 역사를 연구하는데 크게 기여하였고, 성경의 권위와 진실성을 알리게 되었다.

첫 사해사본 이사야서가 발견된 쿰란동굴

한국교회사

　우리민족은 혈통에 있어서 노아의 후손 중에 셈의 후손에 속한다. 셈에 대하여는 "셈은 여호와를 찬송하리로다." 하여 그의 후손들이 종교성이 많음을 보여 준다. 특별히 하나님이라는 고유명사를 예수교가 들어오기 이전에 우리의 조상은 "하느님"이라 불렀으며, 본체와 개념은 다르나, 이미 하늘을 보고 감사하는 마음의 종교적 성향은 우리 민족 마음속에 깊이 뿌리 내려 있음을 알 수 있다. 뿐만 아니라, 성경의 주인공 나라 이스라엘과 우리나라는 지정학적 요건이나 역사적 흐름의 고난사를 관찰 할 때에, 두 민족은 공통점이 많은 것으로 나타난다.

　그래서 하나님은 세계 어느 민족보다도 한국을 더욱 사랑 하신다. 역사 이래로 이렇게 짧은 시간 내에 국가적 발전과 교회의 부흥, 선교적 열정으로 이루어간 나라는 드물다. 이러한 축복의 뒤안길에는 많은 선교사들의 피와 땀과 눈물과 순교와 희생이 있었음을 잊지 말아야한다. 또한 한국교회사를 바라보며 믿음의 선진들이 조선 말기와 일제 강점기와 6.25동란 중에 속박과 탄압 속에서도 어떻게 순교적 신앙을 지켜왔나 살피면서 그 흔적들을 찾아본다.

　한국 최초의 세례교인은 1783년에 북경에서 그라몽 신부에게 영세를 받은 이승훈이다. 그는 귀국하여 주일 마다 예배를 드리고 교리 공부도 하였다. 그곳이 바로 지금 서울의"명동성당"이다. 그 후 5년 뒤, 성균관 유생들로 하여금 오해를 불러일으키게 되어 "기독교는 하늘(天)만 있는 줄 알지 임금과 어버이를 모르며, 천국과 지옥이 있다하며 백성을 속이고 세상을 의혹케 한다."하여 첫 수난이 시작 되었고, 김범우라는 첫 순교자가 나오게 되었다. 이러한 수난으로 이승훈은 배교하였고, 그 후에 중국인 신부 주문모에게 다시 성사를 받으려 했으나, 뜻을 이루지 못하고 1802년 신유교난(辛酉教難) 때에 순교 하였다.

　최초의 외국인 선교사는 주문모 천주교 신부(1752년 –1802년)이며, 한국에서 순교했다.
　이승훈이 최초로 영세를 받으므로 한국에 천주교(1784년)가 공식적으로 시작되었다. 그 후에 1816년 '맥스웰과 바실 홀'이 영국군 선장으로 서해안을 탐방하였다. 이때에 충남 서천군에 정박하여 조대복에게 영문성경을 전했다.
　1832년–1884 한국 최초로 칼 그쯔라프 화란선교사에 의해 서해안 일대를 잠깐씩 상륙하여 중국어 한문성경을 사람들에게 나누어 주었다. 40일간 체류하며 주기도문을 한국말로 번역해주었고, 성경과 함께 감자 씨를 나누어 주고 감자 심는 법을 가르쳐주어, 우리나라에 최초로 감자가 들어왔다.
　1866년에 병인교란 때에는 카토릭의 교세가 부흥하여 한국에는 12명의 신부와 2만3천명의 신도들이 있었다. 그러나 대원군의 핍박으로 여러 명의 신부와 8천명의 신도가 피를 흘렸다고 한다.

※ 최초의 개신교 선교사 로버트 토마스 (Robert Thomas)

　1886년 6월 미국상선 제네랄샤먼호가 대동강에 상륙하였고, 배의 선원들이 한국 사람을 업신여기고 약탈하자, 한국군사에 의하여 배는 불타고 선원들은 몰사했다. 그리고 이 배에 있던 로버트 토마스선교사는 성경책을 던져주고 순교하였다. 이때에 토마스 선교사를 살해한 박춘권은 성경책을 받고, 후에 평양교회의 장로가 되었다. 토마스 선교사 순교의 피는 한국 개신교의 선교의 문을 열어주는 계기가 되었다.

※ 토마스 선교사가 런던 선교회에 보낸 편지 내용

"나는 상당한 분량의 책들과 성경을 가지고 떠납니다. 조선 사람들에게 환영을 받을 생각에 가슴이 부풉니다. 런던선교회 이사들이, 성경의 교훈을 전하기 위하여 아무런 인간의 과오가 혼합되지 아니한 심정으로 미지의 나라로 떠나는 나의 노력을 언젠가는 인정해 주리라 믿으면서 나는 갑니다."

※ 최초의 우리말 성경번역(누가복음)

1882년 존·로스 (John Ross), 서상륜, 맥킨타이어 목사와 함께 성경번역, 1876년 이응찬은 맥킨타이어 목사에게 세례를 받고 한인 최초의 개신교인이 되었고, 장티푸스에 걸려 사경을 헤매던 서상륜은 생명을 건진 후, 1879년 로스목사에게 세례를 받고 성경출판사업을 봉천에서 하였다. 그때의 성경책 이름은 "예수셩교젼셔"였다.

최초의 성경은 누가복음이었고, 이어서 요한복음, 사도행전, 마태복음, 마가복음 등이 번역되어 간행되었다. 서상륜이 만주에서 돌아와 금지된 종교임에도 무릅쓰고 1887년에 황해도에 초가집 "소래교회"가 세워졌다. 이때에 58세대 가운데 50세대가 믿는 가정이 되었고, 교인은 동학란을 피해 도망 온 사람까지 합쳐 200명가량 되었다.

1873년 대원군이 정계에서 물러나고, 며느리 민비파(閔妃派)가 정권을 잡자, 오랫동안 외국과 닫혔던 문호가 열리고 개방정책이 시작되면서 구미 여러 나라와 통상조약이 맺어지고, 선교의 문이 본격적으로 열리기 시작하였다.

※ 1884-1900년 초대 한국교회와 선교사

미국 북 장로교회 알렌(A.N.Allen)선교사(의사)가 갑신정변 때, 왕족 민영익이 개화파의 칼에 맞아 사경을 헤매자, 그를 수술해 살려낸다. 그 일로 왕궁(조선 제 26대 임금 고종)의 신임을 얻어 광혜원(많은 사람에게 은혜를 베푼다)을 세웠으나, 2주 후에 제중원(많은 사람을 구제한다, 세브란스병원)으로 바꾸고 한국선교의 거점이 된다.

1885년 젊은 신학생 언더우드(Horace Grant Underwood)는 광혜원에서 강사로 일하면서, 1887년 9월 서울 새문안교회를 세웠다. 최초의 장로는 서상륜과 박홍준이었다.
1885년 언더우드와 함께 한국에 온 감리교선교사 아펜젤러 박사(H.D. Apenzeller)는 정동제일교회를 설립하고 배재학당을 세움, 1902년 서해에서 배가 충돌하여 익사하였다.
1885년 아펜젤러 목사와 일본에 와있던 스크렌톤(Wm,B,Scranton)목사가 내한하여 감리교 병원을 설립하고, 그의 어머니와 아내도 그 뒤에 입국하여 이화학당을 설립(1886년)하였다.
※ 이렇게 한국선교의 시작은 의료선교와 교육을 통한 선교로 그 서막을 올렸다.

1889년 데이비스 선교사 순교, 1890년 존·헤론 선교사 순교
1907년 루비 켄트릭 여선교사 순교, 1910년 매켄지선교사 한국의 나병환자를 위해 헌신하다 순교 이외에도 수많은 순교한 외국선교사들이 있다.

1890년 중국에서 내한한 네비우스(John Navius)목사는 다음과 같은 선교전략으로 3자 정책 (Three-Self Principle)을 제의 했으며 채택 되었다. 이것을 네비우스 선교정책이라 한다.

1) (자립자치)외부의 간섭을 받지 않고 교회를 운영한다.
2) 원조를 받지 않고 교회를 운영한다.(자급)
3) 스스로 전도한다(자전)

네비우스 선교방법은 한국교회발전에 중대한 역할을 하였다.

1907년 9월 평양에서 조선 장로회(長老會)가 창설 되었고, 1912년에는 총회까지 결성하게 되었다. 언더우드 목사는 초대 총회장에 선임되었다.

초대한국교회는 주변 열강 (일본, 중국, 소련)들의 업신여김과 민족적 혼란과 설움 속에서 한민족은 다수가 기독교로 전향했다. 1907년에는 교인의 수가 11만 명이 넘어섰다. 한국교회는 뜨거웠다. 새벽기도, 수요기도, 금요철야기도, 결혼 금반지를 팔아서 선교사 후원을 했으며, 세계교회는 한국교회의 성장을 보고 "오늘날의 성지"라고 극찬을 했다.

1910년 에딘버러 세계선교협회는 이 같은 교회성장을 가리켜 "세기의 신비"라고 까지 불렀다.

1907년 노일전쟁이 끝나자, 일본은 한국을 침략하기 시작했다. 이때에 평양중앙교회에서는 1,500명의 성도를 시작으로 대 부흥운동이 시작되었다.

1919년 삼일운동 당시 독립선언서 서명인 33인 중에 16명이 기독교 교인이었다.

1930년 일본의 신사참배강요로 교회를 핍박하기 시작했고, 1938년 평양에서 27회 장로회총회가 열렸을 때에는 불미스럽게도 신사참배가 기독교신앙에 위배되지 않는다고 가결했다.

※ 신사참배란?

일본의 민간인종교인 신도(神道:Shintoism)사원(寺院)인 신사를 곳곳에 세워 강제로 참배하게 한 일이다. 이에 맞서 주기철 목사, 채정민 목사, 박관준 장로, 한상동 목사 같은 분들이 반대 투쟁했다. 200개의 교회가 문을 닫았고, 50명의 목사가 순교를 당했다. 70만에 이르는 기독교인의 수가 반으로 줄어들게 되었다.

이러한 일 이후에 7년 만에 일본은 2차 세계대전에서 패망했고, 하나님은 우리 민족에게 새 날을 주셨는데, 1945년의 해방이었다. 그러나 기쁨도 잠깐 6.25동란으로 수많은 교회가 불타고, 수많은 순교자가 나왔다. 6.25동란으로 미국과 소련 양국의 분점(分店)으로 국토는 반으로 나뉘게 되었고, 남한은 신앙의 자유를, 북한은 유물무신(唯物無神)의 공산주의 사상으로 붉은 구름의 장막의 수난기를 맞이하게 된다.

이 일이 있기 전, 한국교회는 곧 신사참배문제를 거론하며, 감옥에서 풀려난 이들은 신사참배자들을 "배신자"라고 비난하며, 교회 안에서는 신사참배자들을 정죄하고 비난하는 "고려파"가 생기고, 신사참배에 대한 책임으로 6개월간 자숙 후에 복직하겠다는 "복귀파"간에 충돌로(1951년) 교회의 분열을 가져왔다. 다시 회개와 각성운동을 시작하였으나, 한국교회는 다시 예수교장로회와 기독교장로회로 분열되었고, 그 후에 예장합동, 통합, 기장, 고신 등으로 갈라졌다.

한국교회는 교파의 분열에서 다시 전도사업으로 전국 복음화 운동이 일어났다.

1964년 7월 이화여대에서 제 5회 전국 교육대회에서 30만 명 성도들이 교파를 초월 연합성회

1973년 빌리그래함 전도대회 1974년 엑스플러 74 , 1977년 민족 복음화 성회

1980년 세계복음화 대회가 여의도 광장에서 교파를 초월하여 모였으며, 한국에는 당시 750만 명이라는 엄청난 숫자의 기독교인이 세계복음화를 위하여 전진하고 있었다.

이제 한국교회는 초대교회의 순교자들의 피로 맺어진 교훈을 바탕으로 그리고 그 영광으로의 참된 부흥과 회복된 길을 가야 할 것이다. 한국교회가 사회에서 신뢰를 잃어버리고 있는 현실 속에서는 불신앙, 개인주의, 실속주의, 물질주의의 벽을 깨지 못 할 것이다.

오직 그리스도와 하나 됨의 결단과 사랑과 생명의 빛을 전하는 공동체가 될 때에 한국교회의 생명의 복음은 하나님이 주신 사명 속에서 그 빛을 발하게 될 것이다.

세계교회사

세계교회사는 세상 자연인으로 하여금 그리스도인들은 누구일까? 로 시작하는 종교적 질문들과 함께, 하나님과 이들과의 관계를 통하여 나타난 하나님의 섭리와 그 역사를 객관적인 입장에서 바라보게 하고 복음에 대한 관심 속으로 끌어드리는 종교적인 지식서(知識書)이다. 또한 세계교회사는 성도들에게는 보이지 않는 세계 속에서 일어나는 영적전쟁의 드라마이며 주님의 피값 주고 산 교회가 세상에서 어떠한 일들을 했으며 어떠한 모습으로 변화되어 왔고 진리와 함께 싸우는 자들의 영적 투쟁과 승리, 그리고 실패 속에 지상에 있는 하나님의 도성인 교회가 어떻게 보존되어져 왔는지를 보여주는 인류최고의 역사적 기록물이다.

교회사의 시대적 구분

1. 고대사(A.D.1-590)
  1) 사도시대(33-100) 교회의 확장과 사도의 의 활동시기
  2) 속 사도시대(100-313) 교회의 핍박기
  3) 기독론의 확립시대(313-590)
2. 중세사(590-1517)
  1) 선교적 과도기(590-800)
  2) 동서교회의 분리(800-1303) 로마교회의 전성기
  3) 로마교회의 쇠퇴기(1303-1517) 종교개혁까지
3. 근세사(1517-현재)
  1) 종교개혁시대(1517-1648) 신교의 시작
  2) 근세시대(1648-1800) 신교의 확장

※ 고대사(A.D.1-590) ※

※ 박해받는 기독교와 성장하는 교회

오순절 성령강림 이후, 예루살렘을 중심으로 전파되기 시작한 그리스도의 복음은 로마제국과 그리스, 근동 아시아 전 지역으로 퍼져 나갔다. 이렇게 쉽게 퍼져나갈 수 있었던 이유는 그곳에는 이미 디아스포라(흩어진 유대인들)들이 정착되어 있었기 때문이었다. 또한, 로마는 당시 최고 도시로서 "모든 길은 로마로 통한다." 라는 말이 있듯이 교통수단에 있어서 복음 전파에 최적지로 로마를 꼽을 수 있었다. 이미 하나님은 5백년 전에 다니엘의 환상(다니엘서 2장)에서 예언했듯이 로마가 세계를 지배하도록 그 일을 계획하셨던 것이다.

그러나, 로마의 복음 전파는 녹록치는 않았다.. 그것은 이미 로마는 쥬피터, 제우스, 황제숭배 등 수많은 우상들이 있었기 때문이고, 로마 안에서도 유대교와 기독교간에 마찰이 끊이지를 않고 날이 갈수록 기독교인들의 숫자와 영향력이 커지는 것을 목도한 로마의 정부는 탄압할 구실을 찾게 되었다.

※ 박해와 그 원인

  성찬식에서 피와 살(인육을 먹는다), 믿음의 형제끼리 결혼을 근친상간으로 왜곡하고, 동굴 속에 남녀가 함께 기거하며, 로마대화재사건 당시 그 사건의 배후로 지목받으며, 유일신론 사상으로 다른 종교들을 배척, 황제숭배를 거부, 천재지변의 원인이 기독교에 있다고 음해를 당하며 고난과 시련의 시간이 시작되었다.

1. 사도시대 (33-100)

  초기기독교 교세의 확장 – 예루살렘을 비롯한 안디옥, 에베소, 빌립보, 데살로니가, 알렉산드리아, 고린도, 아덴, 로마지역 등지에서는 이미 유대인들이 박해시대 이전에 상업을 이유로 여러 곳에 흩어져 있었고, 가는 곳마다 회당을 지었다. 기독교도들은 이곳을 활용하여 전도의 전진기지로 삼았다. 그러나 유대교와 기독교의 갈등은 계속되었지만, 많은 유대교 신자들이 기독교로 개종하였으며 곳곳에서 성령의 역사가 불일듯이 일어났다. 이러한 복음 전파에 앞장선 핵심적 인물은 사도바울 이였다.

※ 예루살렘의 몰락

  1세기 중반에 이르러 로마는 예루살렘으로부터 과다한 세금을 거두어 드리는 것에 만족하지 않고 순례자들이 드리는 성전세까지도 눈독을 드리며 갈취하기 시작하자, 분노한 시민들이 반란을 일으켰고, 로마 병사들에 의해 무참히 3,600명이 살해 당하는 사건이 일어났다. 이를 계기로 열심당을 중심으로 한 유대 반란군들은 폭동을 일으켰다. 초기에는 반란군이 로마군을 제압하는 듯 하였으나, 로마 12군단의 패배소식을 들은 로마 황제가 6만 명의 병사를 투입하여 예루살렘을 포위하여 AD 70년에 티투스 장군에 의하여 함락시키고, 결국 성전은 불에 타 무너지고 서쪽 벽만 남게 되었다. 오늘 날도 이스라엘 사람들은 그 벽을 가리켜 "통곡의 벽"이라 일컫는다. 그리고 4년 동안 각 지역의 요새들을 모두 공략되고, 마지막 요새 "마사다"에서 몰사하므로 이스라엘은 역사 속에서 사라지게 된다.

※ 로마에서 시작된 기독교도들에 대한 박해

  AD 64년 네로황제 때에 로마도시에 대형화재가 발생하게 된다. 민심이 혼란스러워지자, 네로는 수습책으로 당시 로마제국의 신흥 종교였던 기독교에 그 책임을 덮어씌워 기독교인들을 방화범으로 몰아세우고 대학살을 시작하였다. 이때 대표적 순교자는 바울과 베드로였다. 이렇게 최초의 박해가 시작 되었고, 폭군 네로는 자살로 생을 마감하지만, 기독교에 대한 박해는 유럽 전역으로 퍼져 나가며 그 후 250년간 지속 되었다.

로마의 10대 박해

황 제	박해 원인과 방법	영 향 력
네로 54-64	로마시 방화범	베드로, 바울의 순교
도미티아누스	81-96 내란음모	재산몰수, 카타콤생활
트라야누스	97-117 황제숭배거부	이그나시우스 맹수에 살육
하드리아누스	117-138 기독교인 증오	기독교인은 죄인 취급
아울렐리우스	161-180 질병, 흉년의 원인은 기독교	심한핍박, 요한의 수제자 폴리갑의 순교
세베루스	205-211 극악무도, 입교금지	이레니우스, 오리겐 신학자들의 순교
막시미누스	235-288 지진의 원인은 기독교	두 감독 노예로 끌려감
디키우스	240-251 국가쇠락의 원인 기독교	재산몰수
바렐리아누스	253-260 질병, 흉년의 원인 기독교	예배금지 재산몰수
디오클라티누스	284-305 부황제의 참소	교회파괴, 화형

(출처 : 순복음 성경대학교 교재)

2. 속사도 시대 (100-313)

　사도요한이 밧모섬에서 유배되어 90세 가까이 사는 동안에, 주님의 11제자는 모두 순교했고, 이어서 사도들의 후계자들이 곳곳에서 탄생하기 시작하였다. 요한의 제자인 서머나 교회 감독 폴리갑, 사도 바울의 후계자인 안디옥 교회 감독 이그나시우스 이러한 신학자들이며 목회자들이 순교 하였고, 수많은 성도들이 맹수의 밥이 되거나, 검투사들에 의해 희생되었다.

　이때에 로마교회의 교부이며, 삼위일체 교리의 기초를 놓은 "터틀리안"은 이러한 유명한 말을 했다. "순교자의 피는 교회의 씨앗이다" 이렇듯이 순교자가 많을수록 교회는 더 부흥하고 교세는 전 유럽으로 확대되어갔다. 그러자 기세에 눌린 어떤 로마황제는 그들을 죽이지 말고 타일러서 다른 종교로 개종하게끔 유도하라는 명령을 내리게 된다.

　사회적인 종교 성향에도 큰 변화가 일기 시작하였다. 왕의 가족, 귀족들, 학자들, 지배계층 등 빈부귀천을 막론하고 수많은 사람들이 기독교인이 되었다. 이렇게 변화 될 수 있었던 부흥의 역사는 개인적 성령의 은사 체험과 말씀을 통한 전도사역이었으며, 또한 거듭남을 통한 이타 주의적 사랑과 도덕과 윤리를 준행하고, 자비와 긍휼과 희생정신이 로마인들이 보는 기독교인들에 대한 인식의 변화가 그들의 마음을 돌게 되었다.

그러나 기독교 박해시기의 로마는 내우외환의 시기를 겪어야했다. 북쪽의 게르만족과 사산조 페르시야, 프랑크, 반달족 등의 침략으로 어려운 시기를 겪어야했고, 내부적으로는 사치, 향락, 부패, 경제파탄, 왕권다툼(50년 동안 22명의 황제가 폐위 또는 암살), 지진, 질병 등으로 퇴락의 길을 가고 있었다. 이러한 국가쇠퇴의 원인을 로마의 지도자들은 자신들에게 이교도인 기독교가 들어와 본래 있었던 여러 로마의 신들이 진노하는 것이라고 생각했다.

　이렇듯 또 다른 종교적 이유로 기독교는 미움과 박해를 받아야만했고, 잠시 멈춘 듯한 핍박은 다시 고개를 들어 핍박의 강약이 교차되는 그러한 시기들을 지내야만했다.

　이렇게 어려운 시기에 기독교 내부에서는 내적으로 교리에 대한 확고한 정립이 되어있지 않은 상태에서 여러 가지 교리적인 논란이 끊이지 않았고, 이러한 틈을 타서 이단들이 교회 내부로 들어오기 시작했다. 이때의 이단 사상의 특징은 교회 밖에서 자신들의 집단을 형성하는 것이 아닌 교회 내부에서 뿌리를 내리고 있다는데 심각한 문제를 제기하고 있었다.

※ 대표적 이단종파 : 영지주의(Gnosticism), 마르시오니즘, 몬타니즘.

※ 영지주의

초대교회를 가장 괴롭힌 이단, 오늘날 이단의 아버지라 할 수 있다. 이원론(영은 선한 것, 육은 악한 것)사상으로 동양의 신비주의, 헬라철학, 바벨론의 점성술 등 혼합사상, 영적, 신비, 초자연적 지혜를 전수 받는 자만이 악한 물질세계로 부터 구원을 받는다.

구약성서 배격함, 가현설(예수는 육신이 아닌 영적이신 분), 구원파, 신천지파 등이 여기에 뿌리를 두고 있다. 이러한 이단들의 기습을 막기 위한 교회는 관리 조직을 체계화 할 필요가 있었고 당시 초기교회의 지도자로는 사도, 예언자, 교사의 역할이 중시되었다. 그 후 110년경에 이르러 안디옥 교회의 목회자 이그나시우스는 교회에서 실행될 세 가지 직제 감독, 장로, 집사의 제도를 제안 하였고 그 후에는 사제, 부제, 평신도제도가 도입되었다.

※ 서머나 교회 감독 폴리갑 순교자의 유명한 신앙고백

사도바울의 수제자였던 폴리갑은 순교직전 로마총독으로부터 이런 제안을 받습니다.

"당신 나이도 많고 해서 살려주고 싶은데, 그리스도를 모욕하는 말 한마디만 하면 살려 주겠네"

그러자 폴리갑은 이렇게 대답했다고 합니다.

"내가 86년 동안 그리스도를 섬겨 왔지만, 내게 단 한 번도 잘못하신 적이 없소, 그런데 나의 왕을 어찌 내가 모욕하겠소."

그 후 화형에 처했지만, 불이 그의 몸을 태우지 못하자, 칼로 죽이고 다시 화형에 처해졌다고 합니다.

※ 기독교를 공인한 밀라노 칙령(A.D. 313년)

기독교인들의 박해가 정점에 이르렀을 때, 당시 로마는 두 명의 황제가 두 지역을 분할하고 있었다, 동쪽은 비잔티움(지금의 터키, 이스탄불)세력과 서쪽의 로마가 있었다. 양쪽 진영의 황제는 단일 황제를 꿈꾸며 전쟁을 치르게 되었다.

동쪽은 콘스탄티누스, 서쪽은 막센티우스였다. 수적으로도 막강하고 우세한 막센티우스는 돌발적 상황으로 패배했다. 그 패배의 이유는 이렇다, 전쟁 직전에 동쪽의 황제 콘스탄티누스는 밀비아 다리위의 하늘에서 들려오는 음성과 표식을 보았고, 하늘위에 십자가가 보이며 음성이 들려왔다. "이 표적으로 말미암아 승리하리라" 그는 이 표적은 그리스도를 상징하는 헬라어 "XP"였고, 병사들의 방패에 이 표식을 붙이고 싸움한 결과, 뜻밖에 승리를 거두게 된 것이다, 콘스탄티누스는 당시 최고의 동방종교 태양신 미트라교 신봉자였고, 천민이었던 그의 어머니 헬레나는 독실한 기독교인 이었다. 승리의 뒷배경에는 어머니의 간절한 기도가 있었으리라 짐작한다.

그 후 기독교는 로마의 핍박과 박해로부터 벗어나 보호받고 장려되어지는 계기가 되었으며, 이제 기독교는 새로운 역사의 전기를 맞이하게 되었다.

3. 기독론의 확립시대(313-590)

이렇게 밀라노칙령 발표 후, 최대의 수혜자는 기독교인 들이었다. 황제는 기독교인들을 고위직에 등용하고, 유럽 각처에서 포교 활동을 펼치던 주교들은 황제 주변에 몰려들기 시작하였다.

콘스탄티누스는 3백명의 감독과 3천명의 장로들 앞에서 자신을 감독이자 사도로 선포하고 회의(니케아 종교회의 A.D. 325년)를 주재하였다. 이 회의 때에 교리의 문제가 대두되어 "그리스도는 누구냐?"라는 기독론에 대한 논란이 일어났다.

※ 니테아 종교회의(A.D. 325년)

기독교가 공인되고 신앙의 자유를 누리게 되자, 교회 내부에는 교리에 관한 문제로 아래와 같은 두 파가 생겨났다. 이 때에 콘스탄틴 대제는 65일간의 총회를 통하여 아타나시우스의 교리를 수용하고 아리우스파를 교회에서 추방하였다.

※ 아리우스파

예수님의 하나님과의 동질성을 거부, 예수님은 하나님의 첫 피조물로서 인간보다 높고, 하나님보다 낮은 특별한 존재로서의 하나님의 아들이다.

이 교리는 그 후에도 수백년 동안 유럽북부와 서부지역의 게르만 민족에게 폭 넓게 보급 되었으나 결국은 사라지게 된다.

※ 아타나시우스파

예수님과 하나님은 하나의 동질, 완전 신성인 동시에 완전한 사람,

기독론 논쟁의 제 2차 회의 381년 콘스탄티노폴리스에서 테오도시우스 황제 주관으로 열림, 삼위일체의 교리와 사도신경 및 신약 27권이 정경으로 정립되었다.

※ 중세사(A.D. 590-1517) ※

기독교는 4세기에 접어들면서 교회는 엄청난 지위와 혜택, 늘어나는 교인, 재정의 넉넉함, 성직자들의 부와 권력, 그리고 타락과 부패는 하나님의 징계를 면할 수 없게 되었다. 그것은 게르만 민족의 이동과 북, 동, 남쪽에서 쳐들어오는 야만인들의 침략이었다. 결국, 476년 서방 로마의 황제를 고트족 황제 오도아케르가 강제 퇴위시키므로 서로마제국의 수명은 그것으로 끝이 난다.

그러나 하나님께서는 서로마의 교회와 콘스탄티노플을 중심으로 한 동로마와 교회는 함께 보존케 하였다. 또한, 교리적 정립을 위하여 니케아 종교회의(335)를 시작으로 콘스탄틴 종교회의(381), 에베소 종교회의(431), 칼케돈 종교회의(451) 등 여러 종교회의가 있었다.

이때에 교회 역사에서 사도바울 다음으로 교회에 큰 영향을 끼친 "성 어거스틴"(354-430)이 등장한다.

그는 19세에 타락과 방황 속에서 철학에 빠져있었고, 20세가 넘어서는 바벨론에서 창시된 마니교에 심취하였다가, 독실한 기독교 신자인 어머니 모니카의 기도로 기독교로 개종 하게 되고, 훗날 위대한 신학자가 되어 중세신학과 개신교회신학의 토대를 마련하였다.

※ 어거스틴과 펠라기우스와의 논쟁

※어거스틴 : 하나님의 예정과 불가항력적 은총, 아담의 원죄를 인정, 믿음을 통하여 구원.
※펠라기우스 : 인간의 도덕적 완성과 노력으로 인한 공로에 의하여 구원을 받는다는 설, 원죄를
          부인, 율법으로도 구원받음, 유아는 범죄 전 아담과 동일, 그리스도가 오기 전에
          도 무죄자가 있었음.
※결국 펠라기우스는 어거스틴에 패하여 431년 에베소 교회에서 이단으로 규정.

1. 선교적 과도기(590-800)

중세는 서로마제국의 멸망을 기점으로 시작된다. 로마는 4, 5세기에 완전한 기독교 도시가 되었고, 교황의 권위가 황제의 권위보다 우월하다는 대헌장이 나올 정도였다.

그러나, 영주와 교황사이에 마찰은 교회를 투쟁과 암투의 장으로 만들었고, 반면 동방(비잔티움)이 계속 발전하였으나, 교리적인 문제로 몸살을 앓아야만 했다.

이때에 교회의 암흑과 같은 시기에도 선교적 소망을 품은 경건한 수도사들에 의하여 수도원 운동이 시작된다. 대표적으로 '베네딕투스'에 의해 설립된 수도원은 이미 서방 전역에 혼합 민족이 된 문화적으로 척박한 게르만 민족들에게 복음을 전하기 위하여 선교사들을 영국과 아일랜드로 파송하였고, 영국에서는 성탄절 하루에 1만명이 세례를 받는 부흥운동이 있었다.

아일랜드에서는 아일랜드의 사도라 불리어진 '패트릭'에 의하여 수많은 사람들이 기독교로 개종하게 된다. 이렇게 유럽의 교회는 부패와 쇄신이 반복하는 시기였다. 그러나 이 시기에 또 다른 교회의 위기가 찾아왔다. 그것은 동방교회 남쪽 중동지방에서 불어오는 A.D. 610년 모하메드가 이끄는 이스람교도들의 침략이었다.

이슬람문화는 기독교 신학연구의 중심지였던 아프리카 북단 알렉산드리아를 점령하고, 지금의 이스탄불을 비롯하여 포루투칼과 스페인까지 지배하게 되며, 교회의 50%가 이슬람 사원으로 변화되었다.

초기의 무슬림은 세금을 내면 기독교를 용인하는 유화정책을 썼다. 과도한 세금을 내지 않기 위해 동로마의 교인들 중 많은 사람들이 이슬람으로 개종하게 된다. 이 때에 반목과 갈등 속에 동, 서 교회는 성상(성화, 조각된 성물)에 대한 논쟁이 있었다.

한 편은 우상숭배라 하여 불허용 원칙을 세웠지만, 결국 제 2차 니케아 종교회의에서는 '성상은 존경의 대상이지 예배의 대상이 될 수 없다'라는 결론을 내리며, 오늘 날까지 구 교회에서의 성상(성화와 성물)은 수용되고 있다.

2. 동서교회의 분리와 십자군 운동 (800-1303)

이렇게 혼란한 시기에 유럽에서 새로운 중흥의 역사를 일으킨 사람은 프랑크 왕국의 샤를마뉴 황제(AD742)였다. 그는 대부분의 유럽을 통일하였으며, 교회가 역사상 최초로 황제를 직접 만들어낸 작품이었다. 그의 통치는 무지했던 민생들을 교육과 예술로 발전시키고, 수도원들은 교육 문화의 보고가 되었다. 이후에 프랑크 왕국은 프랑스, 독일, 이탈리아, 세 나라로 분리되며 새로운 신성로마제국(독일)이 탄생하게 된다.

이때, 동, 서 교회 간에 새로운 논쟁이 있었는데, 그 논쟁('필리오케의 논쟁') 성령님은 누구로부터 나왔습니까? 였다.

※ 동방교회의 해석 : 성령은 아들을 통하여 아버지로부터 발출된다.
※ 서방교회의 해석 : 성령은 아버지와 아들로부터 발출된다.
※ 후에 통일하게 된다.

　이렇게 미묘한 입장차이로 갈등의 골은 깊어져 사사건건 파문과 다툼으로 공방하다 법적으로 서로 갈라서게 되었고, 지금의 이스탄불에 성소피아 성당의 동로마교회는 이름을 "동방정교회"라고 명칭하게 된다. 그 후에 십자군 4차 원정 때에, 성지 탈환을 하기 위하여 예루살렘으로 가야할 십자군들은 돌연 동로마의 수도 콘스탄티노플을 점령하고, 성도는 물론 민간인까지 약탈하고 살해하였다. 이러한 결과는 다시는 회복 할 수 없는 동서교회의 분열로 끝을 맺게 된다.

※ 십자군 운동이란?

　중세 사람들은 성지순례를 다녀오면, 자신의 죄를 감할 수 있다고 믿고 있었다. 그리고 순례의 절정은 예루살렘을 다녀오는 것이었다. 그러나 수니파 무슬림 셀주크투르크족에 의하여 지배되면서 예루살렘을 향하는 순례자들에게 과다한 통행세를 부과하게 된다. 이러한 사실을 방관 할 수 없는 유럽의 교회는 성지 탈환을 목적으로 신부와 성직자 중심으로 군대를 조직하게 되는데, 이것이 십자군 원정의 처음 동기이다.
　약 200년간 8차 원정을 떠났지만, 성공 사례는 1차 원정 딱 한번 뿐이었다. 왜 이렇게 참패를 당해야 했을까?
　처음 원정은 수도사와 성직자가 구심점이 되었지만, 그 후에는 농민 십자군으로 채워지게 되고, 교회는 그들에게 죄에 대한 사면이라는 특혜를 부여하므로 당시 신앙에 열성을 보이던 그들에게는 큰 공로를 인정받는 계기로 삼게 되었다. 그러나, 훈련이 안된 농민 십자군들은 무슬림의 상대가 될 수가 없었다.
　이렇게 힘이 빠지자, 그들은 가는 곳마다 방화와 약탈을 일삼았고, 특히 무슬림과 십자군들은 예루살렘 유대인들을 예수님을 십자가에 못 박히게 한 죄인들이라며 무자비하게 살육하는 참상을 빚어냈다.
　그 결과 21세기까지 이슬람과 기독교간에 종교적 충돌은 오늘날까지 계속되고 있는 것이다.
또, 한 가지 실수는 1차 승리로 이끈 예루살렘의 성직자와 수도사들 사이에 금전 문제였다. 유럽 각처의 교회와 영주들로부터 엄청난 전쟁지원금이 쌓이게 되자, 부패하게 되고 성금은 다른 곳으로 흘러나가, 투자나 금융업으로 빠져나가 이권싸움에 휘말리게 된다. 이렇게 십자군전쟁은 원래의 목적과는 달리 퇴색한 종교운동이 되고 말았다.

3. 부흥하는 수도원 운동과 신학, 철학의 조화된 새로운 학문
　수도원 운동의 근원적 의미는 3세기경 데시우스 시대의 박해를 피해 사막으로 숨어든 성직자들의 세속화를 떠난 고행과 금욕, 사막의 은둔자 '성 안토니우스'로부터 시작되며, 수도 생활과 학문, 성서번역 등을 연구한 '히에로니무스'를 들 수 있다.
　후에 6세기경 '베네딕트'는 "수도규칙"을 세우고, 세 가지의 서약을 만들어서 오늘 날까지 전통적으로 내려오게 하였다.
제 1서약, 모든 소유를 포기하는 청빈서약.
제2서약, 성적관계를 포기하는 순결(독신)서약.
제3서약, 수도원 지도자들에게 복종하겠다는 순종서약이 있다.

12세기 후반에 접어들면서 농업의 번성, 인구의 증가, 상업의 부활은 전 유럽에 새로운 삶의 활기를 불어넣었고 따라서, 전에 없던 새로운 유형의 성직자들이 생겨나게 되었는데, 그들이 바로 '탁발수도사' 들이었다.

그들은 도시를 순회하며 상인과 농민을 상대로 설교하였다. 이러한 시기에 수도원 운동은 부패와 개혁의 순환이었으며, 개혁운동 중 대표적인 수도회는 1070년 프랑스의 클뤼니 수도원, 12세기 앗시시의 성자라 불리는 '성 프란체스코' 가 세운 프랜시스 수도원, 13세기의 '도밍고데구스만' 에 의해 설립된 '도미니크수도원' 으로 엄격한 생활 규칙과 학문 연구 설교, 교육 등으로 많은 유능한 설교자들을 배출해 내었다.

9세기부터 15세기에 이르기까지 기독교신학 안에 새로운 사상이 등장하게 되는데 그것은 '안셀무스' 에 의하여 주창되었고, '토마스아퀴나스에 의하여 그 절정을 이룬"스콜라주의"였다.

이 스콜라주의의 근본은 기독교신학과 인간 철학을 결합시킨 이성을 중시하는 사상이었으며, 스콜라신학은 후에 기독교 인문철학의 시점이 되었다.

예를 들면, 이성과 양심에서 이성은 진리를 탐구하는 기능이라면, 양심은 선과 악을 평가하는 기능이라는 것이다. 전에는 기독교의 가르침은 전적으로 선과 악에 초점을 두었다면, 스콜라철학은 이성으로 판단되어지는 진리 탐구와 인식의 문제를 기독교신학에 바탕을 둔 하나님의 계시로서의 새로운 논리학을 만들어 내는 것이었으며, 당시 십자군운동 후에 이슬람문화권이 유럽에 침투하여 유럽으로 다시 반출시킨 헬레니즘의 '아리스토텔레스' 의 자연학과 형이상학을 수용하므로 기독교 학문과 신학을 광범위하게 전개시키는 역할을 했다.

토마스아퀴나스는 150만개의 단어가 사용된 "신학대전"이라는 60여권의 책을 썼는데, 완성을 하지 못한 채 집필을 중단했다. 그 이유는 '나는 더 이상 할 수가 없네, 많은 것을 체험하고 나니, 내가 쓴 모든 것은 지푸라기에 불과 하다네,' 이렇게 고백을 하게 되었다.

※ 사도 바울도 이러한 고백을 했다.

빌립보서 3장8절-12절

12절 내가 이미 얻었다 함도 아니요, 온전히 이루었다 함도 아니라. 오직 내가 그리스도 예수께 잡힌바 된 것을 잡으려고 달려가노라.

8절 또한 모든 것을 해로 여김은, 예수를 아는 지식이 가장 고상하기 때문이라, 내가 그를 위하여 모든 것을 잃어버리고 배설물로 여김은, 그리스도를 얻고 그 안에서 발견되려 함이니.

※ 근세사(1517-현재) ※

1. 개혁의 불꽃이 피어오르다

1,400년경 유럽의 전 대륙은 흑사병으로 인하여 인구의 삼분의 일만 살아남는 상황이 되었다. 많은 성직자들이 희생되거나 피신하다 보니, 교회는 그 빈자리를 자격도 없는 자들이 채우게 되고, 사람들은 흑사병이 당 시대가 하나님께 범죄 한 결과의 산물로 생각하며, 더 구체적으로는 부패한 교황에 대한 하나님의 심판으로 간주하였다.

많은 사람들은 죽음의 공포심에 빠지게 되었고, 교회는 성도의 불확실한 천국의 개념을 고취시킨다는 목적으로 연옥설을 발표하고, 연옥은 죽어서 죄를 씻는 두 번째 장소라고 가르치기 시작했다. 그리고 죽은 사람이 이곳에서 천국으로 직행하려면, 면죄부라는 상품을 지상에서 사들임으로서 "지옥으로 내려가는 길목에서 죽은 자가 곧바로 천국에 간다." 는 이질적인 교리를 만들어 사람들에게 주입시켰다. 이미 교황청의 권위주의와 부패에 불만을 품은 많은 성직자들은 그 전부터 개혁의 의지는 가지고 있었지만, 감히 최고 권세, 교황 앞에 저항 할 수는 없었다.

이 때에 마틴루터의 종교개혁 이전 150년 전부터 영국의 존 위클리프, 보헤미야의 얀 후스, 네덜란드의 에라스므스다 이런 3대 선구자가 교회개혁운동의 불씨를 지폈다.

위클리프는 '성서만이 교회의 최고 권위이며, 신앙의 완전한 표준' 이라고 역설했다. 당시 교회는 '불가타' (라틴어성경) 외에는 다른 언어로 번역하거나 필사하는 것을 금지시켰다. 그러므로 평민들에게 복음전파는 더욱 어려웠으며, 성경적 무지에 빠뜨려 교황의 권위에 절대 복종하는 제도를 만든 것이었다.

이에 저항하며 위클리프는 라틴어 성경을 영어로 번역하므로 종교개혁의 물꼬를 트기 시작하였다.

이 때에 기독교 역사에서 불행한 사건이 발생하는데, 그것은 330년 콘스탄티누스 황제에 의하여 창건된 동방 로마제국이 1453년 무슬림제국 오스만투루크에 의하여 1,100년 만에 멸망하고 만 것이다. 따라서, 동방교회는 무슬림의 지배하에 명맥만 유지하게 되었다.

이제 서방교회만 남은 중세교회는 민중들에 의한 도전을 받게 되는데, 그것은 과학과 지식, 사상, 학문, 예술 등의 급속한 발전으로 시대에 뒤떨어지고 퇴보된 종교 권위의식에서 사람들은 눈을 돌리게 된다. 르네상스 운동의 시작과 함께 지구는 평평하다는 이론을 주장했던 교황청의 이론은, 지동설을 주창한 '갈릴레오' 에 의해 허구임이 드러났고, 쿠텐베르크에 의한 인쇄술은 대량의 성서를 인쇄 할 수 있게 되었으며, 독일을 중심으로 유럽전체에 10만권이었던 성서가 45년이 지난 후에는 900만부에 이르도록 보급되는 변화와 함께 사람들은 점차적으로 성서에 눈을 뜨게 되었다.

이 때에 교황청은 예술을 끌어들여, 로마중심의 기독교 예술 도시를 만드려고 수많은 재원을 면죄부라는 명칭으로 상품화하여 팔기 시작하고, 이것을 성 베드로성당을 짓는 비용으로 충당하려다 종교개혁이라는 역풍을 맞게 된다.

1517년 독일의 수도사, 설교가, 교수인 '마틴루터' 에 의하여 비텐베르크대학 정문에 95개 조항의 반박문을 내걸므로 종교개혁의 시발점이 되었다. 따라서 신앙으로부터 억압받던 사람들이 자유를 외치게 되었고, 반박문의 핵심 내용인 면죄부 판매는 교회가 성경적으로 위배되었음을 주장하게 되었다. 또한, 교회의 성직 매매, 신부들의 문란하고 사치한 생활들은 성도들에게 지탄의 표적이 되고, 신학적 논쟁을 거쳐 결국 구 교회와 개신교회로 갈라지게 된다.

마틴루터의 주장한 중요한 신학 교리는, 하바국 선지자의 "의인은 그의 믿음으로 말미암아 살리라"(합2:4} 과 (롬1:17) "오직 의인은 믿음으로 말미암아 살리라" 이 두 가지 말씀을 인용한 "이신칭의" 즉, 하나님을 믿음으로서 의롭게 된다는 교리로서 의식행위와 공적만을 강조한 구 교회와 마찰은 새로운 종교개혁의 발판을 마련하였다.

이러한 종교개혁의 운동은 전 유럽을 휩쓸며, 활자 성경의 보급으로 신학에 대한 관심이 높아지 는 성도들을 위하여 하나님께서 준비한 또 다른 개혁자들이 있었는데, 같은 시대의 인물로 '죤 칼빈'과 '츠빙글리'를 들 수 있다.

루터가 하나님의 영광을 위하여 싸우는 투사였다면, 칼빈은 이신칭의 교리를 바탕으로 온 힘을 다하여 가르치는 교사였다.

※ 오늘날 개신교 신학의 핵심이 되는 '칼빈주의 5대 강령'

1) 전적타락 2)무조건적 선택 3) 제한속죄 4) 불가항력적 은혜 5) 성도의 견인 책을 발간하여 유럽의 신학계를 흔들며, 개혁교회의 토대를 굳건히 세우는데 큰 힘이 되었다.

 이렇게 100년이 지나는 동안 유럽은 확실하게 개신교와 카톨릭으로 힘과 세력이 갈라지며, 종교전쟁과 교리적 투쟁으로 1천만 명 이상이 희생되어야했다.

 이러한 격동기에 영국 국교회(英國國敎會)에서 종교의 자유를 찾아 나온 청교도들은, '킹 제임스버전 흠정역'을 완성했고, 웨스트민스터의 신앙고백, 교리문답은 개신교의 신앙고백과 지침서가 되었다.

 그 후, 미국대륙으로 이주해온 청교도들과 경건주의 운동의 '진젤돌프'와 영국의 '죤 웨슬레' '챨스 웨슬레'의 영적부흥 운동은 영국 곳곳에 신앙의 열기가 더해가며 따라서, 미국 대륙도 개척시대와 함께 '조나단 에드워드'에 의하여 각성운동이 시작되고, 세계 각처에서 선교의 물결과 함께 영국의 '부스', 설교자 '스펄전', 인도 선교사 '윌리암 케리', 중국선교사 '허드슨 테일러', 아프리 카의 '리빙스턴', 미국의 대각성운동의 '챨스 피니', 부흥사 '드와이트 무디' 등 근대교회사의 주역들이 복음의 빛을 밝혔다.

교회사를 빛낸 주요인물

1. 사도바울(St. Paul A.D.4-62)

길리기아(현재 터키) 지방에서 부유한 가정에서 태어났으며, 로마의 시민권자로서 그 당시의 권위 있는 신분의 소유자였다. 그는 예루살렘으로 와서 가말리엘이라는 율법학부에서 유대 전통의 율법, 예언서, 율법해석 등을 공부했다.

그는 그리스도인들을 박해하기 위하여 다메섹으로 가던 중에 예수님의 환상을 보고 회심하여 독실한 그리스도인이 된다.

그 후, 그는 4차례에 걸친 선교여행을 통하여 신약의 13편에 달하는 서신서를 기록하였고, 유대
기독교인들과의 관계에서, 구원은 율법이 아닌 그리스도를 믿는 믿음을 통해 하나님과의 관계가 회복 된다는 "이신칭의"를 주장 했다. 따라서 신학적 갈등을 겪었으나, 그의 주장은 후대에 기독교교리에 있어서 막대한 영향을 미치어, 루터의 종교개혁에 초석이 되는 신학적 동기를 마련하였다.

2. 성 어거스틴(St. Aurelius Augustinus A.D.354-430)

진리의 탐구를 위하여 오랜 시간을 방황한 어거스틴은 33세에 히포의 감독이 되었고, 종교적 경험과 신앙고백 저서"참회록"과 로마시대의 몰락을 기독교의 탓으로 돌리는 주장을 반박하며 기록한 "하나님의 도시"등을 저술했다.

하나님의 은총을 강조, 삼위일체론 주장. 예정론, 성례와 의식(성례전의 원조) 원죄 인정, 불가항력적 은혜 등의 교리서를 제출한 신학자이다.

훗날 종교개혁정신의 선구자로 기독교 역사 속에 최고의 신학자로 불리어진다.

3. 성 패트릭(St. Patrick A.D.386-461)

로마계 영국인으로 부유한 가정에서 태어난 그는 16살에 해적에 납치되어 아일랜드로 끌려가 노예생활을 했으며, 풀려난 후에 다시 아일랜드로 돌아가 기독교를 전파하기 시작했다.

삼위일체를 설명하기 위하여 세 잎 클로버를 이용하였고, 그린 색 세 잎 클로버는 오늘날까지도
아일랜드 선교적 전통으로 내려오는 상징물이 되었다.

4. 성 프란체스코(San. Francesco d'Assisi A.D.1181-1226)

부유한 거상의 아들로 태어난 아시스의 프란체스코는 전쟁포로와 질병을 통하여 삶의 가치관과 세계관이 바뀌면서, 하루는 말을 타고 가다가 문둥병자의 모습으로 나타난 그리스도를 만난 후, 그의 신앙관은 완전히 바뀌어, 이전의 풍족한 삶을 멀리 한 채, 청빈(욕심 없고 가난함)한 수도사의 길을 가게 된다.

그는 교황으로부터 수도원 설립을 허락받고, 그리스도의 가르침을 준수하여 청빈한 제자들을 양육하고, 후대에 가난한 이들을 돌보는 교회에 모범적 신앙의 교훈을 남겼다.

5. 토마스 아퀴나스(Thomas Aquinas AD1224-1274)

부유한 영주의 아들로 태어 난 아퀴나스는 겸손한 수도사가 되어 학구적 연구에 몰두하며 스콜라신학(신학과 철학을 결합시킨 지적체계)의 선각자가 되었다. 그는 아리스토텔레스의 자연철학에 많은 영향을 받았고, 이러한 주장을 펼쳤다 "하나님의 계시와 이성을 함께 사용함으로써

이 세상을 사는 우리에게 요구하시는 하나님의 도덕적 기준들과 사후세계에서 필요한 하나님에 대한 지식을 발견 할 수 있다"(기독교역사 유재덕) 그의 신학대전이라는 미완성의 책을 기록하며 지 금도 60여권으로 출판되고 있다.

토마스 아퀴나스는 한때 신비주의적 경험으로 학문연구를 중단하며 이런 말을 남겼다 "나는 더 이상 글을 쓸 수가 없네, 내가 본 것에 비하면 내가 쓴 것들은 모두 지푸라기에 지나지 않아."

그는 50세의 나이에 사망 했지만, 그의 저술들은 조직적이고 체계적인 논리로 새로운 철학과 결합시키며 후대의 신학 발전에 크게 영향력을 끼친 인물이다.

6. 존 위클립(John Wycliffe A.D.1320-1384)

영국의 기독교 신학자로 교구장이 되어 로마교황청의 부패를 탄핵하며 "성경만이 교회 최고의 권위이며 신앙의 완전한 표준이다." 라고 역설했다. 성찬식의 전례 주장인 화체설(빵과 포도주는 그리스도의 살과 피다)을 상징설(그리스도를 기념)로 바꿔야 한다는 주장을 펼쳤다. 이단으로 파문을 당했으나, 굴하지 않고 최초로 성경을 영문으로 번역하는 큰 업적을 남겼다.

7. 얀 후스(John Hus A.D.1372-1415)

체코의 기독교 신학자 존 위클립의 예정구원론을 기반으로 믿음을 유일한 구원의 권위로 인정하는 복음주의 신학자이며 교황의 부패를 비판 했다.
후스의 개혁운동으로는,
 1) 설교를 통한 신앙의 각성 2) 교회의 정치적 중립 3) 면죄부 반대 4) 성만찬의 개혁
 5) 성서번역의 자유화 6) 성직매매 반대 등이며,
이후에 파문되어 화형에 처해졌고, 그의 신앙관은 보헤미안 공동체를 결성하게 했으며, 후에 모라비아교회(체코개신교)를 세우는데 큰 영향을 주었다.

8. 마틴 루터(Martin Luther A.D.1483-1546)

독일 출생의 카톨릭 수도사, 사제로서 카톨릭교회의 교리를 반박하고, 성서가 지니고 있는 신앙의 권위와 믿음, 하나님의 은총을 통한 구원의 교리(sola fide, sola gracia, sola scripture)를 강조 하였다. 1517년 10월 31일 로마 카톨릭교회의 면죄부(돈으로 죄 사함을 받고 구원을 얻는다) 판매를 거부하며, 95개조의 반박문을 비텐베르그성 교회의 문에 내걸므로 교회의 종교개혁을 주장 하였다.

이러한 개혁의 운동은 150년전 존 위클립이나 얀 후스, 에라스무스(수도사, 인문학자)등의 영향력으로 인한 도화선이 이미 준비되어져 있었고, 루터는 도화선에 불을 당겨 화약고를 터트렸다. 카톨릭교회에 대한 그 파장은 엄청났으며, 전 유럽이 들썩이기 시작했다. 그리고 얼마 후, 이러한 종교개혁 운동은 개신교의 시발점이 되었다.

9. 존 칼빈(Jean Calvin A.D.1509-1564)

종교개혁을 이끈 프랑스 기독교 신학자이다. 루터가 종교개혁의 역동적 역할을 했다면, 칼빈은 "기독교강요"라는 책을 통하여 개신교 신학을 집대성 했고, 교회개혁의 제도적이며 체계적인 교리와 예정론, 시민법, 실천적 도덕법을 시행했다. 또한, 교양적인 면에서 자연과 과학, 수학 등을 강조했다. 그의 신학은 영국 청교도에게 영향을 주었고, 스코틀랜드의 존 낙스에게 계승되어, 오늘날의 장로교 교리를 주장하는 그 뿌리가 되었다.

10. 존 낙스(John Knox A.D.1513-1572)

스코틀랜드의 신학자, 카톨릭교회의 사제였으나, 칼빈주의를 추종하면서 왕실과 교황에 투쟁하는 시민운동 지도자로서 역경을 겪었다.
스코틀랜드에 장로교를 정착시킨 개혁주의 신학자.

11. 존 번연(John Bunyan A.D.1628-1688)

영국에서 대장장이의 아들로 태어나 초등학교를 졸업하고 결혼, 배우자 메리에 의해 기독교인이 되었다. 그는 침례교도로 회심한 후, 학식은 없지만 설교가로서 활동하다가 영국성공회교회로부터 탄압을 받고 12년간 옥살이를 겪었다. 그는 옥살이 중에 "천로역정" 1부를 썼다. 그후에 2부를 완성하므로 개신교 종교문학자로, 청교도들에게 소망을 심어주는 큰 역할을 했다.

12. 요한 웨슬레(John Wesley A.D.1703-1791)

영국에서 태어난 감리교의 창설자. 그는 동생 찰스 웨슬레와 함께 미국 조지아에서 2년간 사역을 하였으나, 별 효과를 거두지 못하고 영국으로 귀국 중에, 배에서 만난 모라비안 교도들의 풍랑과 죽음 앞에서도 담대한 그들의 신앙모습을 보고 감동을 받은 후, 성령의 거듭나는 체험을 한다. 그 후 그는 50년 동안 지구 10바퀴이상의 거리를 다니며 "전 세계는 나의 교구요, 나의 일터다"라고 외치며 전도를 했고, 4만회이상의 설교를 하였다.

그는 신학적으로 '알미니우스주의자' 라는 평을 듣지만, 전도만큼은 열광주의자였다고 후대 사람들은 말한다. 그는 525곡의 찬송가를 지었으며, 89세의 나이로 죽을 때에 그가 남긴 것은 한 개의 주전자, 두 개의 숟가락, 낡은 코트 한 벌 뿐이었다.

13. 조나단 애드워드(Jonathan Edward A.D.1703-1758)

청교도 목사의 아들 로 태어나 12세에 자연과 영혼에 관한 논문을 쓰기 시작한 천재였다. 그는 미국 동부에서 청교도 목사로서 최초로 대 각성 운동과 성령운동을 일으켰다. 잠시 은 사를 중심으로 한 성령운동을 일으켰으나, 다시 말씀으로 돌아와 프린스톤 대학교 학장을 하며 칼빈주의를 실질적으로 미국에 도입한 교리주의 신학중심주의 신학자가 되었다.많은 사람들에게 하나님의 지식과 경건운동, 성령의 쇄신운동을 일으킨 부흥사이며 신학자이다.

14. 죠지 윗휠드(George Whitefield A.D.1714-1770)

영국 태생의 죠지 윗휠드는 두 명 존 웨슬레, 찰스 웨슬레를 만나 감리교"거룩한 모임"의 일원으로 일하면서, 그는 중생에 대한 확실한 체험을 받은 후에, 설교가로 영국과 미국을 오가며 대각성운동과 부흥을 일으켰다.

그는 감리교 알미니안주의였지만, 칼빈주의 신학에 매료되어 있었고, 34년간 1만 8천번의 설교를 하였다. 그의 설교는 많은 청중들을 중생의 길로 인도하며 곳곳에서 영적부흥운동을 일으켰다.

15. 윌리암 케리(William Carey A.D.1786-1834)

영국의 가난한 구두 수선공으로서 40년의 선교사역을 통하여 그는"현대선교의 아버지"라고 불리어진다. 그는 10세 때에 회심하여 비국교인 침례교에 들어가 목사가 되어 선교의 열망을 갖게 된다. 그러나 그의 아내는 인도선교에 대하여 반대하였다. 그 이유는 어린아이들과 낯선 땅에서 살아가는 것과 5개월이나 걸리는 위험한 항해 때문이었다. 그러나 선교에 대한 그의 열정은 아내를 설득시켰고, 그들은 인도에 도착하게 된다. 그러나 곧 어려움에 처하게 된다. 두 아이들과 아내가 말라리아에 걸리게 되고, 5살짜리 아이가 죽게 된다. 이 후유증으로 아내는 12년 동안 정신병을 앓다가 아내마저 세상을 떠나게 된다. 그러나 그는 선교의 의지를 굽히지 않고 성경을 번역하기 시작했다. 그는 벵갈에서 7년 동안 전도를 했지만, 단 1명의 개종자도 없었다. 뿐만 아니라, 1812년 화재로 그동안 번역한 성경이 화재로 소실되는 시련마저 겪었다. 그러나, 꾸준히 인내와 성실함으로 선교사역을 하여, 44개의 그 지방의 언어로 번역했으며, 600명의 세례 교인과 세람포 대학을 세우게 된다.

그가 1834년 세상을 떠날 때까지 그는 인도의 나쁜 무속적 관습들을 폐지시켰고, 언어, 교육, 구제 사업등으로 세계선교의 문을 열게 되었다.

16. 아도니람 져드슨(Adoniram Judson A.D.1788-1850)

미국 최초의 선교사 아도니람 져드슨은 목사의 아들로 태어나 버마(미얀마)선교사로 하나님 으로부터 부름을 받고, 23년 동안 선교사역 중 부인과 자녀를 병으로 잃고, 억울하게 정부로부터 사형선고를 받았지만, 굴하지 않고 복음에 앞장섰다.

첫 6년이라는 세월동안 단 1명을 전도했지만, 그 후에 성경 번역 등으로 많은 열매를 맺었다. 그의 사후에 버마 기독교인구는 21만 명이나 되는 부흥을 이끌었다.

17. 죠지 뮬러(George Mueller A.D.1805-1898)

그는 독일의 세무관의 아들로 태어났다. 어린 시절 비행청소년으로 교도소까지 드나들었지 만, 19살 되던 해에 거듭남을 체험하고 경건주의 운동이 시작된 할례대학에 입학했다.

졸업 후, 영국으로 건너가 목사안수를 받고 브리스톨에서 고아원을 설립하여 15만명의 고아들 을 주님께 인도 하였고, 믿음으로 5만번이상의 기도응답을 받았다고 한다.

그는 "기도하지 않는 것은 곧 생명줄을 놓치는 것"이라 생각하고, 고아들을 위하여 평생을 기도 로 헌신 된 사람이었다. 후세에 그는 "고아들의 아버지라"는 명칭도 얻게 되었다.

18. 리빙스턴(David Livingstone A.D.1813-1873)

스코틀랜드의 노동자의 아들로 태어나 소년시절부터 의료 선교사를 꿈꾸어 왔고, 27세 되던 해에 아프리카 선교의 대 장정은 시작 되었다. 그는 아프리카를 횡단하며 탐험기를 발표하였다.

그는 가는 곳 마다 병자들을 치료하고, 수백명의 노예들을 구출해 내기도 하였다. 그는 검은 아 프리카 대륙에 하나님의 빛을 심은 광명의 사도였다.

60만명이상의 토인들을 하나님께로 인도했고, 노예 상업주의와 대적하여 싸운 그는 19세기 최 대의 의료선교사이다.

19. 윌리암 부스(William Booth A.D.1829-1912)

구세군의 창립자, 영국 출생으로 불우한 유년 시절을 보낸 그는 가난과 고통 속에 신음하는 런던 빈민의 거리에서 설교하며 복음 전파와 구세군 구제사업을 하였다.

그는 빈민의 거리에서 이렇게 외쳤다 "어떤 사람의 야망은 명예에 있고, 어떤 사람의 야망은 예 술에 있으며, 어떤 사람의 야망은 황금에 있으나, 나의 야망은 영혼구원에 있다"

20. 허드슨 테일러(James H. Taylor A.D.1832-1905)

영국에서 한 설교자의 아들로 태어난 그는 어린 시절 소책자의 전도문을 통해 거듭남의 체험을 하고 전도의 열정을 품게 되었다. 그가 시작한 첫 선교지는 중국이었다.

그는 항해 도중 몇 차례 죽을 고비를 넘기며 살아남아, 1차 선교 여행 후, 영국으로 돌아와 중국성경 개정작업을 하였다. 2차 선교 여행에서 그는 부인과 함께 중국내지선교회(China Inland Mission, CIM)를 창립하여 중국 내륙지방선교에 첫 발을 내딛었다.

그는 중국인에게 접근하기 위하여 중국인 복장과 변발을 한 채, 헐렁한 바지를 입고 다니며 전도의 열정을 쏟아 부었으며, 사랑하는 가족과 사별의 아픔도 겪어야했다.

그는 고국을 멀리 한 채, 마지막 생애를 중국 땅에서 마쳤다. 허드슨 테일러가 남긴 말, "하나님의 방법으로 행해지는 하나님의 일에는, 결코 하나님의 양식이 모자라는 법이 없다. 우리의 사역이 구걸하는 일이 될 때는, 그 사역의 생명은 끝난 것이나 마찬가지이다.

믿음이 부족한 이유는 우리의 죄악과 연약함에서 찾을 수 있다. 우리가 믿음을 얻는 길은 하나님을 바라보고, 하나님의 신실하심에 순종하는 것입니다. 만일 성공이 연단을 동반하지 않는다면, 우리는 아마도 교만해지거나, 영적 생명과 능력을 잃어버리게 될 것입니다"

21. 찰스 스펄죤(Charles Haddon Spurgeon A.D.1834-1892)

"설교자의 왕자"라고 칭하는 그는 영국의 목회자들의 가문에서 탄생하여, 22살 때에 영국 최고의 설교자가 되었다. 그는 한번에 2만 3천명이 모이는 런던 최대의 집회를 인도했으며, 미국의 노예제도를 규탄 했다. 고아원을 설립하고, 사회개혁운동에 앞장섰다.

그가 이처럼 영향력 있는 설교자가 된 것은, 그의 조부로부터 얻은 청교도 신학의 관심에서 부터였고, 그는"천로역정"을 100번 이상 읽었고, 그의 설교의 기법은 교육적이고 감정적이었다. 단순하고 명료한 문장과 교리설교, 연상법과 음악적, 시적 호소법은 스펄죤 특유의 설교법이었다.

22. 찰스 피니(Charles Finney A.D.1792-1875)

29세 때에 강력한 성령의 체험을 통하여 회심을 경험하게 된다. 그는 19세기 초반 미국 북동부지역에 영적 각성과 대 부흥을 가져온 인물로서, 19세기의 시대정신인 낙관주의를 기독교의 부흥운동과 결합시킨 변호사출신의 설교자이다. 그의 설교를 통하여 뉴욕의 범죄율이 삼분의 일로 줄어들었다.

뉴욕의 교구에는 성령의 강한 운동으로 부흥의 불길이 치솟아 "불타버린 교구"라는 별명을 얻었다. 그는 목사로서, 부흥사로서, 저술가로서, 교수로서 50만명의 영혼을 그리스도께로 인도 하였다.

23. 드와잇 무디(D.L.Moody AD1837-1899)

미국에서 태어난 무디는 4살 때에 홀어머니 밑에서 교육도 제대로 받지 못하며 생계를 돕기 위해 17세 때에 신문배달과 구둣방에서 일을 하였다. 그는 거듭남을 체험 한 후에 주일 학교 교사를 하였고, 16명의 학생들에서 1,000명이 모일만큼 양적성장을 이루었다.

그 후, 1861년 남북전쟁이 일어나자 노예폐지론을 지지하며 전쟁터에서 1,500여 차례 집회를 가졌다. 1876년 영국을 방문하여 기도의 사람 죠지뮬러와 설교의 대가 스펄죤의 설교를 듣고 하나님의 역사를 체험 받게 된다.

그는 4년간 YMCA 회장을 하며 청년전도 사업에 힘을 모았다. 1871년 시카고 대화재 사건으로 가족과 성경책만 남고 모두 불태워졌지만, 실망하지 않고 두 번째 성령의 충만함을 받는다.

그는 3번째 영국을 방문하여 동역자 생키(찬양사역자)와 함께 찬송의 은혜로 예배를 인도하였다. 무디는 음성도 좋지 않고 문법도 틀렸지만, 성령의 힘으로 가는 곳 마다 회개와 결신하는 놀라운 일들을 해냈다.

영국에서 돌아 온 후, 더욱 유명한 부흥사가 되어 박람회 때에는 12만명이 모이는 집회를 인도한다. 그의 영향을 받은 수많은 젊은이들이 선교사로 자원하여 세계도처로 파송되었고, 19세기말, 미국이 세계에서 제일가는 복음의 전진기지로 세움을 얻게 하는데 크게 기여하였다.

그는 마지막 운명의 시간 속에서도 귀한 천국 간증을 남기고 평화로운 죽음을 맞이하였다.

24. 빌리 그래함(Billy Graham A.D.1918-2018)

미국 침례교목사로서 185개국의 TV나 라디오를 통하여 1977년까지 세계 2억1천만 명에게 복음을 전했으며, 그의 설교를 들은 사람들의 수는 22억 명에 달한다.

한국에는 1958년에 서울운동장에서 집회를 하였고, 1973년에 5월에 여의도광장에서 50만 명이 운집한 가운데 설교하였다.

그는 자유주의 신학과 근본주의신학(자유주의 신학을 거부하고, 성경을 문자적으로 해석하는 신학사조) 중간 입장에서 신복음주의를 주창하는데 힘을 실었다.

1984년 한국선교 100주년 기념대회에서 설교하는 등 한국과는 인연이 깊은 목사이다.

간추린 평신도 조직신학

기독교에서 조직신학하면 신앙의 이론적 체계를 분석하고 조직화하여 학문으로서의 방편을 만든 것으로 오해하기 쉽다. 또 어떤 사람들은 지식의 머리만을 크게 만들려는 순수하지 못한 욕심에서 비롯된, 우월적 지식의 수단으로 사용하고자 하는 사람들도 있다. 간추린 평신도 조직신학은 이러한 조건들을 배제하고, 하나님과의 관계에서 간결하게 하나님의 지식과 믿음의 눈, 주님의 마음, 성령님의 도우심으로 이해되기를 바라는 마음으로 이 글을 올립니다.

※ 서론 ※

1. 종교

인간을 가리켜 '숙명적으로 종교적인 존재'라고 늘 말해왔습니다. 이것은 인간에게 종교는 자자의식, 자기성찰, 삶의 안락, 영적교제를 통한 초월적 존재와의 소통을 추구하고자하는 과정에서 생겨난 것이 종교입니다. 누군가 이런 말을 했습니다. "포탄이 쏟아지는 참호 속에서는 모두가 종교인이 된다." 또한, 사람이 아주 절박한 상황에 처했을 때, 무의식 적으로 나오는 말도 "하나님! 살려주세요"입니다.

2011년 일본에 쓰나미가 덮치는 광경을 본 한 청년은 이렇게 외칩니다. "오 하나님도 무심하시지" 이렇게 인간의 생각 깊은 곳에는 매사에 종교성이 있습니다.

초월적 실재이신 하나님과 인간의 관계는 인류역사 이래로 양심과 본능과 의식 속에서 지속되어져 왔고, 한 번도 끊어진 적이 없었습니다. 그래서 대다수의 사람들이 종교만큼 인류가 받은 큰 복도 없다고 높이 평가하는 반면에, 더러는 종교는 마치 마약과 같아서 삶에 유해하다고 비판하는 사 람들도 있었습니다. 그러나 세계의 인류역사를 뒤돌아보면, 모든 사회, 문화와 정신적, 경제적 인 발전의 기초가 된 그 배경에는 반드시 종교가 있었습니다. 오히려 인류역사를 살펴보면, 종교를 통해 인류는 결집했고, 번영과 발전을 거듭해 오기도 했으며, 인류문화의 심장과 같은 역 할을 했습니다.

창세기 1:28 "생육하고 번성하여 땅에 충만하여라. 땅을 정복하여라." 이렇게 인류문명의 관리자가 된 인간의 기원은 종교와 함께 시작되었고, 종교는 우리의 영혼 속에 살아있는 하나님의 말씀 속에 그 증거물로 되어 진 것입니다.

2. 계시

하나님이 오래전에 감추었던 일을 사람에게 나타내 보이시는 일이다. 즉 하나님은 계시를 통하여 자신에 관한 것 영광, 능력, 속성, 성품, 의지, 뜻, 목적 등을 사람들에게 나타내신다.

A) 일반계시

온 우주의 질서정연한 법칙과 조화를 통하여 인간으로 하여금 하나님의 존재를 인식하게 하고, 그 사랑을 표현하는 하나님의 방법. "창세로부터 그의 보이지 아니하는 것들 곧, 그의 영원하신 능력과 신성이 그 만드신 만물에 분명히 알게 되나니(롬1:20), 그 해를 악인과 선인에게 비추시며 비를 의로운 자와 불의 한 자에게 내려 주심이라."(마5:45)

B) 특별계시

특별계시란 오직 하나님의 은혜를 통하여 하나님 자신을 나타내는 방법이며, 하나님의 은혜는 성경을 통해서 만이 깨달을 수 있고, 하나님의 구원 계획이 그 속에 들어있다. 따라서 예언, 이적, 환상, 능력도 하나님의 말씀을 떠나서는 계시라고 볼 수 없다.

3. 성경

신.구약성경은 하나님의 영감에 의하여(딤후3:16,벧후1:21) 쓰여 진 전 세대 모든 인류를 향한 하나님 자신에 관한 말씀이다. 모든 성경은 하나님의 영감으로 된 것으로서 교훈과 책망과 바르게 함과 의로 교육하기에 유익합니다.(딤후3:16)

A) 유기적(有機的)영감

하나님은 성경의 저자들을 기계적인 방법으로 사용하시지 아니하고, 역사적 배경과 시간과 장소가 각기 다른 곳에서 각 사람에게 유기적인 방법으로 인격, 기질, 은사, 재능, 교육, 교양, 어휘, 말투, 문체 등을 그대로 사용하셨다.

B) 성경의 속성

성경은 하나님의 말씀이므로 완전성과 함께 절대적 권위를 갖으며 영원하다.
풀은 마르고 꽃은 시드나, 우리 하나님의 말씀은 영원히 서 있다.(사40:8)하나님의 말씀을 받은 사람들을 하나님께서 신이라고 하셨다, 또 성경은 폐하지 못한다.(요10:35)
천지가 없어지기 전에는 율법은 일점일획도 없어지지 않고, 다 이루어 질 것이다.(마5:18)

※ 신론 ※

1. 하나님의 존재

포탄이 날아오는 참호 속에서 인간은 누구나가 하나님을 찾게 되어있다. 이것은 인간 내면에 하나님에 관한 신지식(神知識)이 있기 때문이다. 또한 사람은 성경을 통하여 하나님에 관하여 알 수 있고, 하나님은 찾고 구하는 자에게 자신을 알리고 저 한다.
구하라, 그리하면 너희에게 주실 것이요. 찾으라, 그리하면 찾아낼 것이요. 문을 두드리라, 그리하면 너희에게 열릴 것이니.(마7:7-12)

A) 하나님의 본질

하나님은 영이신데 그의 존재하심과 지혜와 권능과 거룩하심과 공의와 인자하심과 진실하심이 무한하시며 영원하시고 불변하시다.(웨스트민스트 소요리문답 4)
하나님은 순결한 영이시다. 하나님은 영이시니(요4:24) 하나님은 보이지 않는 분이시다. 하나님은 아무 사람도 보지 못하였고, 또 볼 수 없는 분이시다.(딤전6:16)
하나님은 살아계신 분이시다. 자기 속에 생명이 있고,(요5:26) 오직 그에게만 죽지 아니함이 있다.(딤전6:16)

B) 하나님의 명칭

구약- 엘로힘 : 하나님은 강하시며 권능자이시며 두려워해야 할 분
　　　아도나이(Lord) : 우리말 '주(主)라는 의미로 만민의 소유자이며 통치자
　　　엘샤다이 : 그 백성의 축복과 위로의 근원
　　　여호와(야훼) : 하나님 자신을 은혜의 하나님으로 계시할 때 사용하는 특별한 이름
　　　출3:14 "나는 스스로 있는 자이니라."자존하시고 불변하시는 하나님.
　　신약 - 구약의 히브리어 명칭을 뜻이 같은 헬라어로 사용하고 있다.
　　　데오스(하나님) : 지극히 높고 전능하신 하나님 너와나 혹은 우리의 하나님 민족적
　　　　　　　개념에서 개인으로도 존립하시는 하나님
　　　큐리오스(주) : 진정한 권능과 권세를 가지신 분, '알파와 오메가' '지금도 계시고
　　　　　　　전에도 계셨고 장차오실이' '시작과 끝' '처음과 나중'
　　　파테르(아버지) : 이스라엘과 맺은 특별한 관계의 하나님, 삼위일체의 성부하나님,
　　　　　　　영적 자녀인 신자들의 아버지

2. 하나님의 속성(비 공유적 속성, 공유적 속성)
  A) 비 공유적 속성
   (1) 하나님의 독립성 혹은 자존성
      하나님은 독립적으로 존재하시므로 외부의 어떤 것에도 의존하지 아니하신다. 생각에
      서(롬11:33), 그의 의지에서(단4:33,롬9:19,엡1:5,계4:11), 그의 능력에서(시115:3),
      그의 계획에서(시33:11)독립하신다.
   (2) 하나님의 불변성
      하나님은 완전무결하시므로 어제나 오늘이나 영원토록 동일하신 분이시다.
      나 주는 변하지 않는다.(말3:6)
      하늘과 땅은 모두 사라지더라도 주님만은 그대로 계십니다.(시102:27)
   (3) 하나님의 무한성 - 완전성- 존재와 본질이 무한하시다.(욥11:7-11,시145:3)
      영원성- 하나님은 영원한 현재만 있으며, 과거나 미래가 없다.(시90:2,102:12,엡3:21)
      광대성(廣大性) - 공간을 초월하시며, 우주와 모든 사물의 공간을 스스로 채우신(렘23:
      23-24,사66:1,시139:7-10) 하나님의 단순성 혹은 유일성 - "하나님은 오직 하나"(신
      4:35,6:4)
  B) 공유적 속성
   (1) 하나님의 지식과 지혜
      하나님은 과거, 현재, 미래 어떠한 일이든 무엇이든 다 알고 계신다. 하나님 앞에서는 모
      든 것이 마치 벌거벗은 듯이 순간에 모두 드러난다.(히4:13)
      하나님은 자신의 최종 목표인 "자신을 영화롭게 하는" 모든 것에 그 지성을 나타내신다.
      창조(시19:1-7,104:1-34), 섭리(시33:10-11,롬8:28), 구속사역(고전2:7,롬11:33
      엡3:10)
   (2) 하나님의 선하심
      하나님은 모든 피조물에게 자비하시고 관대함과 애정을 가지고 계시고, 그 인자하심은
      은혜를 모르는 자와 악한 자에게 까지도 그 자비하심을 베푸신다.(눅6:35,마5:45)
   (3) 하나님의 사랑
      하나님의 중심적 성품은 사랑이며, 피조물들을 보시고 기쁨을 느끼시는 사랑이다.
      사랑은 하나님께 속한 것이니, 사랑하는 자마다 하나님으로부터 나서 하나님을알고
      (요일4:7)
   (4) 하나님의 거룩하심
      모든 피조물과 구별된(출15:11,사57:15) 무한한 위엄과 신적 완전을 의미하며 또한, 도
      덕적, 윤리적으로 완벽하시다.(욥34:10,사6:5,합1:13)
   (5) 하나님의 의(義)
      이 속성은 자신의 거룩하심과 밀접하여 자신의 거룩성에 위배되는 모든 것들로부터 대
      적하시고 스스로 의로움으로 보존하신다. 주님의 능력은 공의를 사랑하심에 있습니다.
      (시99:4,사33:22,신25:1,시7:11)
   (6) 하나님의 진실성
      하나님은 그 계시 안에 있는 그의 백성과의 관계에서 항상 참되시고 거짓이 없으시다.
      (민23:19,고전1:9,딤후2:13,히10:23)

     (7) 하나님의 주권
        (a) 하나님의 주권적의지
           하나님의 창조, 보전, 통치, 선택, 유기, 고난, 운명 등 모든 것들의 최종적 원인으로 나타낸다. (계4:11,단4:35,엡1:11,눅22:42,행2:23,롬9:15,롬15:32)
        (b) 하나님의 주권적 능력
           하나님의 전능(全能)은 자신의 의지를 집행하는 무한한 능력을 의미한다. (창18:14, 렘32:17,슥8:6,마26:53)

3. 삼위일체

성경에는 하나님께서 세 인격으로 존재한다고 가르친다. 이것은 특별계시에 의한 교리로서 인간의 이성으로 발견 할 수 없는 위대한 신비 그 자체이다.

   A) 교리의 진술
      하나님의 신격에는 삼위(three persons)가 계시는데 성부와 성자와 성령이다. 이 삼위는 한 하나님이시며 본체는 하나요, 권능과 영광이 동등하시다. (웨스트민스트 소요리 문답 6)

      이 삼위는 본질적 하나의 존재이지만, 서로에게 종속되지 않는다. 존재의 순서는 성부께서 처음이고, 성자께서 다음이고, 성령께서 그 다음이며, 창조와 구속사역에서 그대로 반영된다. 삼위일체는 한마디로 세 인격 그러나, 한 하나님이라는 의미이다.

   B) 성경적 증거
   구약에서
     (1) 하나님은 자신을 복수형으로 말씀하셨다(창1:26,11:7) 여호와 하나님이 가라사대 보라, 이 사람이 선악을 아는 일에 우리 중 하나같이 되었으니... (창3:22)
     (2) 하나님의 인격을 하나이상의 수로 묘사하였다. (사48:16) 주 여호와(성부)께서나 (성자)와 그 신(성령)을 보내셨느니라. (사48:16)
     (3) 성령이 확실한 인격으로 불리어졌다. (사40:13,63:10,시51:11,13 느9:20,창6:3)
   신약에서
   성부, 성자, 성령을 삼위일체 하나님으로 인정(고전8:6,행5:3,4) 삼위하나님을 성경구절에 이용(마3:16,28:19,눅1:35,요15:26,고전12:4,고후13:13), 주 예수그리스도의 은혜와 하나님의 사랑과 성령의 교통하심이 너희 무리와 함께 있을지어다. (고후13:13)
   C) 삼위(三位)의 개별적 고찰
     (1) 성부(Father) 모든 창조물의 근원(고전8:6,히12:9,약1:17) 이스라엘 선민의 아버지(신32:6,렘3:4,말1:6) 영적자녀들의 아버지 (마5:45,롬8:15,요일3:1)
     (2) 성자(Son) 하나님의 아들(요1:14,11:27,요3:16) 인격적 특성은 성부에게서 탄생(시2:7,행13:33,히1:5) 성자 예수에게도 하나님이라는 명칭(사9:6), 신적속성(계1:8), 사역(눅10:22,마18:20), 하나님과 동일한 영예(요5:22-23,히1:6)
     (3) 성령(Holly Spirit) 하나님의 한 인격이시다. (요14:16-17,15:26) 지성, 감정, 의지가 있다. (요15:26,사63:10,엡4:30,행16:7,고전12:11) 하나님의 깊은 것까지도 통달(고전2:10,11), 어느 정도 그리스도와 동일시된다. (고후3:17) 바울 서신서 에서는 "그리스도의 영""하나님의 영"이라고 표현했다. (롬8:9,10,갈2:20,고전3:16)

4. 하나님의 작정(the Divine Deerees)

하나님의 작정은 그의 지혜안에서 영원하신 계획이나 목적을 말함이며, 창조, 섭리, 구속을 통해서 이루어져가며 모든 것을 포괄하며 불변한다.(엡1:11,사46:10,사14:24)

그는 뜻이 일정하시니 누가 능히 돌이킬까? 그 마음에 하고자 하는 것이면 그것을 행하시나니 그런즉 내게 작정하신 것을 이루실 것이라.(욥23:13-14)

선행(엡2:10), 악행(잠14:6,행2:23,4:27-28), 사건들(창45:8,잠16:33), 목적과 수단(살후2:13,엡1:4), 수명(욥14:5,시39:4), 거처(행17:28) 등 이 모든 것이 작정 안에 포함되어 있다.

※ 하나님의 예정 ※

하나님의 예정은 이성적, 도덕적 모든 피조물에게 해당되며 그 목적이 선택과 유기로 구분된다.

※ 선택 : 창세전에 그리스도 안에서 그 기쁘신 뜻대로 우리를 구원하도록 예정하셨다. (엡1:4-5)

※ 유기 : 어떤 사람에게는 구원의 은혜를 주시지 아니하시고 그대로 내어 버려두사 심판의 대상으로 결정하신 것을 일컫는다.(마11:25,롬9:13,17,18,21,23,롬11:7 벧전2:8)

5. 하나님의 창조

창조는 모든 신적 계시의 시초이며 토대이다. 아울러 윤리적, 종교적 생활의 근원이 된다.

이 창조의 교리는 어떠한 자료에서도 배울 수 없고 다만, 신앙에 의해서 받아들이게 된다.

(a) 창조의 개념

"태초에 하나님이 천지를 창조하시느니라."(창1:1)여기서 태초라는 말은 모든 시간적 사물의 시작이며 시간과 공간의 시작을 가리킨다. 창조하다는 뜻의 히브리어 동사 '빠라'는 하나님께서 무(無)에서 유(有)를 만들어 낸 것을 의미한다.

창조의 목적은 하나님 자신의 영광을 나타내시려는데 있으며(사43:7,겔39:7,롬9:17, 11:36,골1:16) 뿐만 아니라, 창조는 물질계와 영계도 포함되어있다.

(b) 영적세계의 창조: 영적세계의 창조는 천사들을 지으신 것을 의미한다.(시148:2,5)

천사들은 인간과 마찬가지로 인격의 3요소 지성, 감정, 의지가 있다.(삼하14:20,마24:36,유1:6,계14:10,눅15:10) 예배드리고, 말하고, 움직인다.(히1:6,슥1:9,눅1:13,창19:1,눅9:26)

※ 선한 천사들(딤전3:21,계11:14) ※

※ 그룹 : 낙원의 입구를 지킨다.(창3:24) 언약궤의 속죄소를 덮으며(출25:18) 주님이 권능과 위엄과 영광으로 지상에 강림하실 때 그룹을 타고 오신다.(시18:10)

※ 스랍 : 천사들 중 고결한 존재이며, 하나님의 보좌 주위에서 그에게 수종들고 찬양한다. (사6:2-6)

※ 가브리엘과 미가엘 : 가브리엘은 하나님의 계시를 전달하고 해석하는 특별 직무를 가지고 있다.(눅1:19,26,단8:16,9:21) 미가엘은 이스라엘의 대적과 악한 영계의 권세에 대항하여 전투하는 천사이다.(단12:1,계12:7)

※ 악한천사 ※

이들은 선하게 지음을 받았지만, 교만하여 본분과 지위에서 벗어나 하나님을 대적하고, 훼방하며, 죄의 창시자로 타락한 천사들이다.(창3:1,고후11:3,요일3:8,계12:9) 그들의 결국은 영원한 불 못(지옥)에 던져짐이다.(계20:7-10,마25:41)

※ 물질세계의 창조 ※

엿새 동안의 창조가 완료됨에 있어서 '날' 이라는 의미는, 히브리어 '욤(yom)'은 '정상적인 하루'를 가리키며, 어떤 사람들이 말하는 하루의 개념을 수천 년으로 잡는 것은, 밤과 낮이 분리된 상태로 그 하루가 수백 년이 되므로, 모든 동식물이 존재 할 수 없다. 그러므로 성경적 하루는 24시간으로 보는 것이 맞다.

첫째 날에 빛이 창조되었고, 빛과 어두움이 구분됨으로 낮과 밤이 제정되었다. 이것은 넷째 날에 창조된 해와 별들과 상충되지 않는다. 해와 달들은 그 자체가 빛이 아니라, 빛을 전달하는 매체들이기 때문이다.

※ 각 날들의 사역 : (1) 첫째 날 - 빛 (2) 둘째 날 - 궁창(하늘) 윗물과 아랫물
　　　　　　　　　(3) 셋째 날 - 땅, 바다, 풀, 채소, 각종나무
　　　　　　　　　(4) 넷째 날 - 일월성신(해, 달, 별들) (5) 다섯째 날 - 물고기와 새
　　　　　　　　　(6) 여섯째 날 - 육축, 기는 것, 짐승, 사람 (7) 일곱째 날 - 안식일

※ 진화론의 오류 ※

진화론은 다양한 생명체의 현상들이 자연적인 과정에 의해 발전 변화되었다고 하는 이론이다. 그러나, 취약점은 무기체들이 어떻게 유기체들로 변화했는지, 야만적인 존재가 어떻게 합리적이고 도덕적, 이성적, 종교적인 존재로 변화했는지를 설명하지 못한다.

만일, 원숭이가 수백만 년 동안에 진화하여 사람이 되었다면, 원숭이와 사람과의 여러 형태의 변화된 중간기의 화석이 발견되었어야하는데, 아직 아무것도 발견하지 못했다.

진화론은 근대로부터 현대에 이르면서 많은 학자들에 의하여 재평가 분석해야 한다는 이론으로 점점 바뀌어 가고 있다.

6. 하나님의 섭리

하나님의 섭리란 보존(돌보심), 협력활동(인도하심), 통치(다스리심)를 원칙으로 하는 하나님의 목적이다. 따라서 모든 일은 하나님의 감추어진 계획하심에 의하여 실행된다. (마10:29, 잠16:9,20:24) "그의 능력의 말씀으로 만물을 붙드시며"(히1:3)

※ 신적보존 : 만물을 계속적으로 존재케 하며 피조물은 반드시 하나님께 의존하는 상태가 되어야한다. (시63:8,느9:6,행17:28,골1:17,히1:3)

※ 신적협력 : 모든 원인은 하나님과 무관하게 독자적으로 작용되지 않는다. 따라서 창조의 세
　　　　　　계와 인간의 모든 행위는 서로가 연관되어 일하게 한다. (시104:20,21,30,신8:
　　　　　　18 마5:45,10:29)
※ 신적통치 : 하나님은 자신의 통치를 피조물에 맞도록 그의 법칙을 적용하신다. 물질계의 통
　　　　　　치와 영계의 통치는 서로 다르다. (시103:19,단3:34,35,시22:28,29)
　　　　　　작은일이던, 우연한일, 선행, 악행까지라도 모두 하나님의 통치아래 있다. (마10:
　　　　　　29-31,잠16:33,행14;16,시47:9) 하나님의 통치에서 피할 수 있는 것은 아무것
　　　　　　도 없다.

※ 인간론 ※

　인간은 하나님의 창조물 중에 으뜸가는 존재였다. (창1:26-28) 따라서, 인간은 자아의식, 자
기성찰, 양심, 자유의지, 애정, 영혼을 가진 만물의 영장이다.
1. 인간의 구조
　　인간은 육체(물질적인 요소)와 영혼(영적인 요소)으로 구성되어있다. "하나님이 흙으로 사
　　람을 지으시고 생기(生氣)를 그 코에 불어 넣으시니, 사람이 생령(生靈)이 된지라. (창2:7)
　　흙(육신) + 생기(영) = 살아있는 영혼(인간) (전12:7,마10:28,눅8:33,고후5:1-8,빌1:22)
2. 영혼의 기원
　　a. 선재설 – 영혼이 육체를 입기 전부터 있었다는 이원론에 기초한 주장, 비성경적
　이론이다.
　　b. 유전설 – 영혼은 생식에 의하여 부모로부터 자녀에게 전달된다.
　　c. 창조설 – 하나님은 개개인의 영혼을 직접창조 하셨다. 창조의 시기는 육체가 임신 중이던
　　　　　　　 출산 중이던 정확하게 알 수는 없지만, 다른 기원을 갖는다.
　　　　　　　 (전12:7,사42:5,슥12:1,히12:9,민16:22)
3. 하나님의 형상으로서의 인간
　　인간의 창조사역 속에 아주 독특한 점은, 천사나 그 어떤 피조물에게는 찾을 수 없는 하나님
　　의 형상 "우리의 모양대로"(창1:26)라는 말씀처럼 하나님과 가장 비슷하게 닮은 존재라는
　　것이다. 개혁주의 하나님의 형상 관에서는 인격이 닮았다는 것과, 도덕적 완전함의 형상, 지
　　상을 다스리는 만물의 영장으로서의 하나님의 최고 주권을 반영함을 의미한다. (히2:5-9)
4. 하나님께서 인간과 맺은 행위언약
　　행위의 언약은 하나님께서 인류의 조상 아담과 맺은 특별한 약속이다. 이 약속은 명령에 따
　　른 순종을 요구하는 하나님의 협정이다. 곧 순종하면 영생 할 것을 약속하셨고, 만일 불순종
　　하면 사망에 이르는 형벌을 받을 것이라는 하나님의 약속이다. (창2:16)
※ 행위언약의 유효성 – 행위의 언약은 실질적으로 그리스도 안에서 은혜의 언약을 받은 자들
　　　　　　　　　　　에게는 폐기 되었다. 그러나 불신자(자연인)들에게는 그것을 지킬 수
　　　　　　　　　　　있는 자는 아무도 없지만, 폐기되지는 않았다.
5. 죄란 무엇인가?
　　1) 죄의 기원
　　　인류역사의 죄의 기원은 낙원(에덴동산)에서의 한 사건, 선악을 알게 하는 나무의 열매를
　　　먹으므로 시작되었다. 그러나 이 사건 이전에 죄 성은 존재해 있었는데, 그 시초는 타락한
　　　천사 사탄이 하나님과 같이 높아지려는 교만으로부터 시작되었다. 지구로 쫓겨난 사탄은
　　　결국은 뱀을 도구로 삼아 최초의 인간을 유혹하였고, 그 결과 유혹에 넘어간 인간은
　　　하나님의 언약을 무시하고 불순종하므로 중대한 범죄를 저질렀다.

2) 죄의 전가

아담의 죄책의 결과는 모든 후손인 인류에게 옮겨졌다. '이러므로 한 사람으로 말미암아 죄가 세상에 들어오고, 죄로 말미암아 사망이 왔나니, 이와 같이 모든 사람이 죄를 지었으므로 사망이 모든 사람에게 이르렀느니라.'(롬5:12)

3) 죄의 본질

죄는 인간이 책임져야 할 도덕적 악이며, 정죄에 대한 선고를 의미한다. 죄는 하나님의 뜻 안에 있는 율법에 대한 불순종이다. 죄는 모든 범죄의 근원이며 부패한 인간의 마음이다. 죄는 행동. 죄악 된 습관. 악한 마음속에 자리 잡고 있다.

4) 죄의 구별과 형벌

a. 원죄

모든 사람은 인류의 조상 아담과의 연계된 혈통을 지니고 있으므로, 타락 이후에는 죄인의 신분, 죄인의 상태로 태어난다. 이 말은 하나님과의 관계에서 즉, 영적인 면에서 전혀 참되고, 선하고, 의로운 본질적 상태에 이를 수 없는 죄로 오염되었다는 것이다. "모든 사람이 죄를 범 하였으매, 하나님의 영광에 이르지 못하더니"(롬3:23) 이렇듯 죄의 오염은 전적인 부패를 가져왔고, 인간의 몸과 영혼은 "만물보다 거짓되고 부패한 것은 마음이라"(렘17:9) 전적으로 더렵혀져서 선하고 의로운 것을 할 수 있는 능력을 잃어 버렸다. 이것을 가리켜 전적 무능력이라 한다.

b. 자범죄

원죄로부터 나오는 고의적인 생각과 의지, 행동을 가리킨다. 예를 들어 원죄가 나무 전체라면, 내면적 뿌리에 해당하는 보이지 않는 교만, 질투, 시기, 미움, 음욕, 악한정욕 등이 있으며, 자범죄는 겉으로 보이는 잎새와 열매라 할 수 있는 거짓말, 못된 습관, 도둑질, 살인, 간음, 폭력, 악행 등을 들 수있다.

원죄는 모든 죄의 원인이며, 자범죄는 원죄의 결과이다.

c. 죄의 형벌

형벌의 최종적 실제는 사망(死亡)이다. "죄의 삯은 죽음이요"(롬6:23) 그러나, 사는 동안에도 죄책에 의한 고통과 수치심이 따르며, 하나님의 입법적 공의에 의해서 금생의 각종 수난과 고통이 수반 되며, 내세에는 지옥 형벌 같은 것이 있다. "때가 되면 내가 그들에게 반드시 죄를 묻겠다."(출32:34) "주께서 각 사람의 행 한대로 갚으심이니이다"(시62:12)

6. 은혜의 언약

은혜의 언약은 그리스도의 신앙을 통하여 택한 자(선택받은 죄인들)들을 죄와 사망으로부터 구원 시켜주시겠다는 하나님의 동의(agreement) 계약이며, 불변하는 영원한 협정이다.

"내가 너와 세우는 언약은, 나와 너와 사이에 맺는 것일 뿐 아니라, 너의 뒤에 오는 너의 자손과도 대대로 세우는 영원한 언약이다."(창17:7) 그러므로 구원의 유일한 방법은 "하나님께서 세상을 이처럼 사랑하사 독생자를 주셨으니, 이는 저를 믿는 자마다 멸망치 않고, 영생을 얻게 하려 하심이라."(요3:16)

※ 은혜언약의 내용

1) 언약의 당사자 – 성부 하나님과 선택받은 죄인
2) 핵심내용 – "내가 너희 하나님이 되고 너희는 내 백성이 되리라"(렘31:35)

3) 조건과 약속 – 예수 그리스도께 대한 신앙(요3:16) 약속 – 영생(딛1:2,행13:48)
4) 은혜언약의 중보자 – 예수그리스도(히7:22,8:6)
5) 은혜언약의 대상 – 예수그리스도를 거짓이나 허위 없이 진정한 고백을 통하여 성령의 인 치심으로 새 생명을 얻는 대상이 된다.

7. 구속의 언약

구속의 언약은 하나님과 예수그리스도 사이에 맺어진 영원한 협정이며, 평화의 의논(the counsel of peace)이라 불린다.(슥6:13)

"하나님은 세상 창조 이전에 그리스도 안에서 우리를 택하시고, 사랑해 주셔서 하나님 앞에 서 거룩하고 흠이 없는 사람이 되게 하셨다"(엡1:4)

하나님께서 우리를 구원해주시고, 거룩한 부르심으로 불러 주셨습니다. 그것은 우리의 행실 을 따라 하신 것이 아니요, 하나님의 계획과 은혜를 따라 하신 것 입니다.(딤후1:9)

※ 기독론 ※

1. 그리스도의 명칭

성경에는 그리스도께 적용되는 이름들이 많다. 본질 ,존재, 지위, 직분 등을 나타내주고 있다. 그리스도는 하나님의 아들, 인자, 영광의주, 메시야, 중보자, 주, 선지자, 제사장, 왕이라 불리 는데 그중 다섯 가지는 아래와 같다.

(1) 예수(Jesus)

히브리어 '여호수아'(수1:1,슥3:1), 헬라어 '예수아' 이 명칭은 그가 자기 백성을 저희의 죄에서 구원할 자라는 의미를 갖고 있다.(마1:21)

(2) 그리스도(Christ)

그리스도의 이름은 기름부음을 받은 자, 메시야라는 의미를 가지고 있다.(요1:41) 구약시 대에는 선지자(왕상19:16), 제사장(출29:7), 왕(삼상10:1)들을 일컬어 "여호와의 기름 부은 자"라고 하였다. 예수님은 성령으로 잉태 되었을 때(눅1:35)와 세례 받았을 때에 이 루어졌다.(마3:16)

(3) 인자(Son of Man)

'인자 '는 예수님께서 가장 흔히 사용하신 이름이다. 이 명칭은 고난과 죽음의 초인적 특성 을 의미하며, 장차 다시 오실 재림을 명확하게 암시해 주고 있는 이름이다.(마16:27,눅21 :27,요3:13,14,6:27)

(4) 하나님의 아들(Son of God)

그리스도의 인성은 탄생 때에 성령에 의한 초자연적인 역사에 기원을 두고 있고, 삼위일체 의 제 2위인 아들로서의 위치를 가리키며(마11:27,26:63), 하나님의 후사이자 대표로서 직분을 묘사하는 데 사용된다. (마8:29)

(5) 주(Lord)

우리가 선생님이라는 존칭어를 사용하듯 그 당시 사람들이 사용하는 단순한 존칭어지만, 사실상 하나님이라는 이름과 동등하게 사용되었다.(막12:36,눅2:11,3:4,행2:36,고전12: 3,빌2:11) 부활 이후에는 교회의 주인이고, 다스리는 분으로 지적하였다.(롬1:7,엡1:17)

2. 그리스도의 본성

성경에서 가리키는 하나님과 인간과의 중보자 되신 예수그리스도는 참 하나님과 참 사람, 즉 신인(神人, God-man)이신 인간의 이성으로는 이해 할 수 없는 신비로움 그 자체이며, 본래 영원하신 하나님의 아들이셨다. 그는 '창세전에 아버지와 함께 가졌던 영화'(요 17:5)를 스스로 포기하고 처녀 마리아의 몸을 통하여 사람으로 출생하셨다. 그러므로 그는 인성과 신성의 두 가지 성품을 가지고 육체로 오신 분이시다.

(1) 그리스도의 신성

예수그리스도는 참 하나님이시다. 전능하신 분이시며, 그리스도는 모든 일을 아신다(요 16:30) 영원히 존재하는(사9:6) 하나님이시며, 하늘에서 내려온 자(요3:13), "나와 하나님은 하나이니라."(요10:30) 라고 주장 하셨다.

"나를 본 자는 아버지를 보았거늘, 어찌하여 아버지를 보이라 하느냐? "(요14:9)

(2) 그리스도의 인성

하나님이신 예수 그리스도는 시작이 없으신 분이시다. 하지만 인성으로 오신 예수 그리스도는 시작이 있다. 그러므로 여인의 후손이며, 동정여 마리아의 몸을 빌어서 태어나신 분이시다.(마1:16) 그는 자신을 사람이라고 칭하셨고(요8:40), 다른 사람들도 그렇게 칭했다.(마8:27,9:8) 예수그리스도의 인성에는 인간의 본질적 요소인 물질적 요소 신체와 이성적 요소 영혼을 함께 소유하고 있다.(마26:28,히2:14)

그는 인간과 같이 자연환경 속에서 성장기를 거쳤다.(눅2:40,52) 그는 인간과 같이 감정을 느끼며 신체적 고통을 아시는 분이시다.(히4:15,5:7) 그러나, 그가 비록 육체의 몸을 지녔지만, 죄의 속성이나 죄책성이나 죄의 오염에 관한 영향을 전혀 받지 아니하시는 분이시므로 죄가 전혀 없으신 분이시다.

3. 그리스도의 신분

그리스도의 신분에는 두 가지 요소가 있다.

(1) 낮아지심(비하.卑下)

그리스도께서는 우주의 주권적 통치자로서 신적 위엄이 있으신 분임에도 불구하고, 인간의 몸을 입고 종의 형태를 취하여 고난 받으시고, "자기를 낮추시고 죽기까지 복종하셨으니 곧 십자가에 죽으심이라"(빌2:7-8,마3:14-15,갈3:13-14,갈4:4)

(2) 높아지심(승귀.昇貴)

a. 부활

그리스도께서는 죄인들을 위하여 언약의 의무인 율법 아래 놓였던 상태에서 벗어나 하나님의 완전한 사랑과 영광과 존귀 얻은 가운데 높아짐을 얻고, 죄인들에게 의와 영생의 선물을 내려주셨다. 이것은 그리스도는 부활로 증거 되셨다. "하나님이 주를 다시 살리셨고 또한, 그의 권능으로 우리를 다시 살리시리라."(고전6:14) "잠자는 자들의 첫 열매"(고전15:20) 그리스도의 부활 뒤의 육체적 큰 변화는 순간적으로 나타나고, 순간적으로 사라질 수 있는 육체였다. 이것을 "신령한 몸"이라고 한다.
(눅24:31,36,39,요20:17,19,고전15:42,44)

b. 승천

"예수께서 ...손을 들어 저희에게 축복 하시더니 축복 하실 때에, 저희를 떠나 하늘로 올리우시니"(눅24:50-53,행1:6-11) 인성이 신적의지에 의하여 볼 수 있게 승천하였다.

※ 그리스도의 승천은 대제사장으로서 하나님께 완전한 제사를 드리기 위하여 하늘의 지성소로 들어가신 것이며, 훗날 심판 주로서 다시 이 땅에 재림 하실 것을 약속하셨다. (마16:27,히9:28)

※ 예수그리스도의 삼직(三職, 세 가지 직분) ※

1) 참 선지자
구약시대의 선지자는 하나님의 뜻을 전하고, 가르치고, 예언을 하였다. 예수그리스도는 이렇게 구원의 복음을 전하고(요12:49),하나님의 나라를 선포하고(마4:17), 말씀을 가르치시고(마4:23), 미래에 대하여는 성령이 오실 것과(요14:25,16:13), 땅 끝까지 복음이 전파될 것을(행1:8)예언하셨다.

2) 참 제사장
구약시대의 대제사장은 이스라엘 백성을 대표하여 하나님께 속죄제물을 드리고 기도하는 기름부음을 받은 자이다.(히8:3) 예수님은 인간이 겪는 모든 죄의 고통과 죄책의 아픔을 직접 체험하시고, 그 죄를 대속하기 위하여 자신을 희생의 제물로 드리고 지성소의 휘장을 찢으심으로 대제사장 직을 완수하셨다.(마20:28,히9:12,28) 그러므로 예수그리스도는 하나님께 나아가는 백성의 대표자가 되신다.(히10:20-22)

3) 참 왕이신 예수
그리스도는 하나님의 아들로서 모든 피조물을 다스리시고 통치하신다. 이 왕권의 성질은
첫째 - 영적 왕권으로서 그의 백성과 교회를 말씀과 성령에 의하여 통치하신다. "하나님께서는 만물을 그리스도의 발 아래 굴복시키시고, 그분을 만물에 교회의 머리로 삼으셨습니다. 교회는 그리스도의 몸이요"(엡1:22-23)
둘째 - 만물의 주관자요, 우주적 왕이신 그리스도는 세상의 운명을 주관 하시므로 자신의 백성이 성화에 이르도록 도우시며, 세상의 모든 악한 세력으로부터 보호하시고, 세상 끝날까지 지키시며 그 왕권의 영원함을 우리에게 보여 주시고, 또한 입증시키실 것이다.(계17:14,고전15:24-28,마28:18,빌2:9-11)

4. 그리스도의 속죄
그리스도 속죄의 궁극적 목표는 하나님께서 기뻐하시기 위함입니다. "하나님은 하나님의 기뻐하시는 뜻을 따라"(엡1:5) "기뻐하심을 입은 자들의 평화입니다.(눅2:14) 그리고 그 구속의 의는 만물을 하나님과 화해시키기 위한 것이었습니다.(골1:20) 하나님은 사랑이십니다.
그러나, 조건적 제한적 사랑이십니다. 하나님으로부터 그 기쁨의 사랑을 받을 수 있는 조건은 오직 예수그리스도를 나의 구주로 인정 할 때에 유효함을 얻고, 끝없는 사랑을 받게 됩니다.
그러므로 예수그리스도의 고통과 피 흘림과 죽음은 그의 순종으로 우리도 그리스도 자신과 같이 하나님께 순종하고 거룩한 산제사를 드리게 하기 위한 것이었습니다.(롬12:1)
그리스도의 속죄는 하나님의 백성 될 자들을 위하여 죄와 형벌을 담당하시고, 백성의 죄 값을 지불하므로 하나님의 원하시는 그 의를 이루 신 것입니다.
(사53:6,롬4:25,벧전3:18,요일2:2)

※ 구원론 ※

1. 성령의 사역

성령은 하나님의 거룩한 영이시오(고전2:10,11,요15:26), 주(主)시며, 생명의 공급자이시다. 그분은 천지창조 때에 수면 위를 운행하셨고(하나님의 영은 물위에 움직이고 계셨다.(창1:2)), 역사 속에서 선지자들을 통해 말씀하셨으며(엡3:5,요엘2:29,시104:30,민11:17), 예수님에게는 사역초기에 임하여 하나님의 아들인 것과 기름부음 받은 자임을 알리셨다.(마3:16) 또한, 오순절에 예수의 제자들에게 임하여 예수께서 이미 밝히셨던(요14:16,17,26) 그 보혜사의 역할을 성취하셨다.(행1:1,4,5,8 2:1-4) (성령을 아는 지식, J.I.Packer)

보혜사란 헬라어로 파라클레토스(parakletos)인데, 곧 위로자, 상담자, 도움을 주는자, 변호인, 강하게 하는 자, 후원자를 뜻한다.(요14:26,롬8:26)

최초의 보혜사이신 예수님은 이 두 번째 보혜사 활동을 통해 인류에 대한 당신의 사역을 계속하신다. 그분의 영 또한 그러하다.(갈4:6) 그래서 성령께서는 오순절이후 모든 시대에 걸쳐 복음이 전파된 곳이라면 어디서나, 예수께서 약속하셨던 새로운 보혜사의 역할을 감당해오셨다. (요20:22,눅1:13-16,행1:8,10:38,계2:7)

그리스도인의 삶이 시작되고 유지될 수 있는 것은, 오로지 성령의 활동 덕분이다. 고로 성령을 배제 한다면, 활력 있는 신도나 회중을 기대 할 수 없다. "또 성령으로 힘입지 않고는 아무도 '예수는 주님이시다' 하고 말 할 수 없습니다."(고전12:3)

지금도 교회가 살아남아 계속해서 성장하고 있는 것은, 성령의 사역이 실패하지 않았고, 앞으로도 계속적으로 성령의 은사를 통하여(고전12:4-11,갈5:17-23) 하나님의 나라가 확장되는 것을 바라보며, 기대하게 한다.

2. 소명(부르심)

하나님께서 죄인들에게 그리스도예수 안에서 베푸시는 구원을 받으라고 권하시는 자비로운 행위다. 성부의 일하심(고전1:9,살전2:12,벧전5:10), 성자의 일하심(마11:28,눅5:32,요7:37), 성령의 일하심(마10:20,요15:6,엡1:13,롬8:2-11), 부르심에는 외적 부르심과 내적 부르심이 있다.

(1) 외적 부르심

복음 안에서 믿음과 회개로서 그리스도를 영접하라고 권유하는 전도를 가리킨다. (롬10:14-17,요6:28,롬8:30,막16:15,16, 롬1;6,8:30,고전1:9,벧후1:10)

(2) 내적 부르심

성령의 사역에 의하여 구원을 목적으로 하는 강력한 부르심, 특별한 부르심으로서 내적 부르심을 받은 사람은 반드시 구원을 받는다.(행13:48,고전1:23,24,롬11:29) 그리스도와의 사귐으로(고전1:9), 축복을 유업으로(벧전3:9), 자유함(갈5:13), 화평(고전7:15), 거룩함(살전4:7), 소망(엡4:4), 영생(딤전6:12) 이러한 부르심에 해당한다.

3. 중생

인간을 새 생명의 원리 속으로 끌어당기시는 하나님의 일이며, 영혼의 속성들이 성령의 능력에 의하여 전인격(지성, 감정, 의지)이 순간적으로 변화되어 그리스도 안에서 새로운 삶(거듭남)을 살아가는 것이다.(고전2:14,벧전1:8,빌2:13,요3:8,고후4:6,히13:21,마5:4) 중생은 성령의 특별사역에 의해 하나님의 말씀을 진리의 말씀으로 이해시켜놓는다. (행16:14,고전2:12-15,엡1:17-20)

4. 회심

하나님께서 중생한 사람들의 의식의 변화를 일으켜서 믿고 회개하여 하나님께로 돌아오게 하시는 행위로서, 회심의 원리는 옛사람을 벗어 버리고 새사람을 입는 것이다.

너희는 유혹의 욕심을 따라 썩어져 가는 구습을 따르는 옛사람을 벗어 버리고 오직 너희의 심령이 새롭게 되어 하나님을 따라, 의와 진리의 거룩함으로 지으심을 받은 새 사람을 입으라. (엡4:22-24)

(1) 회개의 요소
    a. 지성적 : 죄책과 오염과 무능력한 절망의 삶을 인식하는데서 시작한다. (롬3:20)
    b. 감정적 : 의로우신 하나님 앞에서 과거의 죄로 인한 심경의 변화를 일으켜 슬퍼하고 안타까워하는 것이다. (고후7:9-10)
    c. 의지적 : 죄를 버리고 용서와 정결을 구하는 마음을 품는다. (행2:38,롬2:4)

(2) 회개의 결과
    '회개의 합당한 열매를 맺는다.' (마3:8), 은밀한 중에 모든 죄를 고백한다. (요일1:9), 죄를 짓지 않도록 애쓰고 힘쓰게 된다. (요5:14), 언제나 하나님을 사랑하는 마음을 품는다. (신30:2-4)

5. 신앙

하나님께서 그리스도와의 협정된 구원의 사역을 인지하여 그 약속을 진심으로 신뢰, 의지하고 신앙의 진리를 영적으로 통찰하며 하나님의 보증된 사실 속에, 안전과 평화와 감사와 기쁨을 수반하는 삶의 중생을 체험하는 것이다.

(1) 역사적 신앙
    성경의 진리를 역사적, 지적으로 받아들이므로 진정한 영적 도덕적 반응이 일어나지 않는다. (마7:26,행26:27,28,약2:19)

(2) 이적 신앙
    자신에 의해서, 자신을 위해서 이적이 일어 날 것을 믿는 신앙(마8:11-1316:17,18,마8:11-13)으로, 이 신앙은 구원의 신앙을 동반 할 수 있고, 그렇지 않을 수도 있다.

(3) 일시적인 신앙
    이 신앙은 각성과 종교에 의한 자기성찰, 정서에 의한 진리를 추구, 함양 이라 할 수 있다. 하지만 중생한 마음에 뿌리를 두지 않으므로(마13:20,21) 시련과 핍박 때에 견지되지 않는 상상적 신앙이다. 이 신앙은 하나님의 영광보다는 개인의 기쁨을 추구한다고 할 수 있다.

※ 신앙과 확신 : 신앙은 본질 적인 면에서 구원의 확신이 수반되어져야한다. 이것은 그리스도와의 약속을 굳게 신뢰하며, 그 영혼이 구원 받았음을 확실히 깨달아 아는 상태를 말한다.

6. 칭의

칭의는 사람을 도덕적 변화에 의한 선언이 아닌 재판장(예수님)의 지위로 인간을 의롭다고 선언 하시는 것이다. 그러므로 '정죄와는 반대되는 개념을 지니고 있다' 라고 할 수 있다. 칭의는 하나님의 법적개념이며 의롭게 만든다는 뜻이 아닌 의롭다고 선언하다의 뜻을 갖춘다 (롬3:24,롬8:33,34) (롬3:20-28,4:5-7,5:1,갈2:16,3:11,5:4,롬4:6,7요3:18)

※ 칭의의 요소

칭의에서 베풀어지는 용서는 과거, 현재, 미래의 모든 죄에 적용되어 모든 죄책과 모든 형벌을 제거한다. 적극적으로는 그리스도의 순종에 근거한 영생의 청구권이다 즉, 하나님의 자녀가 되고 영생의 후사가 되는 것이다.

'이제 우리가 그 피로 인하여 의롭다 하심을 얻었은즉' (롬5:19)

'그리스도 예수 안에서 얻은 구원으로 말미암아 하나님의 은혜로 값없이 의롭다는 선고를 받았습니다.' (롬3:24)(새번역)

7. 양자

양자(養子, 자녀로 삼으심)란 전에는 본질상으로 진노의 자녀(아담의 불순종), 어두움의 자녀, 사단의 자녀들이었던 자들이(엡2:3,요8:44) 이제는 하나님의 값없이 주시는 은혜로 하나님의 가족이 되는 특권을 누리는 것이다. 중생이 새 생명의 시작이라면, 양자는 새 신분의 시작이다.

양자가 되는 방법은 예수그리스도를 믿고 영접하므로 하나님의 자녀가 된다.(요일3:1)

"영접하는 자 곧 그 이름을 믿는 자들에게는 하나님의 자녀가 되는 권세를 주셨으니" (요1:12)

※ 양자의 특권

(1) 아버지께 담대히 나아갈 수 있다. "그러므로 우리가 긍휼하심을 받고 때를 따라 돕는 은혜를 얻기 위하여 은혜의 보좌 앞에 담대히 나아 갈 것이니라."(히4:16)

(2) 하나님의 긍휼과 보호와 공급함을 얻는다.(마6:31-32)

(3) 징계는 받으나 버림을 당하지 아니하고 구속의 날까지 인치 심을 얻는다.(엡1:13)

(4) 영광의 천국을 상속 받는다.(롬8:17,갈3:29)

8. 성화

성령께서 죄인을 죄의 오염에서 깨끗케 하시며, 그의 이전 본성을 하나님의 형상으로 회복시켜 새롭게 하시며, 그에게 선행을 할 수 있는 능력을 주시는 하나님의 초자연적 사역이다.

※ 성화의 성질

(1) 죄로 인하여 오염 부패된 옛사람의 인간성이 점진적으로 제거되는 것이다.
(롬6:6,갈5:24)

(2) 거룩한 성향이 강화되고 그 실천이 증진된다. 즉 의에 대하여 살고, 죄에 대하여 죽는 것이다.

※ 성화와 선행

성화에 의한 선행은 일반적 중생하지 못한 사람의 선행과 차이가 있다. 성화에 의한 선행은 최종 목표가 하나님께 영광이다. 그러나 다른 자들의 선행은 자신의 수양, 유익, 만족, 욕구, 명예에 의해서 이루어진다. 그러므로 근본적으로 하나님의 영적 뿌리에서 잘려나간 경우가 된다. 또한 성화에 의한 선행은 전적으로 공로적 성격을 띠지 않는다.
(눅17:9,10,롬5:15-18,6:23,엡2:8-10,딤후1:9,딛3:5)

만일, 선행의 공로에 부합하는 상급을 바란다면, 하나님에게는 의무감을 심어주는 결과가 된다. 그러나 하나님께서 인정하는 조건에 부합하는 순종하는 행위에 관한 상은 이생을 통하여 주시겠다고 성경은 약속하고 있다.

※ 선행의 필요성

선행은 구원의 공로를 쌓는 데 필요하지 않고 심지어 구원의 필수 조건도 아니다. 오직 선행은 하나님이 인정하고 요구하시는 범위 안에서 그 열매가 맺어진다.(롬7:4,8:12,갈6:2,약2:14) 또한, 선행은 성도가 하나님께 대한 감사의 표시이고(고전6:20), 신앙의 확신이며(벧후1:5-10), 하나님께 영광을 돌리기 위해서 이루어진다.(요15:8,고전10:31)

9. 성도의 견인(perseverance, 끝까지 견딤)

성도의 견인은 하나님의 유효한 소명(부름)아래 궁극적 구원을 이루게 하신다는 성부 되신 하나님 의지의 표명이다. "내가 저희에게 영생을 주노니 영원히 멸망치 아니 할 터이요, 또 저희를 내 손에서 빼앗을 자가 없느니라."(요10:28,빌1:6) 그러나 이 견인이 성도에게 결과론적 방종으로 이어져서는 안 된다.

성도는 끊임없는 마귀의 유혹과 시험에 대비하여 기도하고 깨어 있어야한다.(엡6:13,16,벧전5:8) 성도의 기도는 그리스도의 중재기도와 늘 연관되어져 있다. (히7:24-25) 이러한 그리스도의 중재 기도에 의하여 우리는 끝까지 견디게 된다. "그러나 끝까지 견디는 자는 구원을 얻으리라."(마24:13)

10. 영화(榮化, glorification)

죄와 사망의 법에서 완전한 해방을 의미하며, 구원의 최종적 단계 몸의 구속(救贖), 곧 우리의 몸이 영광스런 몸이 되는 것이다 . 하나님께서는 이미 정하신 사람들을 부르시고 또한 부르신 사람들을 의롭게 하시고, 의롭게 하신 사람들을 또한 영화롭게 하셨습니다.(롬8:30) 영광스러운 몸이란, 성도의 부활된 몸으로서 다시 범죄 할 수 없고, 죽을 수도 없는 영원한 몸을 가리킨다.

저 세상과 죽은 사람들 가운데서 살아나는 부활에 참여 할 자격을 얻은 사람은, 장가도 가지 않고, 시집도 가지 않는다. 그들은 천사와 같아서 더 이상 죽지도 않는다. 그들은 부활의 자녀들이므로 하나님의 자녀들이다.(눅20:35,36)(고전15:42-45)

이렇게 구원 받은 성도는 영광스런 몸을 가지고 새 하늘과 새 땅 곧, 영원한 새로운 세계에서 살게 됩니다.

※ 교회론 ※

1. 교회의 정의

교회는 하나님의 부름을 받은 자들이 함께 모인 구원의 공동체이다. 구약의 '카할'이나 신약의 '에클레시아'(교회) 역시 불러냄을 받은 사람들이 함께 모인다는 뜻이다.

영어의 church는 헬라어 '퀴리아케'에서 유래 되었는데, 그 의미는 '주께 속한다' '주의 것이다'라는 뜻이다.

그러므로 교회는 주 자신의 피로 사신 그 자신의 소유물이다.(행20:28)

2. 교회의 본질

교회는 예수그리스도를 믿어 거룩해지고, 그 머리되신 그리스도에게 연합된 자들의 모임이며(고전12:27) 영적교통이 이루어지는 곳이다.

※ 성경에서 교회에 대한 표현

그리스도의 몸(고전12:27,엡1:23,골1:18), 성령의 전(고전3:16,벧전 2:5), 위에 있는 예루살렘(갈4:26), 하늘의 예루살렘(히12:22), 진리의 기둥과 터(딤전3:15) 이다.

3. 교회의 구별

(1) 전투적 교회와 승리적 교회

지금 이 땅에 존재하는 모든 교회는 세상 끝날 까지 죄악과 마귀의 세력을 대항하여 싸우는 전투적 교회이다. 승리적 교회는 천상에서 이루어지는 죄와 사망에서 해방되어 구원을 이루고, 그리스도와 함께 영광가운데 있는 승리의 교회이다.

(2) 유형교회와 무형교회

유형교회는 교인들의 신앙고백, 말씀, 성찬과 성례, 조직과 정치 등으로 우리의 눈으로 볼 수 있는 교회의 체계이다.

반면, 무형교회는 본질상 영적이므로 누가 교인이고 교인이 아닌지 식별 될 수 없으므로 무형교회이다.

(3) 유기체로서의 교회, 조직체로서의 교회

성령으로 연합된 성도들이 각양의 은사와 재능대로 주의 일을 하고 봉사한다.(고12:13, 14) 유형교회에서만 적용되는 교회의 조직, 제도, 정치, 직분, 말씀과 성례의 사역 등 활동하는 교회를 의미한다.

4. 교회의 속성

구원 받은 사람은 누구나 이 교회에 소속해야하며 연합해야 한다.

※ 교회의 통일성

이와 같이 우리 많은 사람이 그리스도 안에서 한 몸이 되어 서로 지체가 되었느니라. (롬12:5)

※ 교회의 거룩성

하나님의 성전은 거룩하니 너희도 그러하니라.(고전 3:17)

※ 교회의 공동성

여러분은 모두 세례를 받아 그리스도와 하나가 되고(갈3:27), 우리도 여럿이지만 그리스도 안에서 한 몸을 이루고 있으며, 각 사람은 서로 지체입니다.(롬12:5)

5. 교회의 정치

예수그리스도는 교회의 머리시며, 모든 권세의 원천이시다. (마16:18,19,23:8,고전12:5)
하나님께서는 만물을 그리스도의 발아래 굴복시키시고, 그분을 만물 위에 교회의 머리로 삼
으셨습니다. 교회는 그리스도의 몸이요, 만물 안에서 만물을 충만케 하시는 분의 충만함입니
다. (엡1:22,23)
예수그리스도는 성령과 하나님의 말씀으로 교회 안에 모든 일을 통치하신다.
교회 안에는 여러 직분이 있는데, 사도, 선지자, 전도자(사도시대의 직원), 장로, 교사, 집사
(통상직원) 등이 있고, 세우신 목적은 그리스도의 몸을 세우려 하신 것이다. (엡4:11,12) (히
5:4) 회의에는 당회, 노회, 대회, 총회가 있다. 교회회의의 모든 결정사항은 사전에 반드시
절차를 거쳐야 한다. (행16:4).

6. 교회의 권세

예수 그리스도는 교회를 창설하셨고, 교회에 필요한 권세와 권위를 부여하셨다. 이것을 "천
국의 열쇠"라고 하며, 교회의 영역에서 무엇이 금지되었고, 무엇이 허용되는 지를 결정할 권
세를 주셨다. (마16:18)

※ 권세의 성질
  (1) 영적인 권세
      성령에 의하여 주어졌다. (행20:28) 성령의 능력에 의한 표현(요20:22,23) 신자에게만
      국한 된다. 선한 질서를 유지하기 위해 폭력은 근절된다.
  (2) 사역적 권세
      목회적 권세를 의미한다. (행4:29-30,20:24), 그리스도로부터 유래되었으므로 반드시
      성령의 인도하심을 따라 하나님의 말씀과 일치 되어야하고, 그리스도의 이름으로 시행
      되어야한다.

※ 교회권세
  (1) 교리권과 가르치는 권세
      진리를 수호하고 전달한다. 신앙고백과 신조를 작성하여 교회의 믿는 바를 세상에 알려
      야한다. (사3:10,고후5:20,딤전4:13,딤후2:15,4:2)
      불신앙의 세력들로부터 방어하는 사명(딤후1:13,딛1:9-11)
  (2) 치리권 (다스리는 권세)
      그리스도의 왕권의 반영으로 입법권, 사법권(그리스도께서 교회를 위해 올바른 조율과
      규례를 제정하셨다. 이것을 적용하고, 세우고, 집행하는 것이다.)
      질서 유지권, 순결 유지권, 교회는 올바른 권징을 시행하므로 성결을 지켜야 할 의무가
      있다. (마16:19,18:18,요20:23,고전5:2,고후2:5-7,살후3:14,15,딤전 1:20)
      의무가 있다. (마16:19,18:18,요20:23,고전5:2,고후2:5-7,살후3:14,15 딤전 1:20)

7. 은혜의 방편 (하나님의 말씀)

은혜의 방편은 두 가지로 구분 되는데, 하나님의 말씀과 성례이다.
통상적으로 성례는 그리스도께서 제정한 거룩한 의식이며 성찬과 세례를 의미한다.
하나님의 말씀은 교회와 다른 장소에서도 복음전파를 목적으로 사용된다.
교회의 직분에 관계없이 신자는 누구나 전파하고 가르칠 수 있다. 그러나 성례는 오직 교회
(성도들이 주의 이름으로 모인 곳)에서 합법적인 신분이나 목사에 의하여 집례 된다.

※ 말씀과 성령

성령은 사역적 능력을 가지고 계시지만, 일상적으로 하나님의 말씀 없이는 역사하시지 않는다. 성령께서는 말씀을 도구로 사용하신다.(요14:26,눅24:32,45, 행10:44,16:14)

※ 율법과 복음의 차이

율법과 복음을 상반되게 생각하는 사람들은 단순히 율법 즉, 행위의 언약을 파기된 언약으로 간주한다. 그러나 율법은 신약성경에서도 존중된다.(마5:17-19,롬13:10,엡6:2,약2:8-11,요일3:4,5:3) "내가 율법이나 예언자의 말을 폐하러 온 줄로 생각하지 말아라. 폐하러 온 것이 아니라 완성하러 왔다."(마5:17) 그러면 은혜의 언약이 율법에 종속되는 것인가? 그렇지 않다. 율법 안에는 하나님의 의지와 성품이 있어서 인간에게 죄를 깨닫는 일반 은총이 있고, 구약은 은혜의 언약으로 가는 길을 제시하고 있다.

그러므로 이 둘은 불가분리(不可分利)의 관계이다.

8. 성례

성례는 그리스도께서 제정한 거룩한 규례이다.(마28:19,고전11:23-25)

하나님의 은혜의 언약을 받은 혜택과 외적 표징으로 행하여지는 의식이다. 따라서 신자는 하나님 앞에서 그리스도의 이름으로 신앙의 고백과 순종을 다짐하는 외적 표현이 성례이다.

※ 성례를 구성하는 부분

외형적으로는 물(세례), 떡과 포도주를 사용한다. 내적으로는 믿음(롬4:11), 사죄(마26:28), 신앙과 회심(막1:4,16:16), 그리스도와의 연합(롬6:3,4 골2:11,12)

9. 세례

그리스도께서 부활하신 후에 즉, 구속사역을 완수하신 후에 세례를 제정하셨다.(마28:19,막16:16) "아버지와 아들과 성령의 이름으로 세례를 주고"(마28:19)

세례의 의미는 본질적으로 성부와 성자와 성령의 이름으로 씻는 예식이다. 이 예식이 통하여 세례 받는 자는 그리스도와 연합하여 그의 죽음과 부활에 영적으로 동참함을 의미한다.(롬6:3-6) 세례에 있어서 물은 우리의 씻는 그리스도의 피를 상징한다. 또한, 죄책으로부터 정화됨을 나타낸다.(행22:16 딛3:5,벧전3:21), 영적갱신(롬6:4,골2:11-12), 세례의 대상으로는 그리스도를 믿고 그에게 복종하겠다는 고백을 하는 자와 입교한 자의 자녀 세례는 교회의 규례이므로, 신자의 공동 집회에서 시행되어져야한다.

10. 성찬

성찬은 주 예수께서 잡히시던 날 밤에 제정하신 거룩한 예식이다.(마26:26-29)

성경은 네 번을 언급한다.(마26:26-29,막14:22-25,눅22:17-20,고전11:23-26)

성찬의 본질은 영적으로 그리스도의 살과 피를 먹고 마시며, 믿음으로 십자가에 죽으심과 그 모든 유익함을 받아 자신에게 적용시키려는데 있다.

그리스도께서 정하신 "떡"은 그리스도의 몸을 상징하며, "포도주"는 죄 사함을 받게 하려는 예수님의 피를 상징한다. 또한 성도 간에 갖는 그리스도의 지체로서의 연합과 친교를 뜻한다.

참여자는 성찬의 의미를 온전히 깨닫고, 진실된 신앙 고백자, 주님의 계명에 순종하는 사람만이 성찬예식에 참여 할 수 있다.(고전11:28-29)

※ 종말론 ※

1. 육체적 죽음

사람의 영혼과 육체가 서로 분리되는 것을 의미한다.(전12:7 약2;26) 즉 신체는 부패하고 분해되어 흙으로 돌아간다.(창3:19) 그러나 영혼은 창조주이시며 심판주이신 하나님 앞에 서게 된다. "바다가 그 속에 있는 죽은 사람들을 내놓고 사망과 지옥도 그 속에 있는 죽은 사람들을 다 내놓았습니다."(계20:13) 이 세상 물질은 결코 아주 없어지지 않는다.

근대 화학의 아버지 앙투안은 물질은 갑자기 생기거나, 없어지지 않고 그 형태만 변하여 존재한다고 밝혔다. 이것을 가리켜 "질량보전에 법칙"이라고 한다. 또한 아인스타인의 특수 상대성 이론에 의하면 물질은 사라지지 않고 에너지로 변환된다고 하였다. 하물며 사람은 영원한 하나님의 형상대로 창조되었는데, 어찌 죽어서 없어져 버린다는 것일까?

성경에서 말하는 죽음은 인류 모두에게 심판을 받게 하기위한 필연적과정입니다.

"사람이 한 번 죽는 것은 정해진 일이요, 그 뒤에는 심판이 있습니다."(히9:27)

2. 영생

영생이라는 단어가 집중적(17회)으로 나타는 곳은 요한복음입니다.

헬라어로 "영생'은 조에(생명, life), 아이오니오스(영원한, eternal)"라는 뜻이 합쳐진 말이다. 영생이란 말은 문자적으로 두 가지 의미가 있다.

(1) "끝없이 지속 되는 생명" 여기서 끝없이 지속됨은 인간이 계산하는 우주적 법칙 속에 시간이 아니며, 영원 속에 계시는 하나님의 시간을 의미한다. 오직 그분만이 죽지 않으시고 사람이 가까이 할 수 없는 빛 속에 계시고(딤전6:16)

(2) 인간의 삶과는 질적으로 다른 신적인 요소 속에 삶을 의미 한다.

그 증언은 이것이니 곧, 하나님이 우리에게 영원한 생명을 주셨다는 것과 바로 이 생명은 그 아들 안에 있다는 것입니다.(요일5:11)

※ 요한복음에서는 "영생"을 가리켜 "영원하신 하나님과 그 아들 예수그리스도를 아는 것" (요17:3)이라고 말씀하고 있다. 여기서 "안다"라는 것은 지식적 앎이 아니고, 하나님과 예수님의 친밀한 교제를 통하여 우리도 하나님을 알고 그 속에서 누리는 신적인 삶을 의미한다.

3. 중간기

성경은 사람의 실존적 상태를 새 단계로 구분한다.

(1) 인생, 즉 탄생에서 죽음에 이르기까지의 상태

(2) 사망 직후 타의(경험해보지 못한 존재들)에 의하여 이끌어 영혼이 머무는 장소(천국과 지옥)에서의 시간을 가리켜 중간기라 한다.

(눅16:19-31의 부자와 거지 나사로의 이야기)

(3) 그리스도의 재림과 동시에 모든 영혼이 중간기에서 나옴과 동시에 부활하여 영원한 세계(2차 천국과 지옥)로 들어가는 상태.(살전4:16,17)(요 5:29)

4. 그리스도의 재림

예수님의 탄생을 "초림"이라고 하고, 장차 심판주로 다시 오시는 것을 "재림"이라고 한다.

예수님이 가신 곳은 사람들의 눈에는 명확히 하늘 위이다. 성경에는 세 가지 하늘에 대한 언급이 있다.

첫째, '새가 나는 땅위의 하늘의 궁창'(창1:20)이 있으니 그것은 지구의 대기권을 의미한다.

둘째, 일월성신의 세계를 보고 하늘이라 한다. "주의 손가락으로 만드신 주의 하늘과 주의 베
  풀어 두신 달과 별들을 내가 보오니(시8:3,4)
셋째, "셋째하늘"이라는 것이 있다.(고후12:2) 이것은 때때로 "하늘의 하늘"이라고 불리어
  지기도 한다.(대하6:18,느9:6,시148:4)
  바로 여기가 하나님이 계시고 하나님의 보좌가 있는 천당이라는 장소이다.
    (기독교의 변증 ,박아론)
※ "저희 보는데서 올리어 가시니, 구름이 저를 가리어 보이지 않게 하더라."(행1:9)
  "이 예수는 하늘로 올라가신 것을 너희가 본 그대로 오실 것이다."(행1:11) 이렇게 가시고,
  오시는, 실체적인 움직임과 그 모습이 재림 때에 있을 모습이 될 것을 성경은 말씀하고 있
  다.(행1:11,3:20,히9:28,계1:7), 재림은 여러 징조를 나타낼 것이나, 그 놀라운 사건은 갑
  자기 예기치 않게 발생 할 것이다.
  "주님의 날이 도적같이 온다는 것", "갑자기 멸망이 그들에게 닥칠 것이니"(살전5:2,3)
  그러나 성도는 어둠속에 있지 않으므로 미리 알게 된다.(살전5:4)

5. 부활
  그리스도의 재림하실 때에 죽은 자들이 다시 살아남(구약의 증거-"땅이 죽은 자를 다시 내
  놓을 것이다"(사26:19) "땅속 티끌 가운데서 잠자는 사람 가운데서 많은 사람이 깨어 날 것
  이다"(단12:2) (신약의 증거 - "죽은 사람이 다 그의 음성을 들을 때가 온다."(요5:28)
  "나를 보내신 분의 뜻, 내게 주신 사람을 내가 한 사람도 잃어버리지 않고 마지막 날에 모두
  살리는 일이다"(요6:39) "그리스도께서는 죽은 사람들 가운데서 살아나셔서 잠든 사람들의
  첫 열매가 되셨습니다."(고전15:20,살전4:13-17,고후5:1-10,계20:13)

  (1) 육체적인 부활
    시대에 따라 영적 부활만을 믿는 사람들이 있었다. 하지만 성경은 분명히 육체적 부활이
    있다고 가르친다.(롬8:11,요11:25,26)

  (2) 의인과 악인 모두의 부활
    "무덤 속에 있는 사람들이 다 그의 음성을 들을 때가 온다. 선한 일을(예수를 믿는 것) 한
    사람들은 부활하여 생명을 얻고, 악한 일을 한 사람은 부활하여 심판을 받는다."(요5:28,
    29) 이렇게 의인은 육체의 부활이 영광 속에 거하고 복된 생명을 부여 받는다. 하지만,
    악인들은 육체와 영혼이 재결합하여 최종적 심판을 받고 영원한 형벌 속으로 들어간다.

  (3) 부활의 시기
    부활은 그리스도의 재림과 세상 종말과 동시에 발생 한다. 그 직후, 최후 심판이 시작된
    다.(고전15:22,빌3:20,살전4:16,17) 마지막 날에 살릴 것이다.(요6:39,40,44,54,11:25)

6. 최후의 심판

성경은 인류의 마지막 날에 분명하게 심판이 있을 것을 가르친다. 현대를 사는 사람들 가운데 는 이러한 심판이 핵전쟁, 자연재해, 환경적, 우주적인 변화에 의하여 심판이 도래 할 것으로 믿는 사람들이 많다. 그러나 성경은 분명히 마지막 날에 주님이 이땅에 오시는 것이 그날이며, 심판의 날이라고 가르친다. "보아라, 그가 구름을 타고 오신다. 눈이 있는 사람들은 다 그를 볼 것이요, 그를 찌른 사람들도 볼 것이요, 땅위의 모든 족속이 그분 때문에 가슴을 칠 것이다." (계1:7), 천사들을 거느리고 오신다(마16:27), 그리스도께서 심판장이 되신다.(마25:31,요5: 27행10:42,빌2:10), 모든 개인들은 각각 심판대에 서야한다(전12:14,시50:4-6,마12:36,마 25:31-33,롬14:10,고후5:10,계20:12)

7. 최후의 상태

1) 악인들의 최후 상태

사람들은 인간이 처한 가장 최악의 상태를 흔히 "지옥"이라고 한다. 또 보이고, 느끼는 것 같이 마치 체험이라도 하듯이 막연한 추측을 한다. 그러나 성경에서 의미하는 지옥의 실 상은 추측 이상의 것인 것을 알 수 있다.

장소적 용어로 '풀무불' (마13:42) "불못"(용광로,계20;14,15), "옥, 무저갱, 구덩이"(벧 전3:19,눅8:31,벧후2:4)

이렇게 인간에게 극심한 고통이라는 것이 존재한다는 것은 바로 그 고통의 원류(생산 공 장)가 있다는 것이다. 그 곳이 바로 지옥이다. (마8:12,13:50.막9;47,48,눅16:23,28,계 14:10,21:8) 지옥의 형벌에는 등급이 있다.(마11;22,24,눅12;47,48) 형벌의 기간은 영 원하다.(마25:46)

2) 의인들의 최후 상태

이 세상은 모두 지나가고 새 창조(새 하늘과 새 땅)가 이루어진다.(마19:28,히12:27,벧 후3:13) 미래 새 창조의 세계는 현존하는 세계가 완전히 소멸되거나 사라지는 것이 아니 고 현존 세계의 변형 또는 갱신이다.(시102:26-27,히12:26-28) 의인들이 거할 거처는 영원한 곳이다. 사람들은 이곳을 의식의 세계 속에 나타나는 어떤 현상으로 오해하기 쉽 다. 그러나 "천당" 거할 곳이 많은 "아버지의 집"(요14:2,계21:3)이며, 해와 달이 필요없 고 하나님의 영광의 광채가 빛나는 곳이며, 세상의 가치로 측량 할 수 없는 완전무결한 복 락을 누리게 되는 곳이다.

낱말별 성구편람

※ 가정
신5:16 네 부모를 공경하라 / 창2:18 돕는 배필 / 시127:3 자식은...기업 태의 열매 그의 상급 / 시128:3 네 아내는 결실한 포도...자식은 어린 감람나무 / 마19:6 둘이 아니요 한 몸 / 엡5:22 아내들이여 남편에게 / 엡5:25 남편들아 아내 사랑하기를 / 벧전 3:1 남편에게 순복하라.

※ 감사
빌4:6 기도와 간구로 너희 구할 것을 감사함으로 / 골3:16 시와 찬미와 신령한 노래를 부르며 마음에 감사함으로 / 살전5:18 범사에 감사하라 이는 그리스도 예수 안에서...

※ 겸손
잠18:12 교만은 멸망의 선봉, 겸손은 존귀의 앞잡이 / 마18:4 어린 아이와 같이 자기를 낮추는 / 마23:12 누구든지 자기를 높이는 자는 낮아지고... / 엡4:2 모든 겸손과 온유로 하고 오래 참음으로...

※ 계명
출20:1-21 십계명 / 신28장 하나님의 명한 규례를 준행하는 자의 복 / 마22:37 네 마음을 다하고... 이것이 크고 첫째 되는 계명 / 마22:39 네 이웃을 네 몸과...이 두 계명이 / 요15:10 너희도 내 계명을 지키면 내 사랑 안에 / 요15:12 내 계명은 내가 너희를 사랑한 것 같이...

※ 고난
롬8:17 우리가 그와 함께 영광을 받기 위하여 고난도 함께 / 고후1:5 그리스도의 고난이 우리에게 넘친 것 같이 우리의 위로도... / 약5:13 너희 중에 고난당하는 자가 있느냐 저는 기도할 것이요 / 벧전4:16 만일 그리스도인으로 고난을 받은즉 부끄러워 말고 / 사53:5 그가 찔림은 우리의 허물을 인함이요 / 요16:33 세상에서 너희가 환난을 당하나 담대하라 / 롬5:3 환난 중에도 즐거워하느니 이는 환난은 인내를 인내는 연단을...

※ 교만
시1:1 복 있는 사람은 악인의 꾀를 쫓지 아니하며 거만한 자의 / 잠16:18 교만은 패망의 선봉이요 거만한 마음은 넘어짐의 앞잡이라 / 마23:12 누구든지 자기를 높이는 자는 낮아지고 / 롬12:16 서로 마음을 같이 하여 높은데 마음을 두지...

※ 구원(구속)

사59:1 여호와의 손이 짧아 구원치 못하심도 아니요 / 마10:22 너희가 내 이름으로 인하여.. 견디는 자는 구원을 / 요1:12 영접하는 자 곧 그 이름을 믿는 자 들에게는 하나님의 자녀가 되는 권세를 주셨으니 / 요10:9 내가 문이니 누구든지 나로 말미암아 들어가면 구원을 얻고 / 요12:47 내가 온 것은 세상을 심판...세상을 구원하려 함이라 / 행4:12 다른 이로서는 구원을 얻을 수 없나니...구원 얻을만한 다른 이름 / 행16:31 주 예수를 믿으라 그리하면 너와 네 집이 구원을 얻으리라 / 롬3:24 그리스도 예수 안에 있는 구속으로 말미암아 하나님의 은혜로... / 롬10:10 사람이 마음으로 믿어 의에 이르고 입으로 시인하여 구원에 이르느니라 / 롬10:13 누구든지 주의 이름을 부르는 자는 구원을 얻으리라 / 고전1:18 십자가의 도가 멸망하는 자 들에게는...구원을 얻는 우리에게는 / 골1:13 흑암의 권세에서 건져...그 아들 안에서 우리가 구속 곧 죄 사함을 / 벧전1:18 금이나 은같이 없어질 보배로 구속된 것 아니요

※ 구제(접대)

신15:10 구제할 때에 아끼는 마음을 품지 말고 / 잠1:25 구제를 좋아하는 자는 풍족하여 질 것이요 / 잠19:17 가난한 자를 불쌍히 여기는 것은 여호와께 꾸이는 것이요 / 마6:3 오른손이 하는 것은 왼손이 모르게...은밀 하게하라 / 마25:40 내 형제 중 지극히 작은 자 하나에게 / 눅6:38 주라 그리하면 너희에게 줄 것 / 히13:1 손님 대접하기를 잊지 말라 부지중에 천사들을...

※ 구하는 자 (간구)

마6:33 먼저 그의 나라와 의를 구하라 / 마7:7 구하라 그리하면 주실 것이요 / 요14:13 내 이름으로 무엇을 구하던지 / 엡3:20 우리 가운데 역사하는 능력대로 온갖 구하는 것이나 / 약4:3 너희 얻지 못함은 구하지 아니함이요

※ 근심

잠17:22 마음의 즐거움은 양약이라도 / 요14:1 너희는 마음에 근심하지 말라

※ 기도

렘29:12 너희가 전심으로 나를 찾고 찾으면 / 마6:7 골방에 들어가 은밀한 중에 / 마21: 22 무엇이든지 믿고 구하는 것은 / 마26:41 시험에 들지 않게 깨어 기도 / 요14:13 내 이름으로 무엇을 구하든지 / 빌4:6 아무것도 염려하지 말고 모든 일에 기도와 간구 / 살전5:17 쉬지 말고 기도하라 / 약1:6 믿음으로 구하고 조금도 의심하지 말라 / 약5:15 믿음의 기도는 병든 자를 구원 / 약5:16 죄를 서로 고하며 병 낫기를 위하여 서로 기도하라

※ 능력

롬1:4 성결의 영으로 죽은 자 가운데서 부활하여 능력으로 / 고전1:18 십자가의 도가 멸망하는 미련한 것 구원을 얻는 우리에게는 하나님의 능력이라 / 고전4:20 하나님의 나라는 말에 있지 아니하고 오직 능력 / 고후4:7 이 보배를 질그릇에 가졌으니 이는 능력의 심히 큰 것이 하나님께 있고

※ 돈(재물)

마6:19 보물을 땅에 쌓아두지 마라...좀이나 동록이 / 마6:24 하나님과 재물을 겸하여 섬기지 못하느니라 / 마6:33 먼저 그 나라와 의를 구하라 / 딤전6:9 부 하려는 사람은 시험과 올무... / 딤전6:10 돈을 사랑함이 일만 악의 뿌리가 되나니...많은 근심으로

※ 두려움

마10:28 몸은 죽여도 영혼은 능히 죽이지 못하는 자들을 두려워하지 말고 / 요14:27 너희는 마음에 근심하지 말고 두려워하지도 말라 / 딤후1:7 하나님이 우리에게 주신 것은 두려워하는 마음이 아니요 / 빌2:12 복종하여 두렵고 떨림으로 너희 구원을 이루라 / 요1 4:18 사랑 안에 두려움이 없고 온전한 사랑이 두려움을 내쫓나니

※ 마귀 (사탄, 악마)

마13:39 가라지를 심은 원수는 마귀요 / 고후2:1 사단도 자기를 광명한 천사로 가장 하나니 / 엡6:11 마귀의 궤계를...하나님의 전신갑주를 입으라 / 약4:7 마귀를 대적하라 그리하면 피하리라 / 벧전5:8 근신하고 깨어라 너희 대적 마귀가...

※ 마음

잠4:23 무릇 지킬 만한 것보다 네 마음을 지켜라 / 잠15:13 마음의 즐거움은 얼굴을 빛나게 하여도 마음의 근심은 심령을 상하게 / 잠16:1 마음의 경영은 사람에게 있어도 / 잠16:9 사람이 마음으로 자기 길을 계획할지라도 / 마5:8 마음이 청결한 자는 복이 있나니 / 마15:10 마음에서 나오는 것은 악한 생각과... / 마22:37 네 마음을 다하고 목숨을 다하고... / 요14:1 너희는 마음에 근심하지 말라 / 롬10:10 사람이 마음으로 믿어 의에 이르고 입으로 시인하여 구원에 이르느니라 / 히4:12 하나님의 말씀은 마음과 생각과 뜻을 감찰함

※ 말(언어)

시141:3 여호와여 내 입에 파수꾼을 세우시고 / 잠10:9 말이 많으면 허물을 면키 어려움 /잠15:1 유순한 대답은 분노를 쉬게 하여도 / 잠18:21 죽고 사는 것이 혀의 권세에 달렸으니 혀를 쓰기를 / 고전4:20 하나님의 나라는 말에 있지 아니하고 / 딤후2:23 무식한 변론을 버리라 이에서 다툼이 / 약1:19 듣기는 속히 하고 말하기는 / 약3:2 만일 말에 실수가 없는 자면 온전한 사람 / 약3:8 혀는 능히 길들일 사람이 없나니 쉬지 아니하는 악이요

※ 말세

요2:28 그 후에 내가 내 신을 만민에게 부어 주리니 너희 자녀들이 장래 일을 말할 것 / 마 24:14 이 천국 복음이...온 세상에 전파 되리니 / 마24:42 깨어 있으라 어느 날에 너희 주가 임할는지 / 살전 4:16 주께서 호령과 천사장의 소리와 / 벧후3:10 도적같이 오리니 그 날에는 하늘이 큰 소리로 떠나가고 체질이 뜨거운

※ 말씀(복음)

마4:4 사람이 떡으로만 살 것이 아니요 / 눅11:28 하나님의 말씀을 듣고 지키는 자/ 눅21: 33 천지는 없어지겠으나 내 말은 없어지지 아니하리라 / 요1:1 태초에 말씀이 계시니라 이 말씀이 하나님과 함께 계셨으니 / 요5:39 성경 말씀은 곧 예수그리스도에 대해 증거하는 것 / 롬1:16 내가 복음을 부끄러워 아니하노니 이 복음은 모든 믿는 자에게 구원을 / 롬1:17 복음에는 하나님의 의가 나타나서 믿음으로 / 롬10:17 믿음은 들음에서 나서 들음은 그리스도의 말씀 / 갈1:7 다른 복음은 없나니 다만 어떤 사람이 너희를 / 엡6:15 평안의 복음의 예비한 것으로 / 딤후2:15 네가 진리의 말씀을 옳게 분별하며 / 딤후3:16 모든 성경은 하나님의 감동으로 된 것으로 / 히4:12 하나님의 말씀은 살아 있고 운동력이 있어 좌우에 날선 검보다 예리하여

※ 미움

요1서2:9 빛 가운데 있다 하며 그 형제를 미워하는 / 요1서3:15 그 형제를 미워하는 자마다 살인하는 자니 살인하는 자마다 영생이 그 속에 거하지 아니하는 것을

※ 미혹

마7:15 거짓 선지자들을 삼가하라 양의 옷을 / 마24:24 표적과 기사를 보이어...택하신 자들을 미혹하게 하려함 / 요1서4:1 사랑하는 자들아 영을 다 믿지 말고 오직 영들이 하나님께 속하였나 시험하라 / 요1서4:3 예수를 시인하지 아니하는 영마다 하나님께 속한 것이 아니니 / 요2서1:7 미혹하는 자가 많이...육체로 임하심을 부인하는 자라

※ 믿음

마17:20 너희의 믿음이 한 겨자씨만큼만 있으면 / 마 21:22 기도할 때에 무엇이든지 믿고 구하는 것 / 막9:23 할 수 있거든이 무슨 말이냐 믿는 자에게는 / 막11:23 이룰 줄 믿고 마음에 의심치 아니하면 / 막11:24 무엇이든지 기도하고 구한 것은 받은 줄로 믿으라 / 막16:17 믿는 자들에게는 이러한 표적이 따르리니 / 요1:12 영접하는 자 곧 그 이름을 믿는 자들에게는 / 요3:16 하나님이 세상을 이처럼 사랑하사 독생자를 주셨으니 이는 저를 믿는 자마다 멸망치 않고 영생을 얻게 하려 하심이니라 / 요6:35 나를 믿는 자는 영원히 목마르지 아니하리라 / 요11:25 나는 부활이요 생명이니 나를 믿는 자는 죽어도 살겠고 / 요14:1 너희는 근심하지마라 하나님을 믿으니 또 나를 믿으라 / 행16:31 주 예수를 믿으라 그리하면 너와 네 집이 / 롬1:17 오직 의인은 믿음으로 말미암아 / 롬10:10 사람이 마음으로 믿어 의에 이르고 입으로 시인하여 구원에 / 롬10:17 믿음은 들음에서 나며 들음은 그리스도의 말씀으로 / 엡2:8 너희가 그 은혜로 인하여 믿음으로 말미암아 구원을 얻었나니 / 히11:1 믿음 바라는 것들의 실상이요 / 약1:6 오직 믿음으로 구하고 조금도 의심하지 / 약2:17 행함이 없는 믿음은 그 자체가 죽은 것이라.

※ 병(치료)

출15:26 나는 너희를 치료하는 여호와임이니라 / 시103:3 네 모든 죄악을 사하시며 네 모든 병을 고치시며 / 호6:1 여호와께서 우리를 찢으셨으나 도로 낫게 하실 것이요 우리를 치셨으나 싸매어 주실 것임이라 / 말4:2 의로운 해가 떠올라서 치료하는 광선을 발하리니 / 딤전5: 23 병을 위하여 포도주를 조금씩 써라 / 약5:15 병든 자가 있느냐 교회의 장로들을 / 약5:15

믿음의 기도는 병든 자를 / 약5:16 죄를 서로 고하며 병 낫기를 위하여 서로 가도하라 의인의 간구는 역사하는

※ 복(축복)

신28:3 성읍에서도 복을 받고 들에서도 복을 / 28:13 머리가 되고 꼬리가 되지 않게 하시며 / 시1:1 복 있는 사람은 악인의 꾀를 쫓지 아니하며 / 말3:10 너희 온전한 십일조를...복을 쌓을 곳이 / 마5:1-10 예수님이 가르치신 8복 (1) 심령이 가난한 자 (2) 애통하는 자 (3) 온유한 자 (4) 의에 주리고 목마른 자 (5) 긍휼이 여기는 자 (6) 마음이 청결한 자 (7) 화평케 하는 자 (8) 의를 위하여 핍박 / 요3서1:2 사랑하는 자여 네 영혼이 잘됨 같이 네가 범사에 잘되고 강건하기를

※ 부활

마22:30 부활 때에는 장가도 아니 가고 시집도 아니 가고 / 요5:28 무덤 속에 있는 자가 다 그의 음성을 ..생명의 부활, 심판의 부활 / 요11:25 나는 부활이요 생명이니 나를 믿는 자는 죽어도 살겠고 / 고전15:13 만일 죽은 자의 부활이 없으면 ...너희 믿음도 헛것 / 고전15:51 다 잠 잘 것이 아니요 나팔소리가 나매 / 살전 4:16 주께서 호령과 천사장의 소리와 하나님의 나팔 / 계20:6 이 첫째 부활에 참여하는 자들이 복이 있고

※ 분노(분냄)

잠16:32 노하기를 더디 하는 자는 용사보다 낫고 / 마5:22 형제에게 노하는 자마다 심판을 받고 / 엡4:26 분을 내어도 죄를 짓지 말며 해가 지도록 / 골3:21 아비들아 너희 자녀를 격노케 말지니 / 약1:20 사람의 성내는 것이 하나님의 의를 이루지 못함

※ 사랑

출20:6 나를 사랑하고 내 계명을 지키는 자 / 레19:18 원수를 갚지 말며 이웃사랑하기를 네 몸과 같이 / 신6:5 너는 마음을 다하고 성품을 다하고 힘을 다하여 네 하나님 여호와를 사랑하라 / 신11:13 너희 여호와 하나님을 사랑하여 / 호6:6 나는 인애를 원하고 제사를 원치 아니하며 / 마5:44 너희 원수를 사랑하며 핍박하는 자를 / 마22:37 첫째 되는 계명 마음과 목숨과 뜻을 다해 하나님 사랑 하는 것과 둘째는 이웃을 네 몸과 같이 사랑하는 것 / 요13:34 새 계명을 주노니 서로 사랑하라 / 롬5:8 우리가 아직 죄인 되었을 때에 그리스도께서 우리를 위하여 죽으심으로 하나님께서 우리에게 대한 자기의 사랑을 확증하셨느니라 / 롬8:28 우리가 알거니와 하나님을 사랑하는 자 곧 그 뜻대로 / 롬8:35 누가 우리를 그리스도의 사랑에서 끊으리요 / 갈13:8 사랑은 율법의 완성 / 고전13:4 사랑은 오래 참고 온유하며 / 고전13:13 믿음, 소망, 사랑 이 세 가지는 항상 있을 것인데 그 중에 제일은 사랑이라 / 히13:1 형제 사랑하기를 계속하고...부지중에 천사대접 / 벧전4:8 서로 사랑할지니 사랑은 허다한 죄를 덮느니라 요1서 2:15 세상에 있는 것들을 사랑치 말라 누구든지 세상을 사랑하면 / 요1서 3:18 말과 혀로만 사랑하지 말고...행함과 진실함 / 요1서4:7 사랑하는 자들아 서로 사랑하자 사랑은 하나님께 속한 것이니 사랑하는 자마다 하나님께로 나서 하나님을 알고/ 요1서 4:20 하나님을 사랑하노라 하고 그 형제를 미워하면...하나님을 사랑 할 수가 없느니라.

※ 서원(맹서)

신23:21 네 하나님께 서원하거든 갚기를 더디 하지 말라 / 전5:5 서원하고 갚지 아니하는 것보다 서원하지 아니하는 것이 나으니 / 마5:34 도무지 맹세 하지 말지니 하늘로도 말라 이는 하나님의 보좌임이요 땅으로도 말라 이는 하나님의 발등상임이요

※ 성령

시139:7 내가 주의 신을 떠나 어디로 가며 / 사11:2 여호와의 신 곧 지혜와 총명의 신이요 모략과 재능의 신이요 / 사61:1 주 여호와의 신이 내게 임하셨으니 이는 여호와께서 내게 기름을 부으사 가난한자에게 아름다운 소식을 전하게 하려 하심이라 / 마3:16 예수께서 세례를 받으시고...성령이 비둘기 같이 내려 / 마12:31 모든 죄와 훼방은 사하심을 얻되 성령을 훼방하는 것은 / 눅4:18 주의 성령이 내게 임하셨으니 이는 가난한 자에게 복음을 전하게 / 요3:5 사람이 물과 성령으로 나지 아니하면 / 요14:16 내가 아버지께 구하겠으니 내 이름으로 보내실 성령 / 요14:26 보혜사 곧 아버지께서 내 이름으로 보내실 성령 그가 / 요16:13 진리의 성령이 오시면...진리 가운데로 인도 하시리니 그가 자의로 말하지 않고 / 행1:8 오직 성령이 너희에게 임하시면 너희가 권능을 받고 / 행2:38 예수그리스도 이름으로 세례를 받고 죄 사함을 얻으라 그리하면 성령을 선물로 받으리니 / 롬8:26 이와 같이 성령도 우리 연약함을 도우시나니 / 롬8:26 마음을 감찰하시는 이가 성령의 생각을 아시나니 / 고전2:10 성령은 모든 것 곧 하나님의 깊은 곳이라도 통달 / 고전12:3 성령으로 아니하고는 누구든지 예수를 주시라 / 고전12:4 은사는 여러 가지나 성령은 같고 / 갈5:22 오직 성령의 열매는 사랑과 희락과 화평과 / 갈6:8 육체를 위하여 심는 자는...성령을 위하여 심는 자는 / 엡4:30 하나님의 성령을 근심하게 하게 하지 말라.

※ 성전

마21:13 내 집은 기도하는 집이라...강도의 굴혈 / 고전3:16 너희가 하나님의 성전인 것과 하나님의 성령이 너희 안에 / 엡1:22 만물위에 교회의 머리로...교회는 만물 안에서 만물을 충만케 하시는 자의 충만이니라

※ 세례

마3:11 물로 세례를 주거니와 그는 성령과 불로 너희에게 세례를 / 마3:16 예수께서 세례를 받으시고 / 마28:19 너희는 모든 족속으로 제자를 삼아 아버지와 아들과 성령의 이름으로 세례를 주고 / 요3:5 사람이 물과 성령으로 거듭나지 아니하면 / 행2:38 세례를 받고 죄 사함을 얻으라 그리하면 성령을 선물로 받으리니 / 롬6:3 예수와 합하여 세례를 받은 우리는 그의 죽으심과 합하여 세례 받은 줄을 알지 못하느냐

※ 소망

시39:7 주여 내가 무엇을 바라리요 나의 소망은 주께 있나이다 / 롬5:3 우리가 환난 중에도 즐거워하나니 환란은 인내를, 인내는 연단을, 연단은 소망을 이루는 줄 알음이로다 / 고전13:13 믿음, 소망, 사랑 이 세 가지는 항상 있을 것인데 그 중에 제일은 사랑이라 / 고전15:19 우리의 바라는 것이 다만 이생뿐이면 모든 사람가운데 우리가 더욱 불쌍한 자리라

※ 속죄

사1:18 너희의 죄가 주홍 같을지라도 눈과 같이 희어질 것이요 진홍같이 붉을지라도 양털 같이 되리라 / 마 20:28 인자가 온 것은 섬김을 받으려 함이 아니요 도리어 섬기려하고 자기 목숨을 많은 사람에게 대속물로 주려함이니라 / 행2:38 예수그리스도의 이름으로 세례를 받고 죄 사함을 얻으라 그리하면 성령을 선물로 받으리니 / 히9:28 예수그리스도의 몸을 단번에 드리심으로 말미암아 우리가 거룩함을 입었노라 / 벧전1:18 은이나 금같이 없어질 것으로 한 것 아니요 오직 흠 없고 점 없는 어린양 같은 그리스도의 보배로운 피로 한 것이니라 / 요1서 1:9 만일 우리가 우리 죄를 자백하면 저는 미쁘시고 의로우사 우리 죄를 사하시며 모든 불의에서 우리를 깨끗케 하실 것이요

※ 순종

신28:2 여호와의 말씀을 순종하면 이 모든 복이 네게 임하며 네게 미치리니 / 삼상15:22 순종이 제사보다 낫고 듣는 것이 수양의 기름 / 롬5:19 한 사람이 순종치 아니함으로...한 사람의 순종하심으로 많은 사람이 의인이 되리라 / 히11:8 믿음으로 아브라함은...순종하여 / 약 4:7 하나님께 순종하고 마귀를 대적하라 / 벧전 3:1 아내 된 자들아 자기 남편에게 순종하라

※ 시험

마4:1 성령에 이끌리어 마귀에게 시험을 받으러 / 마4:7 주 너희 하나님을 시험치 말라 하였느니라 / 고전10:13 사람이 감당할 시험 밖에는...시험 당할 즈음에 또한 피할 길을 내사 너희로 능히 감당하게 하시느니라 / 히11:17 아브라함은 시험 받을 때에 믿음으로 이삭을 / 약1:13 사람이 시험 받을 때에 내가 하나님께 시험 받는다...각 사람이 시험 받는 것은 자기 욕심에 끌려 미혹됨이니

※ 심판

요5:24 내 말을 듣고 또 나를 보내신 이를 믿는 자는 영생을 얻었고 심판에 이르지 아니하나니 사망에서 생명으로 옮겼느니라 / 요5:29 선한 일을 행한 자는 생명의 부활로 악한 일을 행한 자는 심판의 부활로 나오리라 / 고후5:10 반드시 그리스도의 심판대 앞에 드러나 각각 선악 간에 그 몸으로 행한 것을 따라 받으려 함이라 / 계20:15 생명책에 기록되지 못한 자는 불못에 던지우더라

※ 십자가

롬6:6 우리 옛 사람이 예수와 함께 십자가에 못 박힌 것은 죄의 몸이 멸하여 다시는 우리가 / 고전1:18 십자가의 도가 멸망하는 자에게는 미련한 것이요 구원을 얻는 우리에게는 하나님의 능력 / 갈2:20 내가 그리스도와 함께 못 박혔나니 그런즉 이제는 내가 산 것이 아니요 오직 내 안에 그리스도께서 사신 것이라 / 갈6:14 예수그리스도의 십자가 외에 결코 자랑할 것이 없으니... / 빌2:8 자기를 낮추시고 죽기까지 복종하셨으니 곧 십자가의 죽으심이라

※ 연단

욥23:10 나의 가는 길을 오직 그가 아시나니 그가 나를 단련하신 후에는 내가 정금같이 / 잠17:3 도가니는 은을 풀무는 금을 연단하거니와 여호와는 마음을 연단 / 롬5:3 우리가 환란 중에도 즐거워하나니 이는 환란은 인내 / 벧전1:7 너희의 믿음의 시련이 불로 연단하여도 없어질 금보다 / 벧전4:12 너희를 연단하려고 오는 불시험을 이상한 일 당하는 것같이 이상히 여기지 말고

※ 영생
눅10:25 영생을 얻는 길은 하나님과 이웃을 사랑 / 요3:16 하나님이 세상을 이처럼 사랑하사 독생자를 주셨으니 이는 저를 믿는 자마다 멸망치 않고 영생을 얻게 하려하심이니라 / 요5:24 내 말을 듣고 또 나 보내신 이를 믿는 자는 영생을 얻었고 / 요5:39 성경에서 영생을 얻는 줄 생각하고...성경이 곧 내게 증거 / 요6:54 내 살을 먹고 내 피를 마시는 자는 영생을 가졌고... / 요14:6 내가 곧 길이요 진리요 생명이니 나로 말미암지 않고는 아버지께로 올 자가 없느니라 / 요17:3 영생은 곧 유일하신 참 하나님과 그의 보내신 자 예수그리스도를 아는 것 이니이다 / 롬6:23 죄의 삯은 사망이요 하나님의 은사는 그리스도 예수 우리 주안에 있는 영생이니라

※ 예정론
렘1:5 내가 너를 복중에 짓기 전에 너를 알았고 네가 태에서 나오기 전에... / 엡1:4 곧 창세 전에 그리스도 안에서 우리를 택하사 우리를 사랑 안에서 그 앞에 거룩하고 흠이 없게 하시려고 그의 기쁘신 뜻대로 우리를 예정하사 예수그리스도로 말미암아 자기의 아들들이 되게 하셨으니 / 엡3:11 곧 영원부터 우리 주 그리스도 예수 안에서 예정하신 뜻대로

※ 온유
마5:5 온유한 자는 복이 있나니 저희가 땅을 기업으로 / 마11:29 나는 마음이 온유하고 겸손하니 나의 멍에를 메고 / 갈라디아서5:22 오직 성령의 열매는 사랑과 희락과 오래 참으심과 자비와 양선과 충성과 온유와 절제 / 갈6:1 사람이 만일 무슨 범죄 한 일이...신령한 너희는 온유한 심령으로 / 엡4:2 모든 겸손과 온유로 하고 오래 참음으로 사랑 가운데서 서로 용납하고

※ 용기
수1:9 너는 두려워하거나 낙담하지 말라 네가 어디로 가든지 너의 주 나 하나님이 함께 / 시27:1 여호와는 나의 빛 나의 구원이시니 내가 누구를 두려워 하리요 / 사41:10 두려워하지 말라 내가 너와 함께 함이라 놀라지 말라 나는 네 하나님이 됨이라 내가 너를 굳세게 하리라 참으로 너를 도와주리라 참으로 나의 의로운 오른손으로 너를 붙들리라

※ 용서
마6:14 너희가 사람의 과실을 용서하면 너희 천부께서도 너희 과실을 용서하시려니와 ... / 마18:22 일곱 번 뿐만 아니라 일흔 번씩 일곱 번이라도 / 고후2:10 너희 무슨 일이든지 뉘게 용서하면 나도 그리하고 내가 만일 용서한 일이 있으면 용서한 그것은 너희를 위하여 그리스도 앞에서 한 것이니 / 엡4:2 모든 겸손과 온유로 하고 오래 참음으로 사랑가운데서 서로 용납하고 / 엡4:32 서로 인자하게 하며 불쌍히 여기며 서로 용서하기를 하나님이 그리스도 안에서 너희를 용서하심 같이하라

※ 우상
출20:4 우상을 만들지 말고 절하지 말라(2계명) / 신4:23 아무 형상의 우상...질투하시는 / 시96:5 만방의 모든 신은 헛것이요 / 롬1:23 썩지 아니하는 하나님의 영광을 썩어질...우상으로 / 골3:5 땅에 있는 지체를 죽이라 곧 음란과 부정과 악한 정욕과 탐심이니 탐심은 우상숭배

※ 원수

잠20:22 너는 악을 갚겠다 말하지 말고 여호와를 기다리라 / 잠24:17 네 원수가 넘어질 때 즐거워하지 말며 / 잠25:21 네 원수가 배고파하거든 식물을 먹이고 / 마5:43 너희 원수를 사랑하며 너희를 핍박하는 자를 위하여 기도하라 / 롬12:19 너희가 친히 원수를 갚지 말고 진노하심에 맡기라

※ 위로

마5:4 애통하는 자는 복이 있나니 / 요14:1 너희는 마음에 근심하지 말라 하나님을 믿으니 / 고후1:4 환란 중에서 우리를 위로하사 / 고후1:5 그리스도의 고난이 우리에게 넘친 것같이 우리의 위로도 그리스도로 말미암아 넘치는 도다

※ 율법

마5:17 내가 율법이나 선지자나 폐하러 온 줄로 생각지 말라 / 마5:18 천지가 없어지기 전에는 율법의 일점일획도 반드시 없어지지 아니하고 다 이루리라 / 마7:12 남에게 대접 받고자 하는 대로 남을 대접하라 이것이 율법이요 선지자 / 마22:40 두 계명이 온 율법과 선지자의 강령이니라 / 롬2:13 하나님 앞에서는 율법을 듣는 자가 의인이 아니요 오직 율법을 행하는 자라야 / 롬3:20 율법의 행위로는 그의 앞에 의롭다 하심을 얻을 육체가 없나니 율법으로는 죄를 깨달음 / 롬3:28 사람이 의롭다 하심을 얻는 것은 율법의 행위에 있지 않고 / 롬13:10 사랑은 율법의 완성

※ 은사

롬6:23 죄의 삯은 사망이요 하나님의 은사는 그리스도 예수 우리 주안에 있는 영생이니라 / 고전12:4 은사는 여러 가지나 성령은 같고 직분은 여러 가지나 주는 같고 / 고전12:28 교회 중에 몇을 세우셨으니 첫째는 사도요 둘째는 선지자요 셋째는 교사요 그다음은 능력이요 그 다음은 병 고치는 은사와 서로 돕는 것과 / 고전12:31 너희는 더욱 큰 은사를 사모하라 / 벧전4:10 각각 은사를 받은 대로 각양 은혜를 맡은 선한 청지기 같이 서로 봉사하라

※ 은혜

요1:17 율법은 모세를 말미암아...은혜와 진리는 예수 그리스도 / 행전20:24 나의 달려 갈 길과 주 예수께 받은 사명...은혜의 복음 증거 / 롬3:24 그리스도 예수 안에 있는 구속으로 말미암아 하나님의 은혜 / 롬6:1 은혜를 더하게 하려고 죄에 거하겠느냐 / 고전15:10 나의 나된 것은 하나님의 은혜로 된 것이니 / 고후6:2 보라 지금은 은혜 받을 만한 때요 / 고후9:8 하나님이 능히 모든 은혜를 너희에게 넘치게...착한 일을 넘치게 / 엡2:8 너희가 그 은혜로 인하여 믿음으로 말미암아 구원을 얻었나니 이것이 너희에게 난 것이 아니요 하나님의 선물이라

※ 음행

마5:27 여자를 보고 음욕을 품는 자는 이미 간음 / 마5:32 누구든지 음행한 연고 없이 / 엡5:3 음행과 온갖 더러운 것과 탐욕은 / 살전 4:3 하나님의 뜻은 이것이니 너희의 거룩함이라 곧 음란을 버리고

※ 의인과 악인

시1:6 의인의 길은 여호와께서 인정하시나 악인의 길은 망하리로다 / 잠15:29 여호와는 악인을 멀리하시고 의인의 기도를 들으시느니라 / 합2:4 의인은 그 믿음으로 말미암아 살리라 / 눅5:32 내가 의인을 부르러 온 것이 아니요 죄인을 불러 회개 시키러 왔노라 / 롬3:10 의인은 없나니 하나도 없으며 / 갈2:16 사람이 의롭게 되는 것은 율법의 행위에서 난 것이 아니요 / 히10:38 오직 나의 의인은 믿음으로 말미암아 살리라 / 시1:1 복 있는 사람은 악인의 꾀를 좇지 아니하며 / 겔33:11 나는 악인의 죽는 것을 기뻐하지 아니하고 악인이 그 길에서 돌이켜 떠나서 사는 것을 기뻐하노라 / 롬12:21 악에게 지지 말고 선으로 악으로 이기라 / 살전5:22 악은 어떤 모양이라도 버리라

※ 인내

잠16:32 노하기를 더디 하는 자는 용사보다 낫고 자기 마음 다스리는 자는... / 마10:22 또 너희가 내 이름을 인하여 모든 사람에게 미움을 나중까지 견디는 자는 / 롬5:3 우리가 환난 중에도 즐거워하나니 이는 환난은 인내를 인내는 연단을 연단은 소망을 / 엡4:2 모든 겸손과 온유로 하고 오래 참음으로 / 히10:36 너희에게 인내가 필요함은 너희가 하나님의 뜻을 행한 후에 / 약1:4 인내를 온전히 이루라 / 약1:12 시험을 찾는 자는 복이 있도다 이것에 옳다 인정하심을 / 벧후3:9 너희에 대하여 오래 참으사 / 계3:10 네가 인내의 말씀을 지켰은즉

※ 인도

시23:1 여호와는 나의 목자시니 내가 부족함이 없으리로다 / 시27:1 여호와는 나의 빛이요 나의 구원이시니 내가 누구를 두려워 하리요 / 잠16:9 사람이 마음으로 자기 길을 계획 할지라도 그 걸음을 인도하는 자는

※ 인생

시90:10 우리의 연수가 칠십이요 강건하면 팔십이라 그 연수의 자랑은 수고와 슬픔뿐이요 신속히 가니 / 시103:15 인생은 그날의 풀과 같으며 / 히9:27 한번 죽는 것은 사람에게 정하신 것이요 그 후에는 심판 / 약4:14 내일 일을 너희가 알지 못하는 도다 너희의 생명이 무엇이뇨 너희는 잠깐 보이다 없어지는 안개니라

※ 재림

마16:27 인자가 아버지의 영광으로 그 천사들과 함께 오리니 그 때에 각 사람이 행 한대로 갚으리라 / 마24:36 그날과 그때는 아무도 모르나니...오직 아버지만 아시느니라 / 눅17:24 번개가 하늘아래 이편에서 번듯하여 하늘아래 저 편까지 비췸같이 인자도 자기의 날에 그러하리라 / 행1:11 하늘로 올려지신 이 예수는 하늘로 가심을 본 그대로 오시리라 / 살전4:16 주께서 호령과 천사장의 소리와...공중에서 주를 영접하게 / 계1:7 볼지어다 구름을 타고 오시리라

※ 재물

잠11:28 자기의 재물을 의지하는 자는 패망 하려니와 의인은 푸른 잎사귀 같아서 번성하리라 / 마 6:20 오직 너희를 위하여 보물을 하늘에 쌓아두라 거기는 좀이나 동록이 해하지 못하며 도적이 구멍을 뚫지도 못하고 도적질도 못하느니라 / 마6:21 네 보물이 있는 그 곳에는

네 마음도 있느니라 / 마6:24 너희가 하나님과 재물을 겸하여 섬기지 못하느니라 / 딤전6:10 돈을 사랑함이 일만 악의 뿌리가 되나니 이것을 사모하는 자들이 미혹을 받아 믿음에서 떠나 많은 근심으로 자기를 찔렀도다 / 히13:5 돈을 사랑치 말고 있는 바를 족한 줄로 알라

※ 전도(복음전파)

사40:9 아름다운 소식을 시온에 전하는 자여 / 마4:23 회당에서 가르치시며 천국복음을 전파하시며 / 마24:14 천국 복음이 모든 민족...온 세상에 전파되리니 / 마28:19 모든 족속으로 제자를 삼아 아버지와 아들과 성령의 이름으로 / 막16:15 온 천하에 다니며 만민에게 복음을 전파하라 / 눅4:18 주의 성령이 내게 임하셨으니 이는 가난한 자에게...주의 은혜의 해를 전파 / 행1:8 오직 주의 성령이 너희에게 임하시면 너희가 권능을 받고 / 롬10:14 전파하는 자가 없이 어찌 들으리요 / 고전9:16 내가 복음을 전할지라도 자랑 할 것이 없음은 내가 부득불 할 일임이라 / 빌1:15 투기와 분쟁으로 어떤 이들은 착한 뜻으로 그리스도를 전파하나니 / 빌1:18 외모로 하나 참으로 하나...전파되는 것은 / 딤후4:2 너는 말씀을 전파하라 때를 얻든지 못 얻든지 항상 힘쓰라 범사에 오래 참음과 가르침으로 경책하며 경계하며 권하라

※ 제사

삼상15:22 순종이 제사보다 낫고 듣는 것이 수양의 기름보다 나으니 / 마5:23 예물을 제단에 드리다가...원망들을 만한 일이 / 롬12:1 너희 몸을 하나님이 기뻐하시는 거룩한 산제사로 드리라 이는 너희의 드릴 영적예배니라

※ 죄

롬5:12 한사람으로 말미암아 죄가 세상에 들어오고 / 롬6:23 죄의 삯은 사망이요 하나님의 은사는 그리스도 예수 우리 주안에 있는 영생이니라 / 약1:15 욕심이 잉태한즉 죄를 낳고 죄가 장성한즉 / 사1:18 너희 죄가 주홍 같을 지라도...진홍같이 붉을 지라도 / 사59:1 여호와의 손이 짧아 구원치 못하심도...너희의 죄악이 너희와 너희사이를 / 눅15:7 죄인 하나가 회개하면 하늘에서는 회개 할 것 없는 의인 아흔아홉 / 행2:38 회개하여...세례를 받고 사함을 얻으라 성령을 선물로 받으리니 / 롬3:23 모든 사람이 죄를 범하였으매 / 롬8:1 그리스도 안에 있는 자에게는 결코 정죄함이 없나니...성령의 법이 죄와 사망의 법에서 /고전15:17 그리스도께서 사신 것이 없으면 너희 믿음도 헛되고 여전히 죄 가운데 / 고전15:56 사망의 쏘는 것은 죄요 죄의 권능은 율법 / 요1서1:8 죄가 없다고 하면 스스로 속이고 진리가 / 요1서1:9 만일 우리가 우리의 죄를 자백하면 저는 미쁘시고 의로우사 우리의 죄를 사하시며 모든 불의에서 우리를 깨끗케 하실 것이요

※ 지혜

욥12:13 지혜와 권능이 하나님께 있고 모략과 명철도 / 시111:10 여호와를 경외함이 지혜의 근본이라 / 잠14:1 지혜로운 여인은 집을 세우고 / 렘10:12 여호와께서 그 권능으로 땅을 지으셨고 그 지혜로 세계를 세우셨고 / 고전3:18 아무도 자기를 속이지 말라...이 세상에서 지혜 있는 줄 생각하거든 미련한 자가되라 / 엡5:15 어떻게 행할 것을...지혜 있는 자 같이 세월을 아끼라 / 약1:5 너희 중에 지혜가 부족하거든...구하라 / 약3:17 위로부터 난 지혜는 첫째 성결하고... / 딤후3:15 성경은 능히 너로 하여금 그리스도 예수 안에 있는 믿음으로 말미암아 구원에 이르는 지혜가 있게 하느니라

※ 진리
요1:14 말씀이 육신이 되어 우리 가운데 거하시매 우리가 그 영광을 보니...은혜와 진리 / 요8:32 진리가 너희를 자유케 하리라 / 요14:6 내가 곧 길이요 진리요 생명이니 나로 말미암지 않고는 아버지께로 올 자가 없느니라 / 요14:17 저는 진리의 영이라 세상은 능히 저를 받지 못하나니 / 엡1:13 진리의 말씀 곧 너희의 구원의 복음을 듣고 / 엡6:14 그런즉 서서 진리로 너희의 허리띠를 띠고 의의 흉배를 붙이고 / 딤후2:15 네가 진리의 말씀을 옳게 분변하여 부끄러울 것이 없는 일꾼으로 인정된 자로 자신을 하나님 앞에 드리기를 힘쓰라

※ 징계
잠3:12 대저 여호와께서 그 사랑하시는 자를 징계하시기를 마치 아비가 / 사53:5 그가 찔림은 우리의 허물을 인함이요 그가 상함은 우리의 죄악을 인함이라 그가 징계를 받으므로 우리가 평화를 누리고 그가 채찍에 맞으므로 우리가 나음을 입었도다 / 히12:8 징계는 다 받는 것이거늘 너희에게 없으면 사생자요 참 아들이 아니니라 / 히12:11 무릇 징계가 당시에는 즐거워 보이지 않고 슬퍼 보이나 후에 그로 말미암아 연단 받은 자들은 의의 평강의 열매를 맺나니

※ 찬양
다윗의 시편 (2장.4장.8장.12장.13장.15장.16장.19장.23장.24장.27장.29장.32장.40장.42장.46장.51장.57장.65장.84장.91장.96장.103장.104장.113장.118장.119장.139장.146장.147장.149장) / 행16:25 밤중쯤 되어 바울과 실라가 기도하고 하나님을 찬미하매 / 엡5:19 시와 찬미와 신령한 노래들로 서로 화답하며 / 히13:15 항상 찬미의 제사를 드리자 이는 그 이름을 증거 하는 입술의 열매니라 / 약5:13 고난당하는 자가 있느냐...즐거워하는 자가 있느냐 저는 찬송할지니라

※ 창조
창1:1 태초에 하나님이 천지를 창조하시느니라 / 창1:27 하나님이 자기 형상 곧 하나님의 형상대로 사람을 창조 하시되 남자와 여자를 창조하시고 / 시19:1 하늘이 하나님의 영광을 선포하고 궁창이 그 손으로 하신 일을 나타내는 도다 / 사44:24 나는 만물을 지은 여호와라 나와 함께 한 자 없이 홀로 하늘을 폈으며 / 사48:13 내 손이 땅의 기초를 정하였고 내 오른 손이 하늘을 폈나니 내가 부르면 천지가 일제히 서느니라 / 골1:16 만물이 그에게 창조 되되...주관자들이나 정사들이나 권세들이나 만물이 다 그로 말미암고 그를 위하여 창조 되었고 / 히1:2 이 아들을 만유의 후사로 세우시고 또 저로 말미암아 모든 세계를 지으셨느니라 / 히4:13 지으신 것이 하나라도 그 앞에 나타나지 않음이 없고...상관하시는 자의 눈앞에 벌거벗은것 같이 드러나느니라

※ 천국
마4:17 회개하라 천국이 가까웠느니라 / 마5:3 심령이 가난한 자는 복이 있나니 천국 / 마5:10 의를 위하여 핍박을 받는 자는 복이 있나니 천국이 저희 / 마13:33,44 천국은 마치 누룩...천국은 밭에 감추인 보화 / 마18:2 너희가 돌이켜 어린아이들과 같이 되지...천국에 / 마18:4 어린아이와 같이 자기를 낮추는 그이가 천국에서 큰 자니라 / 마19:23 부자가 천국에 들어가기가 / 마20:1 천국은 마치 품꾼을 얻어 / 마25:1 천국은 마치 등을 들고 신랑을 맞으러

나간 열 처녀 / 눅15:7 죄인 하나가 회개하면 하늘에서는 회개 할 것 없는 / 눅17:20 하나님의 나라는 볼 수 있게 임하는 것이 아니라...너희 안에 있느니라 / 고전4:20 하나님의 나라는 말에 있지 아니하고 오직 능력에 있음이라 / 고후5:1 우리의 장막집이 무너지면...하늘에 있는 영원한 집 우리에게 있는 줄 아나니

※ 천사
마13:39 추수꾼은 천사들이니 / 마16:27 천사들과 함께 오리니 각 사람이 행 한대로 / 마24:31 저가 큰 나팔소리와 함께 천사들을 보내리니 택하신 자들을 / 눅2:13 홀연히 허다한 천군이 그 천사와 함께 있어 하나님을 찬송 / 요1:51 하늘이 열리고 하나님의 사자들이 / 살전4:16 주께서 호령과 천사장의 소리와 하나님의 나팔로 / 벧전 3:22 천사들과 권세들과 능력들이 저에게 순복 / 계12:7 하늘에 전쟁이 있으니 미가엘과 그의 사자들이 용과 더불어 싸울새 용과 그의 사자들도

※ 천사의 나타남 ※

창16:7 하갈에게 / 창18:1 아브라함에게 / 창19:1 롯에게 / 민22:23 발람과 나귀 앞에 / 삿2:1 길갈에서 보김에 이르러 / 삿6:12 기드온에게 / 삿13:3,11 마노아의 아내, 마노아 / 삼하24:16 다윗의 배성을 치러 / 왕상19:5 로뎀나무 아래서 / 대상 21:18 오르난의 타작마당 / 단8:16 가브리엘 다니엘에게 / 마1:20 마리아에게 / 마28:1-7 막달라 마리아에게 / 눅1:8 가브리엘 사가랴에게 / 눅2:8 예수 탄생 / 행5:17 옥에 갇힌 사도들에게 / 행10:1 백부장 고넬료에게 / 행12:5 옥에 갇힌 베드로에게 / 행27:20 바울에게 나타남

※ 충성
민12:7 모세는 나의 온 집에 충성 / 마25:21 착하고 충성된 종아...즐거움에 참여할지어다 / 눅16:10 지극히 작은 것에 충성된 자는 큰 것에도 충성되고 / 고전4:2 맡은 자에게 구할 것은 충성이니라 / 계2:10 네가 죽도록 충성하라 그리하면 생명의 면류관

※ 탐욕
출20:17 네 이웃의 집을 탐내지 말지니라 / 눅12:15 삼가 탐심을 물리치라 사람의 생명이 그 소유의 넉넉한데 있지 아니 하니라 / 갈5:16 성령을 좇아 행하라 그리하면 육체의 욕심을 이루지 아니 하리라 / 골3:5 탐심은 우상숭배 / 약1:15 욕심이 잉태한즉 죄를 낳고 죄가 장성한즉 사망을 낳느니라

※ 화평
눅2:14 지극히 높은 곳에서는 하나님께 영광이요 땅에서 기뻐하심을 입은 사람들 중에 평화로다 / 요14:27 평안을 너희에게 끼치노니 곧 나의 평안을 너희에게 주노라 / 행10:36 그리스도로 말미암아 화평의 복음을 전하사 / 롬5:1 믿음으로 의롭다...하나님과 더불어 화평을 누리자 / 롬12:18 모든 사람을 더불어 평화하라 / 엡4:3 평안의 매는 줄로 성령의 하나 되게 하신 것을 힘써 지키라 / 골1:20 십자가의 피로 화평을 이루사 만물 곧 땅에 있는 것들이나 하늘에 있는 것들이 그로 말미암아 자기와 화목하게 되기를 기뻐하심이라

※ 환난

시32:7 주는 나의 은신처이오니 환난에서 나를 보호하시고 / 시46:1 하나님은 우리의 피난처시오 힘이신 환난 중에 만날 큰 도움이시라 / 시50:15 환난 날에 나를 부르라 내가 너를 건지리니 네가 나를 영화롭게 하리로다 / 요:16:33 세상에서는 너희가 환난을 당하나 담대하라 내가 세상을 이기었노라 / 롬5:3 환난 중에도 즐거워하나니 이는 환난은 인내를 인내는 연단을 연단은 소망을 이루는 줄 앎이로다 / 롬8:35 그리스도의 사랑에서 끊으리요 환난이나 곤고나 핍박이나 기근이나 위험이나 칼이랴 / 롬12:12 소망 중에 즐거워하며 환난 중에 참으며 / 고후4:17 환난의 경한 것이 지극히 크고 영원한 영광의 중한 것을 / 벧전4:12 너희를 시련하려고 오는 불 시험을 이상한 일 / 벧전4:13 오직 너희가 그리스도의 고난에 참여하는 것으로 즐거워하라

※ 회개

마3:8 회개의 합당한 열매를 / 마3:11 회개케 하기 위하여 물로 세례를 주거니와 / 마4:17 회개하라 천국이 가까웠느니라 / 눅15:7 죄인 하나가 회개하면 하늘에서는 / 행2:38 회개하여 각각 예수 그리스도의 이름으로 세례를 받고 죄 사함을 얻으라 그리하면 성령을 선물로 받으리니 / 고후7:10 하나님의 뜻대로 하는 근심은 후회 할 것 없는 구원에 이르게 하는 회개를 이루는 것이요 / 딤후2:25 온유함으로 징계...저희에게 회개함을 주사 / 계2:5 어디서 떨어진 것을 생각하고 회개하여 처음 행위를 가지라 / 계3:19 무릇 내가 사랑하는 자를 책망하여 징계하노니 그러므로 네가 열심을 내라 회개하라.

"오직 이것을 기록함은
너희로 예수께서 하나님의 아들 그리스도이심을 믿게 하려 함이요
또 너희로 믿고 그 이름을 힘입어 생명을 얻게 하려 함이니라"
(요한복음 20:31)

※ 도움이 되어 준 서적 ※

◎ 조직신학 –––––––––––––––––––––––––– 벌 코프
◎ 기독교조직신학 –––––––––––––––––––––피터 C.하지슨
◎ 호크마주석
◎ 성서백과사전 –––––––––––––––––––––– 성서 교재 간행사
◎ 한국교회사 ––––––––––––––––––––––––채기은
◎ 기독교역사 ––––––––––––––––––––––––유재덕
◎ 세계교회사 –––––––––––––––––––––––– 배덕만 교수
◎ 중세교회사 –––––––––––––––––––––––– 후스터 L 곤잘레스
◎ 에베소서강해 –––––––––––––––––––––– D.M.로이드죤스
◎ 하나님을 아는 지식 –––––––––––––––––– 제임스 패커
◎ 다른 불 ––––––––––––––––––––––––––– 죤 맥아더
◎ 성경적 기도 –––––––––– ––––––––––––김정복
◎ 성경편람 –––––––––––––––––––––––––– 박한욱, 신경열
◎ 통큰통독 ––––––––––––––––– –––––––––주해홍
◎ KCM 한국콤퓨터 선교회
◎ 종교와 인간 ––––––––––––––––––––––– 서광선
◎ 열정칼빈주의 –––––––––––––––––––––– –정원태
◎ 하나님의 음성을 듣는 방법 ––––––––––––––챨스. 스텐리
◎ 순복음 성경대학 교재––––––––––––––––––––조용기

성경 **편람** 참고서

징검다리

초 판 발 행   2024년 6월 5일

발 행 인   황은미
발 행 처   J.H. 마하나임 출판사

저   자   최주호

편집 . 디자인   Eunice H.

주소 / 연락처   경기도 고양시 일산서구 가좌 2로 534
                          306-301
                  ☎ 031-915-5677
                  mahanaim8587@gmail.com

총   판   비전북
                  경기도 파주시 월롱산로 64
                  ☎ 031-907-3927

인   쇄   영진피앤피
                  경기도 파주시 신촌 2로 10
                  ☎ 031-558-4130

ISBN 979-11-978063-4-6

값 15,000원